化学化工文献检索与利用

第二版

王正烈　王元欣　编著

化学工业出版社

·北京·

图书在版编目（CIP）数据

化学化工文献检索与利用/王正烈，王元欣编著. —2版. —北京：化学工业出版社，2009.8（2022.6重印）
ISBN 978-7-122-06034-1

Ⅰ.化… Ⅱ.①王…②王… Ⅲ.①化学-情报检索-高等学校-教材②化学工业-情报检索-高等学校-教材 Ⅳ.G252.7

中国版本图书馆CIP数据核字（2009）第101466号

责任编辑：徐雅妮　骆文敏　　　　　　文字编辑：糜家铃
责任校对：陶燕华　　　　　　　　　　　装帧设计：史利平

出版发行：化学工业出版社（北京市东城区青年湖南街13号　邮政编码100011）
印　　装：北京建宏印刷有限公司
787mm×1092mm　1/16　印张16½　字数433千字　2022年6月北京第2版第12次印刷

购书咨询：010-64518888　　　　　　　售后服务：010-64518899
网　　址：http://www.cip.com.cn
凡购买本书，如有缺损质量问题，本社销售中心负责调换。

定　　价：45.00元　　　　　　　　　　　　　　　　　　版权所有　违者必究

前　言

本书自 2004 年出版以来，每年印刷一次，得到化学化工专业师生及科技工作者的认可。

这次修订，除了介绍一些常用工具书的新版本、增加了一些工具书特别是新出版的工具书外，主要做了以下调整和更新。

1. 在《朗多尔特-博恩施泰因自然科学和技术中的数据和函数关系．新编》书目一览表中，补充了近几年新出版的卷、册，使此表成为目前化学化工类文献书籍中最新的书目表。

2. 将美国《化学文摘》单作一章介绍，而将其他国家的化学文摘，如德国《化学文摘》、俄罗斯《文摘杂志．化学》、日本《科学技术文献速报．化学·化学工业编》等另作一章介绍。

3. 将《国际博士论文索引》、《世界专利索引》作为一章介绍，而将反映世界科技论文水平的《科学引文索引》、《工程索引》、《科学技术会议录索引》及《科学评论索引》另作一章介绍。

4. 计算机检索内容共分三章，分别介绍计算机检索、搜索引擎和数据库，美国《化学文摘》CA on CD 及 SciFinder Scholar，以及 Beilstein/Gmelin 数据库 CrossFire。

计算机检索快速、便捷，具有很大的优势。但在没有条件通过数据库检索时，只能通过搜索引擎检索或手检，所以本书先介绍手检然后介绍机检。

5. 对全书各章的检索举例进行了调整、增删、修改和补充。特别介绍了从多种工具书检索同一课题，并给出原书的一些结果。其目的是增加直观性，使读者了解各工具书的著录格式，并对初次检索时可能遇到的问题予以解释。

介绍从多种工具书检索，一方面是为了相互参照、对比，以获得更多的、更全面的资料；另一方面是使读者得知可以有多种途径获取有关资料。

6. 本书指出了所遇到的某些工具书中的一些错误，并予以纠正，以免读者浪费时间和精力，同时也让读者了解到某些工具书中也会有错误之处，在参考、引用时要多加留意。

总之，通过这次修订，除了由浅入深、循序渐进地介绍重要常用工具书外，还通过检索举例将全书所介绍的一些工具书加以联系、贯通，最后实现获得原始文献，使本书成为适合化学、化工、材料、应化、冶金、药物、染料、香料、轻工、食品等相关专业学生学习与实践文献检索与利用的教材，成为从事上述领域科技工作者的参考书。

最后，真诚地欢迎读者对本书提出宝贵意见。

编　者
2009 年 4 月
于天津大学

第一版前言

国家教育部继 1984 年《印发〈关于在高等学校开设《文献检索与利用》课的意见〉的通知》后，1992 年又下达了《关于印发〈文献检索课教学基本要求〉的通知》，要求各校根据各专业的实际情况，参照《文献检索课教学基本要求》，制订相应的教学大纲。

在理工科中，由于化学化工类专业较其他专业文献资料数量庞大、种类繁多，文献检索难度也更大。

近二十余年已经出版了不少有关化学化工文献检索方面的书籍。一般来说，这些书籍作为工具书有很大的参考价值，但是作为"化学化工文献检索与利用"课的教材使用，尚有诸多不便之处，不尽适用。

编者根据多年讲授"化学化工文献检索与利用"课的经验，针对学生及青年科技工作者在化学化工文献检索时经常遇到的问题，按照《文献检索课教学基本要求》编写了本书。希望它作为该课程的教材，能够适用、得当。

本书按照检索的课题，由浅入深、从易到难地介绍最常用的检索工具书，最终落实到能顺利获得原始文献。并对检索中可能遇到的各种困难，逐一予以分析，指出解决途径。

在一般化学化工文献检索类的书籍中，对于美国出版的《化学文摘》均有较详细的介绍。但是对于也属甚为重要的《Gmelin 无机和有机金属化学手册》、《Beilstein 有机化学手册》、《Landolt-Börnstein》的介绍，则简略得多。毋庸置言，美国出版的《化学文摘》是检索化学、化工文献的权威性刊物。但从文献检索的角度来说，仅介绍此一种还是不够的。因为各种大型手册、专著中有着化合物的综合性资料，查阅起来比较便捷。考虑到后三者在化学化工文献中的重要作用，本书对它们均给予了足够的篇幅，并列出已出版的书目表，以便读者查阅，这是本书的特点之一。

在介绍完各类重要的工具书后，一般均给出几个检索实例。通过对这些实例的分析，对于了解有关工具书的内容及使用方法，会有很大帮助。特别是，有的例子还指出了如何从各种不同工具书中进行检索的方法，以求便于比较和开拓思路，这是本书的特点之二。

如何获得原始文献经常是检索的最终目的。可能遇到的问题是如何由期刊的缩写得知期刊的全称。特别是如何由俄文、日文等期刊的拉丁文音译回译到原始出处期刊的俄文、日文原文。本书较详细地叙述了解决这一问题的方法，这是本书的又一特点。

学好"化学化工文献检索与利用"课的关键是要多动手、多动脑、多动口，贵在实践。如果有一检索课题，仅是通过情报站的检索人员检索，由于专业上的问题，往往得不到很满意的结果。其次，也不能指望通过哪一种工具书就可解决所有问题。各工具书有各自的特点，所以要多种途径进行查找。还有，不可能有哪一本书能够解决检索中遇到的所有困难问题。这就要向有经验的从事文献检索的教师、研究人员、图书馆工作人员请教。

本书中所介绍的检索工具书多是国内各大图书馆、有关高等院校图书馆有所收藏的工具书，具有普遍意义。

本书引用了某些工具书中的个别内容，其目的只是为了介绍、解释和比较这些工具书，特此说明。

《文献检索课教学基本要求》说明此课时总学时为 30～50 学时，课堂教学与实习的比例为 (1:1) ～ (2:1)。但一般均达不到这一学时要求，实习的时间也远远不足。这一矛盾可通过读者自学和查找文献的实践来解决。

本书可作为化学、化工、材料、制药、石油、冶金等专业本科高年级学生及研究生"化学化工文献检索"课的教材，也可供有关科研工作者参考。

编者对天津大学理学院杨宏秀教授、化工学院马沛生教授给予作者编写本书时的关心和鼓励表示衷心的感谢。

由于编写《化学化工文献检索与利用》的难度非常大，编者的经验与学识均感不足，书中难免有许多不当之处，真诚欢迎读者提出宝贵意见。

编　者
2003 年 6 月
于天津大学

目 录

1 概述 ... 1
1.1 信息与情报，知识与文献 ... 1
1.2 文献检索的意义 ... 1
1.3 化学化工文献的种类 ... 2
    1.3.1 按文献的性质划分 ... 2
    1.3.2 按文献的原始性划分 ... 5
1.4 文献检索的一般原则 ... 6
1.5 文献检索时可能遇到的其他问题 ... 8
1.6 中国科技文献在世界上的地位 ... 14

2 物理化学数据手册 ... 16
2.1 无机化学命名法和有机化学命名法 ... 16
    2.1.1 无机化学命名法 ... 16
    2.1.2 有机化学命名法 ... 17
2.2 《CRC化学和物理手册》 ... 17
2.3 《兰氏化学手册》 ... 23
2.4 其他综合性物理化学数据手册 ... 28
2.5 其他化学化工数据手册 ... 29
2.6 检索举例 ... 32
    2.6.1 检索乙醇的闪点、自燃温度和爆炸极限 ... 32
    2.6.2 检索氯仿在不同温度下的黏度 ... 33

3 词典、专著、百科全书 ... 37
3.1 化合物制备手册、丛书 ... 37
    3.1.1 无机化合物制备手册、丛书 ... 37
    3.1.2 有机化合物制备手册、丛书 ... 38
3.2 化合物词典 ... 39
3.3 丛书、百科全书 ... 39
    3.3.1 无机化学 ... 39
    3.3.2 分析化学 ... 40
    3.3.3 有机化学 ... 41
    3.3.4 环境化学 ... 43
    3.3.5 化学工程 ... 43
3.4 检索举例 ... 44
    3.4.1 检索钛酸铅（$PbTiO_3$）的有关资料 ... 44

  3.4.2 检索三丁酸甘油酯的物性、制法等资料 ·· 46

4 《格梅林无机和有机金属化学手册》 ·· 49

4.1 Gmelin 系统号和最后位置原则 ·· 50
  4.1.1 Gmelin 系统号 ·· 50
  4.1.2 最后位置原则 ·· 50
4.2 正编，补编，附卷，新补编，有机金属化合物，专题，《铁冶金学》，
  索引卷等 ·· 51
  4.2.1 正编 ·· 51
  4.2.2 补编 ·· 51
  4.2.3 附卷 ·· 51
  4.2.4 新补编 ·· 52
  4.2.5 有机金属化合物 ·· 52
  4.2.6 专题 ·· 52
  4.2.7 《格梅林-杜雷尔铁冶金学》 ··· 53
  4.2.8 TYPIX 无机结构类型的标准化数据和晶体化学特征 ······················ 53
  4.2.9 索引卷 ·· 53
4.3 《Gmelin 手册》书目 ··· 53
  4.3.1 《Gmelin 手册》书目一览表 ·· 53
  4.3.2 对《Gmelin 手册》书目一览表的说明 ·· 69
4.4 《Gmelin 手册》中的索引 ··· 70
  4.4.1 《分子式索引》 ··· 70
  4.4.2 专题分子式索引 ·· 72
  4.4.3 有机金属化合物卷的索引 ·· 72
  4.4.4 系统号元素和化合物的索引 ·· 72
  4.4.5 《铁冶金学》主题索引 ··· 72
4.5 《Gmelin 手册》中的缩写 ··· 72
4.6 小结 ·· 73
4.7 检索举例 ·· 74
  4.7.1 检索不同温度、不同组成硝酸水溶液中 HNO_3 和 H_2O 的蒸气分压 ········· 74
  4.7.2 检索二乙氧基二丁基锡 $[(C_4H_9)_2Sn(OC_2H_5)_2]$ 的制备和性质 ············ 77
  4.7.3 检索 KCl-$PuCl_3$ 系统相图 ·· 79
  4.7.4 检索磷化氢（Phosphine）与丙烯腈（Acrylonitrile）之间的化学反应 ········· 80

5 《拜尔施泰因有机化学手册》 ·· 83

5.1 《Beilstein 手册》出版概况 ··· 83
  5.1.1 正编和补编 ··· 83
  5.1.2 索引 ·· 84
  5.1.3 《Beilstein 手册》出版卷册表 ··· 85
5.2 《Beilstein 手册》中化合物的分类 ·· 85
  5.2.1 无环、碳环和杂环化合物 ·· 85
  5.2.2 《Beilstein 手册》中的官能团 ··· 87
  5.2.3 索引化合物 ··· 87

5.2.4 官能团衍生物、取代产物和氧属元素同系物 …………………………… 90
5.3 最后位置原则和系统号 ………………………………………………………… 92
　5.3.1 最后位置原则 …………………………………………………………… 92
　5.3.2 系统号 …………………………………………………………………… 93
5.4 从《Beilstein 手册》检索化合物的步骤和方法 ……………………………… 93
　5.4.1 索引化合物的确定 ……………………………………………………… 93
　5.4.2 按"最后位置原则"检索 ……………………………………………… 95
　5.4.3 由索引检索 ……………………………………………………………… 96
5.5 著录格式 ………………………………………………………………………… 96
5.6 小结 ……………………………………………………………………………… 99
5.7 检索举例 ………………………………………………………………………… 101
　5.7.1 检索 16α,17-环氧-11α-羟基-孕-4-烯-3,20-二酮的制法和性质 ……… 101
　5.7.2 检索 2-乙酰氧基丙酸丁酯和 2-乙酰氧基丙酸辛酯在不同温度下的饱和蒸气
　　　　压和折射率等性质 ……………………………………………………… 103
　5.7.3 检索依布硒啉的资料 …………………………………………………… 107
　5.7.4 检索 5-氯-3-三氟甲基-[1,2,4]噻二唑 ………………………………… 110

6 《朗多尔特-博恩施泰因》表 …………………………………………… 115

6.1 概述 ……………………………………………………………………………… 115
6.2 第 6 版书目表 …………………………………………………………………… 115
6.3 新编书目表 ……………………………………………………………………… 116
　6.3.1 新编书目表 ……………………………………………………………… 116
　6.3.2 对新编书目表的说明 …………………………………………………… 127
6.4 索引 ……………………………………………………………………………… 128
6.5 检索举例 ………………………………………………………………………… 128
　6.5.1 检索 ZnS 的禁带宽度 …………………………………………………… 128
　6.5.2 检索二甲硫醚的键长和键角 …………………………………………… 130
　6.5.3 检索 $Ca(NO_2)_2$-H_2O 系统相图 ………………………………… 132

7 美国《化学文摘》 ………………………………………………………… 139

7.1 概述 ……………………………………………………………………………… 140
7.2 文摘的著录格式 ………………………………………………………………… 141
　7.2.1 期刊论文 ………………………………………………………………… 141
　7.2.2 专利 ……………………………………………………………………… 142
7.3 索引 ……………………………………………………………………………… 142
　7.3.1 作者索引（Author Index）……………………………………………… 142
　7.3.2 化学物质索引（Chemical Substance Index）………………………… 143
　7.3.3 普通主题索引（General Subject Index）……………………………… 143
　7.3.4 分子式索引（Formula Index）…………………………………………… 143
　7.3.5 专利索引（Patent Index）………………………………………………… 144
　7.3.6 索引指南（Index Guide）………………………………………………… 144
　7.3.7 化学文摘社资料来源索引（Chemical Abstracts Service Source Index）… 145
　7.3.8 化学文摘社登录号手册（Chemical Abstracts Service Registry Handbook）…… 146

- 7.3.9 环系索引（Index of Ring Systems） ……………………………………… 146
- 7.3.10 杂原子索引（Hetero Atom in Context Index） ……………………… 146
- 7.4 美国《化学文摘》的参考书 …………………………………………………… 146
- 7.5 检索举例 ………………………………………………………………………… 146
  - 7.5.1 检索 Cd-Hg（镉-汞）系统相图 ……………………………………… 146
  - 7.5.2 检索 $Ca(NO_2)_2$-$Ca(OH)_2$-H_2O 系统相图 ………………………… 149
  - 7.5.3 检索 1-乙基环戊醇的资料 …………………………………………… 151
  - 7.5.4 检索市售商品名万托林、化学成分硫酸沙丁胺醇药品的资料 ……… 152
  - 7.5.5 检索亚硝酸铵制造法的一项专利 ……………………………………… 154

8　其他国家的化学文摘　156

- 8.1 德国《化学文摘》 ……………………………………………………………… 156
- 8.2 俄罗斯《文摘杂志·化学》 …………………………………………………… 156
- 8.3 日本《科学技术文献速报·化学·化学工业编》 …………………………… 157
- 8.4 法国《文摘通报》 ……………………………………………………………… 158
- 8.5 中国化学化工方面的文摘 ……………………………………………………… 158
  - 8.5.1 中国化学方面的文摘 …………………………………………………… 158
  - 8.5.2 中国化工方面的文摘 …………………………………………………… 158
- 8.6 检索举例 ………………………………………………………………………… 158
  - 8.6.1 检索同一篇论文在美国、前苏联、日本三种化学文摘中的摘要 …… 158
  - 8.6.2 检索 $Ca(NO_2)_2$-$Ca(NO_3)_2$-H_2O 系统相图 ……………………… 160
  - 8.6.3 检索被美国《化学文摘》引用的原苏联《文摘杂志》的论文摘要 …… 162
  - 8.6.4 检索被《Beilstein 手册》引用的德国《化学文摘》中的论文摘要 …… 163

9　《国际博士论文文摘》、《世界专利索引》和我国相关的索引　166

- 9.1 《国际博士论文文摘》 ………………………………………………………… 166
- 9.2 《世界专利索引》 ……………………………………………………………… 166
- 9.3 《中国学位论文通报》和《中国专利索引》 ………………………………… 167
  - 9.3.1 《中国学位论文通报》 ………………………………………………… 167
  - 9.3.2 《中国专利索引》 ……………………………………………………… 167
- 9.4 检索举例 ………………………………………………………………………… 167
  - 9.4.1 检索关于甲苯和三氯乙烯降解的博士论文 …………………………… 167
  - 9.4.2 检索一篇有关噻吨酮光引发剂的专利 ………………………………… 169

10　《科学引文索引》、《工程索引》、《科学技术会议录索引》和我国的相关索引　174

- 10.1 《科学引文索引》 …………………………………………………………… 174
- 10.2 《工程索引》 ………………………………………………………………… 174
- 10.3 《科学技术会议录索引》 …………………………………………………… 175
- 10.4 《科学评论索引》 …………………………………………………………… 175
- 10.5 《中国科学引文索引》和《中国学术会议文献通报》 …………………… 175
  - 10.5.1 《中国科学引文索引》 ……………………………………………… 175
  - 10.5.2 《中国学术会议文献通报》 ………………………………………… 176
- 10.6 检索举例 ……………………………………………………………………… 176

10.6.1 检索一篇论文被引用的情况 …… 176
10.6.2 检索食品中汞的测定方面的文章 …… 179
10.6.3 检索一篇在国际会议上的论文 …… 180

11 电子计算机检索、搜索引擎及数据库 …… 182

11.1 计算机检索概要 …… 182
11.2 搜索引擎 …… 182
11.2.1 Google(谷歌)和 Google 学术搜索 …… 182
11.2.2 读秀学术搜索 …… 183
11.2.3 其他搜索引擎 …… 183
11.3 数据库 …… 183
11.4 检索举例 …… 184
11.4.1 检索青蒿素的合成 …… 184
11.4.2 检索 Cd-Hg 系统相图 …… 186

12 美国《化学文摘》的计算机检索 …… 191

12.1 CA on CD 和 SciFinder Scholar 数据库 …… 191
12.2 CA on CD …… 191
12.2.1 索引浏览式检索 …… 192
12.2.2 词条检索 …… 192
12.2.3 化学物质等级名称检索 …… 194
12.2.4 分子式检索 …… 194
12.2.5 其他检索途径 …… 194
12.2.6 检索结果的显示/标记/存储/打印 …… 194
12.3 SciFinder Scholar 数据库 …… 195
12.3.1 SciFinder Scholar 使用简介 …… 195
12.3.2 Explore 检索 …… 196
12.3.3 Locate 检索 …… 206
12.3.4 Browse 检索 …… 209
12.4 检索举例 …… 210
12.4.1 已知专利号使用 CA on CD 检索专利摘要 …… 210
12.4.2 已知 CAS 登录号使用 CA on CD 检索文献 …… 211
12.4.3 使用 CA on CD 检索 3-(4-羟基-3-甲氧基苯基)丙烯酸异丙酯的文献资料 …… 213
12.4.4 使用 SciFinder Scholar 检索采用 Suzuki 偶合反应制备取代联苯的专利 …… 214
12.4.5 通过 Scholar 的 Explore by Chemical Structure 检索与安定结构有关的化合物 …… 217
12.4.6 通过 Explore by Reaction 检索由相应的醇氧化成 α-氨基醛的反应 …… 219

13 CrossFire Gmelin/Beilstein 数据库 …… 222

13.1 概述 …… 222
13.2 启动 MDL CrossFire Commander 7.0 …… 222

- 13.3 客户端界面介绍 ·· 224
  - 13.3.1 选择数据库 ·· 224
  - 13.3.2 检索界面的使用 ··· 224
- 13.4 检索 ··· 229
- 13.5 检索结果的显示 ·· 230
  - 13.5.1 检索结果窗口的说明 ··· 230
  - 13.5.2 树状分支浏览(Tree View) ·· 231
- 13.6 检索结果的输出 ·· 231
- 13.7 检索举例 ·· 232
  - 13.7.1 检索 $Fe(CO)_5$ 的表面张力 ·· 232
  - 13.7.2 检索 $Ca(NO_3)_2$-H_2O 的相图 ··· 235
  - 13.7.3 检索有催化行为的乙二胺(或其衍生物)的钴络合物 ·························· 237
  - 13.7.4 检索氟西汀(Fluoxetine)的结构和合成途径 ································ 237
  - 13.7.5 检索由苯胺和甘油制备喹啉的方法 ·· 241

14 原始文献的查阅 ·· 243

- 14.1 杂志的缩写及其全称 ··· 243
- 14.2 俄文杂志 ·· 243
  - 14.2.1 俄文杂志拉丁字母音译法 ··· 243
  - 14.2.2 俄文杂志的英文译本 ··· 246
  - 14.2.3 俄文文献中俄文杂志的缩写 ··· 247
- 14.3 日文杂志 ·· 247
- 14.4 全国期刊联合目录 ·· 248
- 14.5 检索举例 ·· 249
  - 14.5.1 检索缩写为 Dokl. Akad. Nauk SSSR 的俄文杂志名称 ······················ 249
  - 14.5.2 检索 Annales de Chimie 杂志 1914 年卷 1 在我国哪家图书馆有收藏 ······ 250

参考文献 ·· 252

1 概述

人类社会进步的标志是生产力的提高,而生产力的提高又依靠文化教育的发展和科学技术的进步,科学上的发现和技术上的发明则又都是在前人经验的基础上继承和创新的结果。

1.1 信息与情报,知识与文献

科学技术发展史表明,人们进行的研究和创新均离不开对前人工作的借鉴和相互间的探讨。要了解所从事研究工作的过去和现状,就要掌握有关的情报和文献。

对消息的接受者来说,尚不知道的消息和报道被称为信息。信息的价值有所不同。对接受者来说,经过评价后有一定参考价值的最新信息被称为情报。因此,信息中含有情报,情报是信息中有价值的部分。

知识是人们在科研、生产和生活等实践中积累、总结出来的经验。将知识以文字、符号、图形、声音、影像等手段记录在不同的载体上,并保留下来就成为文献。文献的价值在于可传播,可供人们阅读。

保留文献的载体随着人类社会的进步而不断发展。如从古代的龟甲、牛骨、竹片、石头、青铜器、丝帛进展到中国四大发明之一的纸张,继而到近代的胶片,直到当代的磁带、光盘等。

情报来自多方面,诸如报纸、杂志、会议、通讯、调研、网络资源等。

如何从庞大的文献中查找自己所需要的资料就是"文献检索"课所要学习的内容。

1.2 文献检索的意义

人们在从事科学和技术研究中,首先要了解目前的状况,前人都做过哪些工作,取得了什么成绩,存在着哪些问题,然后才可制定课题方案,着手实施。而要了解这些情况,主要是要查阅有关资料,这就是文献检索。

检索是在众多文献资料中查找自己研究课题中所需要的、有参考价值的那些文献。视具体情况的不同,文献检索所遇到的问题是不同的。

就化学化工文献检索而言,可能只是查找简单数据,也可能是查找某一化合物的制法或某一类反应等。例如要检索的内容如下:

① 乙醇(Ethyl alcohol,Ethanol,C_2H_5OH)的闪点、自燃温度及与空气混合物的爆炸极限;

② 2-乙酰氧基丙酸丁酯(2-Acetoxy-propionic acid butyl ester)

$$CH_3-\overset{O}{\overset{\|}{C}}-O-\overset{CH_3}{\overset{|}{CH}}-\overset{O}{\overset{\|}{C}}-O-(CH_2)_3-CH_3$$

在不同温度下的饱和蒸气压和折射率;

③ 二甲硫醚[Dimethyl sulfide,$(CH_3)_2S$]的键长和键角;

④ 镉-汞(Cadmium-mercury,Cd-Hg)系统的相图;

⑤ 5-氯-3-三氟甲基-[1,2,4]噻二唑(5-Chloro-3-trifluoromethyl-[1,2,4] thiadiazole)

的制法;

⑥ 沙丁胺醇(Salbutamol),商品名万托林(Ventolin)

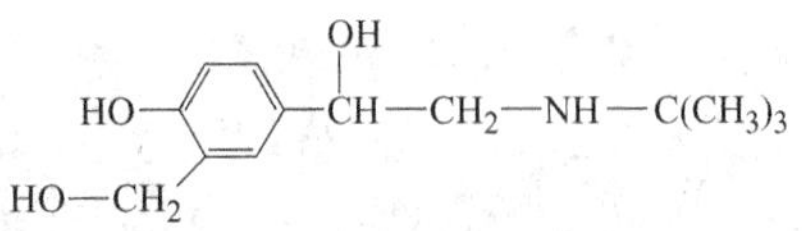

的制法和性质；

⑦ 16α,17-环氧-11α-羟基-孕-4-烯-3,20-二酮

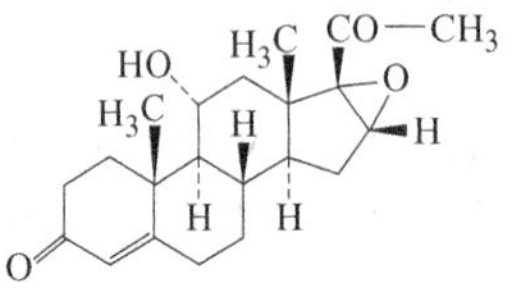

的制法和性质；

⑧ 青蒿素（Qinghaosu）

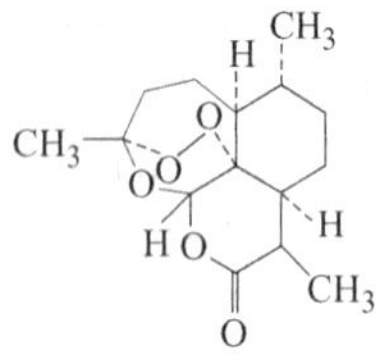

及二氢青蒿素（Dihydroqinghaosu）的衍生物：蒿甲醚（Artemether）、蒿乙醚（Arteether）、青蒿琥酯（Artesunate）的合成和性质；

⑨ 磷化氢（Phosphine，PH_3）与丙烯腈（Acrylonitrile，$CH_2=CH-CN$）之间反应

$$PH_3 + nCH_2=CH-CN \longrightarrow PH_{3-n}(CH_2CH_2CN)_n$$

$n=1,2,3$ 时的反应条件及产率；

⑩ 苯胺（Aniline）和甘油（Glycerine）制备喹啉（Quinoline）

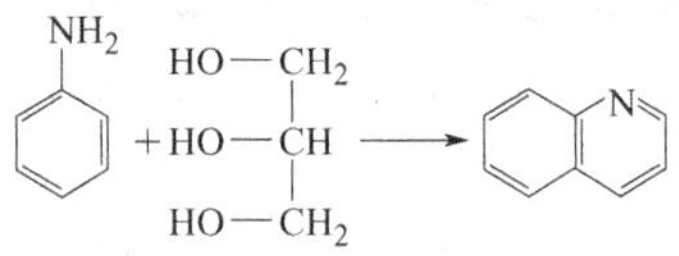

的方法。

这些问题将作为实例在本书中给出一些检索过程及结果。

对一个课题进行检索时，要根据检索对象的不同，查阅不同的文献资料。文献检索在科研工作中占有相当大的比重。如果不了解以前的工作和目前正在进行的工作，不能全面占有资料，就有可能造成不必要的浪费。即使在研究过程中，也还要不断地查阅最新的适时文献资料。

当然，如果察觉前人工作中可能有问题，需要进一步验证，需要做必要的重复工作，那就是另外一个问题了。

用国家教育部 1992 年《关于印发〈文献检索课教学基本要求〉的通知》中的话来说，"文献检索课是培养学生掌握利用图书文献、情报检索，不断提高自学能力和科研能力的一门科学方法课。"

1.3 化学化工文献的种类

化学化工文献的分类方法有多种，按文献的载体划分意义不大。下面介绍按文献的性质、文献来源的原始性的分类方法。

1.3.1 按文献的性质划分

按性质来划分，文献可分为期刊论文、会议论文、学位论文、专利、文摘和索引、专著、手册等。

(1) 期刊论文

期刊论文指的是发表在期刊杂志上的学术论文。这是化学化工文献中数量最大的一类，属于原创性论著。论文经过严格的评审后予以刊登。论文题目下是作者的姓名（包括工作单位及通讯地址）、论文摘要和关键词。论文内容一般包括引言（说明为何作此论文），实验部分（使用的仪器、药品、实验方法等），实验数据（用表、图、公式表示），分析讨论（在这里阐明作者自己的观点）及结论。重要期刊上非英文的论文原则上有英文摘要。

发表期刊论文的杂志种类繁多，定期出版。高等院校、科研院所的图书馆往往逐年订购与该部门专业有关的重要期刊或较为重要的期刊，多为专业性较强的期刊，因此，即使查知某篇论文刊登于某一杂志上，如果这是一种涉及其他专业的期刊，往往本单位也不一定

收藏。

学术论文中也包括一些研究简报、研究快报及研究评论。研究简报的篇幅较短。研究快报则是为了尽快发表，以便开展学术交流。快报所报道的内容，以后还会详细发表。而研究评论则是对某一领域进行阶段性的总结，阐述已取得的成就及存在的问题，并展望未来，带有综述性。研究评论篇幅较大，引用文献很多，作者多是这一领域的专家。

（2）会议论文

会议论文一般是指在重要的学术会议上宣读的论文，主要是指在国际会议上宣读的论文。这类论文的审查不如学术论文严格，但由于会议的专业性一般很强，论文集中反映当时国际上该领域的最新研究成果、进展情况及发展趋势。会议论文经补充修改后，多数还会在期刊上正式发表，故与会者可以比在期刊上更早地了解论文的内容。但会议论文集发行量往往不大，又不像期刊那样定期出版。所以，一般来说会议论文集在图书馆中收藏得很不完全。重要的国际会议论文可通过《科学技术会议录索引》（Index to Scientific and Technical Proceedings，简称 ISTP）查阅，中国会议论文可通过《中国学术会议文献通报》查阅。

（3）学位论文

学位论文主要是指博士生、硕士生毕业答辩前书写的论文。这类论文原始素材较多，实验分析、讨论等内容均较详细，参考文献较多。

学位论文文本印数有限，不公开发行，不易获得。国外学位论文可通过《国际学位论文文摘》（Dissertation Abstracts International，简称 DAI）查阅，我国学位论文可通过《中国学位论文通报》查阅。

（4）专利

专利是指技术领域里受保护的发明创造。发明人若对他的发明申请了专利并得到批准，这项发明在一定时期内就得到了法律的保护，其他单位和个人未经发明人同意而使用该项发明从事赢利目的，就属于侵权。只有在向发明人购买了这项专利后，才可以从事生产和销售。

世界上绝大多数国家和地区实行了专利制度。专利由专门机构如专利局定期发布。中国自实行专利制度以来，专利数量不断增长。通常所说查阅专利指的是其专利说明书。

专利可通过《世界专利索引》（World Patent Index，简称 WPI）查阅，我国专利可通过《中国专利索引》查阅。

（5）文摘和索引

由于期刊论文、会议论文、专利等均散见于各国发行的期刊、会议录、专利公告中，学位论文更难获得。从事某项科研的人员要想从中获得所需要的信息，即使花费大量的时间也是很困难的。

文摘和索引就是将上述原始资料加以提炼、归纳、分类编辑而成，以便于读者检索。文摘给出作者、题目、摘要及资料来源，而索引则无摘要。如果读者由文摘和索引中查到感兴趣的内容，需要进一步了解时，可以通过资料来源查阅原始文献。

① 文摘　现时最重要的化学化工文摘主要有：美国出版的《化学文摘》（Chemical Abstracts，简称 CA）；俄罗斯出版的《文摘杂志．化学》（Реферативный Журнал．Химия）；日本出版的《科学技术文献速报．化学·化学工业编》。这几种文摘所收集的化学化工文献均是世界性的。

我国还没有编辑世界性化学化工文献资料的中文化学文摘，只编有《中国化学化工文摘》。

此外各国还出版有各种专业性的文摘，如美国的《石油文摘》（Petroleum Abstracts）、《农药文摘》（Pesticides Abstracts）及我国的《分析化学文摘》等。

② 索引　这里指的是一类刊物，即论文索引❶。这种索引只有论文作者、题目及来源等，没有论文摘要。著名的索引有《科学引文索引》（Science Citation Index，简称 SCI）、《工程索引》（The Engineering Index，简称 EI 或 Ei）、《科学技术会议录索引》（Index to Scientific and Technical Proceedings，简称 ISTP）、《科学评论索引》（Index to Scientific Reviews，简称 ISR）。

这就是统称的四大索引。此四大索引收录当时国际上科学技术最高水平的论文，是评价各国科技水平的检索刊物。由于科学评论的文章相对很少，故常用前三种索引作统计的依据。

《工程索引》虽然叫做索引，但实际上是文摘，因为有论文摘要。

(6) 词典、手册、专著、百科全书

期刊论文、会议论文、学位论文及专利等经过归纳和分类编成文摘，这就为检索提供了方便。但文摘是一种按期出版的连续出版物，各种反应、性质及物质仍散见于各期文摘中，读者在查阅时，先要通过文摘的索引（主题索引、化合物索引、分子式索引）查到文摘，然后再查阅原文。欲对某种反应、某种性质、某一化合物有一全面占有，费时甚多。词典、手册、专著、百科全书就是将文献按不同需要综合归纳的出版物。

① 词典　这里所说的词典，不是通常查阅单字的写法、读音、组词、释义的语言类词典，而是指化合物词典。这类词典以化合物为条目，介绍化合物的分子式、结构式、主要物理性质、制备方法、化学性质和应用等。中型或大型词典还有参考文献。这类词典如《无机化合物词典》（Dictionary of Inorganic Compounds）、《有机金属化合物词典》（Dictionary of Organometallic Compounds）、《有机化合物词典》（Dictionary of Organic Compounds）及《天然产物词典》（Dictionary of Natural Products）等。

② 手册　通常是指篇幅不大，查阅物性数据、试剂、实验、操作等使用方便的工具书。手册的种类很多，有综合性的，也有专科性的。比较常用的有《CRC 化学和物理手册》（CRC Handbook of Chemistry and Physics）、《兰氏化学手册》（Lange's Handbook of Chemistry）、《分析化学手册》（中文）、《佩里化学工程师手册》（Perry's Chemical Engineer's Handbook）及《化学工程手册》（中文）等。

此外，《格梅林无机和有机金属化学手册》（Gmelin Handbook of Inorganic and Organometallic Chemistry）、《拜尔施泰因有机化学手册》（Beilstein Handbook of Organic Chemistry）虽然也称为手册，但这两套巨型手册已远远超出手册的范畴，这两套手册收集了编辑时已知的所有化学物质及它们的物理性质和化学反应。两手册是最全面的权威性巨著，在一般手册专著中查不到的化合物（当然不包括手册出版后发现或合成的新化合物），均可望在这两套手册中查到。因此，一些化学化工文献检索方面的书籍将它们译作大全，也是有道理的。本书仍按原文书名译作手册❷。

③ 专著　专著是就某一专题（如某类化合物、某类反应、某类方法、某类操作，甚至某一物质、某一性质）编写的专门性著作。这类著作针对性强，涉及面较窄，但论述深入，专著均附有参考文献。专著种类繁多，查阅资料时通过阅读专著可以了解概况，确认是否有必要进一步查阅原始文献。

④ 百科全书　百科全书是一种大型丛书。内容涉及该领域的各个方面，篇幅一般在一二十卷，或者更多。正文由主题词组成，行文围绕主题逐一展开论述。百科全书内容丰富，

---

❶ 单独成册的出版物，不是指文摘、手册、专著内设的索引。

❷ 这两套手册初版时因篇幅不大，当时称为手册。现在虽然化合物越来越多，篇幅越来越大，但仍沿用原书手册的名称。

覆盖面广，文字精练，图、表、公式引用得当。如《化学反应百科全书》(Encyclopedia of Chemical Reactions)、《有机合成试剂百科全书》(Encyclopedia of Reagents for Organic Synthesis)、《柯克-奥斯默化工百科全书》(Kirk-Othmer Encyclopedia of Chemical Technology) 及《乌尔曼工业化学百科全书》(Ullmann's Encyclopedia of Industrial Chemistry) 等。

(7) 标准及其他

除了上面讲到的期刊论文、会议论文、学位论文、专利、文摘、索引、词典、手册、专著、百科全书外，还有其他的文献，如标准、科技报告等。

标准是政府职能部门制定的、要求有关从业人员共同遵守的统一规定。按种类分为基础标准、产品质量标准、方法标准等。标准的适用范围分为国际标准（International Organization for Standardization，简称 ISO）❶ 和国家标准，后者如中国国家标准（GB，为汉语拼音 Guojia Biaozhun 的简称）、日本工业标准（Japanese Industrial Standard，简称 JIS）、德国工业标准（Deutsche Industrie Norm，简称 DIN）、原苏联工业标准（Государствиный Общесоюзный Стандарт，简称 ГОСТ）等。

中国除了国家标准以外，还有部颁标准、行业标准、地方标准和企业标准等。标准每隔一定时间还要修订。

中国国家标准 GB 3100～3102—93《量和单位》就是基础标准。这里包括了三个标准，即 GB 3100、GB 3101 和 GB 3102。93 是 1993 年的简写，代表标准发布年份。这个标准规定了物理量的名称、符号和单位。

国际标准如 ISO/R 9—1968 (E)，其中 R 代表 Recommendation（推荐）；1968 是修订年份，代替 1954 年的标准；(E) 中的 E 代表 "英文（English）"。此标准名称为《International System for the Transliteration of Slavic Cyrillic Characters》（斯拉夫西里尔字母音译的国际体系）。这一标准给出了将现代俄文及乌克兰文、白俄罗斯文、塞尔维亚文、马其顿文和保加利亚文字母音译成拉丁字母的原则。

其他文献如美国的 PB 报告、AD 报告、NASA 报告等。PB 报告由美国出版局（Office of the Publication Board）整理第二次世界大战时德、日、意、奥的科技资料，编号时冠以 PB 字样；AD 报告是美国武装部队技术情报局（Armed Services Technical Information Agency，简称 ASTIA）整理美国国防系统文献，称为 ASTIA Documents，编号时冠以 AD 字样；NASA 报告是美国国家航空航天局（National Aeronautics and Space Administration，简称 NASA）发表的技术报告。这些技术报告可以通过美国《政府报告通报与索引》(Government Reports Announcements and Index，简称 GRAI) 检索。

1.3.2 按文献的原始性划分

前面叙述的散见于期刊中的期刊论文，以及各种会议的会议论文、各国的专利等，经过整理分类、归纳、汇集成文摘、索引、手册、专著等发表，于是就出现了文献来源的原始性问题。

一般把期刊论文、会议论文、学位论文、专利等第一次发表的论文称为一次文献，一次文献即原始文献。

把根据一次性文献编排的文摘、索引、手册、专著等称为二次文献。前面提到的美国、俄罗斯、日本的三大化学文摘、《工程索引》、《格梅林无机和有机金属化学手册》、《拜尔施泰因有机化学手册》、收集数据最全的《朗多尔特-博恩施泰因自然科学和技术中的数据及函

---

❶ International Organization for Standardization 中译文为国际标准化组织。国际标准均冠以 ISO。

数关系．新编》（Landolt-Börnstein Zahlenwerte und Funktionen aus Naturwissenschaften und Technik. Neue Serie）及各种专著等均属于二次文献。

把根据二次文献编写的数据手册等称为三次文献。如前面提到的《CRC 化学和物理手册》、《兰氏化学手册》等均属于三次文献。

当然，有些属于二次文献的专著中也含有著者以前未发表的内容，属于三次文献的手册中有的也引用一次文献，但总的来说，专著属于二次文献，一般的数据手册属于三次文献。

应该说，就数据等资料而言，一次文献应更可靠，因为二次文献、三次文献在转引过程中难免有错。例如《拜尔施泰因有机化学手册》就有很多勘误。有时一次文献有错，后来加以勘误。二次文献若能改正一次文献的错误，那是最好的。

1.4 文献检索的一般原则

自 19 世纪以来，世界科学技术取得了很大进展，文献资料的数量急剧增加。近几年仅在《科学引文索引》（SCI）、《工程索引》（EI）和《科学技术会议录索引》（ISTP）这三大著名索引中收录的国际重要科技期刊及会议上的论文，每年就在 200 万篇以上；如果考虑到还有很多非重要的科技期刊和会议上的论文，可以得知每年发表的科技论文数量是惊人的。因此，对于没有任何检索经验的学生而言，要由如此庞大的文献资料中找到与所研究课题有关的文献资料，犹如大海捞针，无从下手；而要系统全面地检索一切有关资料，其难度可想而知。

高等院校的高年级学生及研究生，在做研究工作之前查阅资料时，首先应当在导师的指导下了解都有哪些工具书、它们的特点及使用方法，以使尽快地熟悉和掌握文献检索的方法和技巧。为此，国家教育部在 1984 年发出通知要在高等学校开设文献检索与利用课，1992 年又下达了《文献检索课教学基本要求》，把文献检索与利用课列为教学内容。

20 世纪 50 年代，我国出版了第一本中文化学文献检索的参考书《化学文献提要》[1]，全书仅 78 页，内容包括期刊杂志，文摘杂志，综论及丛刊，专利简介，字典、辞典及大型参考书，以及文献的查阅，共六部分。此书对帮助我国化学工作者进行文献检索起到了很大作用。

1978 年我国改革开放以来，随着高等教育和科学技术研究的发展，出版了很多化学化工文献检索类的书籍，篇幅均达三四百页。如余向春编著的《化学文献及查阅方法》[2]，邹荫生等编的《化学化工文献实用指南》[3]，倪光明、宫庆章主编的《化学文献检索与利用》[4]，王正烈、王元欣编著的《化学化工文献检索与利用》[5]，王荣民主编的《化学化工信息及网络资源的检索与利用》[6]等。

国外也有很多介绍化学文献检索方面的书籍，如梅隆编的《化学出版物．其种类和使用》[7]，博特尔《化学文献的使用》[8]，后者已译成中文[9]。

如何着手检索与研究课题有关的文献资料，要看检索内容的性质和要求。课题所涉及的内容是多种多样的，在"1.2 文献检索的意义"中已列举了 10 个例子。主要是纯物质或混合物的各种物性数据，特别是化合物的制备、分离和提纯以及化工设备等。

物质的物性数据是在研究工作中经常遇到的。物性数据分为宏观数据和微观数据。宏观数据如熔点、正常沸点、临界常数、不同温度下的饱和蒸气压、体积质量（密度）、折射率、黏度、质量定压热容（比定压热容）、热导率（导热系数）、摩尔蒸发焓、化学反应平衡常数、水溶液中酸和碱的解离常数、难溶盐的溶度积、在不同溶剂中的溶解度等；微观数据如分子的偶极矩、键长、键角和键能等。

以物质的沸点为例。如果检索重要化合物的正常沸点（即在外压 $p=101.325kPa$ 下的沸点），可以查阅一般的化学手册。因为重要化合物的基础数据已经被很多学者反复测定过，测定的结果已经非常接近，所以手册中给出了精选值，且不同手册给出的值均相同或相近。

若检索不常见化合物的正常沸点,检索化合物在不同外压下的沸点或在不同温度下的饱和蒸气压,这在一般手册中多未列出,则可查阅《格梅林无机和有机金属化学手册》和《拜尔施泰因有机化学手册》,或收集数据最全面的《朗多尔特-博恩施泰因自然科学和技术中的数据及函数关系,新编》。前两种手册是以化合物为条目给出实验数据。后者则是按数据的种类将化合物的数据以表格、曲线或公式的形式列出,且给出不同作者的结果。例如在新编第Ⅳ辑卷 20(NS Ⅳ/20❶)中就给出了化合物的蒸气压及安托万(Antoine)常数。该卷已出版了三个分卷,分别出版于 1999~2001 年,数据较新。

有的手册也以表格的形式列出一些常见化合物在某几个确定外压,如在 1mmHg、5mmHg、10mmHg、20mmHg、40mmHg、60mmHg、100mmHg、200mmHg、400mmHg、760mmHg❷下的沸点值,这些数值应当是编者根据实验数据整理后得出的值。

马沛生著《化工数据》中的第三章蒸气压介绍了有关蒸气压的工具书、蒸气压方程及蒸气压的估算方法。

对于少数极重要的物质,如水的性质已经测定得很精确。水在不同温度下的饱和蒸气压(按温度排列)和在不同压力下的沸点(按压力排列)可查阅《朗多尔特-博恩施泰因物理、化学、天文、地球物理和技术的数据和函数》卷Ⅳ第 4 分卷 a 册(Ⅳ/4a)量热技术、均匀物质的热力学性质中的"水和水蒸气的热力学性质"(德文 Thermodynamische Eigenschaften von Wasser und Wasserdampf)表,最好查阅专门性手册如尹家骙等编的《水和水蒸气热力性质图表》第二版(北京:高等教育出版社,1995)和范仲元编的《水和水蒸气热力性质图表》(北京:中国电力出版社,1996)。一些国家也出版有这种图表。表中除了温度和饱和蒸气压数据外,还有饱和液体和饱和蒸气的比体积、比焓、比熵、不同温度下的比蒸发焓以及温-熵图和莫里尔(Mollier)焓-熵图。

如果要对某一物质的蒸气压与温度的关系进行研究、测定,以建立蒸气压方程,这时不仅要从手册、专著中检索,而且还要从化学文摘甚至现刊中全面检索前人测定的结果,并查阅原始文献,了解他们都采用了哪种测定方法,使用何种仪器,样品的来源及纯度等。

化合物的制备方法也是常遇到的检索内容。重要化合物的制备可查阅《无机化合物合成手册》、《无机制备化学手册》、《默克索引》(The Merck Index)、《药物生产百科全书》(Pharmaceutical Manufacturing Encyclopedia)、《无机合成》(Inorganic Synthesis)❸、《有机合成》(Organic Syntheses)❸等。这些工具书给出化合物的制备方法,大部分都很详细,并且经过验证,方法可靠,同时给出参考文献。

最重要的一些化合物的生产已有专著,如侯德榜著的《制碱工学》(北京:化学工业出版社,1959)和大连化工研究设计院主编的《纯碱工学》第二版(北京:化学工业出版社,2004),如赵建军主编的《甲醇生产工艺》(北京:化学工业出版社,2008)等。

常见的化合物可以查阅化合物词典,如《无机化合物词典》、《有机化合物词典》和《天然产物词典》等。这类词典以化合物为条目,列出化合物制备、性质等的原始文献,但并不给出制备的方法,需要读者通过阅读原始文献解决。

对于没有列入前述工具书中的化合物,则可通过《格梅林无机和有机金属化学手册》和《拜尔施泰因有机化学手册》检索。这两套手册收集了出版时已发现化合物的各种制备方法,均列出原始文献。但由于前者有几种元素的化合物出版于 20 世纪的 30~40 年代,后者无环

---

❶ 卷别代码见本书第 6 章,卷名为 Vapor Pressure of Chemicals(化学制品的蒸气压)。

❷ mmHg 是非 SI 制单位。$1mmHg = \frac{101325}{760} Pa \approx 133.3224 Pa$。

❸ 《无机合成》和《有机合成》均不是期刊,而是丛书,不定期出版。

化合物、碳环化合物只收集到 1959 年，而杂环化合物只收集到 1979 年，所以在查阅了这两套手册后，还应再查阅《化学文摘》。

对于专门从事化合物制备生产的研究人员来说，除了通过上述工具书检索外，还需要查阅原始文献及现刊，以便完整全面地获得资料。

计算机检索具有便利快捷的优点。一些工具书如《默克索引》就附有光盘。美国的《化学文摘》(CA) 除了纸质印刷版外，有光盘 CA on CD、CI on CD，还有网络 SciFinder Scholar。CrossFire Beilstein/Gmelin 数据库不仅包括《拜尔施泰因有机化学手册》和《格梅林无机和有机金属化学手册》的内容，还有最新的文献资料。《朗多尔特-博恩施泰因自然科学和技术中的数据及函数．新编》中的资料也可以通过网络检索。其他的各种数据库很多。期刊论文还可以链接。所以，有条件的单位应充分利用计算机检索。

1.5 文献检索时可能遇到的其他问题

(1) 所需书刊图书馆中未收藏

从事文献检索的研究生及科技研究人员，在检索时通常首先去所在单位的图书馆、资料室，其次去兄弟单位或所在城市的图书馆、情报所。但经常会遇到自己想要使用的工具书或原始文献在图书馆并未入藏的情形。

如果某种工具书缺藏，则可到与之类似的其他工具书中查找。我们在后面的例子中将会看到。

如第 6 章中检索亚硝酸钙 [Calcium nitrite, $Ca(NO_2)_2$] 在不同温度下水中的溶解度，可以在《CRC 化学和物理手册》、《兰氏化学手册》、《国际评选数据表》、《新无机化学全书》、《格梅林无机和有机金属化学手册》、《朗多尔特-博恩施泰因物理、化学、天文、地球物理和技术的数据及函数》，两部专门收集溶解度数据的手册以及搜索引擎谷歌 (Google) 中查到。

这些资料中共给出四组数据，后面还要加以讨论。

其中有两篇原始文献分别载于 1914 年和 1937 年的法国《化学年报》(Annales de Chimie) 上。若所在单位没有时，可由《全国西文期刊联合目录》或通过网络得知在国内哪家图书馆收藏有这两年的该杂志，通过馆际互借或原文传递解决，见第 14 章。

(2) 化合物名称中遇到的问题

一些化合物由于种种原因常有不同的名称，甚至有些元素也是如此。

如第 41 号元素铌 (Niobium) 符号 Nb，早期曾被称为钶 (Columbium) 符号 Cb；第 43 号元素锝 (Technetium) 符号 Tc，早期曾被称为钨 (Masurium) 符号 Ma。

化合物特别是有机化合物，往往既有系统名，又有同义词 (Synonym)，而且不止一种。系统名也会因命名规则的改变而变化。如重要化合物 1,3-丁二烯 (1,3-Butadiene) 过去称为丁二烯-1,3(Butadiene-1,3)。

化合物如 (R^*,S^*)-1,3-Bis (1-methyl-2-pyrrolidinyl)-2-propanone [(R^*,S^*)-1,3-双 (1-甲基-2-吡咯烷基)-2-丙酮]，其同义词为 Cuscohygrine❶ (古柯叶碱)，此化合物还有另一个同义词 Belladine (颠茄定)。

关于金刚烷的英译名问题则较为复杂。

金刚烷是指如下化合物：

---

❶ 亦拼作 Cuskhygrine。中文尚译作红古豆碱。

分子式为 $C_{10}H_{16}$，系统名为 Tricyclo [3.3.1.1^{3,7}] decane（三环 [3.3.1.1^{3,7}] 癸烷）。

将此多环烃切断3次可转变成开链化合物，故称为三环。共10个碳且均饱和，故为癸烷。为了区分不同结构的三环癸烷❶，还要在方括号中用数字依次标出主环的两支、主桥和次桥上碳原子的个数。取编号为1和5的两个碳原子为两个桥头，从桥头1至桥头5，主环的两支上各有3个碳原子（编号2、3、4和编号6、7、8），主桥上有1个碳原子（编号9），次桥上有1个碳原子（编号10），这个次桥连接在编号为3、7的碳原子上，故方括号为[3.3.1.1^{3,7}]。括号内的碳原子个数从大到小顺序排列。

罗海臣、胡友信主编的《汉英科技大词典》[10]中，金刚烷对应的英文名有两个，即 Adamantane 和 Diamantane。王同亿主编的《英汉科技词汇大全》[11]及清华大学外语系《英汉科学技术词典》编写组编的《英汉科学技术词典》[12]对 Adamantane 和 Diamantane 均译作金刚烷。将 Adamantane 译作金刚烷没有问题，而 Diamantane 译作金刚烷却不够严谨。因为 Diamantane 早期也曾是金刚烷的名称，现已不再应用，而是专指如下化合物：

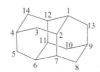

此化合物的分子式为 $C_{14}H_{20}$，系统名为 Pentacyclo [7.3.1.1^{4,12}.0^{2,7}.0^{6,11}] tetradecane（五环 [7.3.1.1^{4,12}.0^{2,7}.0^{6,11}] 十四烷），按上述碳原子编号，根据多环烃的命名原则，即得出这一化合物的如上名称。金刚烷类化合物是一系列的化合物，第1个化合物即 Adamantane（金刚烷），第2个化合物即以上化合物 Diamantane，以下还有 Trimantane，Tetramantane 等。据此，应当将 Diamantane 译作双金刚烷，Trimantane 译作三金刚烷，Tetramantane 译作四金刚烷。冯成混主编的《法汉化学化工词汇》[13]即将 Adamantane 译作金刚烷，将 Diamantane 译作双金刚烷，都是正确的。

美国《化学文摘》对双金刚烷给出的名称以萘作为母体，称为 Decahydro-3,5,1,7-[1,2,3,4]butanetetraylnaphthalene。其中 butanetetrayl 代表丁四基 —CH$_2$—CH—CH—CH$_2$—，故化合物的中译名为：十氢-3,5,1,7-[1,2,3,4]丁四基萘。3.5.1.7 是萘中碳原子的编写。

此化合物还有另一名称 Congressane，《英汉·汉英化学化工词汇》第2版（英汉部分）[14]将 Congressane 译作会议烷，我们考虑到它曾是1963年7月在伦敦召开的第 XIX 届国际纯粹和应用化学联合会的会标及词尾-ane，故建议将其译作"会标烷"[5]。

关于这两个化合物名称的详细讨论可见《化学化工文献检索与利用》第1版[5]。

有的化合物的中文译名还不一致，需要时日逐渐规范。如香料 Damascenone 及其两种二氢化合物 α-Damascone、β-Damascone：

这三种化合物的中文译名就是如此。

Damascenone 在《英汉化学化工词汇》第4版[15]和《汉英化学化工词汇》[16]中译作大

---

❶ 如还有 Tricyclo [4.2.2.0^{2,5}] decane 等。

马烯酮,而《英汉·汉英化学化工词汇》第 2 版[14]中则将其译作大马酮,Damascone 在《英汉化学化工词汇》第 4 版[15]和王同亿主编《英汉科技词天》[17]中译作二氢大马酮,而在一些论文[18]中则称为大马酮。那么大马酮的英文名对应 Damascenone 还是 Damascone 呢? 我们认为,考虑到 Damascone 比 Damascenone 多两个氢以及两个单词的词尾,宜将 Damascenone 译作大马烯酮,而将 Damascone 译作大马酮,即认为论文 [18] 的译法是正确的。

α-Damascone 还有以环己烯为母体的系统名 6-(2-Butenoyl)-1,5,5-trimethylcyclohexene [6-(2-丁烯酰基)-1,5,5-三甲基环己烯] 和以丁烯酮为母体的系统名 1-(2,6,6-Trimethyl-2-cyclohexen-1-yl)-2-buten-1-one[1-(2,6,6-三甲基-2-环己烯-1-基)-2-丁烯-1-酮];β-Damascone 则有相应的系统名 2-(2-Butenoyl)-1,3,3-trimethylcyclohexene[2-(2-丁烯酰基)-1,3,3-三甲基环己烯] 和 1-(2,6,6-Trimethyl-1-cyclohexen-1-yl)-2-buten-1-one[1-(2,6,6-三甲基-1-环己烯-1-基)-2-丁烯-1-酮]。

(3) 量和单位的名称、符号

为了避免由于各国使用不同的量和单位造成的交流不便,国际标准化组织(International Organization for Standardization,简称 ISO)规定,从 1970 年起所有国际标准必须采用国际单位制(法文 Le Système International d'Unités,英文 International System of Units,简称 SI 制)。我国于 1977 年宣布采用 SI 制,并制订了标准[19]。标准几经修改,现在执行的是 1993 年修订的国家标准 GB 3100～3102—93 《量和单位》(Quantites and Units)[20]。这些标准与相应的国际标准是等效的。

标准规定:物理量的符号用斜体印刷,单位的符号用正体印刷;量的符号在需要用下标加以区别时,对其他物理量也用斜体,否则用正体❶,还要注意符号的大小写。

例如:体积 V,单位为 m^3;摩尔体积 V_m,单位为 m^3/mol;热容 C、定压热容 C_p、定容热容 C_V,单位为 J/K;摩尔定压热容 $C_{p,m}$、摩尔定容热容 $C_{V,m}$,单位为 $J/(mol \cdot K)$;质量比热容 c、质量定压比热容 c_p、质量定容比热容 c_V,单位为 $J/(kg \cdot K)$。而正体 V 则为电压、电动势的单位伏特,正体 C 则为电荷单位库仑。

标准也规定了某些物理量可使用两种符号,如摄氏温度可使用 t 或 θ,表面张力可使用 γ 或 σ。

然而,在没有严格贯彻 SI 制的书刊及三四十年前的文献中,会遇到现在不用的量的名称、符号和单位。如相对原子质量(relative atomic mass,符号为 A_r)和相对分子质量(relative molecular mass,符号为 M_r),过去分别称为原子量(atomic weight)和分子量(molecular weight)。亥姆霍兹(Helmholtz)自由能或亥姆霍兹函数 A 或 F,曾被称为自由能(free energy),而吉布斯(Gibbs)自由能或吉布斯函数 G 被称为自由焓(free enthalpy),亦被称为自由能,符号也曾用过 F[21]。

经常遇到的是压力 p、热量 Q 的已停止使用的单位及不再使用的华氏度(degree Fahrenheit,℉)。

压力的符号是 p,而有的书刊曾用过 P。压力的 SI 制单位是帕斯卡(Pa),但仍有人使用标准大气压 [standard atmosphere, atm, 1atm=101.325kPa (准确值)] 和约定毫米汞柱 (conventional millimetre of mercury, mmHg) 或托 (Torr),$1mmHg=1Torr=\frac{1}{760}atm$(准确值)$=133.3224Pa$[20]。

热量的单位与功的单位相同,均用焦耳(J)。但过去长期使用卡(cal),且还分为 15℃ 卡(15℃ calorie,cal_{15},$1cal_{15}=4.1855J$),国际蒸气表卡(International Steam Table calo-

---

❶ 溶液的 pH 用正体,这是物理量不用斜体的例外[20]。

rie，简称 I. T. calorie，cal_{IT}，$1cal_{IT}=4.1868J$），热化学卡［thermochemical calorie，cal_{th}，$1cal_{th}=4.184J$（准确值）］[20,22]。此外，还使用过英制热单位（British thermal unit，符号 Btu，$1Btu=1055.056J$）[20]。

华氏温度（Fahrenheit temperature）t_F 与摄氏温度 t 和热力学温度 T 的换算关系[20]为

$$\frac{t_F}{°F}=\frac{9}{5}\frac{t}{°C}+32=\frac{9}{5}\frac{T}{K}-459.67$$

20 世纪 90 年代初，热力学标准态的压力由过去的 101.325kPa（即 1atm）改变为 100kPa。这一标准态压力的改变对各种热力学函数值有的没有影响，有的影响甚微（小于实验误差），有的则稍大，故在严格计算时不容忽略。影响稍大的有气态物质的标准摩尔熵（$S_m^\ominus$）、气态物质化学计量数❶之和 $\sum_B \nu_{B(g)} \neq 0$ 的标准摩尔反应吉布斯函数 $\Delta_r G_m^\ominus$（包括标准摩尔生成吉布斯函数 $\Delta_f G_m^\ominus$）。

对气态物质标准摩尔熵的影响为：

$$S_m^\ominus(p^\ominus=100kPa)=S_m^\circ(p^\circ=101.325kPa)+0.1094 J/(mol \cdot K)$$

式中，$S_m^\ominus(p^\ominus=100kPa)$ 为标准压力 $p^\ominus=100kPa$ 下的摩尔熵值，$S_m^\circ(p^\circ=101.325kPa)$ 为标准压力 $p^\circ=101.325kPa$ 下的摩尔熵值。这里我们用符号 $\ominus$ 和 $\circ$ 区分这两种不同的标准态。

对 $\sum_B \nu_{B(g)} \neq 0$ 的标准摩尔反应吉布斯函数有：

$$\Delta_r G_m^\ominus(p^\ominus=100kPa)=\Delta_r G_m^\circ(p^\circ=101.325kPa)-\sum_B \nu_{B(g)} RT\ln(p^\circ/p^\ominus)$$

在 25℃下为：

$$\Delta_r G_m^\ominus(p^\ominus=100kPa,25℃)=\Delta_r G_m^\circ(p^\circ=101.325kPa,25℃)-0.03263\sum_B \nu_{B(g)} \text{ kJ/mol}$$

$\Delta_r G_m^\ominus$ 的改变必然影响到 $\sum_B \nu_{B(g)} \neq 0$ 的标准平衡常数及标准电极电势。对标准平衡常数的影响为：

$$K^\ominus(p^\ominus=100kPa)=K^\circ(p^\circ=101.325kPa)\times 1.01325^{\sum_B \nu_{B(g)}}$$

对除标准氢电极以外的电极电势的影响为：

$$E^\ominus(p^\ominus=100kPa)=E^\circ(p^\circ=101.325kPa)+\sum_B \nu_{B(g)}(RT/zF)\ln(p^\circ/p^\ominus)$$

式中，z 为电极反应得失电子的个数。在 25℃为：

$$E^\ominus(p^\ominus=100kPa)=E^\circ(p^\circ=101.325kPa)+0.3382(\sum_B \nu_{B(g)}/z)mV$$

这方面的讨论见有关资料[23]。

所以读者在遇到非 SI 制单位的数据时，可按照工具书中表列的换算因子进行换算。而对标准压力改变前的热力学函数值，可根据要求考虑是否换算。

最后，讲一下表示液体饱和蒸气压与温度函数关系的安托万（Antoine）方程，用以说明对数中的物理量应如何表示。此方程通常表示为：

$$\ln p = A - \frac{B}{t+C}$$

---

❶ 对于化学反应 $aA+bB \rightleftharpoons yY+zZ$，写成如下形式：
$$0=-aA-bB+yY+zZ$$
或
$$0=\nu_A A+\nu_B B+\nu_Y Y+\nu_Z Z$$
ν 即为化学计量数。化学计量数对反应物为负值，对产物为正值。

式中，t 可用 T 代替，ln 可用 lg 代替。当然这时或 C 或 A 或两者的值与原来的不同。

这里有两个问题：一是 t 的单位为℃，$t+C$ 为一有单位的数加一纯数；二是公式中 p 的单位是什么，若是非 SI 制单位，则可能是 atm 或 mmHg；若是 SI 制单位，则可能是 Pa 或 kPa。

《量和单位》规定：指数、对数和三角函数等函数中的变量，都是数、数值或量的量纲一的组合[20]。所以公式中的 p 用压力值代入是不合适的。有的作者则在公式后或说明中注明 p 的单位。按照标准，安托万公式的上述形式应表示成：

$$\ln(p/\text{Pa}) = A - \frac{B}{t/\text{℃}+C}$$

当然式中（p/Pa）也可以用（p/kPa）表示，但 A 值则不同。

标准规定，在用外文书写的文件中，小数记号可用逗号。

(4) 书刊中的缩写

为了节省篇幅，科技书刊中使用很多的缩写。由于缩写所涉及的面很广，很难有一本缩写语字典能够查出每一个缩写所代表的含义。

我们前面已经提到过几个缩写，如 ISO 代表 International Organization for Standardization（《国际标准化组织》），CA 代表美国 Chamical Abstracts（《化学文摘》），SCI 代表 Science Citation Index（《科学引文索引》）等。

工具书中使用的缩写很多。如《CRC 化学和物理手册》、《兰氏化学手册》的各种表格中就使用了很多缩写。这时可先阅读表前的 List of Abbreviations（缩写词一览表）或者说明。《格梅林无机和有机金属化学手册》、《拜尔施泰因有机化学手册》及美国《化学文摘》均使用有缩写，在每一卷前面也有缩写词的对照表，见后面有关章节的介绍。通过这些缩写表即可解决问题。

期刊的缩写比较复杂。

在手册、专著、文摘、论文等引用的参考文献中对欧美各国出版的期刊，除个别外均用缩写。现时的缩写均采用美国《化学文摘》中的写法。而在《格梅林无机和有机金属化学手册》用德文出版的卷册及《拜尔施泰因有机化学手册》正编至第 4 补编各卷，对期刊的缩写则采用各该手册所特有的方式，它与美国《化学文摘》的缩写不同，虽然这时美国《化学文摘》已经出版十余年之久。

《格梅林无机和有机金属化学手册》和《拜尔施泰因有机化学手册》中期刊的缩写可见卷前的期刊缩写表。美国《化学文摘》中期刊的缩写可查阅《化学文摘社资料来源索引》(Chemical Abstracts Service Source Index，简称 CASSI)，见有关章的说明。

即使如此，期刊缩写还会遇到另一个问题，这就是俄文期刊缩写的问题。

欧美各国期刊和我国近几十年的期刊中的参考文献对俄文期刊的缩写均按美国《化学文摘》的写法，即按俄文音译成拉丁字母后缩写。而俄文期刊中参考文献内的俄文期刊缩写则采用与《化学文摘》不同的方式用俄文缩写。

例如俄文杂志 Журнал Физической Химии（《物理化学杂志》），音译成拉丁文为 Zhurnal Fizicheskoi Khimii，缩写为 Zh. Fiz. Khim.，而俄文参考文献中有的缩写为 Журн. Физ. Химии，有的则缩写为 ЖФХ。

在参考文献中还常会遇到两个拉丁文缩写。在著者后有 et al 时，说明著者是多名，et al 是拉丁文 et alii（及其他人）之意。在多篇文献时，某一篇在著者后写有 ibid，ibid 是拉丁文 ibidem 的缩写，意思是出处同上，就是同上一种杂志，这时就不再给出杂志的缩写。

最后，要指出一种常见的错误。Ac 是 Acetyl（乙酰基）的缩写，代表 CH_3CO—，而不代表 CH_3COO—，后者英文为 Acetoxy（乙酰氧基）。所以醋酸不应写作 HAc，而应写作

HOAc。过去醋酸在化学书刊中经常被错误地写作 HAc，这种写法直到现在还存在着，应当改正。

(5) 书刊的语种问题

工具书如手册、词典、文摘、索引等使用的语言主要是英语，而绝大多数读者掌握的外语或第一外语也是英语。但是 20 世纪 80 年代之前出版的《格梅林无机和有机金属化学手册》、《拜尔施泰因有机化学手册》及《朗多尔特-博恩施泰因物理、化学、天文、地球物理和技术的数据及函数》、《朗多尔特-博恩施泰因自然科学和技术中的数据及函数关系，新编》均使用德文。《格梅林无机和有机金属化学手册》还有 4 册部分用法文书写。这三套巨型手册均为重要的工具书。某些工具书还用日语、俄语出版。至于期刊中的一次性文献，还使用其他文字。我国高等院校的大学生、研究生第二外语主要是选日语、德语，选法语、俄语的很少。

由于我国现代科学技术起步较晚，几十年前中文工具书很少。改革开放后，随着我国科学技术的发展，陆续出版了一些中文工具书，这就为查阅资料提供了某些方便。但是在检索中主要还是会遇到外文工具书以及一次性文献使用的各种外文资料。

查阅由多种语种出版的类似工具书时，可选择最新出版的、自己精通的语种的书籍。

如检索物理化学数据，类似的手册有：《兰氏化学手册》（英文）、《化学便览》（日文）、《化学家手册》（俄文）等。《兰氏化学手册》有中译本，《化学家手册》第 1 版也有中译本：《苏联化学手册》，但出版于 50 年前，资料较旧。见第 2 章。

查阅无机化学方面的某些资料时，有《无机化学丛书》（中文）、《综合无机化学》（英文）、《无机化学全书》（日文）、《新无机化学全书》（法文）等，见第 3 章。

通过化学文摘类检索，除了美国的《化学文摘》外，还有俄罗斯的《文摘杂志．化学》、日本的《科学技术文献速报．化学·化学工业编》，另有《化学文摘》（德文），但已于 1969 年停刊；《文摘通报》（法文）中有相关分册，但国内入藏单位很少且不完整。见第 7 章及第 8 章。

20 世纪 20 年代出版的《国际评选数据表》，简称 ICT，共 7 卷，另有索引卷，各部分均用英、法、德、意四种文字说明，具有很多早期数据，见第 2 章。

某些重要的手册有中译本，除了上面提到的《兰氏化学手册》、《苏联化学手册》外，英文的《有机化学手册》、德文的《无机制备化学手册》也有中译本，后者还有英译本。此外，英文《无机合成》丛书前 20 卷也有中译本。

期刊中的原始文献使用的语种很多，除中文期刊外，主要是英文，其次是俄文、日文、德文和法文，也会遇到意大利文与西班牙文等文字。很多杂志有其他外文的摘要。重要的俄文期刊已有英译本，对不熟悉俄文的读者可阅读英译本。俄文 Журнал Органической Химии（《有机化学杂志》）的英译本为 Journal of Organic Chemistry of the U. S. S. R. 和 Russian Journal of Organic Chemistry。这一俄文杂志之所以有两种译名，是因为原杂志为前苏联出版，故译作"苏联有机化学杂志"，在 1991 年苏联解体后，杂志由俄罗斯联邦出版，故译为"俄罗斯有机化学杂志"。

《格梅林无机和有机金属化学手册》用德文出版的卷、册，后期均有英文目录便于查阅。

《拜尔施泰因有机化学手册》正编至第 4 补编用德文出版，但编有供阅读手册用的"拜尔施泰因德-英字典"，附于某两册中，见第 5 章。借助于这本德-英字典，可方便不太熟悉德文的读者阅读该手册。

一些读者对上面提到的三套巨型手册因用德文印刷不敢问津。这里建议这些读者不妨在需要时查阅一下。因为尽管是用德文印刷，但很多科技名词术语相同或相近，又有化学分子式，物理量的符号和单位，还有分子式索引，而且给出的原始文献若为英文，则使用更加方便了。

1.6 中国科技文献在世界上的地位

中国是世界四大文明古国之一,历史上在科学技术方面有很多重要的发现、发明和创造,为人类的文明进步做出了巨大的贡献。

但是,中国近代文化教育、科学技术起步较晚,比西方发达国家晚了约二三百年。中国第一所现代高等学府北洋大学(天津大学前身)成立于 19 世纪末(1895 年)。

就化学化工领域而言,20 世纪 20~30 年代才成立了学术组织"中华化学工业会"(1922 年)、"中国化学工程学会"(1930 年)❶ 和"中国化学会"(1932 年),并出版了《中华化学工业会会志》(1923 年)❷、《中国化学会志》(1933 年)❸、《化学》(1934 年)❹ 和《化学工程》(1934 年)❺ 等化学化工类刊物。

20 世纪 50 年代,中国最高水平的综合性学术刊物《科学通报》(1950 年)和《中国科学》(1950 年)创刊,并出版了一些专业期刊,如《中国药学杂志》(1953 年)❻ 和《燃料化学学报》(1956 年)等;一些高等院校也出版了学报,如《北京大学学报(自然科学版)》(1955 年)和《南开大学学报(自然科学版)》(1955 年)等。

然而,直到 20 世纪 60 年代,中国科技期刊的种类还是很少。科技论文数量在世界上所占的比重非常小,排名在欧美和日本等发达国家之后。1966 年"文化大革命"开始后,所有科技期刊均停刊。

到了 70 年代初,少数停刊杂志复刊,也创刊了《分析化学》(1972 年)等专业性期刊。1978 年我国实行了改革开放政策后,不仅因"文化大革命"停刊的刊物均复刊,而且还创刊了更多的专业性期刊,如《有机化学》(1980 年)、《催化学报》(1980 年)、《应用化学》(1983 年)、《中国稀土学报》(1983 年)、《感光科学与光化学》(1983 年)❼《无机化学》(1985 年)和《物理化学》(1985 年)等,呈现出一派繁荣景象。

改革开放 30 年来,随着我国科学技术的蓬勃发展,科技论文数量逐年增加。中国科学技术信息研究所根据《科学引文索引》(SCI)、《工程索引》(EI)、和《科学技术会议录索引》(ISTP)这三大索引收录的在国际主要科技期刊和会议上的论文统计的结果,在每年年底公布上一年我国科技论文数量占世界论文数量的百分数及前几名国家的排序。

2001 年我国论文数占世界总论文数的 4.4%,排序在美国、日本、英国、德国、法国之后,居第 6 位。2002 年超过法国,进入前五名。现将 2002~2007 年世界论文数量排序的前五个国家、我国论文数及占世界论文的百分数列于表 1.1 中。

表 1.1 2002~2007 年世界科技论文前五名排序表

年份	前五名排序	我国论文数/万篇	占世界论文的百分数/%
2002	美国、日本、英国、德国、中国	7.7395	5.37
2003	美国、日本、英国、德国、中国	9.3352	5.1
2004	美国、日本、英国、德国、中国	11.1356	6.3
2005	美国、英国、日本、中国、德国	15.3374	6.9
2006	美国、中国、日本、英国、德国	17.2	8.4
2007	美国、中国、日本、英国、德国	20.8	9.8

---

❶ 这两个学会后来合并成"中国化工学会"。
❷ 《中华化学工业会会志》后来与《化学工程》合并成《化学工业与工程》,现为《化工学报》。
❸ 现名《化学学报》。
❹ 现名《化学通报》。
❺ 《化学工程》后来与《中华化学工业会会志》合并成《化学工业与工程》,现为《化工学报》。
❻ 现名《药学学报》。
❼ 现名《影像科学与光化学》。

考虑到有很多我国的科技期刊、甚至重要的期刊并未被《科学引文索引》和《工程索引》统计在内，实际上我国科技论文占世界科技论文总数的百分数应比表中所列的数字要高。

虽然在 2005 年、2006 年我国科技论文数已先后超过德国、英国和日本，仅次于美国，居世界第二位，但是我国与世界发达国家的科技水平还有一定的差距，我国期刊的影响因子[1]还较低。我国需要加强基础理论及应用方面原创性的研究，发表更多有影响的论文，取得更多的发明专利，并努力将专利转化成实际应用。

目前，科技论文中使用的主要外文是英文、俄文、日文、德文和法文。

---

[1] 影响因子（impact factor，简称 IF），即某期刊前两年发表的论文在统计当年被引用的总次数除以该期刊在前两年内发表的论文总数。这是国际上通用的评价期刊的指标。

2 物理化学数据手册

在科学技术研究工作中，一般情况下，遇到的问题主要是要查阅物质的物理化学数据、化合物的制备、化学反应及应用等。

物质的物理化学数据，如熔点、沸点、密度、蒸气压、比热容、熔化焓、蒸发焓、溶解度、表面张力、导热系数等是经常需要查阅的。

查阅物理化学数据时，根据需要，通常可选择综合性的化学手册，即包括各种物理数据的手册；也可以选择专门性手册，即只包括一种或某几种数据的手册。

若要查阅常见物质的主要数据时，可查阅《CRC 化学和物理手册》和《兰氏化学手册》等，这类手册在高等院校、科研院所等多有收藏，可解决工厂、实验室、科研中的一般性问题。本章将对这两种手册做重点介绍。其次列出某些常用的、有代表性的数据手册。

读者通过这些手册中所附的参考文献，可以了解还有哪些专门性的数据手册，以便在一般手册中查不到所需化合物的有关数据时，进一步去查找。本书对专门性手册不一一列举。

当在所有手册，包括下面几章中介绍的专著及化学文摘甚至现刊中均没有所需的数据时，还可以进行估算。本章介绍的某些手册即有关于各种数据的估算方法。

在各类化学化工工具书中，中文书很少，在外文工具书中，主要是英文书。因此，在使用英文工具书之前，应先掌握最基本的化学化工专业词汇以及化合物命名法。

在遇到英文科技词汇时，通常可查阅英汉科学技术类词典或英汉化学化工类词典，这种词典很多，此处不一一列举。

在遇到化合物名称时，往往要根据化合物命名法来翻译。由于年代不同，化合物的命名法也有所变化，特别是有机化合物还有很多同义词，这给文献检索工作带来不便甚至造成困难。

我们在 2.2 节及后面章节中多附有外文及中译文，就是为了使读者熟悉外文术语及化合物名称。

本章只介绍中小型手册，对于收集各类数据最全的《朗多尔特-博恩施泰因自然科学和技术中的数据及函数关系. 新编》这套巨型手册，将在第 6 章中专门加以介绍。

2.1 无机化学命名法和有机化学命名法

本节将介绍 International Union of Pure and Applied Chemistry（国际纯粹和应用化学联合会，简称 IUPAC）推荐的《无机化学命名法》、《有机化学命名法》及中国化学会编的《无机化学命名原则》和《有机化学命名原则》。读者也可以参阅《兰氏化学手册》（Lange's Handbook of Chemistry）第 16 版 Section 1 中 1.3～1.15 页的无机化合物命名法（Nomenclature of inorganic compounds）及 Section 2 中 2.4～2.63 页的有机化合物命名法（Nomenclature of organic compounds），但介绍得比较简单。

2.1.1 无机化学命名法

①《Nomenclature of Inorganic Chemistry，1957》，London：Butterworths Scientific Publications，1959 这是国际纯粹和应用化学联合会无机化学命名委员会（Commission of the Nomenclature of Inorganic Chemistry)1957 年的报告。

中译本为：陶坤译《无机化学命名法. 1957》，北京：中国工业出版社，1964。

② 《无机化学命名原则. 1980》 中国化学会无机化学名词小组修订。北京：科学出版社，1982。

③ 《Nomenclature of Inorganic Chemistry，1990》，G. J. Leigh，Oxford：Blackwell Scientific Publications，1990 此无机化学命名法未见中译本。

2.1.2 有机化学命名法

① 《Nomenclature of Organic Chemistry，1957》，London：Butterworths Scientific Publications，1958 这是国际纯粹和应用化学联合会有机化学命名委员会（Commission of the Nomenclature of Organic Chemistry）编写的。

中译本为：陶坤译《有机化学命名法. 1957》，北京：中国工业出版社，1964。

② 《有机化学命名原则. 1980》 中国化学会有机化学名词小组编。北京：科学出版社，1983。

③ 《Nomenclature of Organic Chemistry. Sections A，B，C，D，E，F，and H》，J. Rigaudy，S. P. Klesney，Oxford：Pergamon Press，1979 这是国际纯粹和应用化学联合会有机化学分会有机化学命名委员会制定的有机化学命名法。

中译本为程铁明等译《有机化学命名法，A、B、C、D、E、F 和 H 部. 1979》。北京：科学出版社，1987。

内容包括：A 部，烃；B 部，基本杂环系统；C 部，含碳、氢、氧、氮、卤素、硫、硒和（或）碲的特征基团；D 部，含有碳、氢、氧、氮、卤素、硫、硒、碲及其他元素的有机化合物；E 部，立体化学；F 部，天然产物和有关化合物命名的一般原则；H 部，变丰化合物等。

中译本根据中国化学会推荐的《有机化学命名原则（1980）》译成中文。所有命名均有英文、中文对照。

2.2 《CRC 化学和物理手册》

《CRC Handbook of Chemistry and Physics》，89th ed.，David R. Lide，CRC Press，2008。

CRC 是美国 Chemical Rubber Company（化学橡胶公司）的缩写。CRC 出版社出版了多种冠以 CRC 的手册，其中最重要的即是《CRC Handbook of Chemistry and Physics》❶。该手册有一副标题"A Ready-Reference Book of Chemical and Physical Data"（一本化学和物理数据的简明参考书），这是使用面最广的化学手册。一般来说，理工医农等院校、科研院所、工厂实验室均有入藏。手册第 1 版出版于 1913 年，近几十年每年出一新版，修改部分章节，相邻各版之间一般变化不大，但有时也有较大的变动。所以，读者单位没有最新的版本时，可查阅前些年的版本，《化学化工文献检索与利用》[5]介绍了第 83 版。

下面对本手册做一介绍。

全书共分 16 个 Section（部分），另有 Appendix（附录）A 和 B 以及 Index（索引）。各部分单独编页，篇幅相差很大，全书共 2668 页。现对有关化学方面的内容重点介绍。

Section 1：Basic Constants，Units and Conversion Factors（基本常数、单位和换算因

---

❶ 其他的如《CRC Handbook of Laboratory Safety》（CRC 实验室安全手册）、《CRC Handbook of Organic Analytical Reagents》（CRC 有机分析试剂手册）、《CRC Handbook of Mass Spectra of Environmental Contaminants》（CRC 环境污染物质谱手册）、《CRC Handbook of Surface and Colloid Chemistry》（CRC 表面和胶体化学手册）等。

子），共 46 页。

Section 2：Symbols，Terminology and Nomenclature（符号、术语和命名法），共 62 页。

Section 3：Physical Constants of Organic Compounds（有机化合物的物理常数）。这是本手册中最大的一部分，共 676 页。

这部分包括 Physical Constants of Organic Compounds（有机化合物的物理常数）。此表后有 Synonym Index of Organic Compounds（有机化合物的同义词索引）、Molecular Formula Index of Organic Compounds（有机化合物的分子式索引）、CAS Registry Number Index of Organic Compounds（有机化合物的 CAS 登录号索引）及 Diamagnetic Susceptibility of Selected Organic Compounds（精选的有机化合物的抗磁化率）。

Section 4：Properties of the Elements and Inorganic Compounds（元素和无机化合物的性质），共 163 页。

这一部分主要是 Physical Constants of Inorganic Compounds（无机化合物的物理常数）。其后有 Formula Index of Inorganic Compounds（无机化合物分子式索引）、CAS Registry Number Index of Inorganic Compounds（无机化合物 CAS 登录号索引）以及 Physical Properties of the Rare Earth Metals（稀土金属的物理性质），还有 Melting，Boiling，Triple and Critical Point Temperature of the Elements（元素的熔点、沸点、三相点和临界点温度），Heat Capacity of the Elements at 25℃（在 25℃下元素的热容），Vapor Pressure of the Metallic Elements（金属元素的蒸气压）等。

Section 5：Thermochemistry，Electrochemistry and Kinetics（热力学、电化学和动力学），共 103 页。

热化学部分中主要是 Standard Thermodynamic Properties of Chemical Substances（化学物质的标准热力学性质），包括 25℃下的 Standard molar enthalpy of formation（标准摩尔生成焓）$\Delta_f H^o$、Standard molar Gibbs energy of formation（标准摩尔生成吉布斯能）$\Delta_f G^o$、Standard molar entropy（标准摩尔熵）S^o 和 Molar heat capacity at constant pressure（定压摩尔热容）C_p❶。标准压力是 100kPa。表中化合物按分子式顺序排列，先列无机化合物，后列有机化合物。

其次为 Thermodynamic Properties as a Function of Temperature（作为温度函数的热力学性质）、Thermodynamic Properties of Aqueous Systems（含水系统的热力学性质）及 Heat of Combustion（燃烧热）。

电化学部分主要是 Conductivity（电导率）及 Activity Coefficients（活度系数）。

动力学部分为 Chemical Kinetic Data for Stratospheric Modelling（同温层模拟实验的化学动力学数据）。

Section 6：Fluid Properties（流体的性质），共 217 页。

主要包括：水的一些性质，气体的 Virial Coefficients（维里系数），Van der Waals Constant（范德华常数），Critical Constants（临界常数），Vapor Pressure（蒸气压），Enthalpy of Vaporization（蒸发焓），Enthalpy of Fusion（熔化焓），汞的一些性质，Surface Tension（表面张力），Permittivity (Dielectric Constant)［电容率（介电常数）］，Viscosity（黏度），Thermal Conductivity（热导率）及 Diffusion Coefficients（扩散系数）等。

Section 7：Biochtmistry（生物化学），共 36 页。

---

❶ 按国际标准 ISO 31—8：1992 和中国国家标准 GB 3102.8—93，这 4 个物理量的符号应分别为 $\Delta_f H_m^\ominus$、$\Delta_f G_m^\ominus$、$S_m^\ominus$ 和 $C_{p,m}$。

Section 8：Analytical Chemistry（分析化学），共 141 页。

主要包括：Organic Analytical Reagents for the Determination of Inorganic Substances（无机物测定用有机分析试剂），Indicators（指示剂），Electrochemical Series（电动势序列），酸和碱的 Dissociation Constants（解离常数），Concentrative Properties of Aqueous Solutions：Density，Refractive Index，Freezing Point Depression and Viscosity（水溶液的性质：密度、折射率、凝固点降低和黏度），Solubility of Selected Gases in Water（精选的气体在水中的溶解度），Aqueous Solubility and Henry's Law Constants of Organic Compounds（有机化合物在水溶液中的溶解度和亨利定律常数），Aqueous Solubility of Inorganic Compounds at Various Temperatures（不同温度下无机化合物在水溶液中的溶解度），Solubility Product Constants（溶度积常数），Solubility Chart（溶解度图表）及 Mass Spectral Peaks of Common Organic Solvents（常用有机溶剂的质谱峰）等。

Section 9：Molecular Structure and Spectroscopy（分子结构和光谱），共 117 页。

主要包括：Bond Lengths（键长），Dipole Moments（偶极矩），Bond Dissociation Energies（键的解离能），Electronegativity（电负性），Fundamental Vibrational Frequencies of Small Molecules（小分子的基本振动频率），Spectroscopic Constants of Diatomic Molecules（双原子分子的光谱常数），Infrared Correlation Charts（红外相关图表）等。

Section 10：Atomic，Molecular and Optical Physics（原子物理、分子物理和光学物理），共 272 页。

Section 11：Nuclear and Particle Physics（核物理和粒子物理），共 270 页。

主要是：Summary Tables of Particle Properties（粒子性质简表）和 Table of the Isotopes（同位素表）。

Section 12：Properties of Solids（固体的性质），共 217 页。

主要包括：Symmetry of Crystals（晶体的对称性）及晶体的其他性质，如 Lattice Energies（晶格能）等，金属及合金的 Electrical Resistivity（电阻率），Superconductors（超导体），Semiconductors（半导体），Properties of Magnetic Materials（磁学材料的性质），固体的 Optical Properties（光学性质）及 Thermal Conductivity（热导率）等。

Section 13：Polymer Properties（聚合物性质），共 69 页。

主要包括：Nomenclature for Organic Polymers（有机聚合物的命名法）及 Glass Transition Temperature for Selected Polymers（精选聚合物的玻璃化转变温度）。

Section 14：Geophysics，Astronomy and Acoustics（地球物理学、天文学和声学），共 49 页。

Section 15：Practical Laboratory Data（实验室实用数据），共 51 页。

首先是 Standard ITS—90 Thermocouple Tables（标准 ITS—90 热偶表）。

其次是 Laboratory Solvents and Other Liquid Reagents（实验室溶剂及其他液体试剂），Miscibility of Organic Solvents（有机溶剂的互溶性），Density of Solvents as a Function of Temperature（作为温度函数溶剂的密度）。

以下多是篇幅一两页的各种表格。如 Dependence of Boiling Point on Pressure（压力对沸点的影响）、Ebullioscopic Constants（沸点升高常数）、Cryoscopic Constants（凝固点降低常数）、Correction of Barometer Readings（压力计读数的校正）、Detemination of Relative Humidity（相对湿度的测定）等。

Section 16：Health and Safety Information（保健和安全资料），共 56 页。

主要包括：Handling and Disposal of Chemicals in Laboratory（实验室化学品的管理与处置）、Flammability of Chemical Substances（化学物质的易燃性）、Threshold Limits for

Airborne Contaminants（空气中污染物的极限）、Octanol-Water Partition Coefficients（辛醇-水分配系数）等。

Appendix A：Mathematical Tables（数学表），共 97 页。

Appendix B：Sources of Physical and Chemical Data（物理和化学数据来源），共 5 页。

Index（索引）：共 21 页。

下面对 Section 3 中的 Physical Constants of Organic Compounds，Section 4 中的 Physical Constants of Inorganic Compounds 及 Appendix B：Sources of Physical and Chemical Data 作些介绍。

① Physical Constants of Organic Compounds 表　共列入 10877 种有机化合物。表前有对表的说明、List of Abbreviations（缩略语表）及 References（参考文献）。

表格共分 12 栏。分别为 No.（序号）、Name（名称）、Synonym（同义词）、Mol. Form.（分子式）、CAS RN（化学文摘社登录号）、Mol. Wt.（分子量）、Physical Form（物理状态）、mp/℃（熔点/℃）、bp/℃（沸点/℃）、den/g cm³（密度/g cm^{-3}）、n_D（折射率）和 Solubility（溶解性）。

No. 是化合物按英文名称排列的序号，在索引中使用。

Name 给出化合物的首选名。

Synonym 是化合物的通用名。当首选名是非系统名称时，一般给出系统名。

Mol. Form. 是 Molecular Formala 的缩写。用 Hill（希）式表示。希尔式的分子式，即有机化合物按化合物中 C，H，其他元素排列的分子式，其中其他元素按元素符号的字母排序。

CAS RN 是 Chemical Abstracts Service Registry Number 的缩写。美国化学文摘社对每种物质有一独特的编号，用三段数字以两个连字符连接起来表示。美国《化学文摘》相关内容讨论见第 7 章。

Mol. Wt. 是 Molecular Weight 的缩写。1.5 节"文献检索时可能遇到的其他问题"中曾说明此物理量应称为 relative molecular mass，量的符号应为 M_r。

Physical Form 栏下是化合物在环境温度下的相态、颜色、晶型或其他特点。所使用的缩写见表前的缩略语表。

mp 是 Melting Point 的缩写，这里指正常熔点，单位为℃。当温度值有 dec（decomposes 的缩写）时，表明在该温度下分解，也就是此化合物很可能没有真正的熔点。有 t_p（triple point 的缩写）时，表示是三相点。

bp 是 Boiling Point 的缩写，这里指正常沸点，也就是在压力 760mmHg（101.325kPa）下的沸点，单位为℃。当温度值有 sp（sublimation point 的缩写）时，表明该温度为升华点，即固体的蒸气压达到 760mmHg。有 dec（decomposes 的缩写）时，表明在该温度下分解，有 exp（explodes 的缩写）表示爆炸，该温度并非真正的沸点。而只有 sub（sublimation 的缩写）表示在环境温度下固体有较显著的升华压。有时给出低压下的沸点，这时压力值标于温度的右上角，单位为 mmHg。

den 是 Density 的缩写，单位为 g cm³。温度标于右上角，单位为℃。

n_D 表示 Retractive Indes。温度标于右上角，单位为℃。除非特别注明，该值是波长 589nm❶（钠 D 线）。仅液体和固体给出折射率值。

Solubility 栏定性地给出有机物在常用溶剂中的溶解性能，故译作溶解性。共分 6 种。即：i（insoluble 的缩写）不溶，sl（slightly soluble 的缩写）微溶，s（soluble 的缩写）

---

❶ nm 代表纳米，1nm=10^{-9}m。

溶，vs（very soluble）易溶，msc（miscible 的缩写）混溶，dec（decomposes 的缩写）分解。此栏中溶剂的缩写见表前的缩略语表。先给出溶解性后再给出溶剂，不同的溶解性之间用分号隔开，如编号为 7 的 Acenaphthene（苊），Synonym 为 1,2-Dihydroacenaphthylene（1,2-二氢苊烯）的 Solubility 栏中给出"i H_2O；sl EtOH，chl；vs bz；s HOAc"，表示该化合物"不溶于水；微溶于乙醇，氯仿；易溶于苯；溶于醋酸"。缩写所代表的溶剂的英文全称，这里不再列出。

在所有 12 栏的表头中，只有 5 项为物理量，其余则为非物理量。在这 5 项物理量中只有折射率用量的符号 n_D 表示，在表前的说明中下角标 D 用正体表示是正确的，但表头中却用了斜体而成为 n_D，则不严谨。相对分子质量的符号应为 M_r，表头中则用了分子量这一不应再使用的名称。密度（density）即质量密度（mass density），亦称为体积质量（volumic mass），其符号应为 ρ，SI 制单位为 kg/m^3，也可以使用倍数单位，这里使用了 g/cm^3。表前说明中此单位即如此表示，而表头表示成 $g\ cm^{-3}$，此外还可以表示成 $g \cdot cm^{-3}$。这三种表示法均是允许的。因为表中给出了物理量的数值，故在表头中应将物理量的符号除以单位表示。密度栏表示成 $den/g\ cm^{-3}$，就是这种含义，但若表示成 $\rho/g\ cm^{-3}$ 则更好。熔点、沸点也用的是英文缩写，而未用量的符号。摄氏温度的符号为 t，其单位摄氏度的符号为 ℃。为了区分熔点和沸点，可在下角标中分别用 m（表示 melt）和 b（表示 boil）注明，即熔点和沸点的符号分别用 t_m 和 t_b。这样这两栏表头即可分别表示成 $t_m/℃$ 及 $t_b/℃$。

有机化合物的物理常数表数据均在偶数页，所有化合物的结构式则表示在该页后的奇数页上。如编号为 2 的 Abietic acid（松香酸）在第 **3**-4 页，在 **3**-5 页就给出其结构式：

Abietic acid

《CRC 化学和物理手册》第 89 版对表中各有机化合物均给出结构式，方便了广大读者。因为在手册的前几版，如第 83 版中相应的表格最后面只集中给出了约 80% 化合物的结构式。

将第 89 版和第 83 版的 Physical Constants of Organic Compounds 进行比较发现，第 89 版多了 Physical Form 栏，却少了 Merck No.（默克索引号码）和 Beil. Ref.（拜尔施泰因参照）两栏。《默克索引》（The Merck Index）是一本实用的工具书，后面还要加以介绍，现已出版至第 16 版。Beil. Ref. 是 Beilstein Reference 的缩写。《拜尔施泰因有机化学手册》已经多次提到过。此手册将有机化合物分为三大类：无环化合物、碳环化合物和杂环化合物。正编至第 4 补编，用德文出版，第 5 补编只出版了杂环化合物，用英文出版。这套巨型手册共出版了 566 册，是有机化合物的重要工具书，我们将在第 5 章对其详细介绍。

Beil. Ref. 给出有机化合物在《拜尔施泰因有机化学手册》中的页数，供读者进一步查阅时参考。Beil. Ref. 共 10 个数字，用 3 条短线隔开。第 1 个数字代表编别：0 代表正编，1、2、3、4、5 分别代表第 1、第 2、第 3、第 4 和第 5 补编，第 3/4 补编合编❶用 4 代表；第 2、3 两个数字代表卷序号，01 代表卷 1，27 代表卷 27；第 4、5 两个数字代表分卷号。因正编、第 1、第 2 补编每卷只一册或几卷合一册，第 3、第 4 补编除个别卷外，均分为几个分卷出版，但各分卷均连续编页，故不给出分卷号，而记作 00。只有第 5 补编因各分卷

---

❶ 卷 17 至卷 27 的第 3 补编和第 4 补编合编出版。

单独编页，故给出分卷号，01 代表第 1 分卷，02 代表第 2 分卷；第 6～10 这 5 个数字代表页码。

例如第 83 版 No.10414 2-Amino-1-phenyl-1-propanone（2-氨基-1-苯基-1-丙酮）的 Beil. Ref. 为 3-14-00-00147，表示此化合物在《拜尔施泰因有机化学手册》中载于第 3 补编卷 14 第 147 页。第 3 补编卷 14 共 5 分卷，第 1 分卷至 840 页，故 147 页在第 1 分卷。No.10415 (R^*，S^*)-1,3-Bis(1-methyl-2-pyrrolidinyl)-2-propanone [(R^*，S^*)-1,3-双(1-甲基-2-吡咯烷基)-2-丙酮] 的 Beil. Ref. 为 5-24-01-00458，表示此化合物在《拜尔施泰因有机化学手册》中载于第 5 补编卷 24 第 1 分卷第 458 页（第 5 补编卷 24 共 9 分卷）。No.10416 1-Bromo-2-propanone（1-溴-2-丙酮）的 Beil. Ref. 为 4-01-00-03223，表示此化合物在《拜尔施泰因有机化学手册》第 4 补编卷 1 第 3223 页。第 4 补编卷 1 共 6 分卷，其中第 5 分卷起止页码为 3015～3951，故第 3223 页在卷 1 第 5 分卷。

第 89 版在有机化合物的物理常数后有三种索引：一为 Synonym Index of Organic Compounds，因表中化合物的顺序是按 Name 的字顺排列的，故在表中 Name 找不到时，可用此索引，而 Name 中的名称则不列入索引；二为 Molecular Formula Index of Organic Compounds，分子式按 Hill 式，先按化合物中 C 原子个数从少到多排列，C 原子数相同时，再按 H 原子个数从少到多排列，其他元素原子个数也是如此。不过可能有多种有机物有相同的分子式，还要逐个看化合物的名称来确定；三为 CAS Registry Number Index of Organic Compounds，只要知道化合物的化学文摘社登录号，即可快速得知表中是否有该有机化合物。

② Physical Constants of Inorganic Compounds 表　共列入 3220 种无机化合物。表前有对表的说明、List of Abbreviations 及 References。

表格共分 11 栏。分别为 No.、Name、Formula、CAS Reg No.、Mol. Weight、Physical Form、mp/℃、bp/℃、Density g cm^{-3}、Solubility g/100g H_2O 和 Qualitative Solubility。对各栏的解释见表前说明。

化合物按英文名称字序排列，并编号。

CAS Reg No. 即前面有机化合物的物理性质表中的 CAS RN，但缩写法不同。

但这里给出的 Mol. Weight 是采用的 1997 年的相对原子质量（文中称为 Atomic Weight，原子量）计算出来的。数值多少有些不太精确。而在 Physical Constants of Organic Compounds 表中用来计算化合物相对分子质量的相对原子质量采用的则是 2001 年的数值。

密度栏的表头在 Physical Constants of Organic Compounds 用的是 den/g cm^{-3}，而在这里则表示成 Density g cm^{-3}，而没有写成 Density/g cm^{-3}。

溶解性能方面分为 2 栏，一为在水中的溶解度，一为在溶剂中的溶解性（包括在水中的溶解性）。说明中指出，水溶液中的溶解度应表示成 100g 水中溶解的化合物（不包含结晶水）的克数，温度标于上角。很多化合物在其他温度下的溶解度可到 Section 8 中 Aqueous Solubility of Inorganic Compounds at Various Temperatures 中去查找。

Qualitative Solubility 栏给出溶剂中的溶解性。与在 Physical Constants of Organic Compounds 中溶解性的缩写相比更为清楚，如 i 表示为 insoluble in（在……中不溶），而不只是代表 insoluble，其他 sl、s、vs 均与此类似。这样如某化合物在此栏目下给出 i H_2O，则表示 insoluble in H_2O。本栏中还用缩写 reac 代表 reacts with，故某化合物给出 reac H_2O，就表明该化合物 reacts with H_2O（与水反应）。

③ Appendix B：Sources of Physical and Chemical Data　这是非常有用的资料，它包括以下五类数据源。

A. Data Journals（数据杂志）。

列出 Joural of Physical and Chemical Reference Data（物理和化学参考数据杂志）、Journal of Chemical and Engineering Data（化学和工程数据杂志）、Journal of Chemical Thermodynamics（化学热力学杂志）、Atomic Data and Nuclear Data Tables（原子数据和核子数据表）及 Journal of Phase Equilibria and Diffusion（相平衡和扩散杂志）共五种杂志。

B. Data Centers（数据中心）。

共 13 个。

C. Major Malti-Volame Handbook Series（主要的多卷手册）。

共 6 种。包括我们将介绍的《格梅林无机和有机金属化学手册》，《拜尔施泰因有机化学手册》和《朗多尔特-博恩施泰因自然科学和技术中的数据及函数关系．新编》等。

D. Selected Single-Volume Handbooks（精选的单卷手册）

共 10 种。

E. Summary of Useful Web Sites for Physical and Chemical Properties（物理和化学性质实用网站概要）。

共列出 80 余个网站、网址及该网站的内卷。可供计算机检索时参考。

2.3 《兰氏化学手册》

《Lange's Handbook of Chemistry》，16th ed．，James G. Speight. McGraw-Hill. 2005。

本手册第 1 版由 N. A. Lange 主编，于 1934 年出版，故手册冠以 Lange。本书以后称之为《Lange 化学手册》，1985 年 John A. Lange 主编的第 13 版，由尚久方等译成中文《兰氏化学手册》，科学出版社 1991 年出版，这是中文第 1 版。1999 年出版的第 15 版，由魏俊发等译成中文，科学出版社 2003 年出版，这是为中文第 2 版。《化学化工文献检索与利用》[5]中介绍了第 15 版。

现在介绍第 16 版。这是常用的一本化学手册。

第 16 版与第 15 版相比在编排上有很大的变化。第 16 版分为 4 个 Section（部分），共 70 节，有 346 种 Table（表格），最后为 Index（索引）。全书共 1577 页。

Section 1：Inorganic Chemistry（无机化学），共 418 页。包括 Nomenclature of Inorganic Compounds（无机化合物命名法），Physical Properties of Inorganic Compounds（无机化合物的物理性质），The Elements（元素），Ionization Energy（电离能），Electronegativity（电负性），Electron Affinity（电子亲和力），Bond Lengths and Strengths（键长和键能），Dipole Moments（偶极矩），Molecular Geometry（分子几何学），Nuclides（核素），Vapor Pressure（蒸气压），Viscosity and Surface Tension（黏度和表面张力），Thermal Conductivity（热导率），Critical Properties（临界性质），Themodynamic Functions (Chenge of State)［热力学函数（状态变化）］，Activity Coefficients（活度系数），Buffer Solulions（缓冲溶液），Solubility and Equilibrium Constants（溶解度和平衡常数），Proton-transfor Reactions（质子转移反应），Formation Constants of Metal Complexes（金属络合物的生成常数），Electrode Potentials（电极电势），Conductance（电导率），Thermal Proprtrties（热学性质）。

Section 2：Organic Chemistry（有机化学），共 811 页。包括 Nomenclature of Organic Compounds（有机化合物命名法），Physical Properties of Organic Compounds（有机化合物的物理性质），Viscosity and Surface Tension（黏度和表面张力），Refraction and Refractive Index（折射和折射率），Vapor Pressure and Boiling Point（蒸气压和沸点），Flammability Properties（易燃性质），Azeotropic Mixtures（恒沸混合物），Freezing Mixtures（冷冻混合物），Bond Lengths and Strengths（键长和键能），Dipole Moments and Dielectric Constants

（偶极矩和介电常数），Ionization Energy（电离能），Thermal Conductivity（热导率），Enthalpies and Gibbs Energies of Formation, Entropies, and Heat Capacities (Change of State)［生成焓和生成吉布斯能，熵和热容（状态变化）］，Critical Properties（临界性质），Equilibrium Constants（平衡常数），Indicators（指示剂），Electrode Potentials（电极电势），Electrical Conductivity（电导率），Linear Free Energy Relationships（线性自由能关系），Polymers（聚合物），Fats, Oils and Waxes（脂肪，油和蜡），Petroleum Products（石油产品）。

Section 3：Spectroscopy（光谱学），共 142 页。包括 Infrared Absorption Spectroscopy（红外吸收光谱），Raman Spectroscopy（拉曼光谱），Ultraviolet-visible Spectroscopy（紫外-可见光谱），Fluorescence Spectroscopy（荧光光谱），Flame Atomic Emission, Flame Atomic Absorption, Electrothermal (Furnace) Atomic Absorption, Argon Induction Coupled Plasmea, and Plasma Atomic Fluorescence［火焰原子辐射，火焰原子吸收，电热（炉）原子吸收，氩感应偶合等离子体和等离子体原子荧光］，Nuclear Magnetic Resonance（核磁共振），Mass Spectroscopy（质谱），X-Ray Methods（X 射线方法）。

Section 4：General Information and Conversion Tables（一般资料和换算系数表），共 192 页。包括 General Information（一般资料），Physical Constants and Conversion Factors（物理常数和换算因子），Conversion of Thermometer Scales（温度计标度换算），Density and Speeific Gravity（密度和比重），Barometry and Barometric Corrections（气压计和气压的校正），Viscosity（黏度），Physieal Chemistry Equations❶ for Gases（气体的物理化学方程），Cooling（冷却），Drying and Humidification（干燥和加湿），Molecular Weight（分子量），Heating Baths（热浴），Separation Methods（分离方法），Gravimetric Analysis（重量分析），Volumetric Analysis（容量分析），Sieves and Screens（筛网），Thermometry（测温学），Thermocouples（热偶）。

Index（索引）：共 14 页。

全书共有 346 种表格，大多数篇幅只有一页或数页，其中篇幅较大的有如下几种。

Table 1.3：Physical Constants of Inorganic Compounds（无机化合物的物理常数），共 45 页；

Table 1.43：Table of Nuclides（核素），共 23 页；

Table 1.56：Enthalpies and Gibbs Energies of Formation, Entropies, and Heat Capacities of the Elements and Inorganic Compounds（元素和无机化合物的生成焓和生成吉布斯能、熵以及热容），共 43 页；

Table 1.57：Heats of Fusion, Vaporization, and Sublimation and Specific Heat at Various Temperatures of the Elements and Inorganic Compounds（元素和无机化合物的熔化热、蒸发热和升华热，以及在不同温度下的比热），共 19 页；

Table 1.68：Solubility of Inorganic Compounds and Metal Salts of Organic Acids in Water at Verious Temperatures（无机化合物和金属的有机酸盐在不同温度下水中的溶解度），共 14 页；

Table 1.76：Cumalative Formation Constants for Metal Complexes with Organic Ligands（金属与有机配体络合物的逐级生成常数），共 17 页；

Table 2.20：Physical Constants of Organic Compounds（有机化合物的物理常数），共 189 页；

---

❶ 在 4.1 页目录，这里连用了两个 Equations。

Table 2.36：Vapor Pressares of Various Organic Compounds（各种有机化合物的蒸气压），共 18 页；

Table 2.37：Boiling Points of Common Organic Compounds at Selected Pressures（常见有机化合物在不同压力下的沸点），共 33 页；

Table 2.40：Boiling Points, Flash Points and Ignition Temptratures of Organic Compounds（有机化合物的沸点、闪点和燃烧温度），共 74 页；

Table 2.42：Binary Azeotropic (Constant-Boiling) Mixtures［二元共沸（恒沸）混合物］，共 20 页；

Table 2.49：Dielectric Constant (Permittivity) and Dipole Moment of Organic Compounds［有机化合物的介电常数（电容率）和偶极矩］，共 25 页；

Table 2.53：Enthalpies and Gibbs Energies of Formation, Entropies, and Heat Capacities of Organic Compounds（有机化合物的生成焓和生成吉布斯能、熵以及热容）共 46 页；

Table 2.54：Heat of Fusion, Vaporization, Sublimation, and Specific Heat at Various Temperatures of Organic Compounds（有机化合物的熔化热, 蒸发热, 升华热和在不同温度下的比热），共 30 页；

Table 2.59：pK, Values of Organic Materials in Water at 25℃（有机物质在 25℃水中的 pK 值）❶，共 50 页；

Table 2.78：Properties of Commercial Plastics（工业用塑料的性质），共 37 页；

Table 4.4：Conversion Factors（换算因子），共 20 页；

Table 4.34：Gravimetric Factors（重量分析因子），共 28 页。

下面介绍 Table 1.3、Table 2.20、手册中的某些印刷错误及中译本。

(1) Table 1.3：Physical Constants of Inorganic Compounds

该表中约有 1400 余种无机物，包括不同晶型、同位素化合物、不同结晶水合物等。

该表共 7 栏，为 Name、Formula、Formula Weight、Density、Melting point ℃，Boiling Point ℃ 及 Solubility in 100 parts solvent。表前有 Abbreviations Used in the Table（表中使用的缩略语）。

需要给读者提示的是 Density 栏中所列的数值有的是密度，单位为 g/cm^3，有的则是相对密度。如果栏中给出的数值上角为 20、下角为 4，则表示这是物质在 20℃下的密度与 4℃下水的密度的比值。

对于气体密度的单位为 g/L。

(2) Table 2.20：Physical Constants of Organic Compounds

该表中共列 4417 种有机化合物。

本表共 11 栏，依次为 No.、Name、Formula、Formular Weight、Beilstein Reference、Density g/mL、Refractive Index、Melting point ℃、Boiling point ℃、Flash point ℃ 及 Solubility in 100 parts solvent。

与《CRC 化学和物理手册》第 89 版相比，少了 Synonym、CAS RN 和 Physical Form 三项，但多了 Beilstein Reference 和 Flash Point 两项。

No. 用化合物的英文名的第一个字母后接一个序数表示。

Formula 栏给出的是线性结构式。对不易在表中表示的化合物则空缺，表下也没有给出。但要想了解时可查阅第 15 版。如 No. a 1 的化合物（−)-Abietic acid（松香酸）在第 16 版 Formula 栏空缺。但在第 15 版 1.77 页（中文译本第 2 版 1.75 页）给出：

---

❶ 原书这里作 pK，表中给出逐级的解离常数，但 p 应为正体。

$$\text{a 1}$$
（结构式：H₃C COOH / H₃C / CH(CH₃)₂）

下面专门介绍 Beilstein Reference 栏中对化合物的表示法。先给出化合物在《拜尔施泰因有机化学手册》中的卷序号；然后将编别1、2、3、4、5注于卷号右上角，表示为第1、2、3、4、5补编，卷号右上角未注的，表示为正编；最后给出页码。因正编至第4补编各卷，每分卷若干册是连续编号，故不给出分卷号，第5补编每卷若干分卷，各分卷单独编号，故在页码前还要给出分卷号。卷17～27第3、4补编合编用3表示。

例如：No. a 2 Acenaphthene（苊）的 Beilstein Reference 为"5，586"，表示苊载于《拜尔施泰因有机化学手册》卷5正编第586页。

对比在《CRC 化学和物理手册》第83版 Physical Constants of Organic Compounds 表中 No. 6 Acenaphthene（苊）条目中给出的 Beil. Ref. 为 4-05-00-1834，表示载于《拜尔施泰因有机化学手册》第4补编卷5第1834页。

两者页码的不同是因为《Lange 化学手册》给出的是化合物最早载入《拜尔施泰因有机化学手册》的页码，而《CRC 化学和物理手册》给出的是化合物最近载入《拜尔施泰因有机化学手册》的页码。查《拜尔施泰因有机化学手册》正编至第4补编卷的累积索引，可找到苊载于手册的页码表示为：**5** 586e，Ⅰ 274 o，Ⅱ 494 h，Ⅲ 1776 h，Ⅳ 1834。黑体**5**即卷5，586是正编第586页，e 代表第5个化合物；Ⅰ 274 代表第1补编第274页，o 代表第15个化合物；Ⅳ 1834 代表第4补编第1834页。

可见《Lange 化学手册》给出的是正编中的页码，《CRC 化学和物理手册》第83版给出的是第4补编中的页码。

由于《拜尔施泰因有机化学手册》对无环化合物、碳环化合物只出版至第4补编，杂环化合物出版至第5补编，所以，当《Lange 化学手册》对无环化合物、碳环化合物给出第3补编及以前各编的页码，对杂环化合物给出第4补编及以前各编的页码，而读者想从《拜尔施泰因有机化学手册》获取更多信息时，还要查该化合物是否在后续补编中有更新的资料，如何查阅，具体内容讨论见第5章。

Beilstein Reference 中有几个化合物给出第5补编的页数，如 No. d17 的 δ-Decanolactone（δ-癸内酯）：

（结构式：CH₃(CH₂)₃CH₂—环状内酯）

给出 17^5，9，91 表明此化合物在《拜尔施泰因有机化学手册》卷17第5补编，第9分卷第91页。No. d 419, d 811 和 e 130 也给出第5补编的页码，表示法与此相同。

少数化合物在此栏目下没有给出《拜尔施泰因有机化学手册》中的页码，而是给出了 Merck，这代表《The Merck Index》（《默克索引》）。其后数字12或11代表版次，版次后给出化合物在该版中的编号。《默克索引》已出第14版。

(3)《Lange 化学手册》中的某些印刷错误

本手册与《CRC 化学和物理手册》是两本重要的常用手册。本手册第13版、第15版还有中文译本，但是书中还有一些印刷错误。

在 Table 2.20 Physical Constants of Organic Compounds 中的错误主要是 Beilstein Referece 栏目中的印刷错误。

例如 No. a 176 2-Amino-2-ethyl-1,3-propanediol（2-氨基-2-乙基-1,3-丙二醇）的 Beilstein Reference 给出"4，3，850"是误印。按该表中的表示法，斜体字 3 应是排在 4 的右

上角的正体，即应当排成"4³，850"。也就是参见《拜尔施泰因有机化学手册》卷4第3补编第850页。

这类错误在Table 2.20中，除了a 176以外，还有编号No. 为a 258、b 100、b 112、b 132、b 194、b 492、b 548、b 551、b 599、b 603、c 112、c 262、c 266、c 274、d 153、d 238、d 308、d 477、d 575、d 780、d 799、e 181、h 46、m 240、m 243、m 247、m 433、n 109、o 4、p 26、p 157、p 221、t 56、t 64、t 250、t 321、t 408和u 12，共计39处。这39处误印在第15版中同样存在，中译本《兰氏化学手册》（第2版）中也未发现。

表2.20的其他一些误印如下。

No. a 126 2-Aminobenzotrifluoride（2-氨基三氟苯，分子式为$H_2NC_6H_4CF_3$）的Beilstein Reference误为"12^{12}，453"，应为"12^2，453"。这与上述印刷错误类型不同，系将2误印为12。

No. a 259 L-2-Amino-3-phenyl-1-propanol（L-2-氨基-3-苯基-1-丙醇）的结构式误印成"$C_6H_5CH_2(NH_2)CH_2OH$"，应为"$C_6H_5CH_2CH(NH_2)CH_2OH$"。

No. a 49 Acetyl-2-methylcholine chloride（乙酰基-2-甲基氯化胆碱）的结构式误印为$CH_3CO_2CH(CH_3)CH_2N(Br)(CH_3)_3$，这里Br应为Cl。

No. a 273 3-Aminopropyltriethoxysilane［3-氨基丙基三乙氧基硅烷，分子式为$H_2N(CH_2)_3Si(OC_2H_5)_3$］在Beilstein Reference栏下给出0.9504_4^{20}，在Density g/mL栏下给出1.4225^{20}。实际上0.9504_4^{20}应当是在Density g/mL栏下，为相对密度；而1.4225^{20}应当是在Refactive Index栏下。

上述四处误印在第15版及其中译本同样存在。

此外，在《Lange化学手册》第15版中，该表在第1.209页的参见中有：2,3-Dithiabutane d 607，其中d 607为误印，应为d 600。

查d 607为N,N-Dimethylformamide dimethyl acetal（N,N-二甲基甲酰胺缩二甲醇），其结构式为$(CH_3)_2NCH(OCH_3)_2$，而d 600才是Dimethyldisulfide（二硫化二甲基），结构式为CH_3SSCH_3。由参见中的名称2,3-Dithiabutane（2,3-二硫杂丁烷），可知应为d 600。中译本未发现此误印，参见中也为d 607。

其次，在Table 1.3 Physical Constants of Inorganic Compouds中存在误印：

第1.22页

Antimony下的两种氧化物及Formula

（Ⅲ）oxide (valentinite) Sb_2O_3

（Ⅴ）oxide Sb_2O_3

其中Antimony（Ⅴ）oxide的分子式误为Sb_2O_3，应为Sb_2O_5。

第1.31页

Cobalt下的两种氟化物及Formula

（Ⅱ）fluoride CoF_5

（Ⅲ）fluoride CoF_3

其中（Cobalt）（Ⅱ）fluoride的分子式误为CoF_5，应为CoF_2。

这两处误印在第15版中同样存在，但在其中译本《兰氏化学手册》第2版中均予改正。

再次，是在Table 1.67 Solubility of Gases in Water（气体在水中的溶解度）中的排印错误。

此表给出16种气体在0～100℃下的溶解度。其中Acetylene（乙炔）、Air（空气）、Ammonia（氨）及Bromine（溴）在第1.311页；Carbon dioxide（二氧化碳）、Carbon monoxide（一氧化碳）、Chlorine（氯）、Ethane（乙烷）、Ethylene（乙烯）、Hydrogen

（氢）在第 1.312 页至第 1.313 页第 9 行；在第 1.313 页第 10 行至第 1.314 页本为 Hydrogen sulfide（硫化氢）、Methane（甲烷）、Nitric oxide（氧化氮）、Nitrogen（氮）、Oxygen（氧）、Sulfur dioxide（二氧化硫）的溶解度数据，但在第 1.313 页第 10 行之前并未给出这 6 种气体的名称或分子式，而第 1.313 页的表头还是第 1.312 页那 6 种气体的表头。

在第 15 版 Table 5.1 中则没有这一错误。

(4)《Lange 化学手册》中译本

《Lange 化学手册》中译本已出两版，表示该手册的重要性及影响力。就中译本《兰氏化学手册》第 2 版而言，除了翻译工作外，还做了其他一些工作，如在"有机化合物的物理常数"表后编有"有机化合物中文名称索引"，这就为读者通过中文名称查阅表中的有机化合物提供了方便。

上面也曾指出，中译本也改正了英文第 15 版中 Antimony(Ⅴ) oxide 和 Cobalt(Ⅱ) fluoride 这两种化合物名称后分子式的误排，但是对 Antimony(Ⅲ) oxide（valentinite），Sb_2O_3 中的 valentinite 却没有给出中译名，此单词的译名应为锑华。

前面也曾指出，第 15 版中的一些误印，译者并未发现。此外，在"有机化合物中文名称索引中"，给出：

二甲基连硫烷　　　d 600
2,3-二硫杂丁烷　　d 607

该同一种化合物的两种名称后面一个为 d 600，另一个为 d 607，应当会发现其中一个是错误的。

2.4 其他综合性物理化学数据手册

(1)《化学便览》

这是由日本化学会编写的日文《化學便覽》1952 年出版第 1 版，分为基础编和应用化学编，东京丸善出版。此后数次修订。

最新版本为：《化學便覽．基礎編》改訂 5 版，共 2 册，2004 年出版；《化學便覽．应用化學編》改訂 6 版，共 2 册，2003 年出版。

(2)《化学家手册》和《苏联化学手册》

苏联[1]于 1951 年出版了俄文的化学手册，即 Б. П. Никольский[2] 等主编的《Справочник Химика》（《化学家手册》），手册共 3 册。

此后该手册进行了修订。

手册第 1 版由曾昭伦、陶坤译成中文，书名称为《苏联化学手册》，科学出版社 1958 年出版。

(3)《物理化学手册》

姚允斌，解涛，高英敏编．上海科学技术出版社，1985。

这是一本中型的中文物理化学手册，数据主要摘自一些常用的外文手册和书刊，以表格的形式分类编排。并注明数据来源，但多没有给出原始文献。

由于所参考的外文手册已有新版，如有可能，读者最好查阅原手册的最新版本。

---

[1] 1917 年 2 月俄国爆发了民主革命，推翻了沙皇制度。1917 年 11 月 7 日（俄历 10 月 25 日）爆发了革命，史称十月革命，建立了苏维埃政权。1922 年成立了苏维埃社会主义共和国联盟，简称苏联（俄文 Союз Советских Социалитических Республик，缩写为 СССР，简称 Советский Союз；英文 Union of Soviet Socialist Republics，缩写为 USSR，简称 The Soviet Union；法文 Union des Républiques Socialistes Soviétiques，缩写为 URSS，简称 Union Soviétique）。1991 年底苏联解体。

[2] 尼科尔斯基。

(4)《国际评选数据表》

《International Critical Tables of Numerical Data. Physics, Chemistry and Technology》. Edward W. Washburn, McGraw-Hill Book Company, 1926～1933.

本手册全名为《物理, 化学和技术的国际评选数据表》, 简称 ICT。正文共分 7 卷, 1926～1930 年出版。1933 年又编辑了索引卷。

本书由十余国 300 多名化学家、物理学家及工程师在 20 世纪 20 年代编辑出版。是将法国的"Tables Annuelles de Constantes et Données Numériques de Chimie, de Physique, de Biologie, et de Technologie"(《化学、物理、生物和技术的常数和数据年表》) 中的数据审定并补充而成。

表中文字说明用英、法、德、意四种文字, 索引用英文。

所有数据均给出参考文献, 期刊用数字表示, 可在卷末的参考文献表查得。

ICT 在 20 世纪出版时是著名的数据手册, 至今仍有一定的价值。其编排特点及各卷的内容可参见《化学文献提要》[1]。

2.5 其他化学化工数据手册

(1)《无机化学手册》

《Handbook of Inorganic Compounds》. Dale L. Perry, Sidney L. Phillips. CRC Press, 1995.

共介绍了 3326 种化合物。

(2)《分析化学数据手册》

《分析化学データブック》. 日本分析化学会编. 改订 5 版, 东京: 丸善, 2004.

(3)《CRC 有机化合物数据手册》

《CRC Handbook of Data on Organic Compounds》. Robert C. Weast, Melvin J. Astle. CRC Press, 1985.

(4)《有机化学手册》

《Dean's Handbook of Organic Chemistry》. 2nd ed., George W. Gokel. McGraw-Hill, 2004.

中译本: 张书圣, 温永红, 丁彩凤等译.《有机化学手册》. 化学工业出版社, 2006.

全书共 11 部分, 依次为: 有机化合物, 无机化合物及有机金属化合物, 原子、自由基及键的性质, 物理常数, 热力学性质, 光谱学, 物理化学关系, 电解质、电动势和化学平衡, 实验操作和分析中常用的数据, 聚合物、橡胶、脂肪、油和蜡, 缩略语、常数及转化系数。其后为索引。

中译本全书共 816 页。

表 1-15: 有机化合物的物理常数, 共 11 栏。栏目为: 序号, 名称, 分子式, 分子量, Beilstein 编号, 相对密度, 折射率, 熔点, 沸点, 闪点及 100 份溶剂中的溶解度。Beilstein 编号中对《拜尔施泰因有机化学手册》卷、编别、页码的表示法与《Lange 化学手册》相同。

但书中有些不足之处。如编号 e 16 为 1,2-乙二醇, e 128 为乙二醇, 两者为同一化合物, 且给出的有些数据还稍有不同。对比如下:

	折射率	熔点	沸点	100 份溶剂中的溶解度
e 16	1.4318^{20}	−12.6	197.3	misc aq, alc, glyc, pyr
e 128	1.4319^{20}	−13	197.6	misc aq, alc, acet, glc, HOAc, pyr; sl s eth; i bz, chl

溶解度栏目中 e 128 给出的详尽些[1]。

表 1-14：有机化合物的分子式索引中在第 56 页也给出 $C_2H_6O_2$：e 16，e 128。而编者未发现这一疏漏。

另外，在"Beilstein 编号"栏目下，也有一些错误：

a 29	乙腈 CH_3CN	2183	应为 2,183
a 31	苯乙酮 $C_6H_5COCH_3$	7271	应为 7,271
a 64	丙烯腈 $H_2C=CHCN$	2400	应为 2,400
a 65	丙烯酰氯 $H_2C=CHCOCl$	2400	应为 2,400
d 15	1-癸醇 $CH_3(CH_2)_9OH$	1425	应为 1,425
d 16	4-癸酮 $CH_3(CH_2)_5CO(CH_2)_2CH_3$	1711	应为 1,711
d 17	癸酰氯 $CH_3(CH_2)_8COCl$	2356	应为 2,356
d 19	癸胺 $CH_3(CH_2)_9NH_2$	4199	应为 4,199
d 516	二甲二硫 CH_3SSCH_3	01,291	应为 1,291
h 39	4-十六烷基苯胺 $CH_3(CH_2)_{15}C_6H_4NH_2$	121,186	应为 12,1186
m 310	2-甲基-1,4-萘醌	72,656	应为 7^2,656
m 322	2-甲基-5-硝基咪唑	231,23	应为 23^1,23

(5)《常见有机化合物数据手册》

《Handbook of Data on Common Organic Compounds》，David R. Lide，G. W. A. Milne. CRC Press，1995.

该手册共 3 卷。

(6)《化合物性质手册》

《Chemical Properties Handbook》，Carl L. Yaws. McGraw-Hill，1999.

手册共 28 章。包括：临界性质和偏心因子，气体热容、液体热容、固体热容，蒸发焓、熔化焓，蒸气压，液体密度，表面张力，折射率，偶极矩和转动半径，气体的熵和生成熵，生成焓，生成吉布斯能，溶解度参数、液体体积、范德华体积和面积，在水中的溶解度和辛醇-水分配系数，含盐水中的溶解度，作为温度函数的水中溶解度，化合物在水中的亨利定律常数，在活性炭上的吸附，土壤吸收系数，气体黏度，液体黏度，气体的热导率，液体和固体的热导率，空气中的爆炸极限、闪点和自燃温度，燃烧焓，安全防护的照射极限，液体的热膨胀系数。最后为附录及索引。

与温度有关的物理量表示成与温度的函数关系式。

(7)《有机化合物实验物性数据手册——含碳、氢、氧、卤部分》

马沛生主编. 化学工业出版社，2006.

包括：熔点，沸点，常温相对密度，常温折射率，偶极矩，临界参数和偏心因子，气体和液体的 pVT，蒸气压，相变热，燃烧热、生成热、生成 Gibbs 自由能、标准熵、标准热

---

[1] 缩写词代表含义为：misc，易溶，能以任何比例；aq，水；alc，乙醇；glyc，甘油；pyr，吡啶；acet，丙酮；HOAc，乙酸；sl，轻微；s，可溶；eth，乙醚；i，不溶；bz，苯；chl，氯仿。另外 glc 疑为 glyc 之误。

容，热容，黏度，热导率，表面张力等。

（8）《石油化工数据手册》

卢焕章等编著．《石油化工数据手册》．化学工业出版社，1982．

手册共两篇。第一篇：物性数据的计算方法。包括：临界参数，饱和蒸气压，汽化热，热容，液体密度，黏度，导热系数，表面张力，纯气体和液体的 p-V-T 关系，混合物参数与混合规则，热力学性质。

第二篇：物化数据。共 387 种化合物（其中有机物 375 种，无机物 12 种）。每种化合物在给出名称、分子式、结构式、分子量、沸点 T_b、熔点 T_f、临界温度 T_c、临界压力 p_c、临界密度 ρ_c、临界压缩因子 Z_c、偏心因子 ω 和 Riedel 常数 α_c 之后，以表格的形式先后列出气体的定压热容、黏度、导热系数，液体的蒸气压、汽化热、密度、热容、表面张力、黏度、导热系数。气体在 200～1000 K 范围内每 50 K、液体每 10 ℃给出相应的数据，化合物按类型排列。注意手册中数据用的是非 SI 单位，但附录中给出了单位换算。

（9）《石油化工数据手册（续编）》

马沛生等编著．化学工业出版社，1993．

续编与正编编写体例相同。第一篇：物性数据与估算方法。第二篇：物性数据。共 552 种化合物的数据，仍按类型排列。与正编不同的是未给出临界密度 ρ_c，而是给出临界体积 V_c，没有给出 Riedel 常数 α_c，而是给出了偶极矩 μ。除了偶极矩 μ 外，其他数据均采用 SI 制。

补编中给出了相应化合物性与温度的关联式。

手册给出了参考文献。

（10）《气液物性估算手册》

原书名《The Properties of Gases and Liquids》，5th ed. Brace E. Poling, John M. Prausnits, John P. O'Connell. McGraw-Hill，2001．

赵红玲，王凤坤，陈圣坤等译．化学工业出版社，2006．

（11）《化工数据》

马沛生著．中国石化出版社，2003．

给出了三十几种数据的测定、收集、评价、关联和估算。其中估算占全书篇幅一半以上。

（12）《聚合物手册》

《Polymer Handbook》．4th ed. J. Brandrup, and E. H. Immergut. John Wiley & Sons，1999．

本手册共 3 册分 8 个部分及索引。

（13）《聚合物物理化学手册》

《Справочник по Физической Химии Полимеров》．Ю. С. Липатов, А. Е. Нестеров．

中译本：Ю. С. 利帕托夫主编，А. Е. 涅斯捷罗夫编；闫家宾，张玉崑译．北京：中国石化出版社，1995．

该手册共 3 卷。包括，聚合物溶液与混合物的性质，本体状态下聚合物的性质，聚合物的红外光谱和核磁共振谱。

（14）《化学化工物性数据手册》

青岛化工学院，全国图算学培训中心组织编写．刘光启，马连湘，刘杰主编．化学工业出版社，2002．

该手册共 2 卷。无机卷 16 章，有机卷 14 章，均按化合物的类型分类。各章有详细目录。以表格的形式列出 12000 余种物料的物性数据。

卷后有物料的缩写和别名。

(15)《化学化工物性算图手册》

青岛化工学院，全国图算学培训中心组织编写．刘光启，马连湘，邢志有主编．化学工业出版社，2002．

该手册共 17 章、3 个附录。

(16)《化工设备算图手册》

全国图算学培训中心，青岛科技大学组织编写．马连湘，刘光启，王文中主编．化学工业出版社，2003．

2.6 检索举例

2.6.1 检索乙醇的闪点、自燃温度和爆炸极限

先用本章讲的手册检索，再用下一章要提到的《危险化学品安全技术全书》检索。

(1) 由《CRC 化学和物理手册》检索

由 Index 查得：

Flash point: see Flammability
Flammability
　Chemical substances, general, **16**-13 to 28
　Laboratory chemicals, **16**-1 to 12
　Organic solvents, **15**-13 to 22
Autoignition temperature, **16**-13 to 28
Ignition temperature
　Chemical substances, general, **16**-13 to 28
　Laboratory chemicals, **16**-1 to 12
　Solvents, **15**-13 to 22
Explosive limits, **16**-13 to 28

可见这四条主题词下均给出 **16**-13 to 28.

查 **16**-13 页为 Flammability of Chemical Substances. 表前有对 FP（Flash Point 的缩写）、Fl limits（Flammable limits 的缩写）和 IT（Ignition Temperature 的缩写）的定义。

表下的化合物分为 Compounds not containing carbon 及 Compounds containing carbon 两类。前者共 20 种，按元素符号的字母顺序排列，在 **16**-13 页；后者按化合物的 Hill 分子式排列，在 **16**-13 to 28 页。

表共 6 栏。乙醇的数据如下：

Mol. form	Name	t_B/℃	FP/℃	Fl. limits	IT/℃
C_2H_6O	Ethanol	78.2	13	3.3%-19%	363

又查 **15**-13 页 Laboratory Solvents and Other Liquid Reagents，也给出了乙醇的 FP、Fl. Lim. 和 IT。除 Fl. Lim. 为 3%～19%外，其他数值与 **16**-13 页相同。

再查 **16**-10 页 Table 13 Flash Points, Boiling Points, Ignition Temperatures, and Flammable Limits of Some Commom Laboratory Chemicals，给出的 Flash point/℃ 为 12.0 外，其余与 **16**-13 页相同。而在 Flammable limit（percent by volume in air）下分别给出 Lower 为 3.3，Upper 为 19.0。

可见在同一本手册中给出的数据还有不同。

(2) 由《Lange 化学手册》检索

由 Index 查得：

Flash point
　Organic compounds 2.65, 2.352
Auto-ignition temperature 2.351, 2.426

Explosive limits (see Flammability and flammability limits)
Flammability limits 2.351

此外，在 Flammability，Ignition temperature (ignition point)，Organic compounds 大标题下的小标题内多处均可找到上面给出的页码，说明本手册 Index 编写得非常详细，使读者从不同条目中均可查到有关资料，这是本手册的优点之一。

2.65 页即我们在本章介绍《Lange 化学手册》中的 Table 2.20 Physical Constants of Organic Compounds。表中有一栏"Flash point，℃"给出 No. e 29，Name Ethanol，Formula CH_3CH_2OH 的值为"13"，即闪点为 13℃。

2.351 页为"2.6 Flammability Properties"是说明。2.352 页为 Table 2.40 Boiling Points，Flash Points，and Ignition Temperatures of Organic Compounds。给出以下数据：

Compounds	Boiling point/℉(℃)	Flash point/℉(℃)	Ignition point/℉(℃)
Ethanol		see Ethyl Alcohol	
Ethyl Alcohol C_2H_5OH (Grain Alcohol, Ethanol)	173 (78)	55 (13)	685 (363)

在 2.426 页为 Table 2.41 Properties of Combustible Mixtures in Air。查得结果如下：

Substance	Autoignition temperature/℃	Flammable(explosive) limits, percent by volume of fuel(25℃, 760mmHg)	
		Lower	Upper
Ethanol	363	3.3	19

(3) 由《危险化学品安全技术全书》检索

查中文名索引：

乙醇　　　　1513
酒精　　　　1513

第 1513 页为化合物乙醇。在 1514 页"第九部分理化物性"中给出：

闪点（℃）　　　　　　13（CC）；　　　　　17（OC）
引燃温度（℃）　　　　363
爆炸下限（%）　　　　3.3
爆炸上限（%）　　　　19.0

其中 CC 和 OC 代表什么意义，可查书前的"编号和使用说明"。在"(12) 闪点"后指出"闪点有开杯和闭杯两种值，书中开杯值用（OC）标注，闭杯值用（CC）标注"❶。

2.6.2　检索氯仿在不同温度下的黏度

氯仿又称三氯甲烷，英文名为 Chloroform 和 Trichloromethane，是重要的有机化合物。

(1) 由《CRC 化学和物理手册》检索

由 Index 查得：

Viscosity
　　Liquids **6**-197 to 201
　　Viscosity of liquids **6**-197 to 201

在 **6**-197 页为 Viscosity of liquids 表，给出 5 种 References，其中如 Viswanath, D. S. and Natarajan, G.，《Data Book on the Viscosity of Liquids》，Hemispher Publishing Corp.，New York，1989，为专门黏度的数据手册，可供读者参阅。

表格给出 Compounds not containing carbon 共 8 种，其余则为 Compounds containing carbon。

---

❶ OC 是 Open Cup 的缩写，CC 是 Closed Cup 的缩写。

有关数据如下：

Molecular formula	Name	Viscosity in mPa·s					
		−25℃	0℃	25℃	50℃	75℃	100℃
CHCl$_3$	Trichloromethane	0.988	0.706	0.537	0.427		

此黏度表的表头列出温度只此 6 个，氯仿只有 4 个温度下的值。

（2）由《Lange 化学手册》检索

由 Index 查得：

Viscosity 4.66

   organic compounds, 2.272

2.272 页起为 Table 2.30 Viscosity and Surface Tension of Organic Compounds。表中查得 Chloroform 的 Viscosity 值有 3 个，即：

0.706 (0), 0.596 (15), 0.514 (30)

单位为 mN·s·m^{-2}。括号中的数字为摄氏度（℃）。

表前文字说明黏度的 SI 制为 Pa·s 或 N·s·m^{-2}，表列数值是 mN·s·m^{-2}（=cP）。

4.66 页为 Table 4.14 Viscosity Conversion。

（3）由《有机化合物实验物性数据手册——含碳、氢、氧、卤部分》检索

本手册数据表中化合物按特定编号顺序排列，故要先查出化合物的编号，检索时更为便捷。

第 1 章 化合物的基本信息，表 1-2 为 C—H—X（卤）化合物的基本信息表，在第 47 页找到编号 21003 化合物的中文名为三氯甲烷（氯仿），英文名为 Trichloromethane (Chloroform)，分子式为 CHCl$_3$，CAS 号为 67-66-3。

有关目录如下：

第 10 章 黏度

表 10-2 液体黏度-温度关联式（1）   573

  表 10-2-2 C—H—X（卤）化合物的液体黏度-温度关联式   575

表 10-3 液体黏度-温度关联式（2）   580

  表 10-3-2 C—H—X（卤）化合物的液体黏度-温度关联式   583

关联式（1）在 573 页列出以下三种：

$$\lg \eta_L = A + \frac{B}{T} \tag{1}$$

$$\lg \eta_L = AT^B \tag{2}$$

$$\lg \eta_L = A + \frac{B}{C-T} \tag{3}$$

指出 η_L（N·s·m^{-2}，即 Pa·s）与 T（K），即给出黏度与热力学温度的单位。

在 575 页查到三氯甲烷方程式（3）中的 A 为 −4.4573，B 为 −325.76，C 为 23.789，温度范围为 210～360K，平均误差为 0.5%，温度点值 31.6℃下 $\eta_L \times 10^3 = 0.5093$，单位应为 Pa·s。

关联式（2）在 580 页列出以下参数方程：

$$\lg \eta_L = A + \frac{B}{T} + CT + DT^2$$

指出 η_L（10^{-3}N·s·m^{-2}）。

在 583 页查到三氯甲烷方程式中的 A 为 −4.7831，$B \times 10^{-2}$ 为 6.9902，$C \times 10^2$ 为 1.0929，$D \times 10^5$ 为 −1.2244，温度范围为 265～530K，η_L(25℃)/10^{3}N·s·m^{-2}=0.539。这里 10^3 应为 10^{-3}。

(4) 由《国际精选数据表》(ICT) 检索

由 Index 查得：

Viscosity
　　Liquids，**5**：10；**7**：211
Chloroform
　　Viscosity
　　　Gas，**5**：3
　　　Liquid，**5**：11，26，32

黑体字代表卷序号，冒号后代表页码。

在 Volume V 第 10 页为 Viscosity of Water, Sulfuric Acid, Liquid Carbon Dioxide and Certain Organic Liquids。

标题下有：

Formulae and Units

At a pressure of 1atm.，$\eta = a/(b+t)^n$.
At a pressure of P kg/cm², $\eta_p = \eta_1[1 + k_t(P-1) \times 10^{-4}]$.
η_1 is the value of η when P is 1 kg/cm², which may be taken as the value of η at 1 atm.
The unit of η is the poise unless otherwise stated.

在第 11 页有：

CHCl₃，Chloroform

$a = 93.3 \pm 0.5$，$b = 163$，$n = 1.865$, if t lies between -15 and $60°$ (32)；$cf.$ (13,21,40)

$t/°C$ ⋯	-10	0	$+10$	20	30	40	50	60
$10^3\eta$ ⋯	7.86	6.99	6.25	5.63	5.10	4.64	4.24	3.89

P ⋯⋯⋯	500	1000	2000	4000	6000	8000	10000	
k_{30} ⋯⋯⋯	5.77	6.25	7.16	8.92	11.08			(3)
k_{75} ⋯⋯⋯	6.81	7.22	7.36	7.96	9.68	12.98	18.19	

可见 ICT 给出了两组数据：一组是 $-10 \sim 60°C$ 每 $10°C$ 下的黏度值及公式，一组是不同压力对黏度的影响。

前者文献为 (32)，$cf.$ (13,21,40)，cf 是拉丁文 confer（参照）之意；后者为 (3)。查第 11 页的 Literature，给出：

(32) Thorpe and Rodger，*62*，**185**：397；94
(3) Bridgman，*65*，**61**：57；26
(13)、(21) 和 (40) 这里不再给出。

参考文献先给出作者，之后的斜体字代表杂志在 ICT 中的代号，黑体字是卷号，冒号后的数字是页码，分号后的两位数是年份。在 ICT 参考文献的表示中，若某杂志不排卷号，则将年份用黑体字排印，在页码后不再有表示年份的数字。

年份的表示法较特殊，因 ICT 在 1926~1930 年出版，所以数字小于出版年的为 20 世纪的年份，数字大于出版年的为 19 世纪的年份。

在 ICT 中杂志代码所表示的杂志，可由各卷末的 Literature References 中查得。例如：

62. Philosophical Transactions of the Royal Society of London, Series A, Physical and Mathematical. （伦敦皇家学会哲学会刊，A 辑，物理学和数学）

65. Proceedings of the American Academy of Arts and Sciences. （美国技术与科学院汇编）

所以参考文献 (32) 为 Thorpe and Rodger 发表在前者第 185 卷第 397 页，1894 年。
参考文献 (3) 为 Bridgman 发表于后者第 61 卷第 57 页，1926 年。
表前还给出在 1 atm 下公式 $\eta = a/(b+t)^n$ 中的 a、b 和 n 的值。

(5) 说明

① 四种工具书中《CRC 化学和物理手册》给出了 4 个温度下的值；《Lange 化学手册》

给出了 3 个温度下的值，两者中只有在 0℃下的值相同，其余则分属于不同温度下的值，故共有 6 个温度下的值。

② 马沛生主编的《有机化合物实验物性数据手册——含碳、氢、氧、卤部分》给出了两个黏度-温度关联式。这两个关联式，这里表示成：

方程式 1
$$\lg(\eta/\text{Pa}\cdot\text{s}) = -4.4573 - \frac{325.76}{23.789 - T/\text{K}}$$

方程式 2
$$\lg(\eta/\text{Pa}\cdot\text{s}) = -4.7831 + \frac{699.02}{T/\text{K}} + 1.0929\times 10^{-2}T/\text{K} - 1.2244\times 10^{-5}(T/\text{K})^2$$

我们将 $t = -25℃$、$0℃$、$15℃$、$25℃$、$30℃$ 和 $50℃$ 所对应的 $T/\text{K} = 273.15 + t/℃$ 代入上两式，得到的计算值与前两个手册列出的值进行对比，如下表：

$\eta/\text{mPa}\cdot\text{s}$	$t/℃$	-25	0	15	25	30	50
	方程式 1	0.988	0.706	0.596	0.537	0.511	0.427
	方程式 2	0.982	0.704	0.596	0.539	0.514	0.430
	两个手册	0.988	0.706	0.596	0.537	0.514	0.427

③ ICT 给出了 8 个温度下的值和黏度与温度关联式中的系数，以及黏度与压力的关系。黏度与温度关联式为

$$\eta/\text{P} = \frac{93.3}{(163 + t/℃)^{1.865}}$$

表中指出 η 的单位为 poise，中文为泊，符号 P，它是黏度的非 SI 制单位：$1\text{P} = 0.1\text{Pa}\cdot\text{s}$，见 GB 3102.3—93[25]。

按此式计算出 $t/℃$ 依次为表列 8 个温度下的 η 值，与表给的值对比是相同的。

④ 可以从第 6 章中介绍的《朗多尔特-博恩施泰因》检索。

由 6.2 第 6 版书目表，卷Ⅱ第 5 分卷 a 册（Ⅱ/5a）迁移现象Ⅰ黏度和扩散（1969 年出版）的目录可知有机化合物液体的黏度从第 148 页开始。在第 195～196 页列出了很多作者在不同温度下氯仿的黏度值，还给出了氘氯仿（$CDCl_3$）在 5 个温度下的黏度值。

由 6.3.1 新编书目表可知新编第Ⅳ辑卷 18 的 b 分卷（NS Ⅳ/18b）为纯有机液体的黏度（2002 年出版）及卷 25（NS Ⅳ/25）为纯有机液体和二元液体混合物的黏度（2009 年出版）可检索更新更全的黏度数据。

⑤ 还可以从《拜尔施泰因有机化学手册》检索。

氯仿是甲烷的取代产物，在手册卷 1 的正编第 61 页，第 1 补编第 9 页，第 2 补编第 14 页，第 3 补编第 51 页，和第 4 编补编第 42 页。其中就可以查到很多不同作者给出的不同温度、或不同温度范围的黏度数据。但往往还要查阅原始文献。通过本手册只能查到 1959 年以前的资料。

3 词典、专著、百科全书

上一章所提到的物理化学手册均是介绍常见的重要化合物的物性数据及性质。虽然《Lange 化学手册》"有机化合物的物理常数"中的"Beilstein reference"栏下给出化合物在《拜尔施泰因有机化学手册》中的卷、页号，可以了解化合物的制法及其他性质，但其目的主要还是侧重于物性数据等方面。

制备、提纯、分析某种无机或有机化合物是检索中经常遇到的课题之一。即使常见的重要化合物在教材、手册、百科全书中一般也提到制备方法，若想在实验室或工厂制备或生产这种化合物，还需要查阅专门的工具书或专著。而制备化合物要根据不同对象查阅不同的工具书。

最重要的化合物如硫酸、烧碱、甲醇、丙酮、吡啶等，均有专著，内容非常详尽，自不待言。

对于重要化合物，则可查阅无机、有机方面的化合物制备手册或《无机合成》、《有机合成》丛书。这些书中叙述的制备方法均是经过实验验证的，只要按所给的操作步骤做下去就会得到产物。

对于常见的化合物可以查阅各种化合物词典。这里所说的词典并非介绍单词拼法、读音、词类、释义、用法等的语文类词典，而是介绍化合物的结构式、CAS 登录号、物理性质（如熔点、沸点、密度、折射率、溶解性等），然后列出数篇参考文献，注明这些文献都涉及哪些方面，如制备、结构、性质、应用等。但多不给出制备的路线、操作条件，所以要制备化合物还需查阅原始文献。

对于化合物词典中不作介绍的不常见的化合物，则可查阅《格梅林无机和有机金属化学手册》和《拜尔施泰因有机化学手册》，这两套手册各有数百卷、册，只要是在手册出版时已有的化合物均有收录。而且一种化合物若有多种制法时也一一列出，手册中收集的物性数据很多，对熔点、沸点、密度、折射率等，若有多人测过时也均给出，供读者评选，并且均给出原始文献。有时手册中给出的制法与数据很多，在选用时也会花很多时间，反而不如化合物词典中给出的经过编者选择比较后的制法和数据。但是提供多一些资料总不是一件坏事。这两套手册已在 20 世纪末不再出版，我们将在下两章中分别介绍。

至于这两套手册及化合物词中均未收入的化合物，或最新发现和合成的化合物，或新制法和新数据，则要查阅美国《化学文摘》或其他文摘，甚至最新出版的杂志。

3.1 化合物制备手册、丛书

3.1.1 无机化合物制备手册、丛书

(1)《无机制备化学手册》

《Handbuch der Präparativen Anorganischen Chemie》. G. Brauer 主编. 3 umgearbeitete Auflage, Stuttgart: F. Enke, 1975~1981。

此修订第 3 版共 3 卷 2113 页，德文。

修订第 2 版共 2 卷，出版于 1960 年。中译本为：

勃劳尔主编.《无机制备化学手册》增订第 2 版，上册. 何泽人编译. 北京：燃料化学工业出版社，1972.

第 1 版也由何泽人译出上册，北京：化学工业出版社，1959。

此手册还有英译本：

《Handbook of Preparative Inorganic Chemistry》，2nd ed. New York：Academic Press，1963~1965. 英译本共2卷。

(2)《无机化合物合成手册》

日本化学会编．曹惠民等译．北京：化学工业出版社，1983~1988.

手册共分3卷。原书为日本《無機化合物の合成》丸善株式会社，1976~1977。全书收入2151种无机化合物，分别介绍其化学名称、分子式、物理和化学性质、合成及提纯方法以及注意事项。并有制备方法的原始参考文献。

(3)《无机合成》

《Inorganic Syntheses》，McGraw-Hill Book Co. Inc.，John Wiley & Sons，Inc.，1933~至今。

这是制备无机物实验方法的丛书，各卷由不同专家担任主编。每卷载有数十种无机物的合成方法。每项合成实验由著者提供方法后，均经过其他实验室的复核，提出修改意见并经编辑加工，再征得原著者同意，然后发表，因而合成方法是可靠的。尽管如此，书中仍有错误，在某些卷中有对先前出版的某些卷的更正。如卷8（H. F. Hoitzclow，Jr. 主编）即有对卷2、卷7的更正。《无机合成》至2006年已出版35卷，前20卷已有中译本。

《Inorganic Syntheses》前30卷已编有累积索引：《Collective Index for Volumes 1—30》，1996。

3.1.2 有机化合物制备手册、丛书

(1)《有机制备化学手册》

韩广甸等编译．北京：石油化学工业出版社，1977~1978.

全书分上、中、下三卷，共898页。

本手册大部分内容参考波兰化学会有机化学委员会编写的《Preparatyka Organiczna》（有机制备），同时又对原书内容做了删节与补充。全书分总论和专论两部分，专论共30多章。主要介绍有机合成的典型反应与方法的实验条件和应用范围，提供了451个化合物的资料，并附有参考文献。

书末有主题索引和分子式索引。

(2)《有机合成》

《Organic Syntheses》. John Wiley & Sons，1921~至今。

每卷包含有数十种有机化合物的合成方法，给出详细的实验步骤，并曾经过其他实验室重复验证。因此，方法可靠。每卷末有索引。

至2008年已出版至85卷。

除了单卷本外，还出版了若干集的合订本，以及累积索引。

(3)《有机反应》

《Organic Reactions》. John Wiley & Sons. 1942~至今。

此书每卷有若干个独立的专题，每个专题讨论一类反应，收录有关文献丰富。每卷后有索引。

至2008年已出版了70卷。

(4)《药物生产百科全书》

《Pharmaceutical Manufacturing Encyclopedia》. 2nd ed. M Sittig. Noyes Publications.

本书共分两卷，包括1100余种药物。每种药物名称下，列出该药物的疗效、化学名称、通用名、结构式、CAS登录号、原材料、生产过程、参考文献。

书后有原材料索引、商品名索引。

(5)《聚合物合成手册》

《Handbook of Polymer Synthesis》. Hans R. Kricheldorf. New York：Marcel Dekker，Inc，1992.

手册分 Part A 和 Part B，全书共 1743 页。

3.2 化合物词典

(1)《无机化合物词典》

《Dictionary of Inorganic Compounds》. London：Chapman & Hall.

1992 年出版，共 5 卷。1993 年起开始出版补编。

(2)《有机金属化合物词典》

《Dictionary of Organometallic Compounds》. Second Edition. London：Chapman & Hall.

第 2 版 5 卷出版于 1995 年，1996 年开始出版补编。

(3)《有机化合物词典》

《Dictionary of Organic Compounds》. Sixth Edition. London：Chapman & Hall，1996.

该书共分 9 卷，此后又出版了补编。

本词典第 3 版曾被译成中文《汉译海氏有机化合物辞典》，见下节。

(4)《天然产物辞典》

《Dictionary of Natural Products》. London：Chapman & Hall.

该书共分 7 卷，1994 年出版，此后又出版了补编。

(5)《萜类化合物词典》

《Dictionary of Terpenoids》. London：Chapman & Hall，1991.

该词典共 3 卷。

(6)《甾族化合物词典》

《Dictionary of Steroids》. London：Chapman & Hall，1991.

该词典共 2 卷。

(7)《药品词典》

《Dictionary of Drugs》. London：Chapman & Hall，1990.

该词典共 2 卷。

(8)《生物碱词典》

《Dictionary of Alkaloids》. London：Chapman & Hall，1989.

该词典共 2 卷。

(9)《抗生素及有关物质词典》

《Dictionary of Antibiotics and Related Substances》. London：Chapman & Hall，1987.

(10)《有机磷化合物词典》

《Dictionary of Organophosphorous Compounds》. London：Chapman & Hall，1987.

3.3 丛书、百科全书

3.3.1 无机化学

(1)《无机化学丛书》

张青莲主编，科学出版社，20 世纪 80～90 年代出版。

本丛书共 18 卷 41 个专题，各专题由不同专家编写，丛书约 600 余万字，是一部由我国学者编写的大型无机化学工具书。

(2)《综合无机化学》

《Comprehensive Inorganic Chemistry》. J. C. Bailar, Jr. Pergamon Press, 1973.

该书共分 5 卷。

(3)《新无机化学全书》

《Nouveau Traité de Chimie Minérale》. P. Pascal, Masson et Cie, 1956~1965.

全书 20 卷共 30 册（第 2、7、13、17 卷各 2 册，第 8、15、20 卷各 3 册），用法文书写。

(4)《无机化学全书》

《無機化學全書》. 柴田雄次，丸善株式会社.

全书共分 18 卷，另有附卷，每卷一至数册，用日文书写，20 世纪 40~70 年代出版。

(5)《无机和理论化学总论》

《Comprehensive Treatises on Inorganic and Theoretical Chemistry》. J. W. Mellor. Longmans, 1922~1937.

本书共 16 卷。20 世纪 50 年代起出版补编："Supplement to Mellor's Comprehensive Treatises on Inoranic and Theoretical Chemistry"，篇幅大为增加。

(6)《无机化学百科全书》

《Encyclopedia of Inorganic Chemistry》. R. Bruce King. John Wiley & Sons, 1994.

全书共 8 卷。

(7)《元素化学反应手册》

姚守拙主编. 湖南教育出版社，1998。

这是国内出版的全面叙述元素化学反应的工具书，共分 16 章。

按周期表中的族分章，按元素分节。每节包括：与该节元素发生反应的反应物、反应产物、反应方程式、反应条件等。取材新颖，资料翔实，有文献出处。

(8)《化学反应百科全书》

《Encyclopedia of Chemical Reactions》. C. A. Jacobson. Reinhold Publishing Co., 1946~1959.

该书共分 8 卷，按元素的英文名称顺序，列出各元素及其化合物与其他物质之间的化学反应方程式，均给出文献出处，卷后有试剂索引及制得物质索引。

(9)《综合有机金属化学》

《Comprehensive Organometallic Chemistry —— The Synthesis, Reactions and Structures of Organometallic Compounds》. Sir Geoffrey Wilkinson. Pergamon Press, 1982.

该书共 9 卷，第 9 卷为索引。

(10)《综合有机金属化学Ⅲ》

《Comprehensive Organometallic Chemistry Ⅲ》. Amsterdam：Elsevier, 2007.

全书共 13 卷。

(11)《综合超分子化学》

《Comprehensive Supramolecular Chemistry》. J.-M. Lehn. Pergamon, 1996.

该书共分 11 卷。

3.3.2　分析化学

(1)《分析化学手册》

杭州大学化学系分析化学教研室等编. 第 2 版. 北京：化学工业出版社，1997~2000.

该书共分 10 个分册。

(2)《分析化学手册》

《Analytical Chemistry Handbook》. John A. Dean. McGraw-Hill Book Co., 1995.

由常文保等译校的中文版已于 2003 年经科学出版社出版。

该书共 23 节，每节均有目录，最后为索引。

(3)《通用化工产品分析方法手册》

《通用化工产品分析方法手册》编写组编. 北京：化学工业出版社，1999.

该书共介绍了 254 种化工产品的现行有效标准分析方法。包括：分析原理；所用试剂和仪器；分析检验方法和步骤；计算；技术指标。书末附有索引。

(4)《工业化学分析百科全书》

《Encyclopedia of Industrial Chemical Analysis》. F. D. Snell, C. L. Hilton. New York：Interscience Publishers，1966～1974.

全书共 20 卷。

(5)《分析化学全书》

《Treatise on Analytical Chemistry》. 2nd ed. I. M. Kolthoff. New York：Wiley-Interscience 1978～至今。

全书分三篇，每篇分若干卷。

(6)《分析化学便览》

《分析化學便覽》. 日本分析化学会编. 东京：丸善，1991.

(7)《分析化学手册》

《分析化學ハンドベック》. 日本分析化学手册编辑委员会编. 东京：朝仓，1992.

3.3.3 有机化学

(1)《默克索引》

《The Merck Index》. 14th ed. Merck & Co., Inc., 2006.

该书扉页有一副标题为 "An Encyclopedia of Chemicals, Drugs, and Biologicals"（化学品、药品和生物制剂的百科全书）。本书此后称之为《Merck 索引》。

第 1 版发行于 1889 年，平均不足 10 年发行一本新版。这是一本很实用的工具书。《CRC 化学和物理手册》前些年版本在 "Physical Constants of Organic Compounds" 表内即有一栏 "Merck No."，给出的是《Merck 索引》中化合物的编号。《Lange 化学手册》在 "Physical Constants of Organic Compounds" 表内 "Beilstein Reference" 栏内有的化合物也给出了《Merck 索引》中的编号，以便于参考。不过这两种手册给出的均是《Merck 索引》前几版本中的编号，读者很容易从最新的版本中利用多种索引检索，见检索举例 3.4.2。

第 xiii～xiv 页为 Table of Abbreviations。

正文共 1756 页，描述了 10200 种化学品、药品和生物制剂。

每种化合物给出名称，CAS 登录号，同义词或系统名，经验分子式，分子量，各元素在化合物中的含量，分子式或结构式，制法及参考文献，物性数据如密度、熔点、沸点、折射率、旋光度、光谱数据及溶解性等。

正文后有附表 25 种。

还有有机人名反应，CAS 登录号索引，治疗种类及生物活性索引，分子式索引，名称索引。

有机人名反应共 450 种。第 439 种为我国化学家黄鸣龙改进的伍尔夫-基什纳尔还原法 (Wulff-Kishner Reduction；Huang-Minlon Modification)。并列出参考文献及反应方程式。

(2)《有机化学方法》

《Methoden der Organischen Chemie》（Houben-Weyl）. Vierte, völlig neu gestaltete Auflage. E. Müler, Stuttgart：Georg Thiem Verlag. 1952～至今。

这是一套著名的德文参考书。第 1 版由 J. Houben 和 T. Weyl 主编。现在这套是全新修订的第 4 版。

全书共 16 卷。除个别卷外，各卷均分若干分卷、分册。因卷册很多，这里不列出卷、册名。读者可参阅有关书籍[3]。

(3)《综合有机化学》

《Comprehensive Organic Chemistry：the Synthesis and Reactions of Organic Compounds》. D. Barton. Oxford：Pergamon，1979.

本书的副标题为：有机化合物的合成与反应。全书共 6 卷。

(4)《有机化学全书》

《Traité de Chimie Organique》. V. Grignard. Paris：Masson et Cie，1947～1954.

这是法文有机化学专著。

全书 23 卷（Tom），其中卷 2、卷 8、卷 11 和卷 17 各两分卷（Fascicule），所以共 27 册。卷 23 有总索引。

(5)《大有机化学》

《大有機化學》. 小竹无二雄. 东京：朝仓，1957.

全书共 23 卷，别册 3 卷，共 26 卷。

(6)《汉译海氏有机化合物辞典》

伊凡·海耳布伦（I. Heilbron）等编. 中国科学院自然科学名词编订室译. 北京：科学出版社，1964～1966.

本辞典根据《Dictionary of Organic Compounds》. 第 3 版翻译，共 4 卷。

现《Dictionary of Organic Compounds》已出版第 6 版，见上节。

(7)《有机合成试剂百科全书》

《Encyclopedia of Reagents for Organic Synthesis》. Leo A. Taquette. John Wiley & Sons，1995.

索引包括：试剂分子式索引，试剂结构分类索引，试剂功能索引，主题索引。

(8)《有机合成试剂手册》

《Handbook of Reagents for Organic Synthesis》. Wiley，1999～至今. 已出版 8 册。

(9)《综合杂环化学》

《Comprehensive Heterocyclic Chemistry：The Structure, Reactions, Synthesis, and Use of Heterocyclic Compounds》. Alan R. Katritzky. Oxford：Pergmon Press，1984.

全书共 8 卷。

(10)《综合杂环化学Ⅲ》

《Comprehensive Heterocyclic Chemistry Ⅲ：A Review of the Literature 1995—2007》，Amsterdam：Elsevier，2008.

这是汇集了 1995～2007 年有关杂环化学的最新资料，共 15 卷。

(11)《有机化学合成法》

《Synthetische Methoden der Organischen Chemie》，《Synthetic Methods of Organic Chemistry》，《Theilheimer's Synthetic Methods of Organic Chemistry》

本丛书 1946 年第 1 卷，用德文出版，1948 年译成英文。从 1951 年第 5 卷起改用英文，一般每年出版一卷。至 2008 年已经出版至第 72 卷。

每 5 卷为一辑，每辑编有累积索引。

（12）《催化百科全书》

《Encyclopedia of Catalysis》. István T. Horváth，Wiley-Interscience，2003.

全书共 6 卷，卷 6 后有索引。

3.3.4　环境化学

（1）《化学品毒性、法规、环境数据手册》

国家环境保护局有毒化学品管理办公室，化工部北京化工研究院环境保护研究所编．中国环境科学出版社，1992．

该书收集了 638 种有毒化学品的标志性质、用途、毒性数据、管理法规和环境数据。

（2）《危险化学品安全技术全书》

张海峰主编．第 2 版，第一卷．北京：化学工业出版社，2007．

本书选录的 1008 种化学品是我国生产、流通量大，最常使用的化学品，也是危害性最大的危险品。

（3）《化学危险品实用手册》

上海市化工轻工供应公司编．北京：化学工业出版社，1992．

这是按化学危险品种类编写的手册。

（4）《常用化学危险品安全手册》

张维凡主编．第一卷，第二卷．北京：中国医药科技出版社，1992；第三卷，第四卷．北京：化学工业出版社，1994．

该书共分 4 卷。

手册共收录了近 2000 种常用的化学危险品。每种物质列出了标识、理化性质、燃烧爆炸危害性、包装与储运、毒性及健康危害性、急救、防护措施、泄漏处置、文献。

第二卷、第四卷各有中英文和英中文对照索引及附录。

（5）《有毒有害化学品和致癌物手册》

《Handbook of Toxic and Hazardous Chemicals and Carcinogens》. 3rd edition. Marshall Sittig. Noyes Publications，1991．

手册共 2 卷，共 1685 页。

按照化学品和致癌物的英文字母顺序排列。介绍了 1300 种有毒有害化学品的卫生和安全信息。最后有致癌物索引。

（6）《环境工程技术手册》

陈杰瑢主编．北京：科学出版社，2008．

3.3.5　化学工程

（1）《化学工程手册》

该手册由化学工业出版社出版。

第一版由《化学工程手册》编辑委员会编，共 26 篇，于 1980 年至 1989 年按篇分册出版。1989 年分 6 卷合订出版。手册总结了中国化学工程学科在科研、设计和生产领域的成果，也介绍了世界先进技术和发展趋势。

第二版由时钧、汪家鼎、余国琮、陈敏恒主编，分上、下两册，于 1996 年出版。篇幅较第一版做了压缩。分 29 篇，另有附录及索引。

（2）《佩里化学工程师手册》

《Perry's Chemical Engineer's Handbook》. McGraw-Hill.

这是从事化学工程及有关专业科研技术人员常用的手册。

第 1 版于 1934 年出版，由 J. H. Perry 主编。自第 4 版起由 R. H. Perry 等任主编。第 6 版于 1984 年出版，其中译本于 1992 年、1993 年分上、下册出版。内容如下。

上册：单位换算因子和各种数据表；数学；物理和化学数据；反应动力学，反应器设计，热力学；流体与颗粒力学；流体的输送和贮存；粉粒体的输送及固体和液体的包装；粉碎与团聚；能的利用、转化与储存；传热；传热设备，湿度测定法，蒸发冷却，致冷及深冷过程。

下册：蒸馏；传质与气体吸收；液-液萃取；吸收和离子交换；新的分离过程；液-气系统；液-固系统；固体干燥和气-固系统；固-固体系和液-液体系；过程控制；结构材料；过程机器的传动；过程经济；废物管理；生化工程；索引。

第 8 版由 Don W. Green 和 Robert H. Perry 任主编，于 2008 年出版。

(3)《柯克-奥斯默化工百科全书》

《Kirk-Othmer Encyclopedia of Chemical Technology》. Fourth Edition. John Wiley & Sons.

本百科全书初版于 1947 年，现已出版了第 4 版。第 4 版共 25 卷，按主题词字顺排列。另有补编一卷，卷 1~25 及补编的索引一卷，出版于 1991~1998 年。索引卷主要是总索引，其次是 CAS 登录号索引。

(4)《乌尔曼工业化学百科全书》

《Ullmann's Encyclopedia of Industrial Chemistry》. Fifth Completely Revised Edition. VCH.

该百科全书初版于 1914~1923 年，前 4 版均为德文，原名《Ullmanns Enzyklopädie der Technischen Chemie》。全新修订第 5 版改用英文出版，出版于 1985~1996 年。

第 5 版分为 A、B 两辑。A 辑 28 卷（卷 A1~A28），按主题字母顺序排列。B 辑 8 卷（卷 B1~B8）为基础知识。

另有索引一卷，为卷 A1~A28 和卷 B1~B8 的索引。

(5)《化工百科全书》

《化工百科全书》编辑委员会编. 北京：化学工业出版社，1990~1998.

全书共 19 卷，另有索引 1 卷。

全书词目约有半数以上为物质类词条，从多方面对化学品、系列产品进行阐述。包括物理和化学性质、用途和应用技术、生产方法、分析测试、贮存运输、经济统计、环境保护和劳动保护等。其余词目为应用、过程和技术概念等。

(6)《化学工学便览》

日本化学工学协会编.《化學工學便覽》. 改订 4 版. 东京：丸善，1978.

(7)《聚合物科学和工程百科全书》

《Encyclopedia of Polymer Science and Engineering》. 2nd ed. Jacqueline I., Kroschwitz. John Wiley & Sons, 1985~1990.

包括卷 1~17，按条目字顺排列，另有 Supplement Volume（补编卷）和 Index Volume（索引卷）。

3.4 检索举例

3.4.1 检索钛酸铅（$PbTiO_3$）的有关资料

这里主要用本章介绍的一些工具书查找有关资料。

(1) 由《无机化学丛书》查阅

钛酸铅属于铅的化合物，铅属于元素周期表的第Ⅳ族的锗分族，在《无机化学丛书》第三卷，由该卷目录查得，在 500～501 页有"钛酸铅"，连标题共 12 行文字。

叙述了钛酸铅的制法、晶体结构、生成热及生成自由能❶数据，热稳定性及化学性质等。

（2）由《无机化合物手册》查阅

由《Handbook of Inorganic Compounds》书后的 Molecular Formula Index（分子式索引），有：

O_3 PbTi   1548：Lead titanate

在手册第 219 页找到编号 1548 的 $PbTiO_3$，照录如下：

1548
Compound：Lead titanate
Synonyms：lead metatitanate
Formula：$PbTiO_3$
Molecular Formula：O_3 PbTi
Molecular Weight：303.065
CAS RN：12060 00-3
Properties：yellow tetr cryst<490℃，cub>490℃；can be made by calcination of stoichiometric amounts of PbO and TiO_2 at 400℃；also prepared by precipitation from aq solution of lead nitrate，titanium tetrachloride and ammonium hydroxide，followed by calcining at 900℃；has been used as a paint pigment；and in 99.9％ purity as a sputtering target for thin film capacitors [KIR78] [KIR83] [STR93] [CER91] [SAF87]
Solubility：i H_2O；decomposed in HCl solution to $PbCl_2$ and TiO_2 [KIR78] [HAW93]
Density，g/cm^3：7.52 [HAW93]

文中 [KIR 78] 等是参考文献，其所代表的文献可见书前面的 Literature cited（所引用的文献）。如 KIR 代表 Kirk-Othmer，《Encyclopedia of Chemical Technology》．3rd ed.．其后的数字代表年份，78 代表 1978 年。

（3）由《无机化合物词典》查阅

《Dictionary of Inorganic Compounds》，Volume 5 为 Element Index（元素索引）。在 O、Pb、Ti 后均有：

O_3 PbTi
  ▷Lead titanium oxide（$PbTiO_3$）   IC-021317

查 Volume Three C_{46}—Zr，在第 3691 页找到编号 IC-021317 的 O_3 PbTi，照录如下：

O_3 PbTi   IC-021317
  Lead titanium oxide（$PbTiO_3$），9CI
  Lead titanate（$PbTiO_3$）．Lead metatitanate．C．I．Pigment Yellow 47
  [12060-00-3]
                              $PbTiO_3$
  M 303.0
  Perovskite struct．Synth．by calcining an equimol．mixt．of PbO and TiO_2．Pigment used in ceramic ferroelectric-piezoelectric compositions．Ferroelectric pale yellow solid．Forms tetragonal cryst．below 490° and cubic cryst．above 490°．Insol．H_2O．
  ▷Toxic．
  Robertson．D．W．，*Ind．Eng．Chem.*．1936．**28**．216（*synth，props*）
  Christensen．A．N．*et al．Acta Chem．Scand．*，1963，**17**．845（*synth*）
  Fetiveau．M．*et al．Bull．Soc．Chim．Fr．*，1965，450（*phase transition*）
  Frey．R．A．，*Advan．Raman Spectrosc．*，1972，**1**，181（*raman*）
  Glazer．A．M．*et al．Acta Crystallogr．*，Sect．**B**，1978，**34**，1065（*cryst struct*）
  Kirk-Othmer Encycl．Chem．Technol．，3rd Ed．，Wiley．N．Y．，1978-1984，**14**，174．
  Nelmes．R．J．*et al．Solid State Commun．*，1985．**54**，1721（*cryst struct*）
  Suzuki，M．*et al．Ceram．Trans.*，1988，**1**，163（*synth*）

---

❶ 这里指生成吉布斯自由能。

Sax, N. I. *et al*. *Dangerous Properties of Industrial Materials*. 7th Ed., Van Nostrand-Reinhold, 1989, 2110.

化合物有三个名称。在第一个名称后有"9CI"字样。CI 指美国《化学文摘》中的 Collective Index（累积索引），这里用缩写代表。前面的 9 代表第 9 次，9CI 即 Ninth Collective Index。也就是这个化合物名称 Lead titanium oxide 是在美国《化学文摘》第 9 次累积索引中使用的。类似的符号 8CI、10CI 等也在 Chapman and Hall 出版的其他化合物词典中使用。

下面一行化合物两个同义词之后的 C. I. 是《Colour Index》（染料索引）❶ 的缩写。C. I. Pigment Yellow 47 即染料索引号颜料黄 47 之意。

M 303.0 中的 M 代表分子量，即 SI 制的相对摩尔质量 M_r[20]。

Toxic 左面的符号 ▷ 是危险警告信号。

(4) 说明

① 《无机化合物手册》和《无机化合物词典》中的分子式索引均是按化合物的经验分子式排列的。这里所说的经验分子式是按元素符号的字母顺序列出化合物中的原子种类，在元素符号右下角给出该原子的个数。$PbTiO_3$ 的经验分子式为 O_3PbTi。

② 在上述《无机化合物手册》和《无机化合物词典》中，在 $PbTiO_3$ 条目下的参考文献均给出了《Kirk-Othmer Encyclopedia of Chemical Technology》，但均是第 3 版。

现在该书已出版了第 4 版。我们由第 4 版的 Index（索引）找到：

Lead titanate [*12060-00-3*] **5**：601，699；**15**：146；**24**：254

[12060-00-3] 是钛酸铅的 CAS 登录号。其后冒号前的数字为卷序号，冒号以后的数字为页码。我们可以到上述 4 处找到有关钛酸铅的文字。

这里顺便在《Ullmann's Encyclopedia of Industrial Chemistry》第 5 版查找 $PbTiO_3$ 的信息。

由 Index（索引）查到：

Lead titanate [*12060-00-3*] **A6**：85；**A10**：318

A6、A10 分别为卷序号，其后的数字为页码。

③ 无机化学方面收集文献资料最为丰富、完全的工具书是《格梅林无机和有机金属化学手册》，其查阅方法将在第 4 章中介绍。这里可根据钛酸铅 $PbTiO_3$ 的经验式 O_3PbTi，由该手册的《Formula Index》（分子式索引）卷 12："O-Zr, Elements 104 to 132" 找到

O_3PbTi·········$PbTiO_3$·································· 47（Pb）：Hb/C4-1379/90

此分子式索引先列出经验式，再给出分子式，其后的 47 是该手册中元素铅的系统号，括号中的 Pb 代表该手册中的《铅》，Hb 代表正编，C4 代表 C 辑卷 4，1379/90 表示页数为 1379～1390。总起来，表明 $PbTiO_3$ 在手册中《铅》正编 C 辑、卷 4 第 1379～1390 页。该卷 1971 年出版，德文。

3.4.2 检索三丁酸甘油酯的物性、制法等资料

这里主要介绍利用上一章和本章中的工具书检索。

三丁酸甘油酯结构式为：

$$CH_3CH_2CH_2COOCH_2$$
$$CH_3CH_2CH_2COOCH$$
$$CH_3CH_2CH_2COOCH_2$$

其经验分子式为 $C_{15}H_{26}O_6$。

(1) 由《CRC 化学和物理手册》查阅

在手册 Section 3 中的 "Molecular Formula Index of Organic Compounds" 中在 **3**-618 页

---

❶ 或译作《色料索引》[1]。

查到：

$C_{15}H_{26}O_6$
10191 Tributyrin

符合此分子式的化合物只此一种。Tributyrin 的中译名为三丁精。

在 **3**-490 页查到 No. 为 10191 的化合物，Name 为 Tributyrin；Synonym 为 Butanoic acid，1,2,3-Propanetriyl ester（丁酸-1,2,3-丙三基酯）；CAS RN 60-01-5；Physical Form，liq（liquid 的缩写）；mp/℃，－75；bp/℃，307.5；den/g·cm^{-3}，1.0350^{20}；n_D，1.4359^{20}；Solubility；i H$_2$O；s EtOH，ace，bz；sl ctc；vs eth。

在溶解性一栏中，查表前的缩略语表可知：不溶于 H$_2$O，溶于 EtOH（乙醇）❶、acetone（丙酮）、benzene（苯），微溶于 carbon tetrachloride（四氯化碳），易溶于 diethyl ether（二乙醚）。

(2) 由《Lange 化学手册》查阅

手册 Section 2 为 Organic Chemistry。查 Table 2.20 Physical Constants of Organic Compounds。因此表未编有分子式索引，故只能从化合物的英文名按字母顺序查找，未见到 Tributyrin。所要找的化合物还有一个英文名 Glyceryl tris(butyrate)，即三丁酸甘油酯。

在该表第 177 页找到 No. g 20；Name Glyceryl tris(butyrate)，Formula（CH$_3$CH$_2$CH$_2$CO$_2$CH$_2$）$_2$CHO$_2$CCH$_2$CH$_2$CH$_3$；Beilstein reference 2，273；Density 1.032$_4^{20}$；Refractive index 1.4359^{20}；Melting point/℃ －75；Boiling point/℃ 287～288；Flash point/℃ 173；Solubility in 100 parts solvent，i aq；vs alc，eth。

溶解性中为：不溶于水，易溶于乙醇和二乙醚。

(3) 由《Merck 索引》查阅

在《CRC 化学和物理手册》已给出三丁酸甘油酯的 CAS RN 为［60-01-5］，故可查《Merck 索引》的 CAS Registry Number Index，在 REG-2 页查得：

[**60-01-5**] Tributyrin，*9620*

或从 Formula Index（分子式索引）在 FI-41 页查得：

$C_{15}H_{26}O_6$
Tributyrin，*9620*

也可以由 Name Index 在 NI-59、NI-186、NI-344 页查得

Butanoic Acid 1，2，3-Propanetriyl Ester *see* 9620

Glyceryl Tributyrate *see* 9620

Tributyrin，0620

给出的资料为：

9620. Tributyrin. ［60-01-5］Butanoic acid 1，2，3-propanetriyl ester; glyceryl tributyrate. $C_{15}H_{26}O_6$; mol wt 302.36. C 59.58%，H 8.67%，O 31.75%. (C$_3$H$_7$COO)$_3$C$_3$H$_5$. Prepd by esterification of glycerol with excess butyric acid; Weatherby *et al.*，*J. Am. Chem. Soc.* **47**，2249 (1925).

Oily liq; bitter taste; d_4^{20} 1.032; mp －75; bp$_{760}$ 305-310°. bp$_{15}$ about 190°; n_D^{20} 1.4358. Insol in water. Very sol in alc, ether.

其中的缩略语见第 xiii 页的 Table of Abbreviations。

(4) 由《有机化合物词典》查阅

利用该书第 5 版❷索引卷中的 Molecular Formula Index，在 $C_{15}H_{26}O_6$ 下面有 5 种化合物，其中有：

---

❶ Et 是 Ethyl（乙基）的缩写，代表 C$_2$H$_5$—，故乙醇 C$_2$H$_5$OH 用 EtOH 表示。

❷ 已出第 6 版。

▷ Glycerol 1,2,3-tributanoate, G-00564
正是我们所要找的。

如果利用其他索引，也会找到同样结果，这里就不再列举了。

查得 G-00564 化合物如下：

Glycerol 1,2,3-tributanoate   G-00564
Tributyrin. Glycerol tri-n-butyrate
[60-01-5]

$$\begin{array}{l} CH_2OOCR \\ | \\ CHOOCR \quad R=(CH_2)_3CH_3 \\ | \\ CH_2OOCR \end{array}$$

$C_{15}H_{26}O_6$ M 302

Liq. with bitter taste. Bp 305-10°, Bp$_{15}$ 190°.

▷ ET7350000.

Weatherby, L. S. *et al*, *J. Am. Chem. Soc.*, 1925, **47**, 2249 (*synth*)
Wathelet, J. P. *et al*. *J. Chromatogr.*, 1975, **110**. 157 (*tlc*)
Hildebrand, D. C. *et al*, *Plant. Dis. Rep.*, 1976, **60** 7 (*tox*)
Lamberet, G *et al*. *Lait*, 1976, **56**, 119
Mityushova, N. M. *et al*, *Dokl. Akad. Nauk SSSR*, 1976, **230**, 992
Sax, N. I., *Dangerous Properties of Industrial Materials*, 5th Ed., Van Nostrand-Reinhold, 1979, 1042

从化合物名称、CAS 登录号和分子式均可说明是我们所要检索的。但是结构式中 R = $(CH_2)_3CH_3$ 却是错误的，应当为 R = $(CH_2)_2CH_3$。

符号 ▷ 后的 ET 7350000 是 Registry of Toxic Effects of Chemical Substances（化学物质毒性登录号，缩写为 RTECS）数据库中的编号。

(5) 由《Beilstein 有机化学手册》查阅

《Beilstein 有机化学手册》将在本书第 5 章中介绍，但因《兰氏化学手册》均给出有机化合物在《Beilstein 有机化学手册》中的页码，故这里也做简单介绍。

三丁酸甘油酯是丁酸与丙三醇（甘油）形成的酯，在《Beilstein 有机化学手册》中属于碳链化合物中羧酸的官能团衍生物，应在卷 2。

卷 2 已出版正编及 1～4 补编，均用德文书写。正编至第 4 补编已出版有 General-Sachregister（总主题索引）卷 28（共 10 分卷）及 General-Formelregister（总分子式索引）卷 29（共 13 分卷）。此外，还出版按卷编排的 Gesamtregister（累积索引），亦分为主题索引和分子式索引。

我们由卷 2、卷 3 合编的正编至第 4 补编累积索引中的 Formelregister（分子式索引）查得，在 $C_{15}H_{26}O_6$ 下面很多化合物中找到

Propan,1,2,3-Tris-butyryloxy-   **2** 273e, Ⅰ 121k, Ⅱ 249e, Ⅲ 609e, Ⅳ 799

可知，1,2,3-Tris-butyryloxy-propan（1,2,3-三丁酰氧基丙烷）即三丁酸甘油酯在第 2 卷正编 273 页，第 1 补编 121 页，第 2 补编 249 页，第 3 补编 609 页，第 4 补编 799 页。以上这 5 处有截至 1959 年以前有关三丁酸甘油酯的综合资料。包括各种制法、物理性质及化学反应等。

(6) 说明

① 本章检索举例 3.4.1（3）和 3.4.2（4）中均引用了 Sax, N.L. 的《Dangerous Properties of Industrial Materials》，这是一本重要的工具书。现此书已出版了第 11 版：Lewis, Richard J.《Sax's Dangerous Properties of Industrial Materials》, John Wiley & Sons, 2004, 共 3 卷。

② 本例（4）中列出的第 5 篇文献 Mityushova, N. M. et al, Dokl. Akad. Nauk SSSR, 1976, **230**, 992 是一篇俄文文献，见检索举例 14.5.1。

4 《格梅林无机和有机金属化学手册》

《格梅林无机和有机金属化学手册》的英文全称为《Gmelin Handbook of Inorganic and Organometallic Chemistry》。过去称为《格梅林无机化学手册》（德文《Gmelins Handbuch der Anorganischen Chemie》，英文《Gmelin Handbook of Inorganic Chemistry》）❶，是无机化学方面最系统、最完备、最重要的权威性巨著。

Leopold Gmelin（1788～1853），德国海德堡大学教授，于1817～1819年编写了《理论化学手册》（德文《Handbuch der Theoretischen Chemie》）。这里的理论化学指的是纯化学，手册包含无机和有机化学，这是第1版。第4版改称《化学手册》（德文《Handbuch der Chemie》）。因F. K. Beilstein于1881～1883年出版了《有机化学手册》，故第5版不再包含有机化学的内容。第6版、第7版由K. Kraut担任主编，并改名为《无机化学手册》（德文《Handbuch der Anorganischen Chemie》）。

1921年德国化学会（德文Deutsch Chemische Gesellschaft）承担了修订该手册繁重的编辑工作，于1924年出版了新版中的《锌》，并将手册改为《格梅林无机化学手册》，以纪念手册的奠基人L. Gmelin。此版称为全新修订第8版（德文《Achte völlig neu bearbeitete Auflage》），简称第8版。

因第二次世界大战的影响，1944～1948年出版工作中断。战后1945年专门设立了隶属于马克斯·普朗克科学促进会的格梅林无机化学研究所❷，该所与德国化学会共同负责《格梅林无机化学手册》的出版工作，1949年恢复出版。

手册原由化学出版有限公司（德文Verlag Chemie GmbH）出版，1974年起由施普林格出版社（德文Springer Verlag）出版。

《格梅林无机化学手册》原用德文出版。20世纪70年代在出版德文卷的同时，还出版德、英文混编卷❸及英文卷，1982年起只用英文出版。由于有机金属化学的发展，系统出版了多种金属的有机金属化合物卷，故于1990年将手册改为《格梅林无机和有机金属化学手册》。以后本书将其简称为《Gmelin手册》。这里介绍《Gmelin手册》第8版。

《Gmelin手册》系统地收集了元素、无机化合物和有机金属化合物的丰富资料，包括存在、制备、物理性质、电化学性质、化学性质等重要内容；还涉及化学史、同位素化学、地球化学、矿物学、结晶学、冶金学、胶体化学、工艺学等领域。从1924年起至1997年，包括各种索引在内，共出版了769册。

《Gmelin手册》在国内很多图书馆均有收藏，以中国科学院化学研究所收藏最全。

---

❶ Gmelin曾被译作盖墨林，现根据《德语姓名译名手册》[24]译作格梅林。该手册曾被译为《盖墨林无机化学大全》、《格梅林无机化学大全》，现多译作《格梅林无机化学手册》及《格梅林无机和有机金属化学手册》。

❷ 德文Gmelin-Institut für Anorganische Chemie der Max-Planck-Gesellschaft zur Förderung der Wissenschaften，英文Gmelin-Institute for Inorganic Chemistry of the Max-Planck-Society for the Advencement of Science。

❸ 还有4卷，部分用法文编写。

4.1 Gmelin 系统号和最后位置原则

4.1.1 Gmelin 系统号

《Gmelin 手册》是按元素编辑出版的，在已知的一百余种元素中，原则上每个元素给一个系统号（德 System-Nummer，英 System Number），但稀有气体（He、Ne、Ar、Kr、Xe、Rn）、稀土元素（Sc、Y、La-Lu）及铀后元素（Np、Pu、Am、…）各给一个系统号。另外，因铵（NH_4）在化合物中表现得像一种碱金属，故也给一个系统号，且排在钾（K）之后，铷（Rb）之前。

Gmelin 系统号与元素对照表见表 4.1。

表 4.1 Gmelin 系统号与元素对照表

系统号	元素符号	元素名称	系统号	元素符号	元素名称	系统号	元素符号	元素名称
1	He,Ne,…	稀有气体	25	Cs	铯	48	V	钒
2	H	氢	25a	Fr	钫	49	Nb	铌
3	O	氧	26	Be	铍	50	Ta	钽
4	N	氮	27	Mg	镁	51	Pa	镤
5	F	氟	28	Ca	钙	52	Cr	铬
6	Cl	氯	29	Sr	锶	53	Mo	钼
7	Br	溴	30	Ba	钡	54	W	钨
8	I	碘	31	Ra	镭	55	U	铀
8a	At	砹	32	Zn	锌	56	Mn	锰
9	S	硫	33	Cd	镉	57	Ni	镍
10	Se	硒	34	Hg	汞	58	Co	钴
11	Te	碲	35	Al	铝	59	Fe	铁
12	Po	钋	36	Ga	镓	60	Cu	铜
13	B	硼	37	In	铟	61	Ag	银
14	C	碳	38	Tl	铊	62	Au	金
15	Si	硅	39	Sc,Y,La~Lu	稀土元素	63	Ru	钌
16	P	磷				64	Rh	铑
17	As	砷	40	Ac	锕	65	Pd	钯
18	Sb	锑	41	Ti	钛	66	Os	锇
19	Bi	铋	42	Zr	锆	67	Ir	铱
20	Li	锂	43	Hf	铪	68	Pt	铂
21	Na	钠	44	Th	钍	69	Tc	锝
22	K	钾	45	Ge	锗	70	Re	铼
23	NH_4	铵	46	Sn	锡	71	Np,Pu,…	铀后元素
24	Rb	铷	47	Pb	铅			

最初没有给砹（At）、钫（Fr）及铀后元素（Np、Pu、Am、…）系统号。在《Gmelin 手册》开始出版时只有 70 个系统号。铀后元素迅速发展后，给这些元素的系统号定为 71。因未给砹及钫留有空号，而砹在碘（I，系统号为 8）后，钫在铯（Cs，系统号为 25）后，故在 20 世纪 80 年代出版该书时，这两个元素分别给以系统号 8a 及 25a，故实际上 Gmelin 系统号共计 73 个。

4.1.2 最后位置原则

Gmelin 系统号不同于原子序数，它的作用是为了确定化合物和系统（二元系统、三元系统等）在《Gmelin 手册》中的位置。

若一化合物由多种元素组成，则此化合物放在系统号最大的元素中讨论。这就是最后位置原则（德文 Prinzip der letzten Stelle，英文 Principle of the last position）。

例如：水（H_2O）由 H、O 元素组成，系统号 H 为 2，O 为 3，故 H_2O 在《氧》中讨论。硝酸 HNO_3 由 H、O、N 三种元素组成，N 的系统号为 3，最大，故 HNO_3 在《氮》中讨论。

在《钾》（系统号 22）中介绍完历史、存在、元素后，在钾的化合物中依次介绍：钾与稀有气体（系统号 1）、钾与氢（系统号 2）、钾与氧（系统号 3）、钾与氮（系统号 4）、钾与氟（系统号 5），……钾与锂（系统号 20）、钾与钠（系统号 21）。

虽然在《钾》中钾与锂栏下可以查到硫酸钾锂，但《钾》中无钾与铝栏，故找不到明矾 [$K_2SO_4 \cdot Al_2(SO_4)_3 \cdot 24H_2O$]。因为根据最后位置原则，应在组成该化合物各元素中系统号最大的元素卷中。对于硫酸钾铝，各元素系统号：O 为 2，S 为 9，K 为 22，Al 为 35，故应到系统号最大的《铝》化合物中与系统号第二大的元素，即铝与钾栏下去查找。

二元和多元合金系统、盐-水系统也是按照这一原则。例如，由 Bi（系统号 19）、Cd（系统号 33）、Sn（系统号 46）及 Pb（系统号 47）组成的 6 种二元系统、4 种三元系统和 1 种四元系统，Cd-Bi 系统列于《镉》中的镉与铋栏下；Sn-Bi，Sn-Cd，Sn-Cd-Bi 系统分别列于《锡》中的锡与铋，锡与镉栏下；而 Pb-Bi，Pb-Cd，Pb-Cd-Bi 和 Pb-Sn，Pb-Sn-Bi，Pb-Sn-Cd，Pb-Sn-Cd-Bi 则分别列于《铅》中的铅与铋，铅与镉和铅与锡栏目下。

不过最后位置原则也有例外。如《钠》（系统号 12）的补编中，不仅有钠与系统号小于 12 的各元素系统，也还有钠与系统号大于 12 的各元素系统。

至于各种专题，如《稀有气体化合物》、《主族元素全氟卤代有机化合物》、《硼化合物》等更没有受到最后位置原则的限制。

4.2 正编，补编，附卷，新补编，有机金属化合物，专题，《铁冶金学》，索引卷等

《Gmelin 手册》自 1924 年至 1997 年已出版 769 册，但并不是按系统号、卷序号的顺序先后出版的❶。各册收集文献时间也不统一，而是截至该册出版前几年。半数以上的元素出版了补编。有 21 余种金属出版了各自的有机金属化合物卷。此外，还出版了不同年限内《Gmelin 手册》的索引卷等，为了了解它们之间的关系，这里分别加以介绍。

4.2.1 正编

各系统号元素首批出版的卷册，称为正编（德文 Hauptband，英文 Main Volume）。正编是相对于补编而言的，但各册封面及扉页上并未印有正编的字样。因各元素及其化合物的篇幅多少非常悬殊，有的只 1 卷，有的几卷，有的还分为若干辑。如《锡》分 A 辑：历史、存在（1 册），B 辑：元素（1 册），C 辑：化合物（6 册），D 辑：合金（1 册）。至今，所有元素均出版了正编，但有些元素的正编并未出齐。如《碳》未出 A 辑：历史，存在；《硅》未出 A2：存在。《希土元素》、《锰》的化合物部分均未出齐。

4.2.2 补编

正编出版后，一般情况下隔一定时间即出版"补编"（德文 "Ergänzungsband"，英文 "Supplement Volume"），补编是对正编的补充。1924 年出版《锌》正编（1 册），1956 年出版了《锌》补编（1 册）；1931 年出版《溴》正编（1 册），1985～1992 年出版了《溴》补编 A 辑：元素（1 册）；B 辑：化合物（3 册）。

目前，已有半数以上系统号的元素出版了补编。

4.2.3 附卷

只有氧和钾两个元素出版了"附卷"（德文 "Anhangband"，英文 "Appended Volume"）。《氧》的附卷《水的脱盐》介绍了蒸馏、离子交换、电渗析、反渗透、冷冻等从海水或咸水除盐制淡水的方法。《钾》的附卷《海洋沉积盐及其溶液》则讨论了含 Na^+、K^+、Ca^{2+}、Mg^{2+} 中的两种或多种阳离子，Cl^-、SO_4^{2-} 中的一种或两种阴离子的无水盐和含水盐系统，以及酸性和碱性水溶液系统。

---

❶ 在 4.3.1《Gmelin 手册》书目一览表中，有些卷号空缺，并未出版。

这两个附卷也分别出版了补编。

4.2.4　新补编

1970~1979年间针对当时的一些重要领域专门出版了54卷（共53册）"新补编"（德文"Ergänzungswerk"，英文"New Supplement Series"）❶。新补编涉及15个系统号元素，卷与卷之间没有必然联系。新补编中主要是"有机金属化合物"；其次是《硼化合物》，《铀后元素》等。这些卷册后来归入到相关元素卷的系列之中。如《硼化合物》归入系统号13硼中，《有机铁化合物》归入系统号59铁中。

但这54卷新补编卷序号与所归属的元素间并无规律。如《铀后元素》共9卷，在新补编中的卷序号依次为卷7a、7b、8、31、38、39、4、20和21；《主族元素全氟卤代有机化合物》卷1~4，在新补编中的卷序号分别为卷9、12、24和25等。《硼化合物》共20卷，更是如此，后面还要提到。

新补编54卷德-中文卷目表见《Gmelin无机和有机金属化学手册指南》[25]。

4.2.5　有机金属化合物

有机金属化合物又称金属有机化合物（德文 Metalloorganische Verbindungen，英文 Organometallic Compounds），最早是列在金属元素化合物部分中有机化合物栏下。自1971年新补编卷2《有机钒化合物》及卷3《有机铬化合物》的出版，开始了在《Gmelin手册》中系统出版有机金属化合物卷。其中最多的是《有机铁化合物》，已出版39册；其次为《有机锡化合物》，已出版25册；《有机钼化合物》、《有机锇化合物》各出版10册；《有机镍化合物》还出版了补编。已有21种金属元素出版了有机金属化合物卷。

4.2.6　专题

专题是除了有机金属化合物以外，对某类化合物另立标题专门出版的系列卷册。专题出版物主要有如下几种。

《硼化合物》（德文《Borverbindungen》，英文《Boron Compounds》）。《硼化合物》中除了介绍硼与系统号小于硼的元素（稀有气体至碲）之间的化合物以外，还介绍了碳硼烷，包括金属碳硼烷。《硼化合物》正编20卷均在新补编系列中，这20卷的卷序号与卷的内容也无规律。如《硼化合物》中硼-氢化合物3卷的卷序号分别为卷14、18、20（新补编的卷序号为45、52、54），硼-氧化合物2卷的卷序号为13、16（新补编的卷序号为44、48），硼-卤素化合物2卷的卷序号为9、19（新补编的卷序号为34、53），碳硼烷4卷的卷序号为2、6、11、12（新补编的卷序号为15、27、42、43）。《硼化合物》还出版了4个补编，在这4个补编中，硼化合物的类型则按硼与稀有气体、氢、氧、氮、卤素、氧属元素的化合物和碳硼烷的顺序排列。

《主族元素全氟卤代有机化合物》（德文《Perfluorhalogenorgano-Verbindungen der Hauptgruppenelemente》，英文《Perfluorohalogenoorganic Compounds of Main Group Elements》）是指与主族元素相连的所有碳上的氢均被氟或氟及其他卤素（至少一个氟）取代的一类化合物。《主族元素全氟卤代有机化合物》除正编外，还出版了2个补编。

《硫-氮化合物》（德文《Schwefel-Stickstoff Verbindungen》，英文《Sulfur-Nitrogen Compounds》）是指硫与氮直接相连的化合物。S的氧化数可以是Ⅵ、Ⅳ、Ⅱ。

《稀有气体化合物》（德文《Edelgasverbindungen》，英文《Noble Gas Compounds》）只在1970年出版了1卷。但以后出版的系统号大于1的元素卷中，仍有该元素与稀有气体的化合物。

---

❶ 新补编从卷号来看共54卷，但卷7分为卷7a、7b两册，而卷2与卷3合一册，卷10与卷11合一册，故新补编共53册。

4.2.7 《格梅林-杜雷尔铁冶金学》

《Gmelin 手册》中还有一套特殊的书,即是《格梅林-杜雷尔铁冶金学》全新修订第 4 版(德文《Gmelin-Durrer, Metallurgie des Eisens》Vierte völlig neu bearbeitete Auflage,英文《Gmelin-Durrer, Metallurgy of Iron》Fourth totally revised Edition),简称《铁冶金学》。《铁冶金学》是《铁》A 辑卷 3~5(铁冶金学部分)的补编。现《铁冶金学》已出版 12 卷,每卷均分 a、b 两册(两分卷)单独出版。a 分册是文字部分,b 分册是图示部分,以便相互参照阅读。b 分册还有英文、德文的主题索引。因《铁》正编 A 辑共 9 卷,卷 1~2,卷 6~9 均尚未出补编,故可将《铁冶金学》作为另一类专题。

4.2.8 TYPIX 无机结构类型的标准化数据和晶体化学特征

英文为"TYPIX Standardized Data and Crystal Chemical Characterization of Inorganic Structure Types"于 1993~1994 年出版 4 册。第 3 册为三斜、单斜和正交结构的基础数据(空间群 1~74),第 4 册为四方、三方、六方和立方结构型的基础数据(空间群 75~230)。

4.2.9 索引卷

索引卷指整卷均是索引的卷册,可分为 3 类。

一类是某专题的索引卷。如《硼化合物》卷 1~20 的索引卷。《硼化合物》第 3 补编卷 1~4 的索引卷。《有机镍化合物》卷 1、卷 2 的索引卷。《有机铜化合物》卷 1~4 的索引卷。

另一类是系统号元素的索引卷。如《磷》的索引卷是正编 A、B、C 三辑共 3 册的索引;《钠》的索引卷是正编及补编卷 1~7 共 8 册的索引。《钒》、《铌》、《钽》合编有索引卷,是《钒》正编 4 册、《铌》正编 5 册、《钽》正编 4 册及《有机钒化合物》1 册,共 14 册的索引。《铀后元素》的"主题和物质字顺索引"是《铀后元素》A、B、C、D 四辑共 9 册的索引❶。

最后是不分元素、有机金属化合物、专题等,而是按卷册出版年限编写的《分子式索引》(德文《Formelregister》,英文《Formula Index》),现已出版正编及 1、2、3 补编,共 36 册。

4.3 《Gmelin 手册》书目

《Gmelin 手册》已出版书本式共 769 册,为了便于了解每一卷册的内容,这里列出书目一览表,并对该表作有关说明。

4.3.1 《Gmelin 手册》书目一览表

《Gmelin 手册》书目一览表见表 4.2。

表 4.2 《Gmelin 手册》书目一览表

元 素			卷序号,出版年份,卷名,页数或起止页数,语种,注释	
1 稀有气体, He, Ne,…, Rn	稀有气体化合物		(1926)	251(德)
			(1970)	160(德)(新补编卷 1)
2 氢 H			(1927)	273(德)
3 氧 O		1	(1943)	历史。82(德)
		2	(1952)	存在,工艺。83~300(德)
		3	(1958)	元素氧。301~818(德)
		4	(1960)	空气,活性氧,臭氧。819~1184(德)
		5	(1963)	系统,普通水至化学性质(不包括电化学性质)。1185~1732(德)

---

❶ 此外,《氧》卷 8 有卷 1~8 的索引,《汞》B 辑卷 4 有 A 辑(2 册)、B 辑(4 册)的索引。但这两个索引是附在卷后,而不是以索引卷的形式出现的。

续表

元素	卷序号	出版年份	卷名,页数或起止页数,语种,注释
3 氧 O	6	(1964)	普通水(电化学性质,与有机溶剂的系统),同位素水,水离子。1733~2096(德)
	7	(1966)	过氧化氢。2097~2526(德)
	8	(1969)	OH和HO_2自由基,臭氧化氢HO_3,高过氧化氢;卷1~8的分子式索引和德、英主题索引。2527~2947(德)
	附卷:水的脱盐	(1974)	339(英)
	补编		
	1	(1979)	360(英)
4 氮 N	1	(1934)	历史,存在,元素。282(德)
	2	(1935)	氮与氢的化合物。283~506(德)
	3	(1936)	氮与氧的化合物。507~854(德)
	4	(1936)	与氧的化合物(续完)。855~1038(德)
	补编		
	B1	(1993)	与稀有气体和氢的化合物。280(英)
	B2	(1993)	与稀有气体和氢的化合物(续)。188(英)
	B6	(1996)	与氧的化合物(N_2O_5,NO_3,NO_3^-)。377(英)
5 氟 F		(1926)	86(德)
	补编		
	1	(1959)	258(德)
	2	(1980)	元素。210(英、德)
	3	(1982)	与氢的化合物。345(英)
	4	(1986)	与氧和氮的化合物。409(英)
	5	(1987)	与氮的化合物。251(英)
主族元素全氟卤代有机化合物	1	(1973)	硫的化合物。217(德)(新补编卷9)
	2	(1973)	硫(续)、硒、碲的化合物。247(德)(有卷1、卷2的分子式索引)(新补编卷12)
	3	(1975)	磷、砷、锑和铋的化合物。233(德)(新补编卷24)
	4	(1975)	与1~4主族元素(不包括碳)的化合物。213(德)(有卷3、卷4的分子式索引)(新补编卷25)
	5	(1978)	与氮的化合物(杂环化合物)。226(德)
	6	(1978)	与氮的化合物(杂环化合物)(续);卷5、卷6的分子式索引。196(德)
	7	(1979)	脂肪族和芳香族氮化合物。217(德)
	8	(1980)	脂肪族和芳香族氮化合物(续)。230(德)
	9	(1981)	脂肪族和芳香族氮化合物(续完);卷7、卷8、卷9的分子式索引。223(英)
	补编		
	1	(1984)	与1~5主族元素(不包括N)和S(部分)的化合物。212(英)
	2	(1986)	硫(Ⅱ)化合物。269(英)
	3	(1987)	与6主族元素(S^{IV}、S^{VI}、Se、Te)和与I的化合物。310(英)(有补编卷1~3的分子式索引)。
	4	(1988)	氮的杂环化合物。348(英)
	5	(1991)	氮的脂肪族和芳香族化合物。240(英)
	6	(1991)	氮的脂肪族和芳香族化合物(续),补编卷5和卷6的分子式索引。283(英)
	第2补编		
	1	(1994)	1~5主族元素(不包括N)和S(部分)的化合物。343(英)
	2	(1995)	S、Se、Te、Cl、Br、I和Xe的化合物。406(英)(有第2补编卷1、卷2的分子式索引)
	3	(1997)	氮化合物。465(英)
6 氯 Cl		(1927)	442(德)
	补编		
	A	(1968)	元素(不包括检验和测定)。396(德)
	B1	(1968)	化合物至氯与氢。314(德)
	B2	(1969)	化合物(续完),检验和测定。315~622(德)
7 溴 Br		(1931)	342(德)
	补编		
	A	(1985)	元素。523(英)
	B1	(1990)	与稀有气体和氢的化合物。514(英)
	B2	(1992)	与氧和氮的化合物。267(英)
	B3	(1991)	与氟和氯的化合物。245(英)

续表

元素			卷序号,出版年份,卷名,页数或起止页数,语种,注释	
8 碘 I	1	(1931)	历史,存在,元素。244(德)	
	2	(1933)	碘的化合物。245~660(德)(有卷1的补充及勘误)	
8a 砹 At		(1985)	291(英)	
9 硫 S	A1	(1942)	历史。60(德)	
	A2	(1953)	存在,硫及其化合物的工艺,胶体硫,毒性。61~510(德)	
	A3	(1953)	生成和制备,硫系统,物理性质,电化学性质,化学性质,非水溶液,溶剂硫。511~762(德)	
	B1	(1953)	硫的氢化物和氧化物。372(德)	
	B2	(1960)	硫-氧酸。373~1130(德)	
	B3	(1963)	化合物(续完)。1131~1875(德)(另有附图9张)	
	补编			
	1	(1978)	卤化亚硫酰。72(德)	
	2	(1978)	卤化硫。310(德)	
	3	(1980)	氧化硫。344(德)	
	4a/b	(1983)	硫烷。500(英)	
	硫-氮化合物			
	1	(1977)	氧化数为Ⅵ的硫的化合物。268(德)(新补编卷32)	
	2	(1985)	氧化数为Ⅳ的硫的化合物。333(英)	
	3	(1987)	氧化数为Ⅳ的硫的化合物。325(英)	
	4	(1987)	氧化数为Ⅳ的硫的化合物。272(英)(有卷3、卷4的分子式索引)	
	5	(1990)	氧化数为Ⅳ的硫的化合物。276(英)	
	6	(1990)	氧化数为Ⅳ的硫的化合物。330(英)	
	7	(1991)	氧化数为Ⅳ的硫的化合物。338(英)	
	8	(1991)	氧化数为Ⅳ的硫的化合物。486(英)(有卷5~8的分子式索引)	
	9	(1993)	氧化数为Ⅱ的硫的化合物。336(英)	
	10a	(1994)	氧化数为Ⅱ的硫的化合物。321(英)	
	10b	(1994)	氧化数为Ⅱ的硫的化合物。322~617(英)	
	11	(1996)	氧化数为Ⅱ的硫的化合物。362(英)(有卷10a~11的分子式索引)	
10 硒 Se	A1	(1942)	历史,存在,元素(不包括电学性质)。292(德)	
	A2	(1950)	电学性质(含硒光敏电阻)。293~414(德)	
	A3	(1953)	电学性质(硒整流器,硒光电池)。415~598(德)	
	B	(1949)	硒的化合物。195(德)	
	补编			
	A1	(1979)	工艺,元素的生成和制备,同位素的制备、富集和分离。278(英、德)	
	A2	(1980)	原子,分子,结晶学性质。252(德、英)	
	A3	(1981)	物理性质,电化学和化学性质。335(德)	
	B1	(1981)	与氢、氧、氮的化合物。343(英)	
	B2	(1984)	与卤素和硫的化合物。369(英)	
11 碲 Te		(1940)	363(德)	
	补编			
	A1	(1982)	回收,应用,制备,核素,原子,分子。273(英)	
	A2	(1983)	物理性质,电化学性质,化学反应。395(英)	
	B1	(1976)	与氢、氧和氮的化合物。153(德)	
	B2	(1977)	与氟和氯的化合物。152(德)	
	B3	(1978)	与溴、碘、硫和硒的化合物,络合物。183(德)	
12 钋 Po		(1941)	187(德)	
	补编			
	1	(1990)	元素,金属,化合物,溶液中的化学。425(英)	
13 硼 B		(1926)	142(德)(第136~142页为补充)	
	补编			
	1	(1954)	253(德)	
	2	(1981)	元素硼,碳化硼。242(英)	
	硼化合物			
	1	(1974)	二元硼-氮化合物,B-N-C杂环,聚合硼-氮化合物。331(德)(新补编卷13)	
	2	(1974)	碳硼烷1。288(德)(新补编卷15)	
	3	(1975)	硼与非金属S、Se、Te、P、As、Sb、Si和与金属的化合物。201(德、英)(新补编卷19)	
	4	(1975)	含有隔离三角形的硼原子及硼-氮共价键的化合物。360(德、英)(新补编卷22)	

续表

元素		卷序号,出版年份,卷名,页数或起止页数,语种,注释			
13 硼 B	5	(1975)	硼-吡唑衍生物,三角形 B-N 化合物的光谱学。277(德、英)(新补编卷 23)		
	6	(1975)	碳硼烷 2。150(英、德)(新补编卷 27)		
	7	(1975)	氧化硼,硼酸,硼酸盐。237(德)(新补编卷 28)		
	8	(1976)	四氢硼酸根离子及其衍生物。220(英、德)(新补编卷 33)		
	9	(1976)	硼-卤素化合物 1。332(德、英)(新补编卷 34)		
	10	(1976)	配位数为四的硼的化合物。272(英、德)(新补编卷 37)		
	11	(1977)	碳硼烷 3。207(德)(新补编卷 42)		
	12	(1977)	碳硼烷 4。306(德)(新补编卷 43)		
	13	(1977)	硼-氧化合物 1。239(德)(新补编卷 44)		
	14	(1977)	硼-氢化合物 1。310(德、英)(新补编卷 45)		
	15	(1977)	胺-硼烷及有关化合物。170(英、德)(新补编卷 46)		
	16	(1977)	硼-氧化合物 2。221(英、德)(新补编卷 48)		
	17	(1978)	硼吖嗪及其衍生物。248(德)(新补编卷 51)		
	18	(1978)	硼-氢化合物 2。238(德、英)(新补编卷 52)		
	19	(1978)	硼-卤素化合物 2。343(英、德)(新补编卷 53)		
	20	(1979)	硼-氢化合物 3。305(英)(新补编卷 54)		
	索引	(1979)	分子式索引。397(英)(包括卷 1～20 的化合物)		
	第 1 补编				
	1	(1980)	硼与稀有气体,氢和氧。319(德、英)		
	2	(1980)	硼与氮,卤素。349(德、英)		
	3	(1981)	硼与氧属元素,碳硼烷;第 1 补编卷 1～3 的分子式索引。397(英、德)		
	第 2 补编				
	1	(1983)	硼与稀有气体,氢、氧、氮;第 2 补编卷 1 的分子式索引。508(英)		
	2	(1982)	硼与卤素、氧属元素,碳硼烷;第 2 补编卷 2 的分子式索引。376(英)		
	第 3 补编				
	1	(1987)	硼与氢。242(英)		
	2	(1987)	硼与氧。186(英)		
	3	(1988)	硼与氮,硼与氟。382(英)		
	4	(1988)	硼与 Cl,Br,I,S,Se,Te,碳硼烷。256(英)		
	索引	(1988)	第 3 补编卷 1～4 的分子式索引。241(英)		
	第 4 补编				
	1a	(1994)	硼与稀有气体,氢。157(英)		
	1b	(1996)	硼与氢。三硼至九硼化合物。156(英)		
	2	(1993)	硼与氧。297(英)		
	3a	(1991)	硼与氮。263(英)		
	3b	(1992)	硼与氮,硼与氟。254(英)		
	4	(1991)	硼与 Cl,Br,I,S,Se,Te,碳硼烷。323(英)		
	生物学、医学和药学中的硼(硼化合物在生理学的应用及作用)				
		(1980)	900(德)		
14 碳 C	B1	(1967)	元素:同位素,原子,分子,单组分系统,蒸气,金刚石。352(德)		
	B2	(1968)	元素:石墨。353～788(德)		
	B3	(1968)	石墨的化学性质,石墨化合物,胶体碳。789～1050(德)		
	C1	(1970)	与稀有气体、氢和氧的化合物(至 CO 和 CO_2 的物理性质和多组分系统)。584(德)		
	C2	(1972)	CO 的和 CO_2 的化学性质。208(德)		
	C3	(1973)	$CO_2 + C \rightleftharpoons 2CO$,碳酸水溶液,碳酸根离子,过碳酸。160(德)		
	C4	(1975)	精选的 C-H-O 的自由基,HCOOH,CH_3COOH,$H_2C_2O_4$。236(德)		
	D1	(1971)	碳-氢化合物。475(德)		
	D2	(1974)	碳-卤素化合物。386(德)		
	D3	(1976)	碳-卤素化合物(续)。294(德)		
	D4	(1977)	碳-硫化合物。271(德)		
	D5	(1977)	碳-硫化合物(续)。237(德)		
	D6	(1978)	碳-硫化合物(续),碳-硒和碳-碲化合物。264(德)		
15 硅 Si	A1	(1984)	历史。168(英)		
	B	(1959)	元素硅,硅的化合物。923(德)		
	C	(1958)	有机硅化合物。501(德)		
	补编				

续表

元 素			卷序号,出版年份,卷名,页数或起止页数,语种,注释
15 硅 Si	B1	(1982)	硅与稀有气体,硅与氢(包括 SiH_n-氧化合物)。259(英)
	B2	(1984)	结晶碳化硅的性质,二极管,气相中的分子形式,无定形硅-碳合金。314(英)
	B3	(1986)	Si-C 系统,SiC:制备和制造化学,特殊形态,制造,电化学性质,化学反应,应用,含 Si 和 C 的三元及多元系统。546(英)
	B4	(1989)	Si-N 系统,二元和三元氮化硅,硅-氮-氢化合物,N-取代基的硅-氮化合物。353(英)
	B5b1	(1996)	氮化硅:力学和热学性质,扩散。414(英)
	B5b2	(1997)	氮化硅:电子结构;电学、磁学和光学性质;光谱;分析。208(英)
	B5c	(1991)	微电子技术和太阳电池中的氮化硅。400(英)
	B5d1	(1995)	氮化硅:电化学性质,胶体化学和化学反应。255(英)
	B5d2	(1995)	氮化硅:化学反应(续)。303(英)(有补编卷 B5d1,卷 B5d2 的反应物索引)
	B5e	(1994)	氮化硅的非电子的应用,SiN_x,SiN_x:H。386(英)
	B7	(1992)	硅与氟的二元物。348(英)
	B8	(1996)	三元硅-氟-氢化合物。212(英)
	B9	(1997)	三元和四元 Si(H)F-O、Si(H)F-N 和 SiF(O)-N 化合物,在 O 和 N 上的取代衍生物,含 O 和 N 的阳离子的硅氟酸盐。289(英)
16 磷 P	A	(1965)	历史,存在。510(德)
	B	(1964)	工艺,毒性,元素。458(德)
	C	(1965)	磷的化合物。642(德)
	索引	(1967)	总索引。210(德、英)(为卷 A、B、C 的分子式索引及德文、英文字顺索引)
	补编		
	C1	(1993)	与氢的单核化合物。326(英)
	C2	(1995)	与氢的双核化合物,多磷化氢包括其有机基取代衍生物。349(英)
	C5a	(1996)	环状磷-氢化合物,三、四和五元环系统。238(英)
17 砷 As		(1952)	475(德)
18 锑 Sb	A1	(1942)	历史,存在。226(德)
	A2	(1943)	存在(续完)。227~302(德)
	A3	(1950)	金属的生成和制备。303~351(德)
	B1	(1943)	元素的物理性质(至 128 页电导)。128(德)(对本卷的补充及勘误见卷 B2 第 156~189 页)
	B2	(1949)	元素(续完),化合物至锑与碘。129~496(德)
	B3	(1949)	化合物(续完)。497~564(德)
	有机锑化合物		
	1	(1981)	含有三个 Sb-C 键的三价锑的化合物。217(英)
	2	(1981)	含有两个和一个 Sb-C 键的三价锑的化合物,锑杂苯,锑代碳硼烷。182(英)
	3	(1982)	含有六个、五个和四个 Sb-C 键的五价锑的化合物。204(英)
	4	(1986)	含有三个 Sb-C 键的五价锑的化合物。250(英)
	5	(1990)	含有三个、两个和一个 Sb-C 键的五价锑的化合物。406(英)
19 铋 Bi		(1927)	229(德)
	补编		
		(1964)	866(德)
	有机铋化合物		
		(1977)	173(德)(新补编卷 47)
20 锂 Li		(1927)	254(德)
	补编		
		(1960)	525(德)
21 钠 Na		(1928)	992(德)
	补编		
	1	(1964)	工艺。399(德)
	2	(1965)	元素,与氢和氧的化合物。401~896(德)
	3	(1966)	与氮至碳的化合物(至氨基碳酸钠),不包括钠-卤素化合物。897~1370(德)
	4	(1967)	钠与碳(从氰化钠)至钠与铋的化合物。1371~1736(德)
	5	(1970)	Na 与卤素的化合物,不包括简单卤化物;Na 与 O 至 Bi 各种阴离子系统,Na 和 Li 系统。1737~2244(德)
	6	(1973)	卤化物:制备,性质,化学性质。402(德)
	7	(1973)	卤化物:系统,溶液。351(德)
	索引	(1973)	索引。167(德、英)(为正编及补编卷 1~7 的德文、英文字顺索引及分子式索引)

续表

元素		卷序号,出版年份,卷名,页数或起止页数,语种,注释		
22 钾 K	1	(1936)	元素,化合物至钾与氧。246(德)	
	2	(1937)	化合物至钾与氯。247～514(德)	
	3	(1937)	化合物至钾与碲。515～804(德)	
	4	(1937)	化合物至醋酸钾。805～932(德)	
	5	(1938)	化合物至钾与铋。933～1074(德)	
	6	(1938)	化合物(续完)。1075～1230(德)	
	7	(1938)	钾盐的工业生产。1231～1338(德)	
	附卷:海洋沉积盐及其溶液			
		(1942)	220(德)(另图75幅共38页)	
	补编			
		(1970)	166(德)	
23 铵 NH₄	1	(1936)	元素,化合物至铵与碘。242(德)	
	2	(1936)	化合物至铵与钾,鉮,羟铵。243～602(德)	
24 铷 Rb		(1937)	250(德)	
25 铯 Cs	1	(1938)	存在,金属的制备和性质。104(德)	
	2	(1938)	铯的化合物,类铯。105～268(德)	
25a 钫 Fr		(1983)	137(英)	
26 铍 Be		(1930)	180(德)	
	补编			
	A1	(1986)	元素,生产,原子,分子,化学反应,毒性学。317(英)	
	A2	(1991)	元素,物理性质。276(英)	
	A3	(1993)	元素,物理性质(续)和电化学性质。277(英)	
	B4	(1996)	与碳至钫的化合物。487(英)	
	D1	(1997)	配位化合物1。366(英)	
	有机铍化合物			
	1	(1987)	247(英)	
27 镁 Mg	A1	(1937)	存在,金属的制造。156(德)	
	A2	(1937)	金属的性质。157～372(德)	
	A3	(1942)	镁与硅至镭的合金。373～482(德)	
	A4	(1952)	镁与锌至铼的合金,表面处理。483～818(德)	
	B1	(1937)	化合物至镁与碘。200(德)	
	B2	(1938)	化合物至碳酸镁。201～330(德)	
	B3	(1938)	化合物至镁与铋。331～422(德)	
	B4	(1939)	化合物(续完),镁化合物的工业生产。423～549(德)	
28 钙 Ca	A1	(1950)	历史。68(德)	
	A2	(1957)	存在,元素,合金。69～488(德)	
	B1	(1956)	工艺。264(德)	
	B2	(1957)	化合物至连二亚硫酸盐。265～656(德)	
	B3	(1961)	化合物续完,钙离子的化学性质,钙、锶、钡的检验与测定。657～1568(德)	
29 锶 Sr		(1931)	239(德)	
	补编			
		(1960)	306(德)	
30 钡 Ba		(1932)	390(德)	
	补编			
		(1960)	569(德)	
31 镭 Ra		(1928)	80(德)	
	补编			
	1	(1977)	历史,宇宙化学,地球化学。131(德)	
	2	(1977)	元素及化合物。132～435(英)	
32 锌 Zn		(1924)	329(德)	
	补编			
		(1956)	1025(德)	
33 镉 Cd		(1925)	214(德)	
	补编			
		(1959)	802(德)	
34 汞 Hg	A1	(1960)	历史,存在,制备,元素的物理性质。466(德)	
	A2	(1962)	电化学,化学性质,合金。467～1175(德)	

续表

元素			卷序号,出版年份,卷名,页数或起止页数,语种,注释
34 汞 Hg	B1	(1965)	化合物至汞和氮,包括其他含 N 的汞的化合物。400(德)
	B2	(1967)	汞-卤素化合物。401~952(德)
	B3	(1968)	化合物自汞与硫至汞与碳。953~1298(德)
	B4	(1969)	化合物(续完);A 辑和 B 辑的分子式及主题索引。1299~1736(德)(主题索引为德文与英文)
35 铝 Al	A1	(1934)	历史,存在,生产和制备,同素异形转变,结构,再结晶,物理性质。284(德)
	A2	(1934)	铝的腐蚀,铝的电化学性质。285~450(德)
	A3	(1936)	铝和铝合金的表面处理。451~534(德)
	A4	(1936)	铝与硅至镭的合金。535~682(德)
	A5	(1937)	铝与锌至铀的合金。683~886(德)
	A6	(1939)	铝与锰至铼的合金。887~1110(德)
	A7	(1941)	铝与铁的合金。1111~1234(德)
	A8	(1950)	三元合金系统:铝-铁-碳,铝-铁-硅。1235~1370(德)
	B1	(1933)	化合物至铝与碳。308(德)
	B2	(1934)	化合物续完。309~613(德)
36 镓 Ga		(1936)	100(德)
补编	C1a	(1997)	与稀有气体、H 和 O 的化合物。183(英)
	C2	(1996)	与 N 的化合物。230(英)
	D1	(1992)	配位化合物1。320(英)
	D2	(1995)	配位化合物2。264(英)
	D3	(1995)	配位化合物3。397(英)(有卷 D1~D3 的配体分子式索引)
有机镓化合物	1	(1987)	514(英)
37 铟 In		(1936)	116(德)
有机铟化合物	1	(1991)	442(英)
38 铊 Tl	1	(1939)	历史,存在,制备,物理性质,电化学性质,化学性质,检验。186(德)
	2	(1940)	合金,化合物至铊与碘。187~338(德)
	3	(1940)	化合物(续完),天然同位素。339~527(德)(第527页为卷1、卷2的勘误及补充)
39 稀土元素 Sc、Y、La-Lu	A1	(1938)	引言,历史,存在。122(德)
	A2	(1973)	钪:历史,存在。181(德)
	A3	(1980)	Y、La 及镧类元素:宇宙化学。180(德)
	A4	(1979)	Y、La 及镧类元素:结晶化学基础。242(德)
	A5	(1981)	Y、La 及镧类元素:地球化学:总土,岩浆循环。475(德)
	A6a	(1988)	Y、La 及镧类元素:地球化学:沉积循环,变质循环。424(英)
	A6b	(1988)	Y、La 及镧类元素:地球化学:水圈,大气圈,宇宙化学及地球化学循环,平衡。207(英)
	A7	(1984)	Y、La 及镧类元素:矿物(不包括硅酸盐)。248(英)
	A8	(1984)	Y、La 及镧类元素:矿物(硅酸盐),沉积物,矿物索引。413(英)
	B1	(1976)	元素,历史,在周期表中的位置,从原料中的分离。184(德、英)
	B2	(1976)	稀土元素的相互分离,纯金属的制备,应用,毒性。238(德)
	B3	(1974)	金属的物理性质。344(德)
	B4	(1976)	核子、原子和分子性质。427(英、德)
	B5	(1978)	同位素(Sc、Y、La 至 Sm)的制备、富集和分离。152(德)
	B6	(1978)	同位素(Eu 至 Lu)的制备、富集和分离,同位素的检验与测定,元素的化学性质。184(德)
	B7	(1979)	溶液中的离子性质,尤其是氧化-还原反应,电化学性质。240(德)
	C1	(1974)	氢化物,氧化物。437(德)
	C2	(1974)	与 H+O、碱金属 +O、N 的化合物及相应的碱金属二重化合物。299(德)
	C3	(1976)	氟化物,氧氟化物及相应的碱金属二重化合物。439(德)
	C4a	(1982)	氯化物,比较资料。272(英)
	C4b	(1982)	单个氯化物的资料。324(英)
	C5	(1977)	氯氧化物,氯氢氧化物,氯的含氧酸及金属氯络酸的碱金属盐。259(德)
	C6	(1978)	溴化物,碘化物,相应的碱性卤化物,卤氧酸盐及碱金属的二重盐。274(德)
	C7	(1983)	硫化物,硫氧化物,硫代金属酸的碱金属盐。607(英)
	C8	(1981)	与硫的化合物(续):卤硫化物,硫酸盐,其他硫的含氧酸盐及相应的碱金属二重化合物。416(德、英)

续表

元 素		卷序号,出版年份,卷名,页数或起止页数,语种,注释		
39 稀土元素 Sc、Y,La-Lu	C9	(1986)	与 Se 的化合物。528(英)	
	C10	(1987)	与 Te、Po 的化合物。362(英)	
	C11a	(1990)	与硼的化合物。275(英)	
	C11b	(1991)	与硼的化合物(续)。496(英)	
	C12a	(1995)	与碳的化合物。459(英)	
	C12b	(1994)	与碳的化合物。362(英)	
	D1	(1980)	配位化合物。256(英)	
	D2	(1982)	配位化合物(续)。352(英)	
	D3	(1981)	配位化合物(续)。324(英)	
	D4	(1986)	配位化合物(续)。377(英)	
	D5	(1984)	羧酸、羟基酸和羧酸酯的络合物及盐。385(英)	
	D6	(1983)	离子交换和溶剂萃取反应,有机金属化合物。304(英)	
	E1	(1993)	Ce 和 Pr 的光谱。275(英)	
	E2a	(1997)	Nd 的光谱。284(英)	
40 锕 Ac		(1942)	82(德)	
	补编			
	1	(1981)	316(英)	
41 钛 Ti		(1951)	481(德)	
	有机钛化合物			
	1	(1977)	单核化合物 1。212(德)(新补编卷 40)	
	2	(1980)	单核化合物 2。258(德)	
	3	(1984)	单核化合物 3。268(英)	
	4	(1984)	单核化合物 4;卷 1~4 的累集索引。242(英)	
	5	(1990)	双核和多核化合物。418(英)	
42 锆 Zr		(1958)	448(德)	
	有机锆化合物			
		(1973)	88(德)(新补编卷 10)	
43 铪 Hf		(1941)	62(德)	
	补编			
		(1958)	23(德)	
	有机铪化合物			
		(1973)	22(德)(新补编卷 11)(与《有机锆化合物》合一册)	
44 钍 Th		(1955)	406(德)	
	补编			
	A1a	(1990)	自然存在,矿物(不包括硅酸盐)。391(英)	
	A1b	(1991)	矿物,沉积物,矿物索引。440(英)	
	A2	(1986)	历史,同位素,钍的回收。233(英)	
	A3	(1988)	工艺学,应用,辐射燃料,回收。215(英)	
	A4	(1989)	通性,光谱,反冲反应。248(英)	
	A5	(1990)	分析,生物学性质。266(英)	
	B1	(1997)	钍金属。192(英)	
	B2	(1992)	钍与Ⅰ至Ⅳ主族金属的合金。189(英)	
	C1	(1978)	与稀有气体、氢、氧的化合物。256(德)	
	C2	(1976)	钍的三元及多元氧化物。145(德)	
	C3	(1987)	与氮的化合物。125(英)	
	C4	(1993)	与 F、Cl、Br、I 的化合物。175(英)	
	C5	(1986)	与 S、Se、Te、B 的化合物。149(英)	
	C6	(1992)	碳化钍。136(英)	
	C7	(1988)	与碳的化合物:碳酸盐,硫氰酸盐,烃氧化物,羧酸盐。162(英)	
	C8	(1993)	与 Si、P、As、Sb、Bi 和 Ge 的化合物。301(英)	
	D1	(1988)	溶液中钍离子的性质。171(英)	
	D2	(1985)	钍的溶剂萃取。260(英)	
	D3	(1990)	离子交换。307(英)	
	D4	(1991)	色谱,非水溶液中的化学。215(英)	
	E	(1985)	配位化合物。322(英)	
45 锗 Ge		(1931)	62(德)	
	补编			

续表

元素		卷序号,出版年份,卷名,页数或起止页数,语种,注释		
45 锗 Ge		(1958)	576(德)	
	有机锗化合物			
	1	(1988)	GeR_4 化合物至环烷基 $Ge(CH_3)_3R$ 型化合物。232(英)	
	2	(1989)	$Ge(CH_3)_3R$ 和 $Ge(C_2H_5)_3R$ 化合物。398(英)	
	3	(1990)	从 $Ge(C_3H_7)_3R$ 到 $GeRR'R''R'''$ 的四有机锗化合物和其他具有低配位锗原子的有机锗化合物。518(英)	
	4	(1994)	具有锗-氢键的化合物。364(英)	
	5	(1993)	具有锗-氧键的化合物。546(英)	
	6	(1996)	锗-氟化合物和三有机锗氯化合物。260(英)	
	7	(1997)	二有机锗二氯化物,单有机锗三氯化物,和其他含有加成 Ge-H 或 Ge-F 键的锗-氯化合物。347(英)	
46 锡 Sn	A	(1971)	历史,存在。451(德)	
	B	(1971)	元素。423(德)	
	C1	(1972)	与氢、氧、氮和卤素的化合物。503(德)	
	C2	(1975)	与硫、硒、碲、钋、硼、碳、硅、磷、砷、锑和铋的化合物。300(德)	
	C3	(1975)	与碱金属和碱土金属的化合物。206(德)	
	C4	(1976)	与 Zn、Cd、Hg、Al、Ga、In、Tl、稀土元素、Ti、Zr、Hf、Th、Ge 的化合物。247(德)	
	C5	(1977)	锡的络合化合物。246(德)	
	C6	(1978)	锡的络合化合物。236(德)(有 C5、C6 的有机配体分子式索引,德文、英文主题索引)	
	D	(1974)	合金。468(德)	
	有机锡化合物			
	1	(1975)	四有机基锡 SnR_4。182(德)(新补编卷 26)	
	2	(1975)	四有机基锡 R_3SnR'。480(德)(新补编卷 29)	
	3	(1976)	四有机基锡 R_2SnR_2'、$R_2SnR'R''$、$RR'SnR''R'''$,杂环和螺环。164(德)(新补编卷 30)	
	4	(1976)	有机锡氢化物。134(德)(新补编卷 35)	
	5	(1978)	有机锡氟化物,三有机锡氯化物。252(德)	
	6	(1979)	二有机锡二氯化物,有机锡三氯化物。314(德)	
	7	(1980)	有机锡溴化物。211(英)	
	8	(1981)	有机锡碘化物,有机锡拟卤素化合物。226(英)	
	9	(1982)	三有机锡-硫化合物。276(英)	
	10	(1983)	一有机锡-和二有机锡-硫化合物,有机锡-硒和有机锡-碲化合物。352(英)	
	11	(1984)	三甲基锡-和三乙基锡-氧化合物。292(英)	
	12	(1985)	三丙基锡-和三丁基锡-氧化合物。264(英)	
	13	(1986)	其他 R_3Sn-氧化合物 $R_2R'Sn$-和 $RR'R''Sn$-氧化合物。374(英)	
	14	(1987)	二甲基锡-、二乙基锡-和二丙基锡-氧化合物。248(英)	
	15	(1988)	二丁基锡-氧化合物。442(英)	
	16	(1988)	有 R_2Sn、$RR'Sn$ 或 $\overline{R-Sn}$ 单元的和有相同或不同氧-键组的二有机基锡-氧化合物。290(英)	
	17	(1989)	$RSn(OR')_3$ 和 $RSn(OR')_2OR''$ 型,$R_2Sn(X)OR'$、$RSnX(OR')_2$ 和 $RSnX_2(OR')$ 型有机锡-氧化合物。245(英)	
	18	(1990)	有机锡-氮化合物,R=甲基、乙基、丙基和丁基的 R_3Sn-氮化合物。297(英)	
	19	(1991)	有机锡-氮化合物(续完),有机锡-磷-、砷-、锑-和铋化合物。316(英)	
	20	(1993)	具有锡和Ⅳ主族至Ⅰ主族元素键的化合物。193(英)	
	21	(1994)	具有锡和Ⅲ至Ⅶ族过渡金属键的化合物。309(英)	
	22	(1995)	具有锡和Ⅷ、Ⅰ和Ⅱ族过渡金属键的化合物。304(英)	
	23	(1995)	锡中心自由基,锡(Ⅱ)化合物,锡-元素双键的化合物,具有芳香系的锡(Ⅱ)络合物,锡碳硼烷及其他有机锡化物。239(英)	
	24	(1996)	仅含锡-碳键的双核化合物:R_3Sn-G-SnR_3,具有不同的有机 G 和 R=烷基、环烷基和烯基。292(英)	
	25	(1997)	仅含锡-碳键的双核化合物,具有锡-锡和锡-氢、-卤素、或-拟卤素键的化合物,具有锡-碳和锡-氧化合物的化合物。363(英)	
47 铅 Pb	A1	(1973)	历史。218(德)	
	A2a	(1976)	宇宙化学,地球化学循环,结晶化学基础,同位素地球化学,地球化学特性和丰度。280(德)	
	A2b	(1977)	岩浆循环。276(德)	

续表

元　素			卷序号，出版年份，卷名，页数或起止页数，语种，注释
47 铅 Pb	A2c	(1975)	沉积循环，变质循环，水圈，大气圈。185(德)
	A3	(1972)	矿物，矿床[产量统计，欧洲(不包括苏联)]。189(德)
	A4	(1972)	矿床(非洲、苏联、亚洲、澳大利亚和大洋洲、北极和美洲)。180(德)
	B1	(1972)	元素(不包括电化学性质)。497(德)
	B2	(1972)	元素(电化学性质)。416(德)
	C1	(1969)	铅冶金学，化合物至铅与氯。346(德)
	C2	(1969)	化合物自铅与溴至铅与碳。347～806(德)
	C3	(1970)	化合物自铅与硅至铅与锗。807～1212(德)
	C4	(1971)	化合物(续完)，配位化合物；配体索引，C辑主题索引。1213～1851(德)(主题索引为德、英文)
有机铅化合物			
	1	(1987)	四甲基铅。194(英)
	2	(1990)	四乙基铅。273(英)
	3	(1992)	四烷基铅，四芳基铅。246(英)
	4	(1995)	R_3PbR'化合物。409(英)
	5	(1996)	R_2PbR_2', $R_2PbR''R'''$, $RPbR'R''R'''$和$R_{4-n}PbH_n$ ($n=1～3$)化合物。191(英)
48 钒 V	A1	(1968)	历史，存在，工艺，元素的制备。320(德)
	A2	(1968)	元素。321～728(德)
	B1	(1967)	化合物至钒与铋。368(德)
	B2	(1967)	化合物(续完)，合金，与中性和内络配体的配位化合物。369～839(德)
有机钒化合物			
		(1971)	70(德)(新补编卷2)
49 铌 Nb	A	(1969)	历史，存在，元素。356(德)
	B1	(1970)	化合物至铌与铋。424(德)
	B2	(1971)	合金。307(德)
	B3	(1972)	氧络铌酸盐。330(德)
	B4	(1973)	碱金属的氧络铌酸盐，与其他阳离子的铌化合物，铌的碳化合物。473(德)
50 钽 Ta	A1	(1969)	历史，存在，工艺。276(德)
	A2	(1969)	元素。277～574(德)
	B1	(1970)	与稀有气体、H、O、N、卤素、S、Se、Te、Po、B、C、Si、P、As、Sb、Bi的系统和化合物。275(德)
	B2	(1971)	合金，钽/金属/非金属-化合物，络合物。383(德)
	索引	(1973)	系统号48、49和50及新补编卷2的联合分子式及主题索引。352(英、德)
51 镤 Pa		(1942)	99(德)
补编			
	1	(1977)	元素。297(德、英)
	2	(1977)	金属，合金，化合物，溶液中的化学。337(英、德)
52 铬 Cr	A1	(1962)	历史，存在，工艺，元素至物理性质。418(德)
	A2	(1963)	电化学性质，化学性质，合金。419～730(德)
	B	(1962)	化合物(不包括与中性配体形成的络合化合物)。942(德)
	C	(1965)	与中性及内络合配体形成的络合化合物。431(德)
有机铬化合物			
		(1971)	452(德)(新补编卷3)(与《有机钒化合物》合一册)
53 钼 Mo		(1935)	393(德)
补编			
	A1	(1977)	金属工艺。207(德)
	A2a	(1985)	元素，物理性质1。489(英)
	A2b	(1988)	物理性质2，电化学。352(英)
	A3	(1983)	金属，化学反应。227(英)
	B1	(1975)	与稀有气体、氢和氧的化合物，锑、铋和碱金属的无水钼酸盐。241(德)
	B2	(1976)	氧化钼与其他金属氧化物的化合物。320(德)
	B3a	(1987)	水合氧化物，钼酸根离子。360(英)
	B3b	(1989)	水溶液中的氧络钼类(续)，非水溶剂中的氧络钼类，熔融物中的氧络钼类，过氧络钼类。283(英)
	B4	(1985)	ⅤA至ⅥB族金属的水合钼酸盐。359(英)
	B5	(1990)	与N、F、Cl的化合物。391(英)
	B6	(1990)	与Cl、Br、I的化合物。303(英)
	B7	(1992)	与S的化合物。351(英)

续表

元 素			卷序号,出版年份,卷名,页数或起止页数,语种,注释
53 钼 Mo	B8	(1995)	与 S、Se 的化合物。308(英)
	B9	(1994)	与 Se、Te、Po 的化合物。165(英)
	有机钼化合物		
	1	(1997)	(单核化合物)。135(英)
	5	(1992)	(单核化合物)。430(英)
	6	(1990)	(单核化合物)。502(德)
	7	(1991)	(单核化合物)。368(英)
	8	(1992)	(单核化合物)。396(英)
	9	(1993)	(单核化合物)。332(英)
	10	(1995)	(单核化合物)。296(英)
	11	(1996)	(单核化合物)。395(英)
	12	(1994)	(单核化合物)。333(英)
	13	(1996)	(单核化合物)。253(英)
54 钨 W		(1933)	397(德)
	补编		
	A1	(1979)	金属,工艺。241(德)
	A2	(1987)	物理性质。309(英)
	A3	(1989)	物理性质。274(英)
	A4	(1993)	表面性质,电子辐射。277(英)
	A5a	(1990)	电化学。207(英)
	A5b	(1993)	金属,与非金属氮至砷的化学反应。196(英)
	A6a	(1991)	金属,与金属锑至钡的化学反应。426(英)
	A6b	(1988)	金属,与金属锌至锊的化学反应。338(英)
	A7	(1987)	金属,与无机和有机化合物的化学反应。410(英)
	B1	(1978)	与稀有气体、氢和氧的系统。174(德)
	B2	(1979)	氧化物。225(德)
	B3	(1979)	钨与氧及其他金属的化合物。267(德)
	B4	(1980)	钨与氧及第二主族和副族金属的化合物。237(德)
	B5	(1984)	ⅢA 和ⅢB 族金属的钨酸盐。306(英)
	B6	(1984)	ⅣA 至ⅥB 族金属的无水钨酸盐。397(英)
55 铀 U		(1936)	279(德)
	补编		
	A1	(1979)	铀矿。280(德)
	A2	(1980)	同位素。338(英、德)
	A3	(1981)	工艺,应用。297(德)
	A4	(1982)	核反应堆中燃料铀的性质,废核燃料的回收。359(英)
	A5	(1982)	光谱。269(英)
	A6	(1983)	通性,临界性。251(英)
	A7	(1982)	分析化学,同位素组成的测定。生物学性质,健康保护和安全控制 370(英)
	B2	(1989)	铀与碱金属、碱土金属和Ⅲ、Ⅳ主族元素的合金。333(英)
	B3	(1994)	铀与ⅠB 至ⅣB 族过渡金属的合金。304(英)
	B4	(1995)	铀与ⅤB 至ⅦB 族过渡金属的合金。246(英)
	B5	(1997)	铀与Ⅷ族过渡金属的合金。339(英)
	C1	(1977)	与稀有气体和氢的化合物,铀-氧体系。206(德)
	C2	(1978)	氧化物 U_3O_8 和 UO_3,氢氧化物和水化氧化物及过氧化物。321(德)
	C3	(1975)	铀的三元和多元氧化物。360(德)
	C4	(1984)	二氧化铀,UO_2,制备和结晶学性质。140(英)
	C5	(1986)	二氧化铀,UO_2,物理性质,电化学性质。317(英)
	C6	(1996)	二氧化铀:化学性质。199(英)
	C7	(1981)	与氮的化合物。213(英、德)
	C8	(1980)	与氟的化合物。301(德)
	C9	(1979)	与氯、溴、碘的化合物。187(英)
	C10	(1984)	与硫的化合物。233(英)
	C11	(1981)	与硒、碲和钋的化合物。213(英)
	C12	(1987)	碳化物。279(英)
	C13	(1983)	碳酸盐,氰化物,烃氧化物,羧酸盐,与硅的化合物。388(英)
	C14	(1981)	与磷、砷、锑、铋、锗的化合物。252(英)

续表

元素			卷序号,出版年份,卷名,页数或起止页数,语种,注释
55 铀 U	D1	(1984)	铀离子在溶液中及在熔盐中的性质。380(英)
	D2	(1982)	铀的溶剂萃取。390(英)
	D3	(1982)	铀的阴离子交换。405(英)
	D4	(1983)	阳离子交换和色谱。319(英)
	D5	(1995)	非水溶液中的性质(电导,分子量,溶解度)。204(英)
	D6	(1996)	非水溶液中的化学(络合物的生成和氧化还原反应)。237(英)
	E1	(1979)	配位化合物。224(英)
	E2	(1980)	配位化合物(包括有机铀化合物)。266(英、德)(补编 E1、E2 的配体索引)
56 锰 Mn	A1	(1980)	历史。218(德)
	A2	(1992)	自然存在,矿物(天然金属,固态溶液,硅化物和碳化物,硫化物和相关化合物,卤化物和卤氧化物,MO 型氧化物)。180(英)
	A3a	(1995)	矿物(M_3O_4 型氧化物)。210(英)
	A3b	(1994)	矿物(M_3O_4 型氧化物)。271(英)
	A4	(1994)	矿物(M_2O_3 型氧化物)。220(英)
	A5a	(1997)	矿物(MO_2 型氧化物,链状结构)。190(英)
	A5b1	(1996)	矿物(MO_2 型氧化物,隧道结构)。250(英)
	B	(1973)	元素。404(德)
	C1	(1973)	化合物(氢化物,氧化物,水化氧化物,氢氧化物)。423(德)
	C2	(1975)	化合物(锰氧离子,高锰酸,锰与周期表中第1、第2主族和过渡金属的化合物和相)。302(德)
	C3	(1975)	锰与氧及周期表中第3、第4、第5、第6族金属的化合物,锰-氮化合物。307(德)
	C4	(1977)	锰与氟的化合物。273(德)
	C5	(1978)	锰与氯、溴和碘的化合物。343(德)
	C6	(1976)	锰与硫、硒和碲的化合物。360(德)
	C7	(1981)	锰与硼和碳的化合物。248(英)
	C8	(1982)	锰与硅的化合物。370(英)
	C9	(1983)	锰与磷、砷、锑的化合物。456(英)
	C10	(1983)	锰的卤化物的电子光谱,C1~C10 的物质累积索引。396(英)
	D1	(1979)	配位化合物 1。174(德)
	D2	(1980)	配位化合物 2。307(德)
	D3	(1982)	配位化合物 3。341(英)
	D4	(1985)	配位化合物 4。395(英)
	D5	(1987)	配位化合物 5。349(英)
	D6	(1988)	配位化合物 6。416(英)
	D7	(1990)	配位化合物 7。289(英)
	D8	(1990)	配位化合物 8。245(英)
57 镍 Ni	AⅠ	(1967)	历史,存在,制备。641(德)
	AⅡ1	(1967)	元素的物理性质。398(德)
	AⅡ2	(1968)	电化学性质,化学性质,检验与测定。399~1158(德)
	B1	(1965)	镍的合金。314(德)
	B2	(1966)	化合物至镍-钋。315~764(德)
	B3	(1966)	化合物(续完)。765~1242(德)
	C1	(1968)	与中性和内络合物配体的配位化合物。496(德)
	C2	(1969)	与中性和内络合物配体的配位化合物(续完)。497~1245(德)(有 C1、C2 配体分子式索引及主题索引)
	有机镍化合物		
	1	(1975)	(单核化合物)。419(德)(新补编卷 16)
	2	(1974)	[单核化合物(续完),多核化合物]。402(德)(新补编卷 17)
	索引	(1975)	卷1、2 的索引。129(德、英双语种)(新补编卷 18)
	补编		
	1	(1993)	(单核化合物)。381(英)
	2	(1994)	(单核化合物)。215(英)
	3	(1996)	(单核化合物)。406(英)
58 钴 Co	A1	(1932)	历史,存在,元素,合金。220(德)
	A2	(1932)	钴的化合物(不包括钴胺)。221~502(德)
	B	(1930)	钴胺。376(德)
	补编		
	A	(1961)	886(德)

续表

元 素			卷序号,出版年份,卷名,页数或起止页数,语种,注释	
58 钴 Co	B1	(1963)	钴(Ⅰ)和钴(Ⅱ)化合物。314(德)	
	B2	(1964)	钴(Ⅲ)化合物。315～821(德)	
	有机钴化合物			
	1	(1973)	单核化合物。527(德)(新补编卷5)	
	2	(1973)	多核化合物。243(德)(新补编卷6)	
59 铁 Fe	A1	(1929)	历史,存在,纯铁的制备与形态。224(德)	
	A2	(1929)	纯铁的物理性质,电化学性质。225～312(德)	
	A3	(1930)	纯铁和工业铁的钝性、化学性质和腐蚀,铁冶金学。313～586(德)	
	A4	(1932)	铁冶金学(续)。587～846(德)	
	A5	(1933)	铁冶金学(续完)。847～1166(德)	
	A6	(1934)	铁的系统自 Fe-S 至 Fe-C,碳钢的固化、冷却、后处理,表面硬化。1167～1420(德)	
	A7	(1934)	纯铁和含碳铁的磁学和电学性质。1421～1634(德)	
	A8	(1936)	纯铁和含碳铁的机械性能和热性能,铁的系统自 Fe-C-H 至 Fe-Be-K。1635～1818(德)	
	A9	(1939)	系统自 Fe-Mg 至 Fe-Pa。1819～1947(德)	
	B1	(1929)	化合物至铁与氯。312(德)	
	B2	(1930)	化合物至铁与碳。313～512(德)	
	B3	(1930)	化合物至铁与碳(续)。513～656(德)	
	B4	(1931)	化合物至铁与铋。657～872(德)	
	B5	(1932)	化合物(续完)。873～1166(德)	
	C1	(1937)	硬度试验。162(德)	
	C2	(1939)	缺口冲击韧性。288(德)	
	D	(1936)	合金材料的磁学和化学性质。466(德)	
	FⅠ1	(1939)	取样,气体,剩余物分析。164(德)	
	FⅠ2	(1941)	铁和钢中伴生及合金元素的检验和测定。165～430(德)	
	FⅡ1	(1938)	主要合金元素,其他元素。164(德)	
	FⅡ2	(1939)	其他元素(续完),特殊方法,标准。165～388(德)	
	补编			
	B1	(1991)	与稀有气体和氢的化合物。336(英)	
	D1	(1937)	铁及其合金的磁学和电学性质。148(德)(这是 Fe:A7 及 Fe:D 的补编)	
	D2	(1959)	磁性材料,磁学和电学性质。镍、钴、铁、铬、锰、镍、钴、铁的合金,铁磁性氧化物。580(德)(这是 Fe:D 的补编)	
	Gmelin-Durrer		铁冶金学(第4版),(这也是 Fe:A3～A5 的补编)	
	1		历史,定义,一般物理化学原理,铁矿的热预处理	
	1a	(1964)	文字部分。583(德)	
	1b	(1964)	图示部分。德文、英文主题索引。344	
	2		铁矿石工业还原处理的一般要求,原料,高炉外铁矿石还原过程工艺学	
	2a	(1968)	文字部分。350(德)	
	2b	(1968)	图示部分。德文、英文主题索引。188	
	3		高炉1:炼铁厂,炼铁操作,生铁及副产物,世界生铁产量	
	3a	(1971)	文字部分。320(德)	
	3b	(1971)	图示部分。德文、英文主题索引。137	
	4		高炉2:炼铁过程,操作条件与结果之间的关系,数学模型及自动化	
	4a	(1972)	文字部分。353(德)	
	4b	(1972)	图示部分。德文、英文主题索引。160	
	5		炼钢理论1:钢的概念及炼钢的可能性;理论基础:钢水的成分,钢渣的成分,理论基础在分析钢的精炼及处理过程中的应用	
	5a	(1978)	文字部分。275(德)	
	5b	(1978)	图示部分。德文、英文主题索引。224	
	6		炼钢理论2:炼钢动力学基础,在钢水熔池中非金属相的形成和性质,钢水的凝固原理	
	6a	(1978)	文字部分。232(德)	
	6b	(1978)	图示部分。德文、英文主题索引。158	
	7		炼钢实践1:炉料与添加剂,取样与温度测量,欠烧过程	
	7a	(1984)	文字部分。421(英)	
	7b	(1984)	图示部分。英文、德文主题索引。352	
	8		炼钢实践2:平炉炼钢法,电弧炉熔炼,感应炉熔炼;新电冶金炼钢法;等离子法熔炼,直流电弧炉,连续炼钢	
	8a	(1985)	文字部分。236(英)	

续表

元　素		卷序号,出版年份,卷名,页数或起止页数,语种,注释
59 铁 Fe	8b	(1985) 图示部分;英文、德文主题索引。244
	9	炼钢实践 3:熔炉外钢水的处理,重熔法,炼钢过程中的自动控制
	9a	(1988) 文字部分。346(英)
	9b	(1988) 图示部分;英文、德文主题索引。300
	10	炼钢实践 4:铸锭,浇铸,粉末冶金
	10a	(1992) 文字部分。209(英)
	10b	(1992) 图示部分;英文、德文主题索引。182
	11	炼钢实践 5:连续浇铸
	11a	(1992) 文字部分。357(英)
	11b	(1992) 图示部分。452
	12	炼铁和炼钢的未来
	12a	(1992) 文字部分。270(英)
	12b	(1992) 图示部分。英文、德文主题索引。262
有机铁化合物		
	A1	(1974) 二茂铁 1:二茂铁和 C、H 和/或卤素作为取代基的单核单取代二茂铁衍生物。395(德)(新补编卷 14)
	A2	(1977) 二茂铁 2;含 O 取代基的单核单取代二茂铁衍生物 1:醇和酚,fc-A-OOC-R 型的羧酸酯,醚,醛和 fc-CO-R 型的酮。303(德)(新补编卷 49)
	A3	(1978) 二茂铁 3;含 O 取代基的单核单取代二茂铁衍生物 2:其他的酮,羧酸及其衍生物,O-杂环。180(德)(新补编卷 50)
	A4	(1980) 二茂铁 4;含 N 取代基的单核单取代二茂铁衍生物。302(德)
	A5	(1981) 二茂铁 5;含除了 C、H、卤素、O 和 N 外,其他元素取代基的单核单取代二茂铁衍生物;二茂铁 1~5 的分子式索引。381(德)
	A6	(1977) 二茂铁 6;双核和多核二茂铁。316(德)(新补编卷 41)
	A7	(1980) 二茂铁 7;含 C、H、卤素和 O 取代基的单核双取代二茂铁衍生物。270(德)
	A8	(1986) 二茂铁 8;含 C、H 和 O 取代基的单核双取代二茂铁衍生物。419(英)(有 A7、A8 的分子式索引)
	A9	(1989) 二茂铁 9:(含 N、S、Se、B、Si 取代基的单核双取代二茂铁衍生物)。384(英)
	A10	(1991) 二茂铁 10:(续二茂铁 9,单核双取代二茂铁衍生物和三取代二茂铁衍生物)。365(英)
	A11	(1995) 二茂铁 11:(四取代至十取代二茂铁衍生物)。207(英)
	B1	(1976) 单核化合物 1。209(英、德)(新补编卷 36)
	B2	(1978) 单核化合物 2。250(英)(有 B1、B2 经验式索引及配体分子式索引)
	B3	(1979) 单核化合物 3。262(德、英)
	B4	(1978) 单核化合物 4。380(德)
	B5	(1978) 单核化合物 5。B4、B5 经验式索引及配体分子式索引。234(德)
	B6	(1981) 单核化合物 6。425(英)
	B7	(1981) 单核化合物 7。B6、B7 的经验式索引及配体分子式索引。258(英)
	B8	(1985) 单核化合物 8。486(英)
	B9	(1985) 单核化合物 9。286(英)
	B10	(1986) 单核化合物 10。361(英)(有 B8、B9、B10 的经验式索引及配体分子式索引)
	B11	(1983) 单核化合物 11。447(英)
	B12	(1984) 单核化合物 12。341(英)
	B13	(1988) 单核化合物 13。274(英)
	B14	(1989) 单核化合物 14。239(英)(有 B13、B14 的经验式索引及配体分子式索引)
	B15	(1989) 单核化合物 15。409(英)
	B16a	(1991) 单核化合物 16a。263(英)
	B16b	(1990) 单核化合物 16b。193(英)
	B17	(1990) 单核化合物 17。416(英)
	B18	(1991) 单核化合物 18。335(英)
	B19	(1992) 单核化合物 19。493(英)(有"有机铁卷指南",为卷 A1~A11,B1~B19,C1~C7 的目录)
	C1	(1979) 双核化合物 1。292(德)
	C2	(1979) 双核化合物 2。198(德)
	C3	(1980) 双核化合物 3。196(英)
	C4	(1981) 双核化合物 4。285(英)
	C5	(1981) 双核化合物 5。172(英)
	C6a	(1991) 三核化合物 6a。320(英)
	C6b	(1992) 三核化合物 6b。202(英)(有 C6a、C6b 的经验式索引和配体分子式索引)

续表

元 素			卷序号,出版年份,卷名,页数或起止页数,语种,注释		
59 铁 Fe		C7	(1986)	多核化合物。410(英)	
60 铜 Cu		A1	(1955)	历史,存在,铜及其化合物的工艺。710(德)	
		A2	(1955)	形成和制备,物理性质,电化学和化学性质,毒性,检验和测定。711~1465(德)	
		B1	(1958)	化合物至碲酸铜。624(德)	
		B2	(1961)	化合物至铜与铋。625~976(德)	
		B3	(1965)	化合物自铜-锂至铜-铁,铜离子的反应。977~1452(德)	
		B4	(1966)	与中性和内络合物配体的配位化合物。1453~1986(德)	
		D	(1963)	氧化铜类的电学性质。168(德)	
	有机铜化合物				
		1	(1985)	(有一个烷基、烯基或芳基配体的单核化合物)。470(英)	
		2	(1983)	(有两个或多个烷基、烯基或芳基配体的单核化合物)。247(英)	
		3	(1986)	(有炔基、羰基、异氰化物配体的单核化合物)。249(英)	
		4	(1987)	(多于一个成键C原子的配体的单核化合物以及多核化合物)。272(英)	
	索引		(1987)	卷1~4的经验式索引和配体分子式索引。244(英)	
61 银 Ag		A1	(1970)	历史,宇宙化学,地球化学,矿物,沉积物。144(德)	
		A2	(1970)	元素,工艺和制备,同位素,原子,分子,金属的物理性质。350(德)	
		A3	(1971)	化学性质,检验和测定,毒性,胶体银。224(德)	
		A4	(1973)	电化学。394(德)	
		B1	(1971)	与稀有气体、氢、氧、氮、氟和氯的化合物。542(德)	
		B2	(1972)	与溴、碘和砹的化合物。481(德)	
		B3	(1973)	与硫、硒、碲、钋、碳和硅的化合物。389(德)	
		B4	(1974)	与磷、砷、锑、铋和金属的化合物。493(德)	
		B5	(1975)	有机银化合物,有机银盐。187(德)	
		B6	(1975)	与中性和内络合物配体的络合物:与含N和含O的配体的银(Ⅰ)络合物。356(德)	
		B7	(1976)	与中性和内络合物配体的络合物:与含S、Se、Te、P、As、Sb、Bi、B、Si或Ge的配体的银(Ⅰ)络合物,银(Ⅱ)和银(Ⅲ)的络合物;银B1~B7的主题和配体索引。430(德)	
		C	(1972)	合金。501(德)	
62 金 Au		1	(1950)	历史。100(德)	
		2	(1954)	存在,工业制备,纯态的生成和制备,特殊形式,胶体金,表面处理。101~406(德)	
		3	(1954)	物理性质,电化学性质,化学性质,毒性,检验和测定,化合物,合金。407~964(德)	
	补编				
		B1	(1992)	与稀有气体、H、O、N、F和Cl的化合物。348(英)	
		B2	(1994)	与Br、I、氧属元素(S、Se、Te、Po)、B和C的化合物。367(英)	
		B3	(1995)	与Si、P、As、Sb、Bi、碱金属和铵阳离子的化合物。400(英)	
		B4	(1996)	与金属(Gmelin系统号26~61)的化合物。245(英)	
	有机金化合物		(1980)	351(英)	
63 钌 Ru			(1938)	124(德)	
	补编		(1970)	586(德)	
64 铑 Rh			(1938)	153(德)	
	补编				
		A1	(1991)	金属,合金。275(英)	
		B1	(1982)	铑的化合物。221(英)	
		B2	(1984)	与含O和含N的配体的配位化合物。323(英)	
		B3	(1984)	与含S、Se、Te、P、As、Sb和金属配体的配位化合物。248(英)	
65 钯 Pd		1	(1941)	元素。114(德)	
		2	(1942)	钯的化合物。115~435(德)	
	补编				
		B2	(1989)	钯的化合物。354(英)	
66 锇 Os			(1939)	100(德)	
	补编				
		1	(1980)	347(英)	
	有机锇化合物				
		A1	(1992)	(单核化合物)。283(英)	
		A2	(1993)	(单核化合物)。410(英)	
		B3	(1994)	(三核化合物)。282(英)	

续表

元 素			卷序号,出版年份,卷名,页数或起止页数,语种,注释		
66 锇 Os	B4a	(1995)	(三核化合物)。178(英)		
	B4b	(1997)	(三核化合物)。237(英)		
	B4c	(1997)	(三核化合物)。202(英)		
	B5	(1994)	(三核化合物)。389(英)		
	B6	(1993)	(三核化合物)。248(英)		
	B8	(1995)	(四核化合物)。197(英)		
	B9	(1995)	(多核化合物)。379(英)		
67 铱 Ir		(1939)	196(德)		
	补编				
	1	(1978)	金属,合金。149(德)		
	2	(1978)	化合物。269(英、德)		
68 铂 Pt	A1	(1938)	历史,存在。144(德)		
	A2	(1939)	存在(续完)。145~310(德)		
	A3	(1939)	铂系金属的制备。311~430(德)		
	A4	(1940)	铂系金属的检验及测定。431~532(德)		
	A5	(1949)	铂系金属的合金:钌,铑,钯。533~718(德)		
	A6	(1951)	铂系金属的合金:锇,铱,铂。719~854(德)(有A5、A6的合金索引)		
	B1	(1939)	金属的物理性质(至热学性质)。72(德)		
	B2	(1939)	金属的物理性质(至电学性质)。73~180(德)		
	B3	(1939)	金属的电化学性质(过电位现象)。181~262(德)		
	B4	(1942)	电化学性质(续完)和化学性质。263~338(德)		
	C1	(1939)	化合物至铂与铋。140(德)		
	C2	(1940)	化合物至铂与碲。141~260(德)		
	C3	(1940)	化合物至铂与铱。261~352(德)		
	D	(1957)	与中性配体的络合化合物。638(德)		
	补编				
	A1	(1986)	铂系金属的工艺。340(英)		
	A2	(1989)	铂系金属元素的同位素,原子,分子及原子簇。353(英)		
69 锝 Tc		(1941)	10(德)		
	补编				
	1	(1982)	通性,同位素,生产,生理学。335(英)		
	2	(1983)	金属,合金,化合物,溶液中的化学。307(英)		
70 铼 Re		(1941)	154(德)(与《锝》合一册)		
	有机铼化合物				
	1	(1989)	(单核化合物)。612(英)		
	2	(1989)	(单核化合物)。474(英)		
	3	(1992)	(单核化合物)。259(英)		
	4	(1996)	(单核化合物)。296(英)		
	5	(1994)	(双核化合物)。542(英)		
	7	(1996)	(双核化合物)。391(英)		
	8	(1997)	(三核化合物)。168(英)		
71 铀后元素 Np,Pu …	A1 Ⅰ	(1973)	元素。178(英)(新补编卷7a)		
	A1 Ⅱ	(1974)	元素。370(英、法、德)(新补编卷7b)		
	A2	(1973)	元素。424(德、英、法)(新补编卷8)		
	B1	(1976)	金属。81(德、英)(新补编卷31)		
	B2	(1976)	二元合金系统1。244(德)(新补编卷38)		
	B3	(1977)	二元合金系统2。275(德)(新补编卷39)		
	C	(1972)	化合物。279(德、英)(新补编卷4)		
	D1	(1975)	溶液中的化学。176(法、英)(新补编卷20)		
	D2	(1975)	溶液中的化学。177~454(英、法、德)(新补编卷21)		
	索引	(1979)	主题和物质字母顺序索引。243(英)		
	TYPIX 无机结构类型的标准化数据和晶体化学特性				
	1	(1993)	(晶体结构数据的标准化,无机结构类型的晶体化学特征)。260(英)		
	2	(1993)	(交叉参考表)。261~668(英)		
	3	(1994)	(基本数据表的使用说明。基本数据表:空间群1~74)。669~1180(英)		
	4	(1994)	(基本数据表续:空间群75~230)。1181~1596(英)		

续表

元素	卷序号,出版年份,卷名,页数或起止页数,语种,注释
分子式索引	(包括 1974 年以前出版各卷)
	1　(1975)　Ac—Au。253
	2　(1975)　B—Br_2。313
	3　(1976)　Br_3—C_3。259
	4　(1976)　C_4—C_7。255
	5　(1977)　C_8—C_{12}。268
	6　(1977)　C_{13}—C_{23}。282
	7　(1977)　C_{24}—Ca。293
	8　(1978)　Cb—Cl。294
	9　(1978)　Cm—Fr。292
	10　(1979)　Ga—I。302
	11　(1979)　In—Ns。299
	12　(1980)　O—Zr,元素 104～132。290
	第 1 补编(包括 1974～1979 年间出版各卷)
	1　(1983)　Ac—Au。149
	2　(1984)　B—$B_{1.9}$。227
	3　(1984)　B_2—B_{100}。262
	4　(1985)　Ba—C_7。269
	5　(1985)　C_8—C_{17}。227
	6　(1986)　C_{18}—C_x。223
	7　(1986)　Ca—I。247
	8　(1986)　In—Zr,104～120 号元素。211
	第 2 补编(包括 1980～1987 年间出版各卷)
	1　(1988)　Ac—$B_{1.9}$。275
	2　(1988)　B_2—Br_x。308
	3　(1989)　C—$C_{6.9}$。280
	4　(1989)　C_7—$C_{11.4}$。254
	5　(1989)　C_{12}—$C_{16.5}$。310
	6　(1989)　C_{17}—$C_{22.5}$。257
	7　(1989)　C_{23}—$C_{32.5}$。248
	8　(1990)　C_{33}—Cl。269
	9　(1990)　Cl—Ho。273
	10　(1990)　I—Zr。307
	第 3 补编(包括 1988～1992 年间出版各卷)
	1　(1993)　Ag—B_5。277
	2　(1993)　B_6—$B_{7.5}$。299
	3　(1993)　C_8—C_{14}。270
	4　(1994)　C_{15}—$C_{21.5}$。273
	5　(1994)　C_{22}—$C_{36.7}$。264
	6　(1995)　C_{37}—Zr。289

4.3.2 对《Gmelin 手册》书目一览表的说明

书目一览表按 Gmelin 系统号由小到大顺序排列,各系统号元素先列出正编,然后是补编、专题、有机金属化合物。正编各卷的书名上未有"正编"字样,为了节省篇幅,表中也没有注明"正编",请读者注意。

卷序号中《氟》补编卷 1、《硼》补编卷 1,原书只写明补编,但在《分子式索引》正编中称之为补编 1。《汞》正编 A1,《稀土元素》正编 A1,原书均为卷 1,而没有 A 辑字样,《分子式索引》正编中也均称之为 A1,表中均按《分子式索引》,以方便读者。

卷名一般按原文封面或扉页所载翻译,正编、补编、专题、有机金属化合物中只有一册的,均没有卷名。但钼、镍、铜、锇、铼和铁(部分)的有机金属化合物卷、册和《TYP-IX 无机结构类型的标准化数据和晶体化学特征》虽未给出卷名,但还是参照 Spring 出版社出版的《格梅林无机和有机金属化学手册 1997/98 全书目》[26] 在表中列出卷名,但用括号括出。《有机锇化合物》卷 B4 虽有卷名，但也写作三核化合物，以便上下一致。

连续编页的卷册，首卷给出正文中的页数，其余各卷给出正文的起止页码。

语种按正文使用的语种用括号标出德或英。对用两种或三种文字编写的卷，按页数多少顺序标出使用的语种。

语种后面括号中的文字是注释，是对该卷的某些说明，而不是卷名。

除个别卷如《锰》A5a、《有机钼化合物》1 等以外，其他卷册的主要内容、文献收集截止年限、ISBN 号❶可见《格梅林无机和有机金属化学手册 1997/1998 全书目》[26]。

下面再对某些问题做些说明。

① 《钨》补编 B5 中将钨的系统号误编为 60（应为 54）；《铀后元素》C 辑扉页将铀后元素的系统号误编为 73（应为 71）。

② 德文出版的卷册及《分子式索引》正编中，将碘的符号记作 J，取自德文 Jod（碘），英文出版的卷册中，则用 I。

系统号 69 的锝，在正编出版时称为《钨》（Masurium），元素符号 Ma，补编时，则称为《锝》，元素符号 Tc。

③ 卷名中《硼化合物》第 1 补编卷 3、第 2 补编卷 2，《金》补编 B2 中的氧属元素是 Chalcogen 的译名，代表 S、Se、Te 和 Po。Chalcogen 也译作硫属元素。

④ 《铯》正编卷 2 中的类铯，原文为 Ekacaesium，即是钫 Fr。

⑤ 《有机锡化合物》第 17 册卷名中的 X 代表卤素和拟卤素。

⑥ 《有机铁化合物》A2 卷名中的 fc 代表 ferrocenyl（二茂铁基），即 $C_5H_5FeC_5H_4$。

⑦ 系统号 64《铑》补编卷 A1 扉页的卷名与 B2 相同，实误，该卷卷名应为"金属、合金"。

⑧ 《有机锇化合物》卷 B4b、B4c 均有卷名，但为了与其上下相邻卷的卷名一致，将卷名写作"三核化合物"。

⑨ 《分子式索引》正编卷 8 卷名中的 Cb 是元素钶（Columbium）的元素符号，是元素铌 Nb 的旧称。卷 11 卷名中的 Ns 是原苏联为 105 号元素起的名称 Nielsbohrium 的元素符号，此元素原来还有另一名称 Hahnium，元素符号 Hn。现在 105 号元素名称为𨭎（Dubnium），元素符号 Db。

⑩ 一览表中还列出一本不属于《Gmelin 手册》中的书，即 W. Kligel：《生物学、医学和药学中的硼（硼化合物在生理学的应用及作用）》（德《Bor in Biologie, Medizin und Pharmazie. Physiologische Wirkung und Anwendung von Borverbindungen》）。但在《分子式索引》第 2 补编中也给出了该书的页码，故在一览表中将此书列于系统号 13 硼中《硼化合物》之后。

⑪ 《锰》A5a 列出《锰》的卷目表中计划出版 A5b2，卷名同 A5b1。但未见出版。

4.4 《Gmelin 手册》中的索引

《Gmelin 手册》中最重要的索引是《分子式索引》❷，其次是专题的分子式索引、有机金属化合物卷的索引以及系统号元素的索引。

4.4.1 《分子式索引》

《分子式索引》已出版正编及第 1、2、3 补编，共计 36 册。包括 1992 年以前出版《Gmelin 手册》中各卷册的元素及化合物。1992 年以后出版的各卷册中的元素和化合物尚

---

❶ ISBN 为 International Standard Book Number（国际标准书号）的缩写。

❷ 我们用加书名号的《分子式索引》代表总索引卷，以区别其他各种分子式索引。

未编辑分子式索引。

《分子式索引》中按元素和化合物的经验式排列,这点应当注意。例如:氯化钙分子式为 $CaCl_2$,经验式仍为 $CaCl_2$;氯化镁分子式为 $MgCl_2$,经验式则为 Cl_2Mg;硫酸铵的分子式为 $(NH_4)_2SO_4$,其经验式为 $H_8N_2O_4S$。

在经验式后则给出通用分子式,然后给出该物质在《Gmelin 手册》中所在的元素、卷序号及起止页数。

例如,要查阅五溴化钽 $TaBr_5$ 的蒸气压方程,我们在《分子式索引》正编卷 3 第 46 页找到:

Br_5Ta .... $TaBr_5$ .... 50(Ta):Hb/B1-152/8

右栏中 50(Ta)表示系统号 50 元素《钽》,Hb/B1 表示正编卷 B1,152/8 为起止页码。即 $TaBr_5$ 在《钽》正编卷 B1 第 152～158 页。经查该卷,在第 155 页找到小标题:Dampfdruck,Dampfdichte(德文:蒸气压,蒸气密度)❶。在此条目下可找到固态和液态 $TaBr_5$ 的蒸气压方程。

《分子式索引》正编右栏括号中元素符号对稀有气体用 EG(德 Edelgase 的缩写),稀土元素用 SE(德 Seltene Erden 或 Seltenerdenelemente 的缩写),碘的元素符号用 J,锝的元素符号用 Ma。新补编卷 1～12 收入《分子式索引》正编中,但并不归入哪一元素中,而是用 Erg. W.(德文 Ergänzungswerk 的缩写)代表。

《分子式索引》第 1、2、3 补编中,右栏不再给出系统号。元素符号中稀有气体用 He,稀土元素用 Sc,碘的符号用 I,锝的符号用 Tc,新补编卷 13～54 编入第 1 补编,并归入各相应元素中,但铀后元素用 TrU.(英 Transuranium Elements 的缩写)。

《分子式索引》中卷别缩写对照表见表 4.3。

表 4.3 《分子式索引》中卷名的缩写、原文及中译文对照表

缩　写	原 文 及 中 译 文
Ab	德 Anhangband,附卷
B Comp.	英 Boron Compounds,硼化合物
Biol. Med. Ph.	德 Bor in Biolgie,Medizin und Pharmazie,生物学、医学和药学中的硼
B-Verb.	德 Borverbindungen,硼化合物
Eb	德 Ergänzungsband,补编
Erg. W.	德 Ergänzungswerk,新补编
GD	德 Gmelin-Durrer:Metallurgie des Eisens,英 Gmelin-Durrer:Metallurgy of Iron,格梅林-杜雷尔铁冶金学
Hb	德 Hauptband,正编
MVol.	英 Main Volume,正编
Org. Comp.	英 Organic Compounds,有机化合物
Org. Verb.	德 Organische Verbindungen,有机化合物
PerFHalOrg.	英 Perfluorohalogenoorganic Compounds of Main Group Elements,主族元素全氟卤代有机化合物
PFHOrg.	(同上)
S-N Comp.	英 Sulfur-Nitrogen Compounds,硫-氮化合物
S-N Verb.	德 Schwefel-Stickstoff Verbindungen,硫-氮化合物
SVol.	英 Supplement Volume,补编
TrU.	英 Transuranium Elements,铀后元素
Water Desalt.	英 Water Desalting,水的脱盐

由于篇幅的限制,表 4.2 中卷序号之前没有给出该卷在《分子式索引》及其各补编中使用的卷别缩写。1987 年以前出版的卷册在《分子式索引》中使用的卷别缩写可参见《Gmelin 无机和有机金属化学手册指南》[25] 的书目一览表。

---

❶ 在该页右侧空白处的相应位置,还有英文小标题:*Vapor Pressure*. *Vapor Density*.

4.4.2 专题分子式索引

专题分子式索引所收录的卷册很少,由分子式很容易找到化合物所在的卷、页。但是专题中化合物经验式表示法则应当注意。

① 《主族元素全氟卤代有机化合物》正编卷 2、4、6、9 的分子式采用:

C,F,Cl,Br,I,其他元素

而补编卷 3、6 的分子式采用:

C,F,其他元素

② 《硫-氮化合物》卷 4、8 的分子式按:

S,N,其他元素

③ 《硼化合物》正编卷 1~20 的"索引"卷,分子式完全按元素字母顺序。但索引中这 20 卷的卷序号没有按《硼化合物》的卷序号,而是按新补编的卷序号。新补编缩写作 EW。新补编的书目一览表见本书第 1 版[5]。

4.4.3 有机金属化合物卷的索引

专门以有机金属化合物为名出版的卷册,一般均有索引。有的是卷索引,有的是几卷的索引或索引卷。

有机金属化合物的索引分为经验分子式索引和配体分子式索引。

经验分子式索引中的分子式有两种排列方式:一种是先列出该金属,然后其他元素按 Hill 式排列;另一种是所有元素(包括该种金属)均按 Hill 式排列。因此,在应用经验分子式索引时应先了解有机金属化合物的经验分子式采用哪种方式。

例如:《有机锡化合物》卷 1~10 采用第一种方式,从卷 11 开始,则采用第二种方式(即 Hill 式)。

配体分子式索引中的配体均按 Hill 式。

4.4.4 系统号元素和化合物的索引

系统号元素和化合物的索引如下。

3 号《氧》的分子式索引和德文、英文主题索引(附于《氧》卷 8)。

16 号《磷》正编 A、B、C 辑的分子式索引和德文、英文主题索引(索引卷)。

21 号《钠》正编及补编卷 1~7 的分子式索引和德文、英文主题索引(索引卷)。

34 号《汞》的分子式索引和德文、英文主题索引(附于《汞》卷 B4)。

48 号《钒》、49 号《铌》、50 号《钽》及《有机钒化合物》联合分子式索引及德文、英文主题索引(索引卷)。

71 号《铀后元素》的主题和物质字母顺序索引(索引卷),为英文索引。

4.4.5 《铁冶金学》主题索引

《铁冶金学》共 12 卷,每卷均分为 a、b 两个分卷,a 分卷为文字部分,b 分卷为图示部分,便于文字与图示对照阅读。b 分卷还有德、英文的主题索引(卷 11b 没有主题索引)。

4.5 《Gmelin 手册》中的缩写

《Gmelin 手册》,特别是用德文编写的卷册,使用了很多缩写。包括词语的缩写,杂志、专利、文集的缩写等。

词语的缩写如:Temp. 代表 Temperatur(温度),Schmp. 代表 Schmelzpunkt(熔点),gasf. 代表 gasförmig(气态的),unlösl. 代表 unlöslich(不溶的)等。

杂志的缩写也较复杂。早期出版的《Gmelin 手册》中杂志的缩写与大家较熟悉的 CA

《美国化学文摘》）中的缩写不同，而且《Gmelin 手册》中对俄文作者、俄文杂志的音译也与 CA 中的不一样。

若要了解词语、杂志、专利等的缩写，可参阅为手册编写的《System der latzten Stelle. Abkürzungen für Zeitschriften, Patentschriften, Sammelwerke, Wörter, Transkription Russischer Wörter, Maßeinheiten, Formelzeichen》（《最后位置系统，杂志、专利、文集、词语的缩写，俄文字母的音译，单位，符号》）。(1950 年)《Gmelin 手册》早年出版的某些卷册中，在正文前面也有上述书中的缩写、音译、单位及符号等内容。

德文缩略语所对应的德文词及中文意义可参阅《Gmelin 无机和有机金属化学手册指南》[25]中的附录四 德文缩写对照表。

《Gmelin 手册》用英文出版的卷册中，对杂志、专利的缩写，俄文字母的音译，均与 CA 中的相同，这给读者带来了方便。

4.6 小结

① 《Gmelin 手册》按元素、化合物和系统集中收集了散见于期刊、书籍中的资料，内容丰富，并均有参考文献。因此，一般来说，手册是查阅无机化合物和有机金属化合物的首选工具书。例如，四甲基铅 $Pb(CH_3)_4$、四乙基铅 $Pb(C_2H_5)_4$ 均各 1 卷，《砹》、《钫》各 1 卷，均相当于专著。于 20 世纪 80 年代出版，至今仍是较新的。

② 由《Gmelin 手册》查找有关资料，一般从《分子式索引》入手，最好配合从卷册的目录进行查阅。由于《分子式索引》正编及 1、2、3 补编中只收入 1992 年以前出版的卷册中的物质及系统，故从《分子式索引》查完后，无论是否找到，还应从书目上看，是否还可能载于 1992 年以后出版的那些卷册中，以免遗漏。例 4.7.4 检索磷化氢与丙烯腈的反应载于《磷》补编 C1 此卷出版于 1993 年，就不能通过《分子式索引》检索。

③ 《Gmelin 手册》对某些专题，如《主族元素全氟卤代有机化合物》、《硼化合物》出版及时。自 20 世纪 70 年代出版以来，已分别出版了第 2 和第 4 补编。但很多元素的卷册资料却较老，如《碘》、《铵》、《铷》、《铯》均出版于 20 世纪 30 年代，此后未出补编。有些元素，如《碳》A 辑及《锰》、《铜》等正编还未出齐。不过，如《溴》正编 1931 年出版，若不出补编，则缺少新的资料，但 20 世纪 80～90 年代出版了补编 4 卷后，就弥补了这方面的不足。

以反应 $H_2(g)+Br_2(g)\Longrightarrow 2HBr(g)$ 为例，在《溴》正编中只有 1 页讨论上述平衡。但在《溴》补编 B1 中，在 "Chemical Reactions in the H_2-Br_2-HBr System" 栏目下，于 215～325 页介绍了有关 Br_2、Br、HBr 与 H_2、H 之间的各个基元反应❶。

④ 《Gmelin 手册》第 8 版自 1924 年《锌》正编出版至今已 70 余年，很多名称、术语、单位、符号变化均很大，在阅读时应多加注意。

如在德义中引号不是用 " "，而是用 ,, "；小数点不是用 "."，而是用 ","；碘元素符号不是用 I，而是用 J。这均与一般习惯不同。

又如，在《分子式索引》正编和补编中，对卷的代码不同，《Gmelin 手册》中元素的正编用 Hb 和 MVol.；补编用 Eb 和 SVol.；有机金属化合物用 Org. Verb. 和 Org. Comp. 等。

此外，各种分子式索引中对分子式的写法也不尽相同，有的用经验式，有的用 Hill 式，有的还用其他形式。

德文卷中对杂志的缩写，俄文字母的音译也与 CA 中的不同。

---

❶ $Br+Br+M\Longrightarrow Br_2+M$ 见《溴》补编 A，311～318 页。

上述这些均给读者阅读时带来困难。

4.7 检索举例

4.7.1 检索不同温度、不同组成硝酸水溶液中HNO_3和H_2O的蒸气分压

这类数据在一般物理化学数据手册中多不收录。这里介绍由《International Critical Tables》、《Gmelin 手册》和《朗多尔特-博恩施泰因》进行检索。

(1) 由 ICT 检索

先查 Index（索引）卷，在第 221 页 Nitric acid（硝酸）栏下有：

Vapor pressure, partial, **3**：304

表明硝酸的 Partial vapor pressure（蒸气分压）在卷 3 第 304 页。

在 Volume Ⅲ 第 304 页有 Partial vapor pressure of aqueous solutions of HNO_3, mmHg

G. B. Taylor 参考了多篇文献，以表格的形式给出了不同组成和不同温度下的硝酸水溶液中 HNO_3 和 H_2O 的蒸气分压。组成（wt.%）[1]：HNO_3 在 20%～70% 每 5%，在 70%～100% 每 10%；温度：0～125℃ 每 5℃。

最高蒸气总压是 6% HNO_3 溶液在 125℃ 下的 887mmHg。

某些组成、某些温度下的数据空缺。可能是由于蒸气分压太小，或蒸气总压更高。

表中共给出 591 个蒸气分压的数据。

在第 305 页表下给出了 9 篇参考文献如下：

LITERATURE

(For a key to the periodicals see end of volume)

(1) Berl and Samtleben *92*, **35**：201；22. (2) Burdick and Freed, *1*, **43**：518；21. (3) Carpenter and Babor, *79*, **161**：111；25. (4) Creighton and Githens, *143*, **179**：161；15. (5) Klemenc and Nagel, *93*, **155**：257；26. (6) Pascal, *315*, **20**：40；23. (7) Roscoe, *4*, **13**：146；61. (8) Sapozhnikov, *7*, **53**：225；05. (9) Sproesser and Taylor, *1*, **43**：1782；21.

表的编制者 G. B. Taylor 主要根据其中的 6 篇制成该表。

这里再介绍一下在 ICT 中文献的表示法。以第 1 篇为例，该篇为：

Berl and Samtleben *92*, **35**：201；22

Berl and Samtleben 为两位作者的姓氏，其后的斜体字 *92* 代表 ICT 中所引的第 92 种杂志。经查卷后的文献可知，92 代表德文杂志《Zeitschrift für angewandte Chemie》，译为《应用化学杂志》。黑体字 **35** 为卷序号，201 为文章的页码，22 代表 1922 年。

(2) 由《Gmelin 手册》检索

为了与 ICT 查到的硝酸水溶液中两组分的分压进行比较，这里也给出由《Gmelin 手册》中检索的结果。

硝酸属于氮与氧与氢的化合物，在《氮》中收录。《氮》已出版 4 卷，用德文书写。

《Stickstoff》（《氮》）的 Lieferung 4（卷 4）卷名为 "Schluss der Verbindungen mit Sauerstoff"[与氧的化合物（续完）] 出版于 1936 年。由目录查到有关条目如下：

Salpetersäure（硝酸）
  Wäßrige Lösung der Salpetersäure und des Nitrations（硝酸和硝化水溶液）
    Physikalische Eigenschaften（物理性质）
      Thermische Eigenschaften（热学性质）
        Dampfdruck（蒸气压） ·················· 977

即硝酸水溶液的蒸气压自 977 页开始。

如果我们不通过德文目录，可以查《Gmelin 手册》的《Formula Index》（《分子式索

---

[1] wt.% 代表重量百分数，根据 SI 制此种组成应采用质量分数 w 表示，若 w 以百分数表示，在表头中可以表示成 $100w$。当 $w=0.25$ 时，$100w=25$，即 $w=25\%$。

引》），在卷 10 第 44 页有 HNO₃，在 45 页有：

──❶ …HNO₃ solutions：
　　　HNO₃-H₂O
　　　　　Thermal properties ·················· 4（N）：Hb/4-977/82

这表明硝酸水溶液的热学性质，在 Gmelin 系统号 4、元素《氮》的正编［Hb 是德文 Hauptband(正编)的缩写］卷 4 第 977～982 页。

据此，我们在第 977 页 Thermische Eigenschaften（热学性质）下看到小标题 Dampfdruck（蒸气压），指出 G. B. Taylor 根据以前的文献资料编制了不同 HNO₃ 浓度和温度下 HNO₃ 和 H₂O 的蒸气分压，并引用了 G. B. Taylor 的文献 J. ind. eng. Chem. **17**［1925］633 及 Internat. crit. Tables 1928, Bd. 3, S. 304❷。

在 978 页列出的表中，硝酸水溶液的 HNO₃ 质量百分数从 20%～90% 每 10%、温度从 0～120℃ 每 10℃，给出了 HNO₃ 和 H₂O 的蒸气分压，压力单位为 mmHg。表中共列出 176 个数据。

通过与 ICT 中在相同组成、相同压力的分压值对比，这 176 个数据是完全相同的。

不过《Gmelin 手册》中还收录了 J. H. Perry 和 D. S. Davis 的硝酸水溶液总蒸气压和 HNO₃ 蒸气分压的算图。HNO₃ 蒸气分压算图如图 4.1 所示。

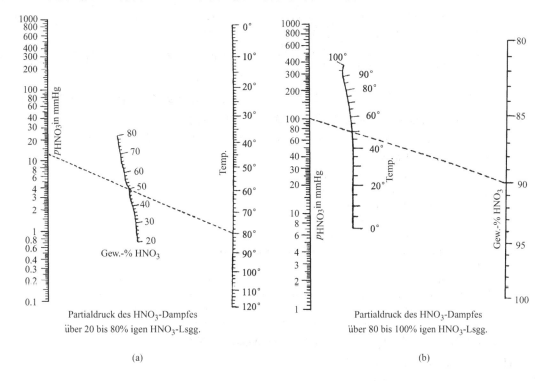

图 4.1　HNO₃ 蒸气分压算图

图 4.1(a) 下的文字为：20%～80%❸HNO₃ 溶液的 HNO₃ 蒸气分压；图 4.1(b) 下的

---

❶ 这里─代表 HNO₃。
❷ J. ind. eng. Chem. 是指美国 Industrial and Engineering Chemistry（工业与工程化学）杂志。
Internat. crit. Tables 即 International Critical Tables。Bd 和 S. 分别是 Band（卷）和 Seite（页）的缩写，Bd. **3**，S. 304 即卷 3 第 304 页。
❸ 根据 GB 3102-11─93，～之前的%不应省略[20]。

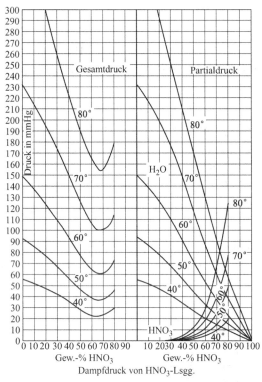

图 4.2　HNO_3 水溶液的蒸气总压和蒸气分压图

文字为：80%～100% HNO_3 溶液的 HNO_3 蒸气分压。图中 Temp. 代表摄氏温度，Gew. -% 为 Gewichtprozent（质量百分数的缩写）。

也收录了 W. C. Sproesser, G. B. Taylor[❶] 绘制的 HNO_3 溶液的蒸气总压和蒸气分压图（见图 4.2）。

图 4.2 下 Dampfdruck von HNO_3-Lsgg 意为 HNO_3 溶液的蒸气压，图的纵坐标中 Druck 意为压力，图中 Gesamtdruck 和 Partialdruck 分别为总压和分压。

此外，还收录了 A. Klemenc, A. Nagel[❷] 测定的非常低的 HNO_3 分压：

C_{mol}	2	4	6
p_{HNO_3} bei 12.5°	0.0030	0.0128	0.0236
p_{HNO_3} bei 30.0°	0.0070	0.0300	0.0750

C_{mol}	8	10	12	14
p_{HNO_3} bei 12.5°	0.0362	0.0526	0.202	0.800
p_{HNO_3} bei 30.0°		0.189	0.641	1.26	2.21

浓度 C_{mol} 的单位为 mol/L[❸]，p_{HNO_3} 的单位为 mmHg。

(3) 由《朗多尔特-博恩施泰因物理、化学、天文、地球物理和技术的数据及函数表》第 6 版检索

查第 6 章 6.2 节第 6 版书目表卷 Ⅱ 第 2 分卷 a 册（Ⅱ/2a）气态-凝聚态平衡和渗透现象（1960 年出版）。有关目录如下：

　　22　Mechanisch-thermische Konstanten
　für das Gleichgewicht heterogene Systeme
　　　（多相平衡的力学和热学常数）
　　　221　Einstoffsysteme（单组分系统）
　　　222　Mehrstoffsysteme（多组分系统）
　　2221　Dampfdruck von Mischsystemen（混溶系统的蒸气压）
　　22210　Einführung（引言）
　　22211　Binäre Systeme（二元系统） ……………………………………… 338
　　　222110　Vorbemerkungen, Abkürzungen（前言，缩写） ………………… 338
　　　222111　Übersichtstabelle（简表） ……………………………………… 342
　　　222112　Angaben über die einzelnen（单独的说明） ………………… 362

我们先看简表，在第 344 页左面找到 **H_2O Wasser**，下有：
　　HNO_3　　Salpetersäure　41
表明 H_2O 和 HNO_3 的二元系统编号为 41。

在第 380 页找到编号为 41 的 H_2O 和 HNO_3 系统，有关资料在 380 及 381 页，整两大页。在 380 页上、中部有 5 个表及 2 个图。380 页下部至 381 页，即为不同组成硝酸水溶液在不同温度下的 H_2O 和 HNO_3 的蒸气分压值，共 591 个，与 ICT 表中的数值相同，所引用的参考文献 [75] 即为 Taylor, G. B., Ind. Eng. Chem. **17** (1925) 633。

---

❶ 即 ICT 所引的文献 (9)。
❷ 即 ICT 所引的文献 (5)。
❸ 按 SI 制，浓度符号应表示成 c，单位的符号应表示成 mol/m^3、mol/l 或 mol/L。

4.7.2 检索二乙氧基二丁基锡 [$(C_4H_9)_2Sn(OC_2H_5)_2$] 的制备和性质

(1) 从《有机金属化合物词典》检索

从 1984 年第 1 版的索引卷中的分子式索引入手，先写出化合物的分子式 $C_{12}H_{28}O_2Sn$，在第 412 页找到：

$C_{12}H_{28}O_2Sn$
    Dibutyldiethoxystannane, Sn-00255

我们在卷 2 第 2191 页得到该化合物的信息如下：

$C_{12}H_{28}O_2Sn$ Sn-00255
Dibutyldiethoxystannane，9CI
  Dibutyltin diethoxide
  [1067-41-0]

$$(H_3CCH_2CH_2CH_2)_2Sn(OEt)_2$$

M 323.042
Liq. Bp_{12} 128·9°, $Bp_{0.2}$ 115·20°. Hydrol. in air.
Mehrotra, R. C. *et al*, *J. Organomet. Chem.*, 1965, **4**, 145 (*synth*)
Voronkov, M. G. *et al*, *Zh. Obshch. Khim.*, 1969, **39**, 2785; *CA*, **72**, 111581 (*synth*)
Smith, P. J. *et al*, *J. Organomet. Chem.*, 1972, **40**, 341 (*nmr*)

分子式下给出此化合物的两个名称，第 1 个名称 Dibutyldiethoxystannane 可译作二丁基二乙氧基锡烷。其后 9CI 的含义我们已经在检索举例 3.4.1 中介绍过，代表这是美国《化学文摘》第 9 次累积索引之意，也就是第 9 次累积索引使用的名称。第 2 个名称 Dibutyltin diethoxide 可译作二乙氧基二丁基锡。

CAS 登录号 [1067-41-0] 下面给出线性分子式、分子量以及一些性质：液体，12mmHg 下的沸点 128～129℃、0.2mmHg 下的沸点 115～120℃，在空气中水解。

给出三篇原始文献。前两篇是关于合成方法的，第三篇是关于核磁共振的。Voronkov, M. G. 等的论文发表在俄文杂志 Zh. Obshch. Khim.（普通化学杂志）上，所以词典编者给出了这篇论文在美国《化学文摘》上的文摘号，即 72 卷 111581。

(2) 从《Gmelin 手册》检索

前已说明《Gmelin 手册》中《有机锡化合物》已出版 25 卷。

① 由目录查找　此有机锡化合物含有两个烷基与两个烷氧基。从《Gmelin 手册》书目一览表系统号 46 所列《有机锡化合物》卷名上看，应在第 15 册：二丁基锡-氧化合物。该卷英文名为：Organotin Compounds. Part 15. Dibutyltin-Oxygen Compounds. 现将有关目录摘列如下：

Table of Contents(目录)

1.4.1.2   **Diorganotin-Oxygen Compounds**(二有机锡-氧化合物) ·················· 1
1.4.1.2.1   **Diorganotin-Oxygen Compounds of the $R_2Sn(OR')_2$ Type** ········· 1
    [$R_2Sn(OR')_2$ 型二有机锡-氧化合物]
Dibutyltin-Oxygen Compounds, $(C_4H_9)_2Sn(OR)_2$ ······························· 1
  [二丁基锡-氧化合物, $(C_4H_9)_2Sn(OR)_2$]
    Dibutyltin Bis(Organyl Oxides), $(C_4H_9)_2Sn(OR)_2$ ······················· 2
      [二有机氧基二丁基锡, $(C_4H_9)_2Sn(OR)_2$]
      Dibutyltin Bis(Alkoxides), $(C_4H_9)_2Sn(OR)_2$ ······················· 2
        [二烷氧基二丁基锡, $(C_4H_9)_2Sn(OR)_2$]
      Dibutyltin Bis(Alkenyl Oxides), $(C_4H_9)_2Sn(OR)_2$ ······················· 28
        [二烯氧基二丁基锡, $(C_4H_9)_2Sn(OR)_2$]

由目录可知二乙氧基二丁基锡应从第 2 页开始查找。第 2 页在小标题 Dibutyltin Bis(Alkoxides), $(C_4H_9)_2Sn(OR)_2$ 下有 "The compound belonging to this section are listed in Table 1"（属于这节的化合物列于表 1）。表 1 在第 3～7 页，共列出 46 种化合物，第 1 种化合物的 OR 为 OCH_3，即二甲氧基二丁基锡，第 2 种化合物的 OR 为 OC_2H_5，即我们检索的化合物，现将表 1 的表头及二乙氧基二丁基锡的资料照录如下：

No.	OR group method of preparation (yield in %)	properties and remarks	Ref.
*2	OC_2H_5 Ⅰ[78](60[26],88[33]) Ⅱ(42[64]) Ⅲ(80[28]) special[19,51]	extremely moisture-sensitive liquid b. p. 95°/0.15[19], 96 to 97°/0.2[26], 　107°/0.1[28], 115 to 120°/0.2[78], 　117°/1[51], 128 to 129°/12[64] $n_D^{20}=1.4762$[64], 1.4790[26] ^{1}H NMR(CCl_4):1.13(CH_3 of C_2H_5), 　3.74(OCH_2) ^{119}Sn NMR:-154(50% in CCl_4)[94], 　-161(neat)[87,94] ^{119}Sn-γ(77 K):δ=1.30,Δ=2.00	[19,26] [19,26,28, 51,64,78] [26,64] [28] [87,94] [24,87]

表共 4 栏。第 1 栏为化合物的序号，序号前有五角星号，表示此化合物还有更多的信息在表后。

第 2 栏给出 5 种制备方法，MethodⅠ、Ⅱ、Ⅲ是属于通用方法（在第 2 页共介绍了 5 种通用方法），另有 special method 2 种。圆括号中的数字是产率，各栏中的方括号内的数字是参考文献序号。表下地头均注有"References on p. 22"，以免找错文献。

第 3 栏为性质和要点，说明此化合物是非常湿敏性的，给出了 5 个不同压力下 6 篇文献中的沸点、2 篇文献的折射率及核磁共振数据等。

第 4 栏为参考文献，此栏的参考文献对准第 3 栏中的性质。文献号所对应的作者、杂志、卷、年份及页码这里就不列出了。

表后二乙氧基二丁基锡的更多信息在第 14 页，共分为 4 个段落。分别为：对第 2 栏两种 special method 的介绍，红外光谱数据，二乙氧基二丁基锡的化学反应及应用等。

化学反应见 Table 4 Reactions of $(C_4H_9)_2Sn(OC_2H_5)_2$ 在第 15～16 页，共列出了该化合物与 21 种反应物的反应。包括 No. reactant, conditions, product (yield) and remarks 及 Ref，共 5 个栏目。

② 由卷的经验分子式索引和配体分子式索引查找　已知$(C_4H_9)_2Sn(OC_2H_5)_2$在《有机锡化合物》第 15 分册，查该册第 381 页"Empirical Formula Index"（经验分子式索引），二乙氧基二丁基锡的分子式为 $C_{12}H_{28}O_2Sn$，在第 383 页找到：

　　$C_{12}H_{28}O_2Sn$　　　　　　　　$(C_4H_9)_2Sn(OC_2H_5)_2$　　　　　　　　　　　　3,**1**,*2*

左列为分子式，中间一列为结构式，右列三个数字：第一个 3 为化合物所在的页数，即第 3 页；第二个黑体字 **1** 为表的序号，即表 1；第 3 个斜体字 *2* 代表该表中第 2 个化合物。

也可由第 401 页"Ligand Formula Index"（配体分子式索引）查找。此化合物有两种配体，分别为 C_2H_5O 和 C_4H_9，在 401 页和 404 页可分别找到：

　　C_2H_5O　　　　　　　　　　　C_4H_9　　　　　　　　　　　　　—　　　　　3,**1**,*2*
　　C_4H_9　　　　　　　　　　　 C_2H_5O　　　　　　　　　　　　 —　　　　　3,**1**,*2*

③ 由《分子式索引》查找　从《Formule Index》3rd Supplement Volume 3（《分子式索引》第 3 补编卷 3）在第 176 页有：

　　$C_{12}H_{28}O_2Sn$　　　$(C_4H_9)_2Sn(OC_2H_5)_2$　　　　　　　　　Sn:Org. Comp. 15-3,14,15/7

右列中 Sn：Org. Comp. 15 表示《有机锡化合物》第 15 册，短线"-"后的 3, 14, 15/7 表示页数，即在第 3、14、15～17 页。这比上面由卷的经验分子式索引、配体分子式索引给出的页数更全面。粗心的读者若只看第 3 页表 1 中第 2 个化合物的资料，而忽略 2 前面星号表示表后还有进一步的资料，则会造成漏检。但这里 15/7 似有误，应为 15/6，因为第 17 页并没有$(C_4H_9)_2Sn(OC_2H_5)_2$的任何资料。

(3) 说明

从不同作者测定的 6 组不同压力下的沸点数据看，两个 0.2mmHg 下的值相差 20℃ 左右，0.1mmHg 下的值却高于 0.15mmHg 下的值。这 6 组数据究竟哪几种更合理些，就需要读者对比、分析和决定了。

4.7.3 检索 KCl-PuCl$_3$ 系统相图

(1) 检索

从《Gmelin 手册》检索。K、Cl 和 Pu 的系统号依次为 22、6 和 71，故此系统应到《铀后元素》中检索。

《铀后元素》于 1972～1977 年出版 9 册，另有索引一册。查索引：

 Plutonium Compounds
  ...
  Chlorides
   PuCl$_3 \cdot n$H$_2$O ($n=0$, 3, 6)
   —phase diagrams：
    PuCl$_3$-KCl D2   443
   ...
   —Systems：
    ...
    PuCl$_3$-KCl C   137/8
                        D2   443

索引中 Chlorides 从第 191 页开始，上述条目在 191～192 页。

相图在《铀后元素》D2：溶液中的化学。图在 443 页如下：

 Système KCl-PuCl$_3$
  Le diagramme des phases est représenté **Fig. 229**. On trouve un composé K$_2$PuCl$_5$ fondant à 611℃ et un composé K$_3$PuCl$_6$ fondant à 685℃ [48]. La force électromotrice de la pile Pu｜PuCl$_3$-KCl‖Cl$_2$, 2Cl$^-$ a été mesurée par Benz [49] dans des conditions variées de concentration et de température. Entre 627 et 727℃, le potentiel standard du couple Pu^{III}/Pu^0 varie avec la température selon E=2.38−0.05576×10^{-3} T volt. Les paramètres thermodynamiques pour la formation de PuCl$_3$ à 700℃ sont égaux à $\Delta G=-169$ kcal·mole^{-1}；$\Delta H=-206$ kcal·mole^{-1}；$\Delta S=-38.6$ cal·deg^{-1}·mole^{-1}。

这段文字为法文。中文意思是："相图如图 229。发现一种在 611℃ 熔化的化合物 K$_2$PuCl$_5$ 和一种在 685℃ 熔化的化合物 K$_3$PuCl$_6$[48]。电池 Pu｜PuCl$_3$-KCl‖Cl$_2$, 2Cl$^-$ 在不同浓度和温度条件下的电动势已被 Benz 测定[49]。在 627～727℃ 之间，电对 Pu^{III}/Pu^0 的标准电势随温度的变化为 $E=2.38-0.05576\times10^{-3} T$ V。PuCl$_3$ 在 700℃ 的生成热力学参数为 $\Delta G=-169$ kcal·mole^{-1}；$\Delta H=-206$ kcal·mole^{-1}；$\Delta S=-38.6$ cal·deg^{-1}·mole^{-1}"。

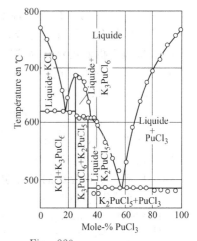

Fig. 229

Diagramme de phase du système KCl-PuCl$_3$ [93].

Fig. 229 的图名为 "KCl-PuCl$_3$ 系统相图[93]"。

图的横坐标为 PuCl$_3$ 的 Mole-%（摩尔百分数），纵坐标为温度（℃）。

图中文字 Liquide 为液体。那个没有标出相平衡关系的区域，应与其右侧的区域标注相同，亦为 Liquide+K$_3$PuCl$_6$。

索引中还给出了《铀后元素》卷 C：化合物，第 137～138 页。用英文。

经查在 137 页小节 6.2 Chloro-Complexes 下 6.2.1 Trivalent Complexes 中指出：

M^ICl-PuCl$_3$ 和 M^{II}Cl$_2$-PuCl$_3$ 系统中，LiCl-PuCl$_3$、NaCl-PuCl$_3$、MgCl$_2$-PuCl$_3$ 和 CaCl$_2$-PuCl$_3$ 系统只形成简单低共熔混合物；而 KCl-PuCl$_3$、RbCl-PuCl$_3$、CsCl-PuCl$_3$、SrCl$_2$-PuCl$_3$ 和 BaCl$_2$-PuCl$_3$ 系统则形成化合物。

在第 138 页列表给出这 9 个系统的低共熔点的温度和组成，形成化合物的熔点或转熔温度。现将表中前三个系统列出：

MCl-PuCl$_3$ and MCl$_2$-PuCl$_3$ Phase Studies.

	Phase System and Details	Lit.
LiCl-PuCl$_3$	Single eutectic point at 461℃；28mole% PuCl$_3$.	[41]
NaCl-PuCl$_3$	Single eutectic point at 453℃；36mole% PuCl$_3$.	[41]
KCl-PuCl$_3$	Eutectic points at 621℃ （17 mole% PuCl$_3$) and 486℃ (57 mole% PuCl$_3$); peritectic point at 611℃ （35 mole% PuCl$_3$). Formation of K$_2$PuCl$_5$ and K$_3$PuCl$_6$ (congruent melting point 685℃) observed.	[8]

对 KCl-PuCl$_3$ 系统给出了两个低共熔点的温度及组成：621℃，17mole% PuCl$_3$；486℃，57mole% PuCl$_3$。不相合熔点 611℃，35mole% PuCl$_3$，指的应是化合物 K$_2$PuCl$_5$。化合物 K$_3$PuCl$_6$ 的相合熔点为 685℃。这两个化合物的熔点在上面的 Fig. 229 的说明中已经提及。

(2) 说明

① Fig. 229 图名中给出文献 [93] 为：

J. A. Leary (LA-2661 [1962])

而对该图的说明引用的文献为 [48] 即：

R. Benz, M. Kahn, J. A. Leary (J. Phys. Chem. **63** [1959] 1983)

表中给出的文献 [8] 即 R. Benz 等的上述论文。

图中并未给出两个低共熔点的温度、组成，但在说明文字中给出化合物 K$_3$PuCl$_6$ 的熔点及化合物 K$_2$PuCl$_3$ 的转熔温度。

将此图与卷 C 第 138 页表中对 KCl-PuCl$_3$ 系统的说明对照，就可对相图有更多的了解。

② 也可以通过《Gmelin 手册》的《分子式索引》卷 8 和第 1 补编卷 7 检索。

4.7.4　检索磷化氢（Phosphine）与丙烯腈（Acrylonitrile）之间的化学反应

此反应的化学反应方程式为：

$$PH_3 + nCH_2=CH-CN = H_{3-n}P(CH_2-CH_2-CN)_n$$

式中 $n=1,2,3$ 时可得到 3 种不同的产物。

这是无机化合物与有机化合物之间的反应。

(1) 从《有机磷化合物词典》检索

$n=1,2,3$ 时产物的分子式依次为 C_3H_6NP、$C_6H_9N_2P$ 和 $C_9H_{12}N_3P$。从词典的 Molecular Formula Index 查得：

C_3H_6NP　　3-Phoshinopropanenitrile，P-00358
$C_6H_9N_2P$　　Bis (2-cyanoethyl) phosphine，B-00153
$C_9H_{12}N_3P$　　Tris (2-cyanoetheyl) phosphine，T-00752

依次在第 705、54 和 856 页。

(2) 从下一章将介绍的《拜尔施泰因有机化学手册》检索

无环有机磷化合物在卷 4。从正编和第 1、2、3、4 补编累积索引卷 4 的分子式索引查到：

C_3H_6NP　　Propionitril, 3-Phosphino-　　**4** Ⅳ 3440
$C_6H_9N_2P$　　Propionitril, 3,3'-Phosphandiyl-di-　　**4** Ⅳ 3441
$C_9H_{12}N_3P$　　Propionitril, 3, 3', 3''-Phosphantriyl-tri-　　**4** Ⅳ 3442

黑体字 **4** 表示卷 4，Ⅳ 代表第 4 补编，其后的数字代表页码。

(3) 从《Gmelin 手册》检索

查书目一览表，知系统号 16 的磷已出版正编 A、B、C 三卷、索引卷及补编 C1、C2、

C5a 三卷。

正编卷C：磷的化合物，出版于1965年，德文；补编C1：与氢的单核化合物，出版于1993年，英文。

我们查补编C1：Mononuclear Compounds with Hydrogen，目录摘录如下：
1.3　PH_3 and Ions
　1.3.1　PH_3 Phosphane，Phosphine
　　1.3.1.5　Chemical Reactions
　　　　　Reactions with Organic Compounds
　　　　　　with Alkanes
　　　　　　with Alkenes and Alkynes ·················· 268
　　　　　　...
　　　　　　with Nitrogen-Containing Compounds ·················· 280

可知磷化氢与烯烃和炔烃的反应从268页开始。从269～274页的表18为磷化氢与烯烃的反应，表中反应分为两类：一类为"with unsubstituted alkenes"（与未取代的烯烃）的反应，在269～273页；另一类为"with nitrogen-and phosphorus-containing alkenes"（与含氮和含磷的烯烃）的反应，在273～274页。

第一类的反应物依次为$CH_2=CH_2$（乙烯）、$CH_2=CHCH_3$（丙烯）、$CH_2=C=CH_2$（丙二烯）等。

第二类的反应物第一个即为$CH_2=CHCN$（丙烯腈）。现将表头及与丙烯腈反应的有关资料列出：

Table 18
Reactions of PH_3 with Alkenes.

alkene	PH_3 : alkene ratio	t in ℃ /time	catalyst or initiator	yield[1] and/or product distribution of phosphorus-containing products				Ref.
				RPH_2	R_2PH	R_3P	R	
$CH_2=CHCN$	1:3.3	105/4.5h	AIBN[10]			91.7	$NCCH_2CH_2$	[65,66]
	1:0.5	28 to 30	10N aq KOH[9]	52	12			[67]
	1:1.52	30 to 35	KOH or Dowex-2[9]	6	56	28		[67]
	1:1.67	8/2.5h	10N aq KOH[9]	48	12			[64]
	1:2	7/1.5h	10N aq KOH[9]	6	58	13		[64]
	1:2.63	15 to 20/1.5h	10N aq KOH[9]			80		[64,67]
	1:2.5	30	$C_6H_4(OH)/NaOH/(PtCl_4)$			80		[68]
	1:3.03	30	$NiCl_2$ in aq NH_3			76		[68]
	1:2.78	35	$[C_6H_5CH_2N(CH_3)_3]OH$			70		[68]
		20	$P(CH_2OH)_3/Fe$			83		[69]
		20 to 50	$P[CHR'(OH)]_3/H_2PtCl_6^{18}$			90 to 95		[70]
		20/>1h	$Pt[P(NCCH_2CH_2)_3]_3$	+	+	+		[71]

Table 18中需要说明的符号及注释在表后。如：

AIBN = α,α'-azobisisobutyronitrile（α,α'-偶氮双异丁腈）；+ 为 corresponding phosphane is formed（产生相应的膦）。

1) The yield listed in % as in original papers are based on the amount of PH_3 charged or consumed, or based on the amount of alkene charged or consumed（表列原始文献中的产率%是基于加入或消耗的PH_3的数量，或基于加入或消耗的烯烃的数量）。

9) In acetonitrile（在乙腈中）。

10) In molten $(NCCH_2CH_2)_3P$ [在熔融的$(NCCH_2CH_2)_3P$中]。

18) R' = H or alkyl (C_1 to C_6) [R' = H 或炔烃（C_1至C_6）]。

参考文献Ref.如下：

[64] Hechenbleikner, I.; Rauhut, M. M. (U. S. 2822376 [1957/58] 1/3; C. A. **1958** 10 147).

[65] Robertson, A. J.; Oppelt, J. C. (Can. 1151212 [1981/83] 1/6; C. A. **100** [1984] No. 6852).

[66] Oppelt, J. C.; Robertson, A. J. (Br. Appl. 2092590 [1981/82] 1/3; C. A. **98** [1983] No. 16846).

[67] Rauhut, M. M.; Hechenbleikner, I.; Currier, H. A.; Schaefer, F. C.; Wystrach,

[68] Reuter, M.; Wolf, E. (Ger. 1078574 [1960] 1/2; C. A. **1961** 16427).
[69] Kuznetsov, E. V.; Valetdinov, R. K.; Sharifullin, A. Sh. (U. S. S. R. 941382 [1978/82] 1/2; C. A. **97** [1982] No. 216466).
[70] Kuznetsov, E. V.; Voskresenskii, V. A.; Valetdinov, R. K.; Sharifullin, A. Sh.; Pavlov, V. Ya.; Gol′tser, S. I.; Karpov, V. S.; Murdasov-Murda, B. D.; Zuikova, A. N. (U. S. S. R. 941381 [1978/82] 1/3; C. A. **97** [1982] No. 216465).
[71] Pringle, P. G.; Smith, M. B. (J. Chem. Soc. Chem. Commun. **23** [1990] 1701/2).

(4) 说明

① 对于磷化氢与丙烯腈之间的反应，在《有机磷化合物词典》中，可通过三种产物由分子式索引检索，但只给出了一篇合成方面的文献，即 Rauhut, M. M. 等: J. Am. Chem. Soc., 1959, **81**, 1103。其他资料或是氧化物、硫化物、硒化物的，或是性质、晶体结构方面的。

对《有机化合物词典》第 5 版，只在其第 4 补编中找到编号为 B-40095 的 Bis (2-cyanoethyl) phosphine [双(2-氰乙基)膦]，内容与《有机磷化合物词典》中的 B-00153 相同。

②《拜尔施泰因有机化学手册》对无环化合物和碳环化合物的资料只收集到 1959 年以前。有关这三种产物的制备文献只引用了两篇。一篇即是上面《有机磷化合物词典》中引用的 Rauhut et al. 的文章，但杂志的缩写为 Am. Soc.，两者缩写不同。此杂志全称为 Journal of the American Chemical Society（美国化学会志）。

另一篇是 Am. Cyanamid Co.（美国氰胺公司）的一项 1957 年的美国专利，专利号为 2822376。这在《有机磷化合物词典》中未被引用。

③《Gmelin 手册》检索到了丰富的综合性资料。共给出了 12 种反应。从 PH_3: alkene ratio（PH_3: 烯烃比）、t in℃/time（温度℃/时间）、catalyst or initiator（催化剂或引发剂）及 yield and/or product distribution of phosphorus-containing products（含磷产品的产率和/或产品的分配），最后列出参考文献。

参考文献中，上述 Rauhut, M. M. 等的论文及美国专利也均被引用（见文献编号 [67]、[64]）。此外，除了 [71] 为一篇论文外，其余 5 篇分别为加拿大（[65]）、英国（[66]）、德国（[68]）和苏联（[69]、[70]）专利。并且还给出了这 6 篇专利在美国《化学文摘》中的文摘号。

另外，《Gmelin 手册》表 18 中列出的 PH_3 与其他烯烃的化学反应，也会对研究 PH_3 与 CH_2=CHCN 的反应有所启示。

5 《拜尔施泰因有机化学手册》

《拜尔施泰因有机化学手册》（德文《Beilsteins Handbuch der Organischen Chemie》，英文《Beilstein Handbook of Organic Chemistry》）❶是有机化学方面最系统、最完备、最重要的权威性巨著。

1838 年，Friedrich Konrad Beilstein 生于俄国圣彼得堡一个德国人的家庭❷。他在德国学习和研究化学，1866 年回到圣彼得堡任圣彼得堡皇家工学院化学教授。在那里他开始编辑有机化学手册。

《有机化学手册》首版于 1881～1883 年出版，共 2 卷；第 2 版出版于 1885～1889 年，共 3 卷；第 3 版出版于 1892～1906 年，包括正编 4 卷、补编 4 卷及索引 1 卷。F. K. Beilstein 于 1906 年去世。

现在所讲的《拜尔施泰因有机化学手册》指的是第 4 版（德 Vierte Auflage，英 Fourth edition），原由德国化学会（德 Deutsche Chemische Gesellschaft）编辑，1951 年改由拜尔施泰因有机化学文献研究所（德 Beilstein-Institut für Literatur der Organischen Chemie）编辑。由施普林格出版社（Springer-Verlag）出版，1994 年改由拜尔施泰因信息系统有限公司（Beilstein Informationssysteme GmbH）出版。

《拜尔施泰因有机化学手册》在本章后简称《Beilstein 手册》。

《Beilstein 手册》以化合物为条目，给出该化合物的制备方法及物理性质和化学反应。所列资料经过编辑鉴定，加以归纳，并列出文献出处，有利于读者进一步查阅原文。不同研究者的结果也同时列出，以便于比较。因为《Beilstein 手册》是查阅有机化合物制法和性质的重要工具书，在一般手册中查不到的化合物，只要有人研究过，原则上在《Beilstein 手册》出版前已有的化合物均予收录。特别是 19 世纪的一些文献资料，国内很少收藏，而在《Beilstein 手册》中可以得到反映。

前面已经介绍过《Lange 化学手册》、《有机化学手册》等工具书均引用《Beilstein 手册》，可知《Beilstein 手册》是很重要的有机化学方面的工具书。编辑《Beilstein 手册》的拜尔施泰因有机化学文献研究所专门出版了介绍该手册的小册子《How to Use Beilstein》[28]及相应的德文本、日文本。杨乃中根据德文本译成中文《怎样使用贝尔斯登有机化学大全》[29]。王正烈、王元欣还专门编写了《Beilstein 有机化学手册使用指南》[30]，已于 2006 年由化学工业出版社出版。

5.1 《Beilstein 手册》出版概况

5.1.1 正编和补编

1909 年底以前的文献资料按无环化合物（卷 1～4）、碳环化合物（卷 5～16）及杂环化合物（卷 17～27）分类编辑，于 1918～1937 年用德文出版了 27 卷。后来将这 27 卷称为正

---

❶ Beilstein 曾被译作贝尔斯登、贝尔斯坦、拜尔斯坦，现多参照《德语姓名译名手册》[24]译作拜尔施泰因。该手册曾被译为《贝尔斯登有机化学大全》、《拜尔斯坦有机化学大全》、《拜尔斯坦有机化学手册》等，现多译作《拜尔施泰因有机化学手册》。

❷ 其俄文名为 Фёдор Фёдорович Бейльштейн（费奥多尔·费奥多罗维奇·拜尔施泰因）[27]。

编（德 Hauptwerk，英 Basic Series），缩写为 H。但这 27 卷封面及扉页等处并无 Hauptwerk 字样。

1910 年以后的文献资料，按每 10 年或每 20 年分别编辑正编各卷的补编（德 Ergänzungswerk，英 Supplementary Series），补编的缩写为 E。如第 1、第 2 补编的缩写分别为 EⅠ、EⅡ。第 3、第 4 补编卷 1～16 分编出版，缩写为 EⅢ、EⅣ；卷 17～27 合编出版，缩写为 EⅢ/Ⅳ。第 5 补编改用英文出版，已出版了卷 17～27，缩写为 EⅤ。

在第 1、2、4 补编出版后，还分别编有正编至各该编的总索引，卷 28 为总主题索引（德 General-Sachregister），卷 29 为总分子式索引（德 General-Formelregister）。

正编和第 1 补编还合编出版了卷 30 和卷 31，为天然产物部分❶。后来这两卷均未再出补编，而是将天然产物归于前 27 卷的相应卷中。

此外，正编至第 4 补编还编有按卷编写的总索引，第 5 补编也编有该编的卷的索引。

《Beilstein 手册》已出各编的文献收集年限及使用语种见表 5.1。

表 5.1 《Beilstein 手册》卷 1～27 文献收集年限及使用语种

编别及卷序号		文献收集年限	书脊标记颜色	语种
正编 H	1～27	1910 年以前	绿	德
第 1 补编 EⅠ	1～27	1910～1919	暗红	德
第 2 补编 EⅡ	1～27	1920～1929	白	德
第 3 补编 EⅢ	1～16	1930～1949	蓝	德
第 4 补编 EⅣ	1～16	1950～1959	黑	德
第 3,4 补编 EⅢ/Ⅳ	17～27	1930～1959	蓝/黑	德
第 5 补编 EⅤ	17～27	1960～1979	红	英

5.1.2 索引

《Beilstein 手册》每册均有索引，正编至第 2 补编只有索引（德 Register）。自第 3 补编起，分为主题索引（德 Sachregister，英 Subject Index）和分子式索引（德 Formelregister，英 Formala Index）。第 5 补编卷 21 起将主题索引改称化合物名称索引（英 Compounds-Name Index）。

第 3 补编卷 5、6、7～8、9～10、12～14 编有卷的索引，分别在 EⅢ5/4❷，EⅢ6/9，EⅢ8/5、8/6，EⅢ10/6、10/7，EⅢ14/4、14/5。

前面曾介绍第 1、2、4 补编出版后还编有正编至各该编的总索引。第 1 补编卷 28、卷 29 分别是正编和第 1 补编的总主题索引和总分子式索引。第 2 补编卷 28、卷 29 分别是正编和第 1、2 补编的总主题索引和总分子式索引。1991 年、1992 年出版的卷 28、卷 29 称为世纪索引（英 Centannial Index），分别是正编和第 1、2、3、4 补编的总主题索引和总分子式索引（德 General-Sachregister für das Hauptwerk und die Ergänzungswerke Ⅰ，Ⅱ，Ⅲ und Ⅳ；General-Formelregister für das Hauptwerk und die Ergänzungswerke Ⅰ，Ⅱ，Ⅲ und Ⅳ），应视为第 4 补编的卷 28、卷 29。

此外，在上述卷 28、卷 29 出版前，1975～1985 年还出版了按卷编写的正编和第 1、2、3、4 补编的累积索引（德 Gesamtregister für das Hauptwerk und die Ergänzungswerke Ⅰ，Ⅱ，Ⅲ und Ⅳ），均分为主题索引和分子式索引。

第 5 补编卷 17～27 均已出齐，编有卷的索引，分为化合物名称索引和分子式索引。但

---

❶ 很多化学化工文献检索方面的书籍中均将卷 30、卷 31 认为只属于正编。在这两卷的扉页上明确用德文写有 Gemeinsam Ausgabe für Hauptwerk und erstes Ergänzungswerk（正编和第 1 补编的联合版）。

❷ EⅢ5/4 代表第 3 补编卷 5 第 4 册（卷 5 第 4 分卷）。下同。

第 5 补编所列化合物索引只给出化合物在第 5 补编卷号、分卷号中的页数。

5.1.3 《Beilstein 手册》出版卷册表

表 5.2 列出《Beilstein 手册》正编至第 5 补编已出版的卷册。

表 5.2 《Beilstein 手册》出版卷册表

编　别	卷　序　号（册　数）
正编 H	1,2,3,4,5,6,7,8,9,10,11,12,13,14,15,16,17,18,19,20,21,22,23,24,25,26,27
第 1 补编 E I	1,2,3-4,5,6,7-8,9,10,11-12,13-14,15-16,17-19,20-22,23-25,26-27,28(2),29(2),30,31
第 2 补编 E II	1,2,3-4,5,6,7,8,9,10,11,12,13,14,15,16,17,18,19,20,21,22,23,24,25,26,27,28(2),29(3)
第 3 补编 E III	1(3),2(2),3(2),4(2),5(4),6(9),7(5),8(6),9(5),10(7),11,12(5),13(3),14(5),15,16(2)
第 4 补编 E IV	1(6),2(3),3(3),4(5),5(4),6(10),7(5),8(5),9(5),10(5),11,12(5),13(4),14(4),15(2),16(3)
第 3/4 补编（合编）E III/IV	17(7),18(9),19(7),20(6),21(7),22(8),23(5),24(3),25(6),26(6),27(13),28(10),29(13)
正编和第 1,2,3,4 补编按卷编写的累积索引	主题索引：1,2-3,4,5,6(2),7-8,9-11(2),12-14(2),15-16,17-18(2),19,20-22(2),23-25(2),26,27(2) 分子式索引：1,2-3,4,5,6(2),7-8(2),9-11(3),12-14(3),15-16,17-18(2),19,20-22(2),23-25(2),26,27(2)
第 5 补编 E V	17(11),18(12),19(12),20(8),21(13),22(14),23(13),24(9),25(18),26(19),27(44)
第 5 补编按卷编写的索引	化合物名称索引：17-19(3),20-22(3),23-25(3),26(2),27(4) 分子式索引：17-19(4),20-22(4),23-25(4),26(2),27(6)

表中无括号的数字代表卷序号，用连字符相连的数字代表起止卷序号，括号中的数字表示该卷出版的册（即分卷）数，无括号的数字表示该卷只有 1 册。

如正编中 1 表示卷 1，27 表示卷 27，均各 1 册；第 1 补编中 3-4、17-19 分别表示卷 3、4 合编 1 册，卷 17、18、19 合编 1 册；第 3 补编中 1(3)表示卷 1 有 3 分册，第 5 补编中 27(44)表示卷 27 有 44 分册；第 5 补编的化合物名称索引中的 17-19(3)表示卷 17、18、19 合编的化合物名称索引有 3 册。

《Beilstein 手册》第 4 版，从 1918 年正编卷 1 至 1999 年第 5 补编卷 27 的分子式索引第 6 分册，共计出版了 566 册。

《Beilstein 有机化学手册使用指南》[30]中列表给出了这 566 册每册的卷序号、出版年、页数或起止页码、系统号范围及注释，可供参阅。

《Beilstein 手册》在国内许多图书馆均有收藏。入藏最全的有国家图书馆、天津大学图书馆等。

5.2 《Beilstein 手册》中化合物的分类

《Beilstein 手册》将所有的有机化合物区分为无环化合物、碳环化合物和杂环化合物三大类。各类化合物又分为索引化合物和索引化合物的官能团衍生物、取代产物及氧属元素同系物。

5.2.1 无环、碳环和杂环化合物

无环化合物（德 Acyclische Verbindungen，英 Acyclic compounds）即非环化合物，指的是链状化合物，收录于卷 1~4。

碳环化合物（德 Isocyclische Verbindungen，英 Isocyclic compounds）是指环上的原子均为碳原子的化合物，收录于卷 5～16。

杂环化合物（德 Heterocyclische Verbindungen，英 Heterocyclic compounds）是指环中含有碳以外其他元素原子的化合物。其他元素的原子称为杂原子，收录于卷 17～27。

碳环或杂环与链相连，即使链再长、环再小，也属于环状化合物，而不属于链状化合物。例如 2-癸基氮丙啶（2-Decyl-aziridine）❶，结构式为：

$$\begin{matrix}\text{H}\\\text{N}\end{matrix}$$
$$\text{CH}_2\text{—CH—CH}_2\text{—CH}_2\text{—CH}_2\text{—CH}_2\text{—CH}_2\text{—CH}_2\text{—CH}_2\text{—CH}_2\text{—CH}_3$$

属于杂环化合物。

同样，杂环与碳环相连，即使碳环再大、杂环再小，也属于杂环化合物。例如 1,2-环氧-环十二烷（1,2-Epoxy-cyclododecane）❷，结构式为：

（环十二烷环上某位有 O 桥的结构图）

属于杂环化合物。

对于杂环化合物，按索引化合物❸中环杂原子的种类及其个数顺序排列。杂原子种类的顺序为：O, N, P, As, Sb, Bi, Si, Ge, Sn, Pb, B…Cl, Br, I。手册规定杂环化合物按环杂原子的种类及个数的排列顺序为：1O，2O…1N，2N…1N1O，1N2O…2N1O，2N2O…1P，2P…1P1O，1P2O…2P1O，2P2O…1P1N，1P2N…2P1N，2P2N…1P1N1O，1P1N2O…1P2N1O，1P2N2O…2P1N1O，2P1N2O…2P2N1O，2P2N2O…1As，2As…1As1O，1As2O…。

但是，含 S、Se、Te 环杂原子的杂环化合物属于含氧环杂原子化合物的氧属元素同系物，归入含氧环杂原子的杂环化合物类中，见 5.2.3。

同时含有两个或多个环杂原子的杂环索引化合物，并不限定这些杂原子均在同一个环上，而是可以处在以碳链相连的两个或多个环上。

例如，不仅喹喔啉（Quinoxaline）、酞嗪（Phthalazine）（结构式如下）：

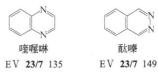

喹喔啉　　　　酞嗪
EV **23/7** 135　　EV **23/7** 149

属于含 2 个氮杂原子的杂环化合物，而且下列化合物也属于含 2 个氮杂原子的杂环化合物：

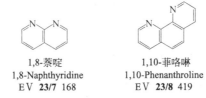

1,8-萘啶　　　　1,10-菲咯啉
1,8-Naphthyridine　　1,10-Phenanthroline
EV **23/7** 168　　EV **23/8** 419

---

❶ 在第 5 补编中的化合物，手册中使用的是英文名，在第 4 补编及以前各编中的化合物，手册使用的是德文名，这里均按原文，今后不再注明。

❷ 又称 13-氧杂-双环 [10.1.0] 十三烷（13-Oxa-bicyclo [10.1.0] tridecane）。

❸ 索引化合物见 5.2.3。

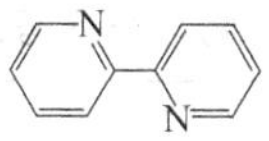

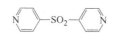

2,2′-联吡啶　　　　　2,2′-亚乙炔基-双-吡啶
2,2′-Bipyridyl　　　2,2′-Ethynediyl-bis-pyridine
EV **23/8** 16　　　　　EV **23/8** 388

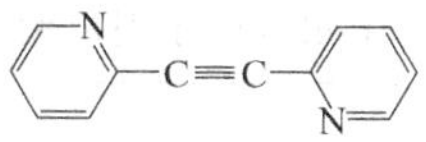

但是，如果2个氮杂原子各在一个环上，两个环之间不是通过碳原子，而是通过其他原子相连，因不是索引化合物，不能归入含2个氮杂原子的索引化合物，而是属于含1个氮杂原子索引化合物的官能团衍生物。下述3个化合物即属于这种情况：

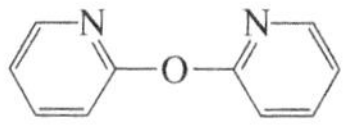

2,2′-双吡啶醚　　　　4,4′-磺酰基双吡啶　　　双-吡啶-2-基-胺
2,2′-Oxy-bis-pyridine　4,4′-Sulfonyl-bis-pyridine　Di-pyridin-2-yl-amine
EV **21/2** 11　　　　EV **21/2** 119　　　　EV **22/8** 415

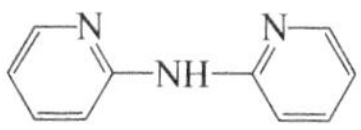

5.2.2 《Beilstein手册》中的官能团

《Beilstein手册》中所说的官能团（德 Funktionelle Gruppe，英 Functional Groups）与一般有机化学书籍中所说的官能团有所不同。

手册中的官能团有着特定的范围。一种有机化合物含有哪些官能团决定了该化合物在手册中的位置。

手册中所谓的官能团指的是：羟基—OH；羰基=O；羧基 $\begin{smallmatrix}O\\OH\end{smallmatrix}$；亚磺酸基—$SO_2H$、磺酸基—$SO_3H$、硒代亚磺酸基—$SeO_2H$、硒代磺酸基—$SeO_3H$、碲代亚磺酸基—$TeO_2H$；氨基—$NH_2$；羟氨基—NH(OH)、二羟氨基—$N(OH)_2$；肼基—NH—$NH_2$及含有两个氮的其他官能团，如—N=NH、—N≡$N^+$、—NH—N=O及—NH—$NO_2$等；多氮官能团，如三氮烷基—NH—NH—$NH_2$、—N—$(NH_2)_2$及—N=N—$N_2$……，又如四氮烷基—NH—NH—NH—$NH_2$……；周期表中ⅤA族P、As、Sb、Bi，ⅣA族Si、Ge、Sn、Pb，ⅢA～ⅠA族，ⅠB～ⅦB族和Ⅷ族各元素的官能团，如膦基—PH_2及—PH—OH、—SiH_3、—BH_2、—HgH等。

除以上的官能团外，其他有机化学书籍中所谓的官能团，如卤基（—F，—Cl，—Br，—I）、硝基—NO_2、氰基—CN等均不属于《Beilstein手册》中所说的官能团，而是作为取代基；至于巯基—SH则属于官能团羟基—OH的氧属元素同系物，均见后面的介绍。

5.2.3 索引化合物

索引化合物（德 Registerverbindungen，英 Registry Compounds）是《Beilstein手册》中的关键化合物。因为索引化合物的官能团衍生物、取代产物及氧属元素同系物依次排列在相应的索引化合物之后。所以，对任一有机化合物，要先确定它是否是索引化合物，或是哪一索引化合物的官能团衍生物、取代产物或氧属元素同系物。

(1) 索引化合物的定义

索引化合物指的是：无环烃、碳环烃和含有环杂原子的碳氢化合物，以及在它们分子的碳上只连接有上节所述的官能团的化合物。

索引化合物可以带有两个或多个官能团，这些官能团可以是同一种类的，也可以是不同种类的。官能团的种类及个数决定了索引化合物在《Beilstein手册》中的位置。

表5.3给出了索引化合物在《Beilstein手册》中的卷别。

表 5.3 《Beilstein 手册》索引化合物与卷序号对照表

官能团	无环化合物	碳环化合物	杂环化合物 杂原子：类别及个数(n)					所有其他类别杂环
			仅含氧		仅含氮			
			$n=1$	$n\geqslant 2$	$n=1$	$n=2$	$n\geqslant 3$	
无官能团化合物	1	5	17		20	23		
—OH 羟基化合物		6						
=O 羰基化合物		7			21	24		
羟基-羰基化合物		8						
羧酸	2	9						
羧酸＋羟基和羰基官能团	3	10						
—SO₂H，—SO₃H，—SeO₂H，—SeO₃H，—TeO₂H	4	11	18	19	22	25	26	27
—NH₂ 单胺		12						
—NH₂ 多胺和羟基胺		13						
—NH₂ 胺＋其他官能团		14						
—NH(OH)，—N(OH)₂，—NHNH₂		15						
—N=NH，—N=N⁺，—NH—N=O，—NH—NO₂								
多氮官能团①		16						
含 C—M 键的化合物 M＝P,As,Sb,Bi;Si,Ge,Sn,Pb;B,Al 及其他金属								

① 仅被—H、—OH 和=O 取代的含三个或更多个氮原子的官能团。

下面以碳环化合物中的苯为例，给出其带有某些官能团的索引化合物。索引化合物下给出德文名和中文名，以及该化合物在《Beilstein 手册》中的卷号（用黑体表示）及在第 4 补编中的页码。

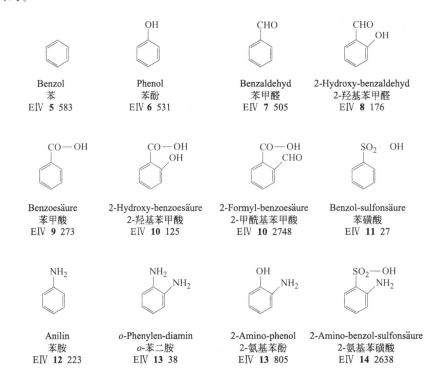

Benzol
苯
EIV **5** 583

Phenol
苯酚
EIV **6** 531

Benzaldehyd
苯甲醛
EIV **7** 505

2-Hydroxy-benzaldehyd
2-羟基苯甲醛
EIV **8** 176

Benzoesäure
苯甲酸
EIV **9** 273

2-Hydroxy-benzoesäure
2-羟基苯甲酸
EIV **10** 125

2-Formyl-benzoesäure
2-甲酰基苯甲酸
EIV **10** 2748

Benzol-sulfonsäure
苯磺酸
EIV **11** 27

Anilin
苯胺
EIV **12** 223

o-Phenylen-diamin
o-苯二胺
EIV **13** 38

2-Amino-phenol
2-氨基苯酚
EIV **13** 805

2-Amino-benzol-sulfonsäure
2-氨基苯磺酸
EIV **14** 2638

N-Phenyl-hydroxylamin
N-苯基羟胺
EⅣ **15** 4

Phenyl-hydrazin
苯肼
EⅣ **15** 50

N-Nitro-anilin
N-硝基苯胺
EⅣ **16** 889

Phenyl-phosphin
苯膦
EⅣ **16** 948

Phenylarsin
苯胂
EⅣ **16** 1137

Phenylsilan
苯硅烷
EⅣ **16** 1360

Phenylboran
苯硼烷
EⅣ **16** 1623

Phenyl-magnesium(1+)
苯基镁(1+)
EⅣ **16** 1696

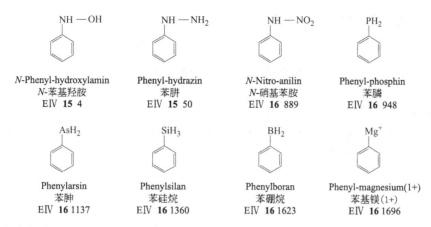

这些化合物中有的无官能团，有的有一个官能团，有的有两个同种类的官能团，有的有两个不同种类的官能团。当然，还可以有两个以上同种或不同种类的官能团。

对于碳环和杂环化合物，并不限定官能团必须直接连接在环上的碳原子上，它可以连接在与环上碳原子相连的碳链上。例如，下列两化合物：

4-Hydroxy-benzaldehyd
4-羟基-苯甲醛

2-Hydroxy-1-phenyl-pentan-3-on
2-羟基-1-苯基-戊-3-酮

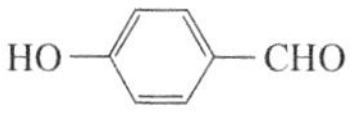

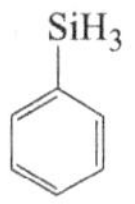

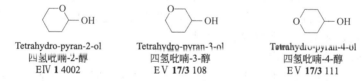

均属于同时含有羟基和羰基的碳环化合物。

(2)《Beilstein 手册》中的互变异构

最后，需要提醒读者注意的是，在《Beilstein 手册》中对有机化合物中互变异构体的规定。因为这关系到具有互变异构体的化合物归属于哪一类化合物，而影响到它在手册中的位置。

① 羰式-环式互变异构（Oxo-cyclo-tautomerism） 半缩醛（hemi-acetals）和半酮缩醇（hemi-ketals）环总是开环成羟基-羰基异构体作为索引化合物。例如在下列三个化合物中：

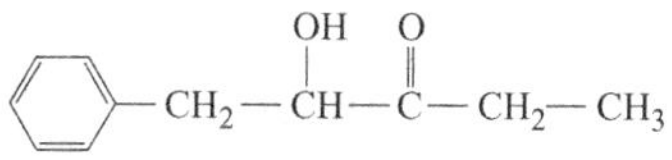

Tetrahydro-pyran-2-ol
四氢吡喃-2-醇
EⅣ **1** 4002

Tetrahydro-pyran-3-ol
四氢吡喃-3-醇
EⅤ **17/3** 108

Tetrahydro-pyran-4-ol
四氢吡喃-4-醇
EⅤ **17/3** 111

四氢吡喃-3-醇和四氢吡喃-4-醇均可在带羟基的含1个氧的杂环化合物（卷17）中查到。但四氢吡喃-2-醇因存在着如下互变异构：

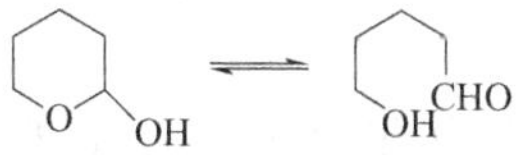

故应查找其非环式化合物 HO—[CH_2]$_4$—CHO，即5-羟基戊醛（5-Hydroxy-valeraldehyd）。此化合物属于带有羟基和羰基的无环化合物，在卷1❶。

② 羰式-烯醇式互变异构（Oxo-enol tautomerism） 一般来说归入羰基化合物，即采取

❶ 当四氢吡喃-2-醇生成官能团衍生物，如2-甲氧基-四氢吡喃（2-Methoxy-tetrahydro-pyran），

EⅤ **17/3** 78

因不存在着互变异构，故应到卷17中查找。

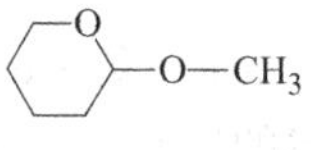

羰式作为索引化合物。如环己酮与环己烯-1-醇互变异构：

Cyclohexanon
环己酮
EIV **7** 15

Cyclohexen-1-ol
环己烯-1-醇

归属于羰基碳环化合物，在卷 7。若按烯醇式应在卷 6。

在碳环化合物的羰式-烯醇式互变异构体中，当烯醇式异构体具有芳香型或醌型特性时，则选烯醇式作为索引化合物，如：

5-Hydroxy-2,3-dihydro-
[1,4]naphthochinon
5-羟基-2,3-二氢[1,4]萘醌

Naphthalin-1,4,5-triol
萘-1,4,5-三酚
EIV **6** 7536

③ 亚胺式-烯胺式互变异构（Imine-enamine tautomerism） 亚胺式-烯胺式互变异构现在归入烯胺式。如：

Benzo[b]thiophen-3-
ylideneamine
苯并[b]噻吩-3-亚基胺

Benzo[b]thiophen-3-ylamine
苯并[b]噻吩-3-基胺
EV **18/10** 5

德4-Imino-1,4-dihydro-pyridin
4-亚氨基-1,4-二氢吡啶
或 德1H-Pyridin-4-on-imin
1H-吡啶-4-酮-亚胺

Pyridin-4-ylamine
吡啶-4-基胺
EV **22/9** 106

除了上述三种互变异构体外，还有其他几种类型的互变异构体[28,29]。

上面举的例子只是一般原则，此外，还有一些具体的规定。而且，有些互变异构体如何规定索引化合物，在不同补编中还会有所变化，这种情况也还不少[30]。所以遇有化合物存在互变异构时，最好在两处去查找索引化合物。

（3）索引化合物的排列顺序

索引化合物依官能团的种类按前述顺序排列。若含多个同一种官能团，则按官能团的个数从少到多顺序排列。若含官能团的个数相同，则按化合物不饱和程度从低到高（饱和程度从高到低）顺序排列。含有两种或两种以上官能团时，则排在排序靠后的官能团的索引化合物之后。

例如，无环羟基化合物，按单羟基化合物、二羟基化合物、三羟基化合物等的顺序排列。对于单羟基化合物，按化合物通式 $C_nH_{2n+2}O$、$C_nH_{2n}O$、$C_nH_{2n-2}O$ 等的顺序排列。含羟基和羰基的化合物，排在羰基化合物之后。

5.2.4 官能团衍生物、取代产物和氧属元素同系物

除了索引化合物以外，其他化合物则分别属于索引化合物的官能团衍生物、取代产物和氧属元素同系物。

（1）官能团衍生物（德 Funktionelle Derivate，英 Functional Derivates）

所谓官能团衍生物是指并不直接含有前述的官能团，而是含有起了化学变化的这些官能

团的变体一类的化合物。

例如，乙酰胺（$CH_3—CO—NH_2$）是索引化合物乙酸（$CH_3—CO—OH$）的官能团衍生物。N-乙基苯胺（⌬—$NH—C_2H_5$）是索引化合物苯胺（⌬—NH_2）的官能团衍生物。

（2）取代产物（德 Substitutionsprodukte，英 Substitution Products）

索引化合物的取代产物是指索引化合物中不与官能团相连的 C 上的 H 被 1 个或几个非官能团取代基所取代的产物。这些非官能团取代基指：

$$F, Cl, Br, I, NO, NO_2, N_3, N_5$$ ❶

例如，2-氯乙醇（$CH_2Cl—CH_2—OH$）是索引化合物乙醇（C_2H_5OH）的取代产物。2,4,6-三硝基甲苯（结构式）是索引化合物甲苯（⌬—CH_3）的取代产物。

如果某化合物的 1 个 C 原子上不仅含有官能团（或其变体），而且还含有 1 个或几个非官能团取代基，则仍应看做官能团衍生物。

取代产物也有官能团衍生物。

（3）氧属元素同系物（德 Chalkogen-Analoga，英 Chalcogen Analogues）

索引化合物若含有 O 时，将 O 用二价 S、Se、Te 代替后所得到的化合物，称为该索引化合物的氧属元素同系物 ❷。

如：甲硫醇（$CH_3—SH$）是索引化合物甲醇（$CH_3—OH$）的氧属元素同系物，噻吩（含S五元环）是索引化合物呋喃（含O五元环）的氧属元素同系物。

这里顺便说明一点，亚砜和砜均排列在相应的硫化物之后，如 5.2.1 中的 4,4′-磺酰基-双吡啶。

氧属元素同系物也有官能团衍生物、取代产物。

（4）索引化合物及其官能团衍生物、取代产物及氧属元素同系物的排列顺序

按索引化合物及其官能团衍生物、取代产物、取代产物的官能团衍生物、氧属元素同系物、氧属元素同系物的官能团衍生物、氧属元素同系物的取代产物及氧属元素同系物取代产物的官能团衍生物这一顺序排列。

这里以索引化合物苯酚为例。

⌬—OH   Phenol   索引化合物
EⅣ 6 531   苯酚

---

❶ NO 为 Nitroso（亚硝基），NO_2 为 Nitro（硝基），N_3 为 Azido（叠氮基，$—N=N≡N$），N_5 为 Pentazolyl（五唑基，结构式）。

❷ 在全国自然科学名词审定委员会公布的《化学名词》[31]中，英文 Chalcogen 译作硫属元素。据此，《英汉化学化工词汇》（第 4 版）[15]也译作硫属元素。然而有些英汉化学化工词汇则译作硫属元素、氧族元素[14][32]。张鎏主编的《英汉技术科学词典》[33]则译作硫族，并明确注明包括氧、硫、硒、碲、钋五种元素。

在《Beilstein 手册》第 3、4 补编合编中德文 Chalkogen 和第 5 补编中英文 Chalcogen 则是指氧、硫、硒、碲四种元素。

因为《Beilstein 手册》中氧被硫、硒、碲代替的化合物排在相应氧的化合物之后，故将这类化合物译作氧属元素同系物。

EIV 6 548 (甲氧基苯结构)	Methoxybenzol 甲氧基苯	索引化合物的官能团衍生物
EIV 6 820 (4-氯-苯酚结构)	4-Chlor-phenol 4-氯-苯酚	索引化合物的取代产物
EIV 6 822 (1-氯-4-甲氧基苯结构)	1-Chlor-4-methoxy-benzol 1-氯-4-甲氧基苯	索引化合物取代产物的官能团衍生物
EIV 6 1463 (苯硫酚结构)	Benzenthiol 苯硫酚	索引化合物的氧属元素同系物
EIV 6 1466 (甲硫基苯结构)	Methylmercapto-benzol 甲硫基苯	索引化合物氧属元素同系物的官能团衍生物
EIV 6 1581 (4-氯-苯硫酚结构)	4-Chlor-benzenthiol 4-氯-苯硫酚	索引化合物氧属元素同系物的取代产物
EIV 6 1581 (1-氯-4-甲硫基苯结构)	1-Chlor-4-methylmercepto-benzol 1-氯-4-甲硫基苯	索引化合物氧属元素同系物取代产物的官能团衍生物

在第 4 补编中，上述化合物除了苯酚、4-氯-苯酚这两个化合物以外，其余化合物均有两个或三个名称。例如，第 2 个化合物给出了三个名称，依次为 Methoxybenzol（甲氧基苯）、Methyl-phenyl-äther（甲基-苯基-醚）和 Anisol（茴香醚）。这里均只将原书中第一个名称列出，并将其译成中文。

5.3 最后位置原则和系统号

至 21 世纪初，已知有机化合物达两千万种。第 4 版《Beilstein 手册》对无环化合物和碳环化合物收集资料至 1959 年，对杂环化合物收集资料至 1979 年，共收集化合物几百万种。

如此庞大数量的有机化合物在手册中是如何排列的呢？这就是依据《Beilstein 手册》制订的"最后位置原则"。按"最后位置原则"对有机化合物排列后，将各类化合物顺序编号，就得《Beilstein 手册》的系统号。

5.3.1 最后位置原则

最后位置原则（德 Prinzip der spatesten Systemstelle，英 Principle of latest possible systematic entry）是《Beilstein 手册》中各化合物排序的依据。根据这一原则，每一个化合物在手册中均有自己的固定位置，因而可以由化合物在手册中的顺序查找该化合物。

最后位置原则主要包括如下几个要点。

① 对索引化合物，按无环化合物、碳环化合物和杂环化合物排列；杂环化合物按杂原子 O、N、P、As 等的种类及数量排列。

② 各类索引化合物按官能团羟基（—OH）、羰基（ $\diagdown$C=O）、羧基（ $-C\diagup^{O}_{OH}$ ）等的种类及数量顺序排列。

同时含有两种或多种官能团时，排列在排序最后的含官能团的化合物之后。

③ 含有相同种类和数量官能团的索引化合物，按其不饱和程度从低到高（饱和程度从高到低）顺序排列。

不饱和程度相同时，按索引化合物中碳原子的个数从少到多顺序排列。

④ 碳原子个数相同时，无环化合物按从长链到短链的顺序排列，环状化合物按从大环到小环的顺序排列。

⑤ 属于官能团衍生物、取代产物、氧属元素同系物的化合物，依次排列在相应的索引化合物之后。

取代产物按 F、Cl、Br、I、NO、NO_2、N_3、N_5 的顺序排列；氧属元素同系物按 S、Se、Te 的顺序排列。

其他的细节这里不再一一叙述。

5.3.2 系统号

对各有机化合物按"最后位置原则"排列顺序后，将不同类别的化合物按顺序编号，即为《Beilstein 手册》中的系统号（德 System-Nummer，英 System number）。

《Beilstein 手册》卷 1～27 共使用了 4720 个系统号，各系统号所对应的化合物种类参见 B. Prager，D. Stern，K. Ilberg：《System der organischen Verbindungen. Ein Leitfaden für die Benutzung von Beilsteins Handbuch der organischen Chemie》（《有机化合物的系统．拜尔施泰因有机化学手册使用入门》）Springer-Verlag，1929。

由于系统号的用途不是很大，这里不再给出各卷所载化合物的系统号。

在《Beilstein 有机化学手册使用指南》[30]中给出了卷 1～27 中每卷或每分卷的一些系统号所代表的化合物类型，以及从正编卷 1 至第 5 补编卷 27 第 44 分卷中每卷所收录化合物的系统号范围，可供参考。

顺便说明一下，在正编及第 1 补编联合版的卷 30、卷 31（天然产物部分），使用了大于 4720 的系统号，后因天然产物部分并入前 27 卷，而卷 30、卷 31 也不再出版补编，故《Beilstein 手册》中共使用了 4720 个系统号。

5.4 从《Beilstein 手册》检索化合物的步骤和方法

从《Beilstein 手册》查找一化合物，应该知道该化合物是索引化合物，还是非索引化合物。如果该化合物不是索引化合物，就应该确定它的索引化合物。

因为知道了索引化合物以后，才能确定它在《Beilstein 手册》中的哪一卷以及在哪一分卷。然后按照前述的"最后位置原则"进行查阅。

有些读者可能由于不太熟悉"最后位置原则"，往往喜欢使用第 4 补编卷 28，特别是卷 29，正编和第 1、2、3、4 补编的总主题索引、总分子式索引。以为这两卷包括了正编和前 4 个补编中卷 1～27 以及正编和第 1 补编卷 30、卷 31 内的全部化合物，无论所要查找的化合物在哪一卷，均可找到。但是即使在卷 29 查到一化合物的分子式，由于符合这一分子式的化合物可能很多，又是化合物的德文名称，若不熟悉化合物的名称，还是不能确定该分子式下有无所要检索的化合物。当然，可以按索引中给出的卷号、编别及页码逐个查看，不过那太麻烦了。

因此，我们先要确定所要检索的化合物在哪一卷，利用卷的索引，范围就小多了。若能确定化合物在哪一分卷，范围就更小了。

确定所要检索的化合物在哪一卷，首先要确定它是否为索引化合物，因为《Beilstein 手册》是按索引化合物分卷的。当所要检索的化合物不是索引化合物，而是官能团衍生物、取代产物、氧属元素同系物，则要先将它写成索引化合物，按照"最后位置原则"，并配合主题索引（化合物名称索引）及分子式索引，检索起来就便捷多了。

5.4.1 索引化合物的确定

由非索引化合物确定索引化合物时，根据如下几条原则进行。

① 化合物中如有二价的 S、Se、Te，或含有亚砜 SO 及砜 SO_2，应将其换成 O。如果得到的是官能团衍生物，还要对它进行水解。

例如，下列三个化合物：

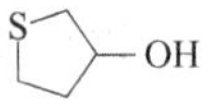

Tetrahydro-thiophen-3-ol
四氢噻吩-3-醇
EV **17/3** 66

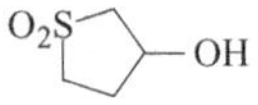

1,1-Dioxo-tetrahydro-thiophen-3-ol
1,1-二氧-四氢噻吩-3-醇
EV **17/3** 66

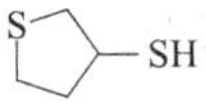

Tetrahydro-thiophen-3-thiol
四氢噻吩-3-硫醇
EV **17/3** 72

它们的索引化合物均为：

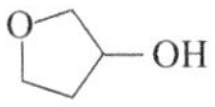

Tetrahydro-furan-3-ol
四氢呋喃-3-醇
EV **17/3** 64

② 化合物中如果在不直接与官能团（及其变体）相连的 C 上，有非官能团取代基 F、Cl、Br、I、NO、NO_2、N_3 及 N_5，应将其换成 H，如：

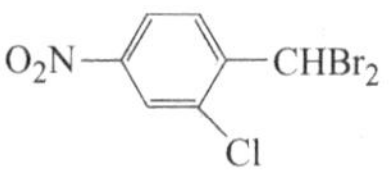

2-Chlor-1-dibrommethyl-4-nitro-benzol
2-氯-1-二溴甲基-4-硝基-苯
EⅣ **5** 863

其索引化合物为

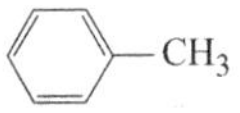

Methylbenzol(Toluol)
甲苯
EⅣ **5** 766

如果在与官能团相连的 C 上，有上述非官能团取代基，则属于官能团衍生物，要对它进行水解。

③ 对于官能团衍生物，需要对它进行水解才能得到其索引化合物。如果水解反应实际上并不能发生，也要进行虚拟的"水解"。

"水解"时，H_2O 中的 OH 加到官能团变体的 C 上，H 加到与 C 相连接的其他原子上。如：

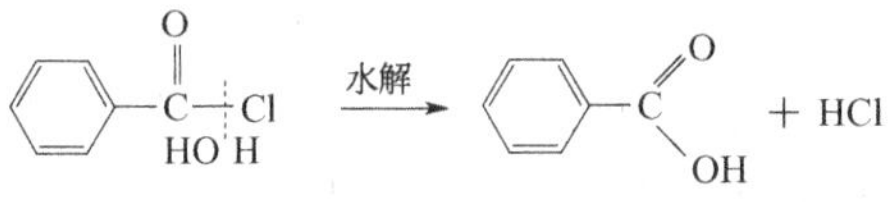

Benzoylchlorid
苯甲酰氯
EⅣ **9** 721

Benzoesäure
苯甲酸
EⅣ **9** 273

官能团变体中 C 与其他原子若成双键或三键，则要对它进行二次"水解"或三次"水解"。二次"水解"时，可将两个 H 加到与 C 相连接的其他原子上，将 O 加到 C 原子上。这相当于将两个 OH 加到 C 上后，又去掉一个 H_2O。例如：

Acetonitril
乙腈
EⅣ **2** 419

Essigsäure
乙酸
EⅣ **2** 94

如果"水解"后得到两种不同的有机化合物，根据"最后位置原则"，排序靠后的化合

物为该化合物的索引化合物。如：❶

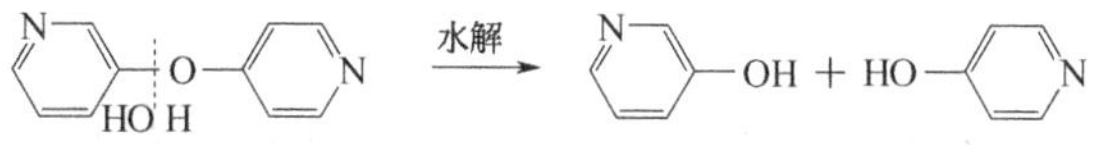

3,4-Oxy-bispyridine
3,4-氧化-双吡啶
EV **21/2** 103

Pyridin-3-ol
吡啶-3-醇
EV **21/2** 68

Pyridin-4-ol
吡啶-4-醇
EV **21/2** 98 ❶

水解的两种产物中，吡啶-4-醇排在吡啶-3-醇之后，所以，吡啶-4-醇是 3,4-氧化-双吡啶的索引化合物。

也就是说，对 3,4-氧化-双吡啶，不能在吡啶-3-醇的官能团衍生物中去找，而是在吡啶-4-醇的官能团衍生物中去找。

若一官能团衍生物可以有两种"水解"方式，应选取"水解"产物中排序最靠后的化合物为索引化合物。如：

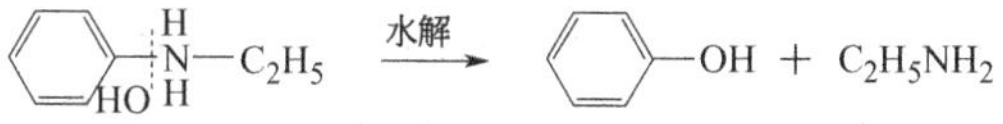

N-Äthyl-anilin
N-乙基苯胺
EIV **12** 250

Phenol
苯酚
EIV **6** 505

Äthylamin
乙胺
EIV **4** 307

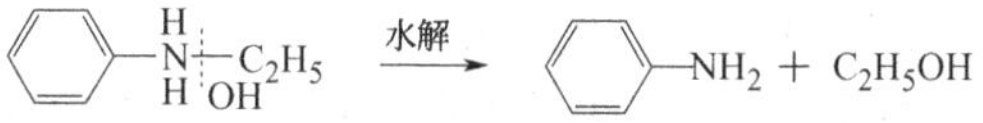

Anilin
苯胺
EIV **12** 223

Äthanol
乙醇
EIV **1** 1289

在如上两种"水解"方式的四种水解产物中，苯胺的排序最靠后，所以 *N*-乙基苯胺是索引化合物苯胺的官能团衍生物。

5.4.2　按"最后位置原则"检索

按"最后位置原则"检索，就是已知化合物的结构式，当化合物不是索引化合物时，先找出它的索引化合物。

然后看索引化合物是属于无环、碳环还是杂环化合物，若是杂环化合物，还要看杂原子的种类及个数，再根据官能团的种类及个数以及化合物的不饱和程度、碳原子个数，找到索引化合物。

最后，再根据化合物是官能团衍生物、取代产物还是氧属元素同系物，按先后顺序查找。

当按"最后位置原则"未能找到时，最好再通过主题索引、分子式索引加以核对，以免因为对《Beilstein手册》中化合物的排列规律未能完全掌握以及其他原因而造成漏检。

一些结构复杂的化合物、不知道外文名称的化合物，可以先按"最后位置原则"检索，即使未能找到，也可以根据该化合物所应在位置前后的其他有关化合物的名称，推测出所要检索的化合物的外文名称，再通过主题索引加以检索。

利用"最后位置原则"需要先确定索引化合物，这对初次使用手册的读者，也有一定的

---

❶ 吡啶-4-醇存在着互变异构，成 1*H*-Pyridin-4-one（1*H*-吡啶-4-酮）：

在第 3/4 补编中采用醇式，吡啶-3-醇、吡啶-4-醇分别在 EⅢ/Ⅳ **21** 402, 446；在第 5 补编中则采用酮式，在 EV **21**/7 152。如采用醇式，则应在 EV **21/2** 98。因为吡啶-4-醇的官能团衍生物是从 EV **21/2** 98 开始的，第 1 个官能团衍生物为 4-Methoxy-pyridine（4-甲氧基-吡啶），吡啶-2-醇也有类似情况。

5.4.3 由索引检索

索引分为分卷索引、卷索引、总索引,均分为主题索引(化合物名称索引)和分子式索引。第 1、2、4 补编卷 28 为总主题索引,卷 29 为总分子式索引。

由主题索引(化合物名称索引)检索物质时,先找出该物质的母体化合物,然后再查找该物质。

由分子式索引检索时,先找出分子式,再在该分子式下,按物质的名称查找。

所以,由索引进行查找时,均要知道化合物的名称。

第 3、4、5 补编的分子式按 Hill 式(希尔式)排列,即按 C、H、其他元素的顺序排列。但在正编和第 1、2 补编中,分子式则按 Richter 式(里希特式)排列,即按:

$$C,H,O,N,Cl,Br,I,F,S,P,其他元素$$

的顺序排列。如果读者查阅第 2 补编及以前两篇分子式索引时,应当注意❶。

对于杂环化合物,已出至第 5 补编,有分卷索引及卷索引。所以,查阅杂环化合物时,可先查第 5 补编的卷索引,若第 5 补编未能找到,可查阅正编至第 4 补编的卷索引,或总的累积索引,即第 4 补编卷 28、卷 29。

对于无环化合物、碳环化合物,因尚未出版第 5 补编,故可查阅按卷编写的正编至第 4 补编的累积索引,或第 4 补编卷 28、卷 29。

因第 4 补编卷 28、卷 29 均已包括了正编至第 4 补编中的化合物,一般来说没有必要再看第 1 补编、第 2 补编这两编的卷 28、卷 29,但有时查阅这些索引也是有益的[30]。

正编至第 4 补编按卷编写的累积索引、第 5 补编按卷编写的索引,有的是一个卷单独编写的,有的是两卷、甚至三卷共同编写的,见表 5.2。

如果不能确定所要检索的化合物在哪一卷,当然只好查第 4 补编卷 28、卷 29。

在应用按卷编写的索引时,也还是要知道所要检索的物质的索引化合物在哪一卷。

总之,在检索一化合物时,最好根据"最后位置原则",同时配合使用卷索引和总索引,这种方法可避免漏检,而且节省时间。

5.5 著录格式

《Beilstein 手册》是以化合物为条目的。对于常见的化合物,因研究得较多,内容很丰富,一般介绍化合物的制备方法、物理性质、化学性质以及混合物的性质。在物理性质中包括熔点、沸点、蒸气压、相对密度(比重)、折射率、黏度、比热容(比热)、熔化热、蒸发热、表面张力、光谱数据等。

对于绝大多数物质,因研究得较少,往往只有制备方法、熔点、沸点、相对密度(比重)等数据,甚至只有制法、熔点。

我们在这里举一个研究得较少的物质。取 4-异丙基吗啉(4-Isopropyl-morpholine)作为示例,看一下在手册中的格式。

此化合物的索引化合物为吗啉(Morpholine):

又称 1,4-氧氮杂环己烷,属于含有 1N1O 的杂环化合物,应在卷 27。

吗啉的分子式为 C_4H_9NO,符合通式 $C_nH_{2n+1}NO$。

经查 EV 27/1(第 5 补编卷 27 第 1 分卷)目录:

---

❶ 第 2 补编卷 29 分子式索引则按 Hill 式。

Heterocyclic Class：1N1O

Parent Compounds
    Parent Compounds $C_nH_{2n+1}NO$
        Parent Compounds CH_3NO
        …
        Parent Compounds C_4H_9NO ··· 40
            Morpholine ··· 63
            N-Substituted-Morpholine Derivates ······························· 83

可知，吗啉在 EV 27/1 第 63 页，其衍生物从第 83 页开始。在第 380 页有 4-Methyl-morpholine（4-甲基-吗啉），385 页有 4-Ethyl-morpholine（4-乙基-吗啉），386 页有 4-Propyl-morpholine（4-丙基-吗啉），在第 387 页即 4-Isopropyl-morpholine（4-异丙基-吗啉）。

如果，从 EV 27 的化合物名称索引或分子式索引查找，则比较方便。

在化合物名称索引查到：

Morpholine
—, 4-Isopropyl- **27/1** Ⅴ 387

在分子式索引中查得：

$C_7H_{15}NO$
Morpholine，
—, 4-Isopropyl-**27/1** Ⅴ 387

如果查 EV 27/1 的化合物名称索引或分子式索引，也给出第 387 页❶。

EV 27/1 387 查得：

4-Isopropyl-morpholine $C_7H_{15}NO$, formula XV (R=CH(CH_3)_2) (E Ⅲ/Ⅳ 26).
    Prep. From morpholine and TsOPr^i (A. F. *Isbell*, D. W. *Hood*, J. Chem. Eng. Data **7** [1962] 575—580). ——bp$_{748}$: 153—157; d$_4^{25}$: 0.9112; n$_D^{25}$: 1.4448 (*Is.*, *Hood*). ^{13}C-NMR (G. *Ahmed et al.*, J. Chem. Soc. Perkin Trans. 2 **1978** 372-376).
    Hydrochloride. mp: 137° (M. *Kerfanto*. Bull. Soc. Chim. Fr. **1965** 3537-3544).
    Hydrobromide. mp: 210° (*Ke.*).
    Picrate $C_7H_{15}NO \cdot C_6H_3N_3O_7$ (E Ⅲ/Ⅳ 26). mp: 191—191.5° [from EtOH] (*Is.*, *Hood*).

formula ⅩⅤ（分子式ⅩⅤ）不在第 387 页，而是在第 385 页。图式为：

XV

[R=CH(CH_3)_2] 说明将图式中的 R 换成 CH(CH_3)_2，即为该化合物。

（E Ⅲ/Ⅳ 26）是追溯索引。告诉读者，该化合物还见于手册第 3、4 补编合编第 26 页，这里不再注出卷号。因为在手册中同一化合物位于各编同一卷，所以此化合物在第 5 补编卷 27，在以前出版的各编中也在卷 27。这里没有给出在正编及第 1、第 2 补编中的页码，说明此化合物在正编及第 1、第 2 补编中没有记载。

经查，第 3、4 补编合编卷 27 第 26 页有：

4-Isopropyl-morpholin $C_7H_{15}NO$, Formel Ⅰ (X=H).
    B. Beim Leiten von Bis- [2-hydroxy-äthyl] -isopropyl-amin über SiO_2-Al_2O_3 bei 400° (*Ishiguro et al.*, J. pharm. Soc. Japan **74** [1954] 1162; C. A. **1955** 14767). Aus 2-Morpholino-propionitril und Methylmagnesiumhalogenid (*Henze et al.*, Am. Soc. **79** [1957] 6230, 6231). Aus α-Morpholino-isobutyronitril und *tert*-Butylmagnesiumhalogenid (*He. et al.*).
    Kp: 148—151° (*Ish. et al.*). Kp$_{751}$: 155—156°; Kp$_{743}$: 154,0—155,5°; D$_4^{25}$: 0,9127; n$_D^{25}$: 1,4450 (*He. et al.*).
    Picrat. F: 187,5—188,5° [aus A.] (*Ish. et al.*)

Formel Ⅰ（分子式Ⅰ）在同页中，如下：

---

❶ 吗啉的衍生物从 EV 27/1 直到 EV 27/4。因此若查找吗啉的衍生物最好查卷的索引，而不查分卷索引。

将图式中的 X 换成 H，即为该化合物。

下面就这两段文字，对初次使用该手册的读者会遇到的一些问题做适当说明。

主要问题是文字的缩写和物理量的符号，其次是文献的缩写和引法。

文字的缩写和物理量的符号，要看卷前的有关说明。对第 5 补编参见 "Abbreviations and Symbols（缩写和符号）"，可知：

Prep. 代表 Preparation（制备）。

mp 代表 melting point（熔点）。

bp 代表 boiling point（沸点）。下角标的数字代表压力即 bp_{748}：在 748mmHg（毫米汞柱）压力下的沸点。

d 代表 density（密度，比重），d_4^{25} 为 25℃下相对于 4℃水的比重（相对密度）。

n 代表 refractive index（折射率），n_D^{25} 为 25℃波长 $\lambda=589$nm 时的折射率。

NMR 代表 nuclear magnetic resonance（核磁共振）。

至于 TsOPr^i，由 "Abbreviations and Symbols" 得知，Ts 代表 Toluene-4-sulfonyl（甲苯-4-磺酰基），Pr^i 代表 Isopropyl（异丙基），故可知 TsOPr^i 代表甲苯-4-磺酸异丙酯，即：

Et 代表 Ethyl（乙基），故 EtOH 代表乙醇。

所有资料均给出文献出处。在 From morpholine and TsOPr^i 之后括号中的：

A. F. Isbell，*D. W. Hood*，J. Chem. Eng. Data **7** [1962] 575-580

即是载有制备的论文。作者用斜体字，其后 J. Chem. Eng. Data 为杂志的缩写，代表 Joarnal of Chemical and Engineering Data（化学与工程数据杂志）黑体字 **7** 代表第 7 卷，[1962] 代表 1962 年，575-580 为论文起止页码。

当作者多于 2 人时，则给出第 1 作者姓名。如 ^{13}C-NMR 后的：

G. Ahmed et al.，J. Chem. Soc. Perkin Trans. 2 **1978** 372—376

et al. 是拉丁文 *et alii*（及其他）的缩写。此杂志的全称为 Journal of the Chemical Society, Perkin Transactions 2（化学会志，Perkin 汇刊 2）。

一篇论文被引用过后，再引用时，在括号中只给出该论文作者姓氏的缩写，一般用两个字母，有时也用三或四个字母，而不再给出杂志缩写及卷、年、起止页码。例如 n_D^{25}：1.4448 后面括号中的 *Is.*，*Hood*，即代表前面制法中的 *A. F. Isbell*，*D. W. Hood* 的那篇论文。

同样，在 Hydrobromide（指 4-异丙基-吗啉的氢溴酸盐）后括号中的 *Ke.* 即代表其上一行 Hydrochloride（指 4-异丙基-吗啉盐酸盐）后括号中的：

M. Kerfanto. Bull. Soc. Chim. Fr. **1965** 3537-3544。

此杂志为 Bulletin de la Société Chimique de France（法国化学会通报）。

《Beilstein 手册》第 5 补编对杂志的缩写与美国《Chemical Abstracts》（《化学文摘》）中的相同。如何由杂志缩写查找杂志全称，见本书第 7 章中的介绍。

第 4 补编著录格式与第 5 补编相同，但因用德文书写，对德文不熟悉的读者会遇到困难。

德文缩写要查卷前的 Abbkürzungen und Symbole（缩写与符号），例如：

B 代表 Bildungsweise(n)（生成）

Kp 代表 Siedepunkt（沸点），是 Kochpunkt（沸点）的缩写

D 代表 Dichte（密度，比重）

n 代表 Brechungsindex（折射率）

Kp 的下角标，D 的上下角标，分别与第 5 补编中沸点 bp 的下角标和相对密度 d 的上下角标的意义相同。

最后一行 Picrat（英文为 Picrate，在这里指 4-异丙基-吗啉苦味酸盐）：

Picrat. F：187，5—188，5° [aus A.] (Ish. et al.)

其中 F 代表 Schmelzpunkt（熔点）

A 代表 Äthanol（乙醇）

第 4 补编所引文献中杂志的缩写与人们熟悉的美国《Chemical Abstracts》(《化学文摘》) 所用缩写不同，需要查阅卷前面的 Verzeichnis der Literatur-Quellen und ihrer Kürzungen（文献来源及其缩写索引）。

例如，*Henze et al.*，Am. Soc. **79** [1957] 6230，6231 中 Am. Soc. 是《Journal of the American Chemical Society》(《美国化学会志》) 的缩写，此杂志在第 5 补编及美国《Chemical Abstracts》中均缩写作 J. Am. Chem. Soc.，两者明显不同。

在制法中给出了文献：

Ishiguro et al.，J. Pharm. Soc. Japan **74** [1954] 1162；C. A. **1955** 14767

经查是《Journal of Pharmaceutical Society of Japan》[Yakugaku Zasshi]，即日本《药学会志》。方括号中的 Yakugaku Zasshi 是该杂志日文刊名《藥学雑誌》的拉丁字母音译。

后面的 C. A. **1955** 14767 表示：Ishiguro 等的这篇论文，在美国《化学文摘》(《Chemical Abstracts》，缩写作 C. A.，也缩写作 CA）中 1955 年 14767 有摘要。便于不懂日文的读者在不能读日文原文时，可以阅读该文的英文摘要。

手册中的物理量 d、n 均应排成斜体，还有的物理量使用了其他符号，应当留意。

5.6 小结

① 《Beilstein 手册》是系统收集有机化合物最多的手册，不仅可以检索到各种类型的有机化合物，还可以查到有机化合物的盐类和加成化合物以及离子、同位素化合物等。因此，在一般手册书籍中查不到的有机化合物可望在《Beilstein 手册》中查到。

不过，因第 4 补编所收集的文献截止到 1959 年，第 5 补编所收集的文献截止到 1979 年，所有 1959 年以后的无环化合物、碳环化合物的资料，1979 年以后的杂环化合物的资料，在《Beilstein 手册》中自然没有。所以，要想查阅更新的资料及《Beilstein 手册》尚未能收录的有机化合物，还要查阅其他书刊，一般都是查阅美国《化学文摘》。见本书第 7 章。

② 在"5.4 从《Beilstein 手册》检索化合物的步骤和方法"中曾介绍，要根据"最后位置原则"结合主题索引（化合物名称索引）及分子式索引进行查阅。

这是因为要检索的化合物不同，不同途径检索时的难易程度不同。

有时，一个化合物在《Beilstein 手册》中的顺序位置会有所不同，也给由"最后位置系统"检索造成困难，甚至会造成漏检。因此，还需要配合化合物名称索引和分子式索引。

③ 《Beilstein 手册》第 5 补编用英文书写，但正编至第 4 补编用德文书写。一些读者因未学过德文，在查阅无环化合物、碳环化合物时，因只能查正编至第 4 补编，往往望而却步。

因为《Beilstein 手册》是以化合物为条目的，通过"最后位置原则"及配合索引，也可以比较容易地查到所要检索的化合物。何况每个化合物名称后均有分子式，结构稍复杂的化合物还有结构式，这都对我们检索提供了便利条件。

查到化合物后，根据业务知识也可以"读"懂部分内容，我们还可以利用 E Ⅳ 6/4 中 L XV-LXXXIX（罗马数字的 65～89 页）或 E Ⅲ/Ⅳ 22/7 中 XXIX-LIII（罗马数字的 29～53 页）的"Beilstein Dictionary. German-English"（Beilstein 德-英字典）及其后的"Formulations commonly used in Beilstein"（Beilstein 常用语式），读懂有关的内容。

重要的是，《Beilstein 手册》在化合物条目中，给了我们资料文献的出处，便于进一步查找。其中很多是英文资料，一些德文、法文、俄文、日文的资料，也可以根据手册提供的作者、期刊、页码，通过美国《化学文摘》了解论文的较多内容。

不过在正编至第 4 补编中，对于俄文人名和书刊名，用拉丁字母音译时采用了两套方案，且与第 5 补编中的不同，这给读者带来一些困难。这一问题，本书第 14 章中再作介绍。

④ 一般来说书刊中难免有错误或遗漏之处，《Beilstein 手册》也不例外。

如果属于引用文献的作者、期刊、年代、卷、页中的个别错误，读者通过其他途径可以找到原文。如果文献引用完全错误，属于张冠李戴，若想找到原文，则要从文摘中查找。

当反应的条件、步骤或数据错误，如果不去阅读原文，则给工作带来的影响将会很大。

《Beilstein 手册》从正编至第 2 补编，几乎每一卷；第 3 补编卷 1~4 的每一分卷；第 3 补编卷 5 起；第 4 补编、第 3/4 补编几乎每一卷的最后一分卷❶均有 Nachträge und Berichtigungen（补充及勘误），均是对该卷及以前有关卷的补充及勘误。

由于对某一卷中的勘误，可能在其后好多卷内刊出，如果读者怀疑有误，也不易在其后的哪一卷中找到勘误，故这些补充及勘误所能起到的作用受到了很大的限制。

为了避免因为有遗漏及错误给研究工作带来不便，为了使这些补充及勘误起到应有的作用，在《Beilstein 有机化学手册使用指南》[30] 书中第 259~260 页列出了这些补充及勘误所在的卷、册及页码，并且在第 260~305 页共计 45 页的篇幅编写了"补充及勘误索引"供读者使用。

此"补充及勘误索引"给出了从正编卷 1 至第 3、4 补编合编卷 27 中存在的遗漏和错误之处所在的页码，然后给出了对该页的补充及勘误所在的卷或分卷号，并且列举了 3 个实例加以说明。

但是此"补充及勘误索引"中也还有 25 处错误，勘误如下。

页	行	需补及勘误所在的卷/分卷	误	正
263	5	H 4	200(4)	200(14)
265	11	H 8	83(Ⅱ 13)	93(Ⅱ 13)
266	11~12	H 10	602(22)	609(22)
267	2	H 12	777(17)	771(17)
267	10	H 12	196~197(23)	196(23),197(23)
268	8	H 19	500(20)	500(20)
269	20	E Ⅰ 2	205(2)	205(Ⅱ 2)
271	7	E Ⅰ 10	308(Ⅱ 22)	308(20-22)
273	1	E Ⅱ 1	4),104(9)	4),97(3-4),104(9)
273	8	E Ⅱ 1	789(2)	799(2)
273	20	E Ⅱ 3-4	(7),265(18)	(7),262(7),265(18)
273	倒 1	E Ⅱ 5	185(5)	186(5)
274	倒 4	E Ⅱ 7	242(9)	242(19)
277	倒 8	E Ⅱ 28/2	294(Ⅲ 1/3)	1294(Ⅲ 1/3)
281	2	E Ⅲ 2/2	1374(3/1)	1437(3/1)
285	13	E Ⅲ 6/6	4581(8/4),4617(6/8)	4581(8/4),4599(14/3),4617(6/8)
287	8	E Ⅲ 7/4	3238(Ⅲ/Ⅳ 18/9)	3238(Ⅲ/Ⅳ 19/7)
292	倒 8	E Ⅳ 3/3	1748(4/5,10/5)	1745(4/5,10/5)
295	15	E Ⅳ 6/10	7452(9/5)	7482(9/5)
298	倒 1	E Ⅲ/Ⅳ 17/5	4728(18/9)	4729(18/9)
299	15	E Ⅲ/Ⅳ 18/1	78(18/9)	78(19/7)
302	5	E Ⅲ/Ⅳ 21/5	4503(25/6)	4509(25/6)
302	16	E Ⅲ/Ⅳ 22/1	(27/13),627(27/13)	(27/13),601(26/6),627(27/13)
304	9	E Ⅲ/Ⅳ 26/1	301(27/13)	301(27/13),716(27/13)
304	15	E Ⅲ/Ⅳ 26/4	2782(27/13)	2782(27/13)①

① 在 E Ⅲ/Ⅳ 27/13 第 9885 页有 3 条对 E Ⅲ/Ⅳ 26/4 的勘误，但均列入 "Drittes und viertes Ergänzungswerk, 26. Band" 的 "3 Teil" 之下，而未列出 "4 Teil"，系漏排。

---

❶ 对第 3 补编，指不包括索引分卷在内，正文的最后一分卷。

5.7 检索举例

《Beilstein手册》中无环和碳环化合物的文献资料收集至1959年，杂环化合物的资料收集至1979年，所以在检索举例中《Beilstein手册》只列出此年限之前的资料。在检索举例中也对某些化合物给出在其他工具书中检索的结果加以对比。

《Beilstein手册》给出的资料较全，列出各种制法及数据、熔点、沸点、密度或相对密度、折射率等往往给出多篇论文中的结果，有的相差甚至很大，需要读者自己比较、分析、鉴别、选择，而其他工具书则只给出一种或两种主要制备方法，也只给出各类物性的一个数据，所以两者互有优缺点，同时查阅《Beilstein手册》和其他工具书会有很大的帮助。在检索举例2.6.2、3.4.2和4.7.4中就曾列出有关化合物在《Beilstein手册》中的页码供检索时参考。

当然，如果在一般手册和《Beilstein手册》中均没有收录的化合物，则要查阅美国《化学文摘》等文摘类刊物。

5.7.1 检索16α,17-环氧-11α-羟基-孕-4-烯-3,20-二酮的制法和性质

此化合物的结构式如下：

这是一个甾族化合物，如果不知道这个化合物的名称，只知道其结构式，要想从工具书中检索是很困难的。当然我们可以从结构式得知它的分子式为 $C_{21}H_{28}O_4$，利用分子式索引检索。但是，在这一分子式下的化合物未必是我们要检索的，因为我们不知道它的确切名称，而且一般的工具书也不见得收录这一化合物。

《Beilstein手册》的编排就有它的优势，它收录化合物最多，只要收录了，即使不知道它的名称，也可通过最后位置原则检索出来。现在要检索的化合物就是这样的一个例子。

(1) 由《Beilstein手册》按"最后位置原则"检索

先对此化合物加以分析。这是含有一个O杂原子的杂环化合物，其含有官能团羟基（—OH）和羰基（=O）。此化合物共有4个O原子。化合物的分子式为 $C_{21}H_{28}O_4$，通式为 $C_nH_{2n-14}O_4$，是索引化合物。

由表5.3可知，含有羟基羰基官能团的一个O杂原子的杂环化合物在卷18。

杂环化合物已出到第5补编，第5补编用英文书写，我们从第5补编查起。

第5补编卷18共12分卷。EV 18/1（第5补编卷18第1分卷）从含3个氧原子的羟基羰基化合物开始。含4个氧原子的羟基羰基化合物通式 $C_nH_{2n-2}O_4$ 至 $C_nH_{2n-6}O_4$ 的化合物，在EV 18/2。EV 18/3 为通式 $C_nH_{2n-8}O_4$ 至 $C_nH_{2n-16}O_4$ 的化合物。现将EV 18/3 目录中有关条目示列如下：

Heterocyclic Compounds
Heterocyclic Class：1O

Hydroxy-Oxo-Compounds（continued）❶	3
Hydroxy-Oxo-Compounds $C_nH_{2n-14}O_4$	392
Hydroxy-Oxo-Compounds $C_{21}H_{28}O_4$	483
Hydroxy-Oxo-Compounds $C_{22}H_{30}O_4$	492

---

❶ 指 Hydroxy-Oxo-Compounds with 4 Oxygen Atoms。

由目录可知，此索引化合物如在《Beilstein 手册》E V 收录，应在 E V 18/3 第 483～492 页之内。从 483 页看起，在 489 页有：

16α,17-Epoxy-11α-hydroxy-pregn-4-ene-3,20-dione $C_{21}H_{28}O_4$，formula X （X=X′=H，X″=OH）(E Ⅲ/Ⅳ 1595)

  Prep. From 16α,17-epoxy-pregn-4-ene-3,20-dione, by treatment with cultures of Aspergillus ochraceus (DE 2202409 [1973]; CA **79** [1973] 92480).

在该页给出结构式：

$$\text{X}$$

此化合物的中文名为 16α,17-环氧-11α-羟基-孕-4-烯-3,20-二酮。formula X 中的 X 为罗马数字，代表 10，即上结构式下面的 X。

在 (X=X′=H，X″=OH) 中的 X、X′和 X″均是结构式 X 中连在碳环上的原子或原子团。将结构式中 X 和 X′换成 H，将 X″换成 OH，即为所要查阅的化合物。

关于 E Ⅲ/Ⅳ 1595，这是回溯索引。因同一化合物在正编及各补编中均在同一卷号中，故 E Ⅲ/Ⅳ 1595 就意味着卷 18 第 3/4 补编第 1595 页也记载有这一化合物。没有给出正编 H、第 1、2 补编 E Ⅰ 及 E Ⅱ 中的页数，表示此化合物在卷 18 的这几编中没有记载。

在第 5 补编中只有 *Prep.* （Preparation 的缩写）后的一种制备法，且是一篇德国❶专利，手册给出了这篇专利在 C. A. 中的文摘号。

此化合物在第 3、4 补编合编卷 18 第 1595 页的内容为：

16α,17-Epoxy-11-hydroxy-pregn-4-en-3,20-dion $C_{21}H_{28}O_4$，Formel Ⅰ （R=H）.

  B. Aus 16α,17-Epoxy-pregn-4-en-3,20-dion mit Hilfe von Rhizopus-nigricans-Kulturen (*Peterson et al.*, Am. Soc. **77** [1955] 4428; *Ercoli et al.*, G. **85** [1955]. 628, 634; *Huang-Minlon et al.*, Acta chim. sinica **25** [1959] 295; C. A. **1960** 17470). Beim Erhitzen von 16α,17-Epoxy-3β,11α-dihydroxy-pregn-5-en-20-on mit Cyclohexanon, Aluminiumisopropylat und Toluol (*Rothman*, *Wall*, Am. Soc. **81** [1959] 411, 415).

  Krystalle; F: 247－249° [unkorr.; Fisher-Johns-App.; aus E.] （*Pe. et al.*), 235－237° [unkorr.; aus CH_2Cl_2] （*Er. et al.*), 232－234° [aus E.] （*Hu.*-*Mi. et al.*). $[\alpha]_D^{20}$: +146° [$CHCl_3$; c=1] （*Er. et al.*); $[\alpha]_D^{23}$: +136° [$CHCl_3$; c=0.8] （*Pe. et al.*); $[\alpha]_D^{20}$: +121° [A.] （*Meda et al.*, G. **85** [1955] 41, 43). IR-Spektrum (Nujol; 7,7－8,5 μ und 10,7－12,5μ): *Meda et al.* Absorptionsmaximum (A.): 242nm （*Pe. et al.*).

Formel Ⅰ 这里就不再列出了。

以上共两段文字。前一段介绍了两类制法，第 1 类制法中共引用了 3 篇论文，第 3 篇论文第一作者 Huang-Minlon 即我国化学家黄鸣龙，文章发表在 Acta chim. Sinica，这是拉丁文刊名 Acta Chimica Sinica 的缩写，即我国的《化学学报》。因原文为中文，故给出这篇论文在美国 C. A. 中的文摘号。在《Merck 索引》的人名反应中介绍过黄鸣龙。

后一段介绍了化合物的性质。第 2 行中括号内的 Hu.-Mi. 即 Huang-Minlon。

(2) 由第 5 补编化合物名称索引和分子式索引查找

第 5 补编卷 17～19 编有化合物名称索引及分子式索引。由化合物名称索引查得：

Pregn-4-ene-3,20-dione

  —, 16，17-Epoxy-11-hydroxy- **18**/3 Ⅴ 489

---

❶ 1945 年第二次世界大战胜利后，德国被苏联、美国、英国、法国四国占领。美国、英国、法国占领德国西部及西柏林，后来成立了德意志联邦共和国，简称联邦德国，通称西德；苏联占领德国东部及东柏林，后成立了德意志民主共和国，简称民主德国，通称东德。两德国的二字母代码分别为 DE 和 DD。20 世纪 90 年代初两个德国合并成现在的德意志联邦共和国。

由分子式索引查得：

$C_{21}H_{28}O_4$
Pregn-4-ene-3,20-dione
—,16,17-Epoxy-11-hydroxy- **18/3** V 489

(3) 由正编至第 4 补编的世纪索引查找

由世纪索引卷 28 主题索引查得：

Pregn-4-en-3,20-dion
—,16,17-Epoxy-11-hydroxy- **18** IV 1595

由世纪索引卷 29 分子式索引查得：

$C_{21}H_{28}O_4$
Pregn-4-en-3,20-dion
—,16,17-Epoxy-11-hydroxy- **18** IV 1595

5.7.2 检索 2-乙酰氧基丙酸丁酯和 2-乙酰氧基丙酸辛酯在不同温度下的饱和蒸气压和折射率等性质

此两化合物在一般手册没有收录，故可查《Beilstein 手册》。在查阅之前先要对化合物加以分析。

通常说的丁酯、辛酯即正丁酯、正辛酯，两种酯可用通式表示如下：

$$CH_3-\overset{O}{\underset{}{C}}-O-\overset{CH_3}{\underset{}{CH}}-\overset{O}{\underset{}{C}}-O-(CH_2)_n-CH_3$$

$n=3$ 即为 2-乙酰氧基丙酸丁酯，$n=7$ 即为 2-乙酰氧基丙酸辛酯，均属于无环化合物。

将化合物水解即得到：

$$CH_3-\overset{O}{\underset{OH}{C}} + CH_3-\underset{OH}{CH}-\overset{O}{\underset{OH}{C}} + CH_3-(CH_2)_n-OH$$

三个产物依次为乙酸、2-羟基丙酸（即乳酸）和丁醇或辛醇。

查表 5.3 可知，羟基化合物在卷 1，不含其他官能团的羧酸在卷 2，而羟基羧酸在卷 3。所以，2-乙酰氧基丙酸丁酯和 2-乙酰氧基丙酸辛酯的索引化合物应为 2-羟基丙酸。两种酯均为 2-羟基丙酸的官能团衍生物。

(1) 由"最后位置原则"查找

无环化合物第 5 补编并未出版，故先从第 4 补编查找。第 4 补编卷 3 共 3 册（3 个分卷），第 1 册为碳酸（视为羟基甲酸）的衍生物，2-羟基丙酸在第 2 册。有关卷目如下：

　　　　IV　Carbonsäuren
　　　　　　（羧酸）
　　　　H　Hydroxycarbonsäuren
　　　　　　（羟基羧酸）
　　　　1　Hydroxycarbonsäuren mit drei Sauerstoff-Atomen
　　　　　　（带有 3 个氧原子的羟基羧酸）
1. Hydroxycarbonsäuren $C_nH_{2n}O_3$（Fortsetzung）
　（羟基羧酸 $C_nH_{2n}O_3$（续））
Glykolsäure（羟基乙酸） ·· 571
Hydroxycarbonsäuren $C_3H_6O_3$（羟基羧酸 $C_3H_6O_3$）
　Milchsäure（乳酸） ·· 633
　3-Hydroxy-propionsäure（3-羟基丙酸） ······························· 689
Hydroxycarbonsäuren $C_4H_8O_3$（羟基羧酸 $C_4H_8O_3$）

索引化合物 2-羟基丙酸的分子式为 $C_3H_6O_3$，符合通式 $C_nH_{2n}O_3$，为带有 3 个氧原子的羟基羧酸，故由卷目可以查到。符合 $C_3H_6O_3$ 的羟基羧酸只有两种化合物，一种为 2-羟基丙酸（即乳酸），另一种为 3-羟基丙酸。不懂德语的读者可以由《德汉词典》查得 Milchsäure 为乳酸，也可以翻到第 633 页查得 2-羟基丙酸：

2-Hydroxy-propionsäure $C_3H_6O_3 = CH_3—CH(OH)—CO—OH$

下面是它的羟基官能团衍生物，如 2-甲氧基丙酸等。

2-羟基丙酸的羟基官能团衍生物之后，就是羧酸的官能团衍生物，第 1 个为位于 640 页的 DL-乳酸甲酯：

DL-Milchsäure-methylester，Methyl-DL-lactat

$C_4H_8O_3 = CH_3—CH(OH)—CO—O—CH_3$

然后是乳酸甲酯的羟基官能团衍生物，如 2-甲氧基丙酸甲酯等。

按此规律，在 643 页找到 DL-乳酸乙酯，在 648 页找到 DL-乳酸丙酯。然后在 649 页找到 DL-乳酸丁酯：

DL-Milchsäure-butylester，Butyl-DL-lactat

$C_7H_{14}O_3 = CH_3—CH(OH)—CO—O—[CH_2]_3—CH_3$

下面是乳酸丁酯的羟基官能团衍生物，（±）-2-乙酰氧基丙酸丁酯：

（±）-2-Acetoxy-propionsäure-butylester $C_9H_{16}O_4 =$
$CH_3—CO—O—CH(CH_3)—CO—O—[CH_2]_3—CH_3$ (E III 481).

B. Beim Erhitzen einer wss. Lösung von （±）-Ammonium-[2-acetoxy-propionat] mit Butan-1-ol unter Entfernen des entstehenden Wassers und Ammoniaks (*Filachione et al.*, Am. Soc. **73** [1951] 5265).

Kp_{760}: 212°; Kp_{100}: 148°; Kp_{10}: 96°; Kp_1: 58° (*Rehberg, Dixon*, Am. Soc. **72** [1950] 1918, 1919, 1921). Druckabhängigkeit des Siedepunkts im Bereich von 760 Torr bis 0,6 Torr (Diagramm): *Re., Di.* D_4^{20}: 1,0033; D_4^{40}: 0,9832 (*Re., Di.*). Viscosität bei 20°: 0,0302 g·cm^{-1}·s^{-1}; bei 40°: 0,0190 g·cm^{-1}·s^{-1}. n_D^{20}: 1,4163; n_D^{40}: 1,4080 (*Re., Di.*). In 1 l Wasser lösen sich bei 25° 33,2 g (*Re., Di.*).

接下去在第 655 页找到 DL-乳酸辛酯，其下即为（±）-2-乙酰氧基丙酸辛酯：

（±）-2-Acetoxy-propionsäure-octylester $C_{13}H_{24}O_4 =$
$CH_3—CO—O—CH(CH_3)—CO—O—[CH_2]_7—CH_3$.

B. Beim Behandeln von DL-Milchsäure-octylester mit Acetanhydrid und wenig Schwefelsäure (*Rehberg, Dixon*, Am. Soc. **72** [1950] 1918, 1922). Beim Behandeln von （±）-2-Acetoxy-propionylchlorid mit Octan-1-ol und Pyridin (*Re., Di.*).

F: − 58°. Kp_{760}: 270°; Kp_{100}: 201°; Kp_{10}: 144°; Kp_1: 101°; $Kp_{0,1}$: 69°. Druckabhängigkeit des Siedepunkts im Bereich von 760 Torr bis 0,1 Torr (Diagramm): *Re. Di.* D_4^{20}: 0,9578; D_4^{40}: 0,9409. Viscosität bei 20°: 0,0608 g·cm^{-1}·s^{-1}; bei 40°: 0,0340 g·cm^{-1}·s^{-1}. n_D^{20}: 1,4284; n_D^{40}: 1,4206. In 1 l Wasser lösen sich bei 25° 30,1 g.

两个酯除了制法以外，均给出在 760mmHg、100mmHg、10mmHg 和 1mmHg 压力下的沸点值（辛酯还给出 0.1mmHg 压力下的值）及刊载沸点与压力（丁酯压力范围 760～0.6Torr❶，辛酯压力范围 760～0.1Torr）关系图的原始文献。给出两化合物在 20℃、40℃时的相对密度、黏度、折射率。给出 25℃，1L 水中溶解的质量。

所有这些数据均来自于同一篇文献。《Beilstein 手册》中缩写 Am. Soc. 代表《Journal of the American Chemical Society》（《美国化学会志》），此杂志的缩写按美国《化学文摘》写作 J. Amer. Chem. Soc.。

经查论文作者为 C. E. Rehberg 和 Marion B. Dixon，论文题目为 "*n*-Alkyl Lactates and their Acetates"（乳酸正烷基酯及其乙酸酯），发表在上述杂志 1950 年卷 72 第 1918～1922 页。

文中折射率 n 应为斜体。相对密度的符号 D 亦应为斜体，按 SI 制规定应当用 ρ。沸点

---

❶ 托，Torr，旧压力单位，即 1mmHg 柱的压力（压强），1Torr=$\frac{101325}{760}$Pa=133.3224Pa，见第 1 章。

用了 Kp，是该手册的表示法。应注意的是溶解度的数据引用错误，见后面的说明。

（2）从分卷索引查找

根据这两个化合物均为 2-羟基丙酸（乳酸）的官能团衍生物，可知它们应在第 4 补编卷 3 第 2 分卷中（因乳酸在此卷）。按上述顺序查找感到困难时，可查分卷索引，但这要求了解化合物的德文名称。

在主题索引中第 1379 页为：

Propionsäure
— , 2-Acetoxy-
——butylester 649
——octylester 655

在分子式索引中第 1436 页和第 1459 页分别有：

$C_9H_{16}O_4$
    Propionsäure, 2-Acetoxy-, butylester 649
$C_{13}H_{24}O_4$
    Propionsäure, 2-Acetoxy-, octylester 655

（3）由正编至第 4 补编按卷编排的累积索引和世纪索引查找

累积索引按卷编排，卷 2 和卷 3 均为无环羧酸，合编在一起。

这两种酯均为酸的官能团衍生物，故要在卷 2～3 累积索引中查找。

与上相似，在主题索引第 762 页有：

Propionsäure（Fortsetzung❶）
— , 2-Acetoxy-
— , butylester **3** Ⅲ 481a, Ⅳ 649
— , octylester **3** Ⅳ 655

在分子式索引中，在这两个化合物的分子式下，于第 385、587 页分别检索到

$C_9H_{16}O_4$
    Propionsäure, 2-Acetoxy-, butylester **3** Ⅲ 481a, Ⅳ 649
$C_{13}H_{24}O_4$
    Propionsäure,
— , 2-Acetoxy-, octylester **3** Ⅳ 655

由世纪索引卷 28 主题索引及卷 29 分子式索引，也可以查到和卷的累积索引同样的结果。不过对于世纪索引卷 28、卷 29，因为包括了正编至第 4 补编各卷的化合物，在同一主题词下，在同一分子式下，有较之卷的累积索引更多的化合物。对于化合物名称不太熟悉的读者，可能困难更大些。但若不知化合物在哪一卷，查阅世纪索引也不失为一种好的办法。

（4）说明

① 2-乙酰氧基丙酸丁酯的索引化合物为乳酸，也即 2-羟基丙酸。2-羟基丙酸有两种官能团，而 2-乙酰氧基丙酸丁酯又是这两种官能团的衍生物。所以，如果形成羟基的官能团衍生物和形成羧基的官能团衍生物时，羧基官能团衍生物排在羟基官能团衍生物之后，而同时生成羟基官能团衍生物和羧基官能团衍生物时，则排在相应的羧基官能团衍生物之后。

② 《Beilstein 手册》给出在 25℃ 1L 水中溶解 2-乙酰氧基丙酸丁酯 33.2g❷，溶解 2-乙酰氧基丙酸辛酯 30.1g❸ 是不正确的。在 Rehberg 和 Dixon 的论文中表 Ⅱ 列出了 11 种乳酸酯和 11 种 2-乙酰氧基丙酸酯的数据如下：

---

❶ 德文 Fortsezung 意思是"续"，因 Propionsäure 标题最先出现在第 759 页。
❷ 德文原文 In 1l Wasser lösen sich bei 25° 33,2g。
❸ 德文原文 In 1l Wasser lösen sich bei 25° 30,1g。

Ester	n_D^{20}	n_D^{40}	d_4^{20}	d_4^{40}	Soly. in water at 25°,g./100 cc.
Methyl lactate	1.4139	1.4053	1.0939	1.0708	α
Ethyl lactate	1.4132	1.4040	1.0348	1.0121	α
Propyl lactate	1.4172	1.4087	1.0035	0.9815	α
Butyl lactate	1.4217	1.4128	0.9837	.9637	4.36
Amyl lactate	1.4257	1.4174	.9676	.9480	1.00
Hexyl lactate	1.4290	1.4201	.9540	.9351	.27
Octyl lactate	1.4346	1.4264	.9361	.9183	.08
Decyl lactate	1.4397	1.4311	.9242	.9080	.02
Dodecyl lactate	1.4436[b]	1.4355	.9154[b]	.8988	.01
Tetradecyl lactate	1.4466[b]	1.4384	.9087[b]	.8932	..
Hexadecyl lactate	1.4370[c]	1.4410[b]	.....	.8862[c]	..
Methyl α-acetoxypropionate	1.4092	1.4008	1.0899	1.0661	8.12
Ethyl α-acetoxypropionate	1.4089	1.4001	1.0460	1.0232	3.37
Propyl α-acetoxypropionate	1.4128	1.4041	1.0213	1.0000	.99
Butyl α-acetoxypropionate	1.4163	1.4080	1.0033	0.9832	.32
Amyl α-acetoxypropionate	1.4200	1.4118	.9890	.9694	.07
Hexyl α-acetoxypropionate	1.4232	1.4152	.9761	.9573	.02
Octyl α-acetoxypropionate	1.4284	1.4206	.9578	.9409	.01
Decyl α-acetoxypropionate	1.4330	1.4254	.9440	.9272	..
Dodecyl α-acetoxypropionate	1.4370	1.4295	.9336	.9169	..
Tetradecyl α-acetoxypropionate	1.4403	1.4329	.9258	.9103	..
Hexadecyl α-acetoxypropionate	1.4430	1.4354	.9191	.9035	

表中原还有 Molecular refraction 和 Viscosity 均略去。

最后一栏是 25℃在水中的溶解度，单位为 g/100cc.。cc. 是 cubic centimeter（立方厘米）的缩写，即 cm^3 或 mL。

《Beilstein 手册》将此溶解度数据换算成 1L 水中溶解的克数，只需将 100mL 中的克数乘以 10 即可。

这两类酯在水中的溶解度是随着碳链增长而不断降低的。

我们看数据表中从上数第 15 个化合物 Butyl α-acetoxypropionate 的溶解度为 .32，第 18 个化合物 Octyl α-acetoxypropionate 的溶解度为 .01。若乘以 10，应分别为 3.2 和 0.1，这才是这两种酯在 25℃于 1L 水中溶解的克数，而不会是 33.2 和 30.1。

那么为什么《Beilstein 手册》会分别给出错误的 33.2 和 30.1 呢？经过分析可以推测出《Beilstein 手册》误以为在 .32 和 .01 之前还有第 13 个化合物 Ethyl α-acetoxypropionate 溶解度 3.37 小数点前面的 3，而分别理解成为 3.32 和 3.01，再乘以 10，就分别成为 33.2 和 30.1 了。

这样造成的错误不仅限于我们所检索的这两个化合物，还有其他 7 个化合物。

2-乙酰氧基丙酸甲酯、2-乙酰氧基丙酸乙酯这两种化合物在《Beilstein 手册》中未列出 25℃ 1L 水中溶解的克数，系在引用时漏掉了。

所有上述给出的错误或遗漏在《Beilstein 手册》E Ⅳ 3/2 以后的卷中均未给予补充及勘误。

我们再看一下相对密度 d_4^{20}、d_4^{40} 的数据。的确在上面一个数值小数点之前为 0 的，在下面数据小数点之前，就不再写 0。但 d_4^{20} 倒数第 7 个化合物 .9890 应是 0.9890，小数点前少了一个 0，而不可能是 1.9890。而 n_D^{20} 和 n_D^{40} 的数据每一个化合物的值在小数点前面的 1 却均未省略。

原始文献中数字表示法的不严谨也是造成引用时产生错误的一个原因。所以我们在引用参考文献时，如有可能，还是查阅原始文献。

5.7.3 检索依布硒啉的资料

依布硒啉（Ebselen）的结构式为：

先通过《Beilstein 手册》检索，目的是练习如何按"最后位置原则"在不知其系统名时检索，然后与其他工具书中的资料加以比较。

(1) 由《Beilstein 手册》检索

将 Se 换成 O，苯基换成 H，即得到此化合物的索引化合物：苯并[d]异噁唑-3-酮：

此索引化合物属于含有 1N、1O 的杂环化合物，官能团为羰基。分子式 $C_7H_5NO_2$，符合通式 $C_nH_{2n-9}NO_2$。

所要查找的化合物属于上述索引化合物氧属元素同系物的官能团衍生物。

① 由"最后位置原则"查找 由表 5.3 知含有 1N、1O 杂原子的杂环化合物在卷 27。

由第 5 补编查起，此补编卷 27 共 44 分卷，对含 1N、1O 杂原子的杂环化合物，母体化合物在 E V 27/1～27/7，羟基化合物在 E V 27/7～27/9，羰基化合物从 E V 27/10 开始。现将第 5 补编卷 27 第 10 分卷有关目录摘录如下：

Heterocyclic Compounds
Heterocyclic Class：1N 1O
Oxo-Compounds
  Monooxo-Compounds
    Monooxo-Compounds $C_nH_{2n-1}NO_2$
    ……
    Monooxo-Compounds $C_nH_{2n-9}NO_2$ ································· 380
      Oxo-Compounds $C_6H_3NO_2$ ································· 380
      Oxo-Compounds $C_7H_5NO_2$ ································· 380
        Benzo[d]isoxazol-3-one and Derivatives ································· 380
        Benzo[d]isothiazol-3-one and Derivatives ································· 384
        1H-Benzo[c]isoxazol-3-one and Derivatives ································· 432

可知，苯并[d]异噁唑-3-酮在第 380 页，苯并[d]异噻唑-3-酮在第 384 页。第 5 补编中未登录苯并[d]异硒唑-3-酮❶，但在第 432 页有其 2-甲基衍生物：

2-Methyl-benzo[d]isoselenazol-3-one C_8H_7NOSe, formula IX (X=O) (E II 222). *Prep.* From 3-chloro-2-methyl-benzo[d]isoselenazolium chloride [H₂O] (*R. Weber, M. Renson. Bull. Soc. Chim. Fr.* **1976** 1124—1126). From 2-methyl-benzo[d]isoselenazole-3-thione [Hg(OAc)₂] (*We., Re.*). —mp：158°；¹H-HMR.

2- Ethyl-benzo [d] isoselenazol-3-one C_9H_9NOSe (E II 222). mp：105°；¹H-NMR (*We., Re.*).

2-Butyl-benzo[d]isoselenazol-3-one $C_{11}H_{13}NOSe$. mp：92°；¹H-NMR (*We., Re.*).

2-Phenyl-benzo[d]isoselenazol-3-one $C_{13}H_9NOSe$ (E II 222). mp：183° (*We., Re.*).

2-Benzyl-benzo[d]isoselenazol-3-one $C_{14}H_{11}NOSe$. mp：141°；¹H-NMR (*We., Re.*).

2-Methyl-benzo[d]isoselenazole-3-thione C_8H_7NSSe, formula IX (X=S). *Prep.* From benzo 11 [c] [1,2]thiaselenol-3-ylidene-methyl-amine [DMSO; heating] (*We., Re.*). —mp：105°；¹H-NMR.

IX

---

❶ 第 2 补编卷 27 第 221 页有此化合物。

2-甲基衍生物以下为 2-乙基衍生物、2-丁基衍生物，接下去是要查找的 2-苯基-苯并[d]异硒唑-3-酮。将分子式 Ⅸ 中的甲基（—CH_3）换成苯基（—C_6H_5）即得到 2-苯基-苯并[d]异硒唑-3-酮，故不再给出它的结构式。

分子式后括号中的 E Ⅱ 222 告诉我们此化合物还见于第 2 补编卷 27 第 222 页，如下：

2-Phenyl-1,2-benzisoselenazolon, Benzoylenselenphenylimid $C_{13}H_9ONSe$ = $C_6H_4\underset{Se}{\overset{CO}{\diagdown\diagup}}N$ · C_6H_5. B. Bei Einw. von Anilin auf Se-Chlor-selenosalicylsäure-chlorid in absol. Äther, zuletzt auf dem Wasserbad (LESSER, WEISS, B. **57**, 1080). —Nadeln (aus Alkohol). F：182°bis 183°（korr.）. Die heißen Lösungen sind gelblich.

化合物给出的是德文名，因均是旧的命名，故不再译成中文。

顺便说明一下，在第 2 补编分子式用的是 Richter 式，在第 5 补编用的分子式是 Hill 式，故 2-苯基-苯并[d]异硒唑-3-酮的分子式分别为 $C_{13}H_9ONSe$ 和 $C_{13}H_9NOSe$。

② 从第 5 补编索引查找　根据化合物含有两种不同的环杂原子，可知应载于卷 27，故可由化合物名称或分子式先在第 5 补编卷 27 的索引中查找。

在已知此化合物的系统名时，可以从化合物名称索引第 633 页查得：

Benzo [d] isoselenazol-3-one
　—, 2-Benzyl-　**27/10** Ⅴ 432
　—, 2-Butyl-　**27/10** Ⅴ 432
　—, 2-Ethyl-　**27/10** Ⅴ 432
　—, 2-Methyl-　**27/10** Ⅴ 432
　—, 2-Phenyl-　**27/10** Ⅴ 432

苯并[d]异硒唑-3-酮的 5 种官能团衍生物按化合物名称的字母顺序排列，最后一种即为所要查找的❶。

从分子式索引第 1570 页查得：

$C_{13}H_9NOSe$
　Benzo [d] isoselenazol-3-one, 2Phonyl-　**27/10** Ⅴ 432

符合这一分子式者共有 6 种化合物，第 1 种即所要找的化合物。

也可以从第 5 补编卷 27 第 10 分卷的化合物名称索引和分子式索引查找，只不过查到化合物后，只给出该分卷的页码 432。

③ 从正编至第 4 补编的世纪索引或卷的累积索引查找　从第 5 补编查到所找的化合物后，因已给出的该化合物还载于第 2 补编卷 27 第 222 页，故不必再从世纪索引查找。只有在第 5 补编查不到的情况下，为了看一下在正编至第 4 补编是否载有这一化合物，才必须查阅世纪索引。

这里我们做一下练习。

经查，世纪索引卷 28 主题索引：

Benz [d] isoselenazol-3-on　**27** Ⅱ 221h
　—, 2-Acetyl-　**27** Ⅱ 222f
　—, 2-Äthyl-　**27** Ⅱ 222b
　—, 2,2′-Methandiyl-bis-　**27** Ⅱ 222e
　—, 2-Methyl-　**27** Ⅱ 222a
　—, 2-Phenyl-　**27** Ⅱ 222c
　—, 2-o-Tolyl-　**27** Ⅱ 222d

可见，索引化合物苯并[d]异噁唑-3-酮的氧属元素同系物苯并[d]异硒唑-3-酮，虽然在第 5 补编中没有记载，但在第 2 补编中则有记载，在卷 27 第 221 页第 8 个化合物。

---

❶ 在 432 页 5 种苯并[d]异硒唑-3-酮的官能团衍生物是按"最后位置原则"依次排列，即按甲基、乙基、丁基、苯基、苄基（苯甲基）的顺序排列。而在索引中则是按这 5 种取代基的字母顺序排列的。
432 页第 6 种化合物 2-甲基-苯并[d]异噁唑-3-硫酮是苯并[d]异噁唑的另一种氧属元素同系物，排在最后。

苯并[d]异硒唑-3-酮条目下有6种官能团衍生物,第5种化合物,即2-苯基-苯并[d]异硒唑-3-酮在卷27第222页第3个化合物。

查世纪索引卷29分子式索引,有:

$C_{13}H_9NOSe$

  Benz[d]isoselenazol-3-on, 2-Phenyl-   27 Ⅱ 222c

(2) 由《有机化合物词典》检索

在第5版第9补编通过分子式索引检索得知在B-90012:

1,2-Benzisoselenazol-3(2H)-one, 9CI   B-90012
[4032-78-4]

  C_7H_5NOSe M 198.083
  Needles or plates. Mp 234-235°
 2-Ph: *Ebselen*. *INN*. *PZ 51*
   $C_{13}H_9NOSe$ M 274.180
  Catalyst for oxidation of glutathione by hydroperoxides.
  Antiinflammatory, antioxidant. Used in treatment of liver disorder. Mp 182-183° (179-180°).
 2-Ph, 1-*oxide*: [104473-83-8].
   $C_{13}H_9NO_2Se$ M 290.180
  Reacts with thiols to give thiocarbonyl cpds. Mp 180-181°.
 Lesser. R. *et al*. *Chem. Ber.*, 1924, **57**, 1077 (*synth*)
 Eur. Pat., 44 971, (1982); *CA*, **96**, 187324 (*pharmacol*)
 Mueller, A. *et al*, *Biochem. Pharmacol.*, 1984, **33**, 3235 (*pharmacol*)
 Kamigata, N. *et al*, *Bull. Chem. Soc. Jpn.*, 1986, **59**, 2179 (*Ph deriv. synth, ir, pmr, ms*)
 Sies. H. *et al*. *Am. Rev. Respir. Dis*, 1987, **136**. 478 (*rev*)
 Parnham, M. J. *et al*, *CA*, 1988, **108**. 68138, 68139 (*revs*)
 Glass, R. S. *J. Org. Chem.*, 1989, **54**, 1092 (*use, bibl*)

(3) 由《Merck索引》检索

可由名称索引查Ebselen或由CAS登录号索引查得:

3486. Ebselen. [60940-34-3] 2-Phenyl-1,2-benzisoselenazol-3(2H)-one; PZ-51. $C_{13}H_9NOSe$; mol wt 274.18. C 56.95%, H 3.31%, N 5.11%, O 5.84%, Se 28.80%. Seleno-organic which shows antioxidant effects through glutathione peroxidase-like action. Prepn: R. Lesser, R. Weiss, *Ber.* **57**, 1077 (1924); R. Weber, M. Renson, *Bull. Soc. Chim. Fr.* **1976**, 1124; L. Engman, A. Hallberg, *J. Org. Chem.* **54**, 2964 (1989). One-step synthesis: J. Oppenheimer, L. A. Silks, Ⅲ, *J. Labelled Compd. Radiopharm.* **38**, 281 (1996). HPLC determn in plasma: R. Terlinden *et al.*, *J. Chromatogr.* **430**, 438 (1988). Clinical trial as neuroprotectant in ischemic stroke: T. Yamaguchi *et al.*, *Stroke* **29**, 12 (1998); A. Ogawa *et al.*, *Cerebrovasc. Dis.* **9**, 112 (1999). Review of pharmacology: M. J. Parnham *et al.*, **32**, 4-9 (1991); and of biochemical interactions: T. Schewe, *Gen. Pharmacol.* **26**, 1153-1169 (1995). Review as glutathione peroxidase mimic: H. Sies, *Free Radical Biol. Med.* **14**, 313-323 (1993).

  Crystals from ethanol, mp 180—181°.

(4) 说明

① 由于编辑时间的原因,《Beilstein手册》只收录了两篇文献。
一篇为Lesser和Weiss的论文,一篇为R. Weber和M. Renson的论文。
②《有机化合物词典》中,2-Phenyl-1,2-Benzisoselenazol-3(2H)-one,是列在1,2-

Benziseoselenazol-3(2H)-one 条目之下，名称与《Beilstein 手册》中的 2-Phenyl-Benzo[d]isoselenazol-3-one 有所不同。而《有机化合物词典》中在母体名称后有 9CI，表明这是在美国《化学文摘》第 9 次累积索引中使用的名称，为检索 C.A. 时提供方便。在《英汉技术科学词典》[33] 中 Benzo- 即 = Benz- 译作苯并。

在《有机化合物词典》中 B-90012 条目下的第 1 个衍生物 2-Ph 后给出 Ebselen 外，还给出 INN. PZ 51。INN 是 International Nonproprietary Names for the Pharmaceutical Substances（国际非专利药名）的缩写。即此药品的 INN 为 PZ51。

词典下有 8 篇文献。第 1 篇即 Lesser，R. 等的论文，在《Beilstein 手册》中亦引用过。第 4 篇论文也是研究本例所检索的化合物的。

③《Merck 索引》在名称后也给出 PZ51，但未注明 INN。共引用了 10 篇文献，其中有多篇制备方面的，包括了 Lesser 和 Weiss 以及 Weber 和 Reason 的论文，但未引用 Kamigata 等的论文。

《Merck 索引》引用的 M. J. Parnham et al. **32**，4-9（1991），未给出是何书刊。可能是 Agents and Actions Supplements，Vol. 32：Drugs in Inflammation，见 CA115：41966f。

④《Beilstein 手册》对化合物的排列有着特有的规律。

本例查找的 2-苯基-苯并[d]异硒唑-3-酮是其索引化合物苯并[d]异噁唑-3-酮的氧属元素同系物的官能团衍生物。

根据手册中化合物的排列规律，我们不仅在 2-苯基-苯并[d]异硒唑-3-酮的前后，可以找到苯并[d]异硒唑-3-酮的其他衍生物，还可以在它更前面找到 2-苯基-苯并[d]异噻唑-3-酮（EⅤ **27**/10 395）以及 2-苯基-苯并[d]异噁唑-3-酮（EⅤ **27**/10 381）。

5.7.4　检索 5-氯-3-三氟甲基-[1,2,4]噻二唑

(1) 由《Beilstein 手册》检索

5-氯-3-三氟甲基-[1,2,4]噻二唑的结构式：

这是一个含 2N、1O 环杂原子氧属元素同系物的取代产物，将 F、Cl 换成 H，再将 S 换成 O，即得到索引化合物 3-甲基-[1,2,4]噻二唑：

分子式 $C_3H_4N_2O$，符合通式 $C_nH_{2n-2}N_2O$。

① 由"最后位置原则"查找　含 N、O 环杂原子的杂环化合物在卷 27，由卷目查得含 2N、1O 的杂环化合物从第 27 分卷开始，卷目如下：

Heterocyclic Compounds

……
Heterocyclic Class：2N 1O ··· 381
　Parent Compounds ··· 381
　　Parent Compounds $C_nH_{2n+2}N_2O$ ··································· 381
　　Parent Compounds $C_nH_{2n}N_2O$ ····································· 396
　　Parent Compounds $C_nH_{2n-2}N_2O$ ··································· 411
　　Parent Compounds $C_nH_{2n-4}N_2O$ ··································· 450

在第 411 页 Parent Compounds $C_nH_{2n-2}N_2O$ 标题下，小标题为 Parent Compounds $C_2H_2N_2O$。下一个小标题 Parent Compounds $C_3H_4N_2O$，在第 419 页。在该页给出索引化合

物 3-甲基-[1,2,4]噁二唑：

3-Methyl-[1,2,4]oxadiazole $C_3H_4N_2O$, formula Ⅲ（$R=CH_3$，$R'=H$，$X=O$）；

下面第 420 页是这一索引化合物的取代产物，然后是氧属元素同系物的取代产物❶，如：

    5-Fluoro-3-trifluoromethyl-[1,2,4]thiadiazole $C_3F_4N_2S$, formula Ⅲ（$R=CF_3$，$R'=F$，$X=S$）

    5-Chloro-3-methyl-[1,2,4]thiadiazole $C_3H_3ClN_2S$, formula Ⅲ（$R=CH_3$，$R'=Cl$，$X=S$）（EⅢ/Ⅳ 7095）

    5-Chloro-3-trifluoromethyl-[1,2,4]thiadiazole $C_3ClF_3N_2S$, formula Ⅲ（$R=CF_3$，$R'=Cl$，$X=S$）

最后一个化合物即为要查找的化合物。

② 由第 5 补编卷 27 的索引查找　在确知所要查找的化合物在卷 27 后，可直接查该卷的索引。

化合物名称索引第 3600 页有：

[1,2,4]**Thiadiazole**
    —, 5-Chloro-3-trifluoromethyl- **27**/27 V 420

分子式索引第 8 页有：

$C_3ClF_3N_2S$
    [1,2,4]Thiadiazole, 5-Chloro-3-trifluoromethyl- **27**/27 V 420
    [1,3,4]Thiadiazole, 2-Chloro-5-trifluoromethyl- **27**/27 V 422

符合这一分子式的只有上述两个化合物，这里一并列出，第一个化合物为所查化合物。若知要查找的化合物在卷 27 第 27 分卷，可查此分卷的索引，给出分卷页码 420。

由于 E V **27**/27 420 页在 5-氯-3-三氟甲基-[1,2,4]噻二唑这一化合物条目中未给出正编至第 4 补编中的页码。说明在第 5 补编之前未有记载这一化合物，故没有必要查阅正编至第 4 补编的世纪索引。

（2）从《Gmelin 手册》检索

《Beilstein 手册》第 5 补编文献收集至 1979 年。若要查找较新的资料，可以利用其他手册。

《Gmelin 手册》中系统号 5 元素氟有一专题：主族元素全氟卤代有机化合物。本例要找的化合物即属这类化合物。

查表 4.2 可知，《主族元素全氟卤代有机化合物》已出版正编 9 卷、补编 6 卷、第 2 补编 3 卷。

所要查找的是含 1 个硫、2 个氮的五元杂环全氟卤代化合物，可到含硫和含氮的有关卷册中去查找。

正编卷 1（新补编卷 9）为"硫的化合物"，其中的有关卷目如下：

  1 **Perfluorohalogenoorganosulfur Compounds** ·················· 1
     （全氟卤代有机硫化合物）
  1.1 **Perfluorohalogenoorganosulfur（Ⅱ）Compounds** ·················· 1
     （全氟卤代有机硫（Ⅱ）化合物）
  1.1.5 **Cyclic Perfluorohalogenoorganosulfur（Ⅱ）Compounds** ·················· 48
     （环状全氟卤代有机硫（Ⅱ）化合物）

---

❶　3-甲基-[1,2,4]噁二唑的取代产物之后，应是其氧属元素同系物 3-甲基-[1,2,4]噻二唑，但在这里没有记载。在 EⅢ/Ⅳ **27** 7095 有这一化合物。

Perfluorohalogenoheterocyclosulfanes and Disulfanes ·· 89
　　（全氟卤代杂环硫烷和二硫烷）

在第 90 页找到

5-Chlor-3-trifluormethyl-1,2,4-thiadiazol

正编卷 5 为"与氮的化合物（杂环化合物）"，有关目录如下：

　3　Five-membered Perfluorohalogeno-Nitrogen Heterocycles ·· 51
　　　（五元全氟卤代氮杂环）
　3.1　Formation，Preparation ·· 51
　　　（生成，制备）
　3.1.1　Five-membered Heterocycles with One N Atom ·· 51
　　　　（含 1 个 N 原子的五元杂环）
　3.1.2　Five-membered Heterocycles with Two N Atoms ·· 60
　　　　（含 2 个 N 原子的五元杂环）
　　　Five-membered Heterocycles with Two N Atoms without Another
　　　Heteroatom ·· 60
　　　　（含 2 个 N 原子、不含其他杂原子的五元杂环）
　　　Five-membered Heterocycles with Two N Atoms and Other Heteroatoms ·· 64
　　　　（含 2 个 N 原子和其他杂原子的五元杂环）

在第 67 页查到：

3-Trifluormethyl-5-chlor-1,2,4-thiadiazol　X＝CF₃，Y＝Cl

在 68 页写有参见该专题卷 1，即新补编卷 9 第 89～94 页。

上述卷 1、卷 5 均用德文书写，但有德、英两种文字目录。

补编及第 2 补编均用英文，有关卷目与正编相类似。在补编卷 4"氮的杂环化合物"、第 2 补编卷 3 "氮化合物"中，均可查到该化合物，补编卷 4 第 42 页有：

5-Chloro-3-trifluoromethyl-1,2,4-thiadiazole

第 2 补编卷 3 第 28 页有：

3-Trihalogenomethyl-5-chlor-1,2,4-thiadiazole　R_f＝CF₃，CF₂Cl，CFCl₂

在载有 5-氯-3-三氟甲基-1,2,4-噻二唑的这 4 卷，通过由目录查找可能较困难，这时可由分子式索引查找。

《主族元素全氟卤代有机化合物》分子式索引中使用的分子式为 $C_3F_3ClN_2S$，由正编卷 2 (有卷 1、卷 2 的分子式索引) 查得：

　　$C_3F_3ClN_2S$ ·· Ⅰ S. 90

由正编卷 6 (有卷 5、卷 6 的分子式索引) 查得：

　　$C_3F_3ClN_2S$ ·· Ⅴ S. 67

这里Ⅰ、Ⅴ是罗马数字，分别代表卷 1、卷 5，S 是德文 Seite（页）的缩写。

由补编卷 4 查得：

$C_3F_3ClN_2S$ $-SN=C(CF_3)N=CCl$ 42

由第 2 补编卷 3 查得：
  $C_3F_3ClN_2S$ $[-S-N=C(CF_3)-N=CCl-]$ 28

给出的均是各卷中的页数。

还可以由《Gmelin 手册》总的《分子式索引》查找，这时的分子式应写作 $C_3ClF_3N_2S$。

由《分子式索引》正编卷 3 查得：
  $C_3ClF_3N_2S$ ······ $CF_3CNSCCIN$ .... Erg. W. 9-90/3

由《分子式索引》第 1 补编卷 4 查得：
  $C_3ClF_3N_2S$ ······ $CClSNC(CF_3)N$ .... F：PerFHalOrg. 5-67/8

由《分子式索引》第 3 补编卷 2 查得：
  $C_3ClF_3N_2S$ ······ $SNC(CF_3)NCCl$ .... F：PFHOrg. S Vol. 4-42，75

因为《分子式索引》只编有 1992 年以前出版的卷中的化合物，故由《分子式索引》不能查出《主族元素全氟卤代有机化合物》第 2 补编卷 3（1997 年出版）中也载有该化合物。

上面的"Erg. W. 9-90/3"，查表 4.3 Erg. W. 代表"新补编"，9 是卷序号，90/3 是起止页码。新补编卷 9 即是《主族元素全氟卤代有机化合物》卷 1 "硫的化合物"。

由表 4.3 可知，"PerFHalOrg. 5-67/8"代表《主族元素全氟卤代有机化合物》卷 5 的 67~68 页；"PFHOrg. SVol. 4-42，75"代表《主族元素全氟卤代有机化合物》补编卷 4 第 42 页、第 75 页。

补编卷 4 第 42 页写有"No new Preparation of the compound (see Pt. 5, p. 67) was reported; for chemical reaction, see p. 75"这里的 Pt. 5, p.67 代表《主族元素全氟卤代有机化合物》卷 5 第 67 页，最后的 p.75 则代表该卷（补编卷 4）第 75 页。

(3) 说明

这里将《Gmelin 手册》系统号 5 氟中《主族元素全氟卤代有机化合物》卷 1（新补编卷 9）中第 90 页有关部分❶列出：

5-Fluor-3-dichlorfluormethyl-1,2,4-thiadiazol

5-Chlor-3-trifluormethyl-1,2,4-thiadiazol

5-Fluor-3-trifluormethyl-1,2,4-thiadiazol

Als Ausgangsverbindung zur Synthese dieser drei 1,2,4-Thiadiazole dient das 3-Trichlormethyl-5-chlor-1,2,4-thiadiazol, das mit Fluorierungsmitteln wie z. B. SbF_3, Cl_2, AgF zu den entsprechenden Substanzen umgesetzt werden kann [2]:

与《Beilstein 手册》EV 27/27 第 420 页如下有关部分加以对比❷：

5-Fluoro-3-trifluoromethyl-[1,2,4]thiadiazole $C_3F_4N_2S$. formula Ⅲ ($R=CF_3$，$R'=F$，$X=S$)
  Prep. From 3-(dichloro-fluoro-methyl)-5-fluoro-[1,2,4]thiadiazole [AgF_2] (*H. Schroeder et al.*, J. Org. Chem. 27 [1962] 2589—2592). From 5-chloro-3-trifluoromethyl-[1,2,4]thiadi-

---

❶ 所引文献 [2] 在第 93 页，为 H. Schroeder, R. Käfz, W. Schnabel, H. Ulrich, E. Kober, C. Grundmann (J. Org. Chem. **27** [1962] 2589/92)。

❷ formula Ⅲ 在第 419 页。

azole [AgF$_2$] (Sc. et al.). —bp$_{760}$: 90°; bp$_{175}$: 56°; n_D^{31}: 1.3860.

5-Chloro-3-trifluoromethyl-[1,2,4]thiadiazole C$_3$ClF$_3$N$_2$S, formula Ⅲ (R=CF$_3$. R′=Cl, X=S)
 Prep. From 5-chloro-3-trichloromethyl- [1,2,4] thiadiazole [Cl$_2$; SbCl$_3$, SbF$_3$] (H. Schroeder et al., J. Org. Chem. **27** [1962] 2589—2592). —bp$_{95}$: 67°; n_D^{28}: 1.4348.

3-(Dichloro-fluoro-methyl)-5-fluoro-[1,2,4]thiadiazole C$_3$Cl$_2$F$_2$N$_2$S. *Prep*. From 5-chloro-3-trichloromethyl- [1,2,4] thiadiazole [AgF$_2$] (Sc. et al.). —bp$_{100}$: 103°; n_D^{24}: 1.4840.

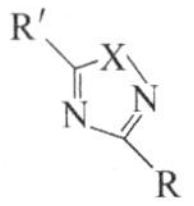

Ⅲ

虽然我们要查找的只是 5-氯-3-三氟甲基-[1,2,4]-噻二唑,但因《Gmelin 手册》这一卷中是将它与 5-氟-3-二氯氟甲基-[1,2,4]-噻二唑和 5-氟-3-三氟甲基-[1,2,4]-噻二唑三者一起讨论的,所以我们也将《Beilstein 手册》中的另外两个化合物一并列出。

对比可知,两手册所引用的是同一篇文献,《Beilstein 手册》只是介绍了制备方法,没有给出反应条件,但给出了化合物的沸点和折射率;而《Gmelin 手册》则给出了反应温度、时间等条件,却没有给出沸点及折射率,但原料 5-氯-3-三氯甲基-[1,2,4]噻二唑的结构式应为:

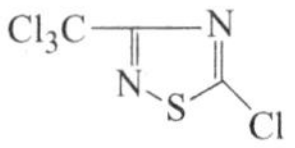

却误为:

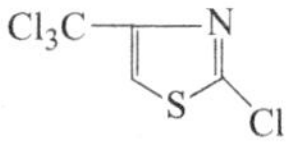

另外氟化剂的表示法也有所不同,在《Gmelin 手册》中用 AgF,而在《Beilstein 手册》中则用 AgF$_2$。

可见,若同时查阅这两种手册,可以了解更多内容。

当然,若采用这一方法制备 5-氯-3-三氟甲基-[1,2,4]噻二唑,还要查阅原文。H. Schroeder 等的这篇论文,载于 J. Org. Chem.,是《Journal of Organic Chemistry》(《有机化学杂志》)的缩写,属于重要的化学杂志,很容易见到。经查,该杂志 1962 年第 27 卷在第 2592 页给出了由 3-三氯甲基-5-氯-1,2,4-噻二唑制备 3-三氟甲基-5-氯-1,2,4-噻二唑的方法。包括原料、氟化剂(SbF$_3$,SbCl$_3$)和 Cl$_2$ 的质量、反应步骤、温度、时间、产物的产量以及其沸点和折射率。

至于《主族元素全氟卤代有机化合物》补编卷 4、第 2 补编卷 3 中的 5-氯-3-三氟甲基-[1,2,4]噻二唑的资料,则是《Beilstein 手册》尚未收录的。

6 《朗多尔特－博恩施泰因》表

《朗多尔特-博恩施泰因》表（《Landolt-Börnstein》）是对一套大型数据表册的简称。这套表册包括了自然科学和技术科学中的数据及函数关系，以表格、方程式或曲线等形式表示，并给出文献来源。是查阅物理、化学数据重要的工具书，由德国 Springer-Verlag（施普林格出版社）出版。

6.1 概述

1883年，德国人 H. Landolt 和 R. Börnstein 编写了《Physikalisch-chemische Tabellen》（《物理-化学表》）。这是第1版，至20世纪30年代出版至第5版（包括其补编）。这套数据表被简称为《Landolt-Börnstein Tabellen》或《Landolt-Börnstein》。

第6版由 A. Eucken 主编，书名改为《Landolt-Börnstein Zahlenwerte und Funktionen aus Physik, Chemie, Astronomie, Geophysik und Technik》. Sechste Auflage（《朗多尔特-博恩施泰因物理、化学、天文、地球物理和技术的数据及函数》，第6版），于1950～1980年共出版了4卷28册，均用德文书写。

在出版第6版的同时，于1961年开始出版了德文《Landolt-Börnstein Zahlenwerte und Funktionen aus Naturwissenschaften und Technik, Neue Serie》；英文《Landolt-Börnstein Numerical Data and Funktional Relationships in Science and Technology. New Series》（《朗多尔特-博恩施泰因自然科学和技术中的数据及函数关系. 新编》），共分8辑，每辑若干卷，每卷或1册或若干册。至今已出版了300余册。新编原用德文，后逐渐改用英文出版。现在每年出版一二十册。

6.2 第6版书目表

第6版共4卷28册，书目如下：
卷Ⅰ 原子和分子物理
　第1分卷（Ⅰ/1）　原子和离子（1950）
　第2分卷（Ⅰ/2）　分子Ⅰ（分子结构）（1951）
　第3分卷（Ⅰ/3）　分子Ⅱ（电子壳层），附对分卷Ⅰ/1，Ⅰ/2和Ⅰ/3的补充内容（1951）
　第4分卷（Ⅰ/4）　晶体（1955）
　第5分卷（Ⅰ/5）　原子核和基本粒子（1952）
卷Ⅱ 各聚集态物质的性质
　第1分卷（Ⅱ/1）　力学-热学参数（1971）
　第2分卷　除熔融平衡以外的平衡
　　a册（Ⅱ/2a）　气态-凝聚态平衡和渗透现象（1960）
　　b册（Ⅱ/2b）　溶解平衡Ⅰ（1962）
　　c册（Ⅱ/2c）　溶解平衡Ⅱ（1964）
　第3分卷（Ⅱ/3）　熔融平衡和界面现象（1956）
　第4分卷（Ⅱ/4）　热状态函数（1961）
　第5分卷　迁移现象，动力学，均相平衡
　　a册（Ⅱ/5a）　迁移现象Ⅰ（黏度和扩散）（1969）
　　b册（Ⅱ/5b）　迁移现象Ⅱ，动力学，均匀气相平衡（1968）
　第6分卷（Ⅱ/6）　电学性质Ⅰ（1959）

　　　　第 7 分卷（Ⅱ/7）　电学性质Ⅱ（电化学系统）(1960)
　　　　第 8 分卷（Ⅱ/8）　光学常数 (1962)
　　　　第 9 分卷（Ⅱ/9）　磁学性质Ⅰ (1962)
　　　　第 10 分卷（Ⅱ/10）　磁学性质Ⅱ (1967)
　　卷Ⅲ（Ⅲ）　天文学和地球物理 (1952)
　　卷Ⅳ　技术
　　　　第 1 分卷（Ⅳ/1）　非金属的材料特性数据和力学性质 (1955)
　　　　第 2 分卷　金属材料的特性数据和性质
　　　　　　a 册（Ⅳ/2a）　原理，试验方法，铁质材料 (1963)
　　　　　　b 册（Ⅳ/2b）　烧结材料，重金属（不包括特种材料）(1964)
　　　　　　c 册（Ⅳ/2c）　轻金属，特种材料，半导体，腐蚀 (1965)
　　　　第 3 分卷（Ⅳ/3）　电技术，光技术，X 射线技术 (1957)
　　　　第 4 分卷　热技术
　　　　　　a 册（Ⅳ/4a）　量热技术，均匀物质的热力学性质 (1967)
　　　　　　b 册（Ⅳ/4b）　混合物的热力学性质，燃烧，热传导 (1972)
　　　　　　c 册　气体在液体中的吸收平衡
　　　　　　　　第 1 分册（Ⅳ/4c1）　低蒸汽压下液体中的吸收 (1976)
　　　　　　　　第 2 分册（Ⅳ/4c2）　高蒸汽压下液体中的吸收 (1980)
　　说明：卷（分卷、册、分册）后括号中的是该卷（分卷、册、分册）的代码。
　　卷、册名均根据原文翻译。Ⅱ/9、Ⅱ/10 两分卷同时还有英文或英、法文的目录及说明。
　　卷、册名后括号中的数字是出版年份。

6.3　新编书目表

　　新编共 8 辑（德 Gruppe，英 Group），即：

　　　　第Ⅰ辑：基本粒子，核和原子　　　　第Ⅴ辑：地球物理学
　　　　第Ⅱ辑：分子和自由基　　　　　　　第Ⅵ辑：天文和天体物理学
　　　　第Ⅲ辑：凝聚态物质　　　　　　　　第Ⅶ辑：生物物理学
　　　　第Ⅳ辑：物理化学　　　　　　　　　第Ⅷ辑：尖端材料和技术

　　每辑若干卷（分卷、册、分册），并不断补充，已知出版卷、册见 6.3.1。其中有些卷、册的卷名暂缺。

　　除了这 8 辑以外，还出版了"物理和化学中的单位及基本常数"两分卷以及索引（索引见 6.4）。

6.3.1　新编书目表

物理和化学中的单位及基本常数
　　a 分卷　物理和化学中的单位 (1991)
　　b 分卷　物理和化学中的基本常数 (1992)
　　　　　　　　　　第Ⅰ辑　基本粒子，核和原子
卷 1（Ⅰ/1）　核能级：A=5 至 A=257 (1961)
卷 2（Ⅰ/2）　核半径 (1967)
卷 3（Ⅰ/3）　在 α、β 和 γ 光谱学中角关联计算用的数值表：3j-. 6j-. 9j-符号，F-和 Γ-系数 (1968)
卷 4（Ⅰ/4）　Beta 衰变和电子俘获的数值表 (1969)
卷 5　核反应的 Q-值和激发函数
　　a 分卷（Ⅰ/5a）　Q-值 (1973)
　　b 分卷（Ⅰ/5b）　荷电粒子感生的核反应的激发函数 (1973)
　　c 分卷（Ⅰ/5c）　p、d、^{3}He 和 α 反应的未知激发函数和厚靶收率的估算 (1974)
卷 6（Ⅰ/6）　基本粒子的性质及产生光谱 (1972)
卷 7（Ⅰ/7）　基本粒子的弹性散射和电荷交换散射 (1973)
卷 8（Ⅰ/8）　基本粒子的光致产生 (1973)
卷 9　基本粒子的弹性散射和电荷交换散射（卷Ⅰ/7 的补编）
　　a 分卷（Ⅰ/9a）　核子-核子的 K 介子-核子的散射 (1980)

b 分卷　π 介子-核子的散射
　　　第 1 册（Ⅰ/9b1）　数据表（1982）
　　　第 2 册（Ⅰ/9b2）　现象学分析的方法和结果（1983）
卷 10（Ⅰ/10）　电弱相互作用，实验事实和理论基础（1988）
卷 11（Ⅰ/11）　防高能辐射的屏蔽（1990）
卷 12　高能粒子反应的总截面（包括弹性、拓扑、兼容和排斥反应）
　　a 分卷（Ⅰ/12a）（1988）
　　b 分卷（Ⅰ/12b）（1988）
卷 13　中等能量下放射性核素的制造
　　a 分卷（Ⅰ/13a）　质子与从 He 至 Br 靶的相互作用（1991）
　　b 分卷（Ⅰ/13b）　质子与从 Kr 至 Te 靶的相互作用（1992）
　　c 分卷（Ⅰ/13c）　质子与从 I 至 Am 靶的相互作用（1993）
　　d 分卷（Ⅰ/13d）　质子与核的相互作用（卷Ⅰ/13a、b、c 的补编）（1994）
　　e 分卷（Ⅰ/13e）　π 介子和反质子与核的相互作用（1994）
　　f 分卷（Ⅰ/13f）　氘核、氚核和 ^{3}He 核与核的相互作用（1995）
　　g 分卷（Ⅰ/13g）　α 粒子与从 He 至 Rb 靶的相互作用（1996）
　　h 分卷（Ⅰ/13h）　α 粒子与从 Sr 至 Cf 靶的相互作用（1996）
　　i 分卷（Ⅰ/13i）　质子、氘核、氚核、^{3}He 核和 α 粒子与核的相互作用（卷Ⅰ/13a 至 d 和 f 至 h 的补编）（1999）
卷 14（Ⅰ/14）　电子-正电子相互作用（1992）
卷 15　放射性核素的 Gamma 射线
　　a 分卷（Ⅰ/15a）
卷 16　低能中子物理
　　a 分卷　低能中子及其与核和物质的相互作用
　　　第 1 册（Ⅰ/16a1）（2000）
　　　第 2 册（Ⅰ/16a2）（2001）
　　b 分卷（Ⅰ/16b）　中子共振参数表（1989）
　　c 分卷（Ⅰ/16c）　中子共振参数表（b 分卷的补充）（2004）
卷 17　光子和电子与原子、分子和离子的相互作用
　　a 分卷（Ⅰ/17a）　光子和电子与原子的相互作用（2000）
　　b 分卷（Ⅰ/17b）　电子与原子离子的碰撞（2002）
　　c 分卷（Ⅰ/17c）　光子和电子与分子的相互作用（2003）
卷 18　核能级的能量和结构
　　a 分卷（Ⅰ/18a）　Z＝2～36（2002）
　　b 分卷（Ⅰ/18b）　Z＝37～62（2003）
　　c 分卷（Ⅰ/18c）　Z＝63～100（2003）
卷 19　来自带电粒子反应的核状态
　　a 分卷　质子和 α 粒子共振参数表
　　　第 1 册（Ⅰ/19a1）　Z＝2～18（2004）
　　　第 2 册（Ⅰ/19a2）　Z＝19～83（2005）
　　b 分卷　来自与带电粒子反应的激发表
　　　第 1 册（Ⅰ/19b1）　Z＝3～36（2006）
　　　第 2 册（Ⅰ/19b2）　Z＝37～62（2007）
　　　第 3 册（Ⅰ/19b3）　Z＝63～99（2008）
　　c 分卷（Ⅰ/19c）　光子-和中子-富不稳定核的激发表（2008）
卷 20（Ⅰ/20）　核荷电半径（2004）
卷 21　基本粒子：物理和方法
　　a 分卷（Ⅰ/21a）　理论和实验（2008）
卷 22　核结合能和原子质量
　　a 分卷（Ⅰ/22a）　核素 Z＝1～54（2009）
　　b 分卷（Ⅰ/22b）　核素 Z＝55～100（2009）

第Ⅱ辑　分子和自由基

卷 1（Ⅱ/1）　自由基的磁学性质（1965）
卷 2（Ⅱ/2）　过渡金属配位化合物和有机金属化合物的磁学性质（1966）
卷 3（Ⅱ/3）　有机物质的发光（1967）
卷 4（Ⅱ/4）　来自微波谱的分子常数（1967）

卷5（Ⅱ/5）　分子声学（1967）
卷6（Ⅱ/6）　来自微波、分子束、电子自旋共振谱的分子常数（卷Ⅱ/4的补编）（1974）
卷7（Ⅱ/7）　自由多原子分子的结构数据（1976）
卷8（Ⅱ/8）　过渡金属配位化合物和有机金属化合物的磁学性质（卷Ⅱ/2的补编1）（1976）
卷9　自由基的磁学性质（卷Ⅱ/1的补编）
　　a分卷（Ⅱ/9a）　原子、无机自由基和金属络合物的自由基（1977）
　　b分卷（Ⅱ/9b）　C中心的有机自由基（1977）
　　c分卷
　　　　第1册（Ⅱ/9c1）　N中心的有机自由基和氧化氮自由基（1979）
　　　　第2册（Ⅱ/9c2）　O、P、S、Se、Si、Ge、Sn、Pb、As、Sb中心的有机自由基（1979）
　　d分卷
　　　　第1册（Ⅱ/9d1）　有机阴离子自由基（1980）
　　　　第2册（Ⅱ/9d2）　有机阳离子自由基和多自由基，卷Ⅱ/1和卷Ⅱ/9的物质索引（1980）
卷10（Ⅱ/10）　过渡金属配位化合物和有机金属化合物的磁学性质（卷Ⅱ/2和Ⅱ/8的补编2）（1979）
卷11（Ⅱ/11）　过渡金属配位化合物和有机金属化合物的磁学性质（卷Ⅱ/2、Ⅱ/8和Ⅱ/10的补编3）（1981）
卷12　过渡金属配位化合物和有机金属化合物的磁学性质（卷Ⅱ/2、Ⅱ/8、Ⅱ/10和Ⅱ/11的补编4）
　　a分卷（Ⅱ/12a）　磁化率（1984）
　　b分卷（Ⅱ/12b）　电子顺磁共振（1984）
卷13　液体中自由基反应速率
　　a分卷（Ⅱ/13a）　碳中心的自由基Ⅰ（1984）
　　b分卷（Ⅱ/13b）　碳中心的自由基Ⅱ（1984）
　　c分卷（Ⅱ/13c）　N、S、P和其他杂原子为中心的自由基，硝酰基（1983）
　　d分卷（Ⅱ/13d）　氢氧自由基、过氧化氢自由基及有关的自由基（1984）
　　e分卷（Ⅱ/13e）　质子和电子转移，双自由基（1985）
卷14　主要来自微波、分子束、电子共振光谱的分子常数（卷Ⅱ/4和Ⅱ/6的补编）
　　a分卷（Ⅱ/14a）　抗磁性分子（1982）
　　b分卷（Ⅱ/14b）　自由基、双原子分子和物质索引（1983）
卷15（Ⅱ/15）　自由多原子分子的结构数据（卷Ⅱ/7的补编）（1987）
卷16（Ⅱ/16）　抗磁化率（1986）
卷17　自由基的磁学性质（卷Ⅱ/1和Ⅱ/9的补充及扩充）
　　a分卷（Ⅱ/17a）　无机自由基，自由基离子和金属络合物中的自由基（1987）
　　b分卷（Ⅱ/17b）　非共轭碳自由基（1987）
　　c分卷（Ⅱ/17c）　共轭的碳中心自由基和氮自由基（1987）
　　d分卷　氧化氮自由基
　　　　第1册（Ⅱ/17d1）（1989）
　　　　第2册（Ⅱ/17d2）（1989）
　　e分卷（Ⅱ/17e）　Z＞7的杂原子为中心的自由基及精选的阴离子自由基Ⅰ（1988）
　　f分卷（Ⅱ/17f）　Z＞7的杂原子为中心的自由基及精选的阴离子自由基Ⅱ（1988）
　　g分卷（Ⅱ/17g）　半二酮、半醌及有关的物质（1988）
　　h分卷（Ⅱ/17h）　有机阳离子自由基，双自由基和多自由基，卷Ⅱ/1、Ⅱ/9和Ⅱ/17的物质索引（1990）
卷18　液体中自由基反应速率（卷Ⅱ/13的补编）
　　a分卷（Ⅱ/18a）　碳中心的自由基Ⅰ（1994）
　　b分卷（Ⅱ/18b）　碳中心的自由基Ⅱ（1995）
　　c分卷（Ⅱ/18c）　氮中心的自由基，氢氧自由基和有关的自由基（1994）
　　d分卷
　　　　第1册（Ⅱ/18d1）　烃氧基、羰氧基、苯氧基及有关自由基（1997）
　　　　第2册（Ⅱ/18d2）　过氧化氢自由基和有关自由基（1997）
　　e分卷
　　　　第1册（Ⅱ/18e1）　其他杂原子中心的自由基，质子转移平衡（1997）
　　　　第2册（Ⅱ/18e2）　双自由基、激发态自由基，卡宾和有关物质（1998）
卷19　主要来自微波、分子束、次多普勒激光光谱的分子常数（卷Ⅱ/4、Ⅱ/6和Ⅱ/14的补编）
　　a分卷（Ⅱ/19a）　抗磁性双原子分子、线性分子和顶端对称分子的转动、ι-型、离心变形和有关常数（1992）
　　b分卷（Ⅱ/19b）　抗磁性非顶端对称分子的转动、离心变形和有关常数（1992）

c 分卷（Ⅱ/19c）　抗磁性分子的偶极矩、四极偶合常数、受阻转动和磁学常数（1992）
　　d 分卷
　　　第 1 册（Ⅱ/19d1）　双原子自由基和离子（1995）
　　　第 2 册（Ⅱ/19d2）　多原子自由基和离子（1995）
　　　第 3 册（Ⅱ/19d3）　卷Ⅱ/4、Ⅱ/6、Ⅱ/14 和Ⅱ/19 的物质索引（1994）
卷 20　主要来自红外光谱的分子常数
　　a 分卷
　　b 分卷　线性三原子分子
　　　第 1 册（Ⅱ/20b1）　BClH$^+$（HBCl$^+$）…COSe(OCSe)（1995）
　　　第 2 册　CO$_2$（OCO）
　　　　α 分册（Ⅱ/20b2α）　^{16}O^{12}C^{16}O（1997）
　　　　β 分册（Ⅱ/20b2β）　^{16}O^{12}C^{17}O…^{18}O^{14}C^{18}O
　　　第 3 册（Ⅱ/20b3）　NNO（1998）
　　　第 4 册（Ⅱ/20b4）　COO$^+$（OCO$^+$），CFeO（FeCO），CFeO$^-$（FeCO$^-$），CNN（NCN），CNO（NCO），CNO（CNO），CNO$^-$（NCO$^-$）（1999）
　　　第 5 册（Ⅱ/20b5）　CS$_2$（SCS），CS$_2^+$（SCS$^+$），CS$_2^{++}$（SCS^{++}），CSe$_2$（SeCSe），C$_2$N（CNN），C$_2$N（CNC），C$_2$N$^+$（CCN$^+$），C$_2$N$^+$（CNC$^+$）（2000）
　　　第 6 册（Ⅱ/20b6）　C$_2$H（CCH）（2001）
　　　第 7 册（Ⅱ/20b7）　C$_2$H$^-$（HCC$^-$），C$_2$H$^+$（HCC$^+$），C$_2$O（CCO$^-$），C$_2$O（CCO），C$_2$S（CCS），C$_3$（CCC），C$_3^{++}$（CCC^{++}）（2003）
　　　第 8 册（Ⅱ/20b8）　CHSi（HCSi），ClHNe（NeHCl），Cl$_2$H$^-$（ClHCl$^-$），…NOSi（NSiO），NOSi（SiNO），NOSi（SiON）（2004）
　　　第 9 册（Ⅱ/20b9）　AgArBr（Ar-AgBr），AgArCl（ArAgCl）Al$_2$N（AlNAl），…N$_3^+$（NNN$^+$），NOS$^+$（ONS$^+$），N$_3$（NNN）（2008）
卷 21（Ⅱ/21）　自由多原子分子的结构数据（卷Ⅱ/7 和Ⅱ/15 的补编）（1992）
卷 22　分子的理论结构
　　a 分卷（Ⅱ/22a）　多重键（1993）
　　b 分卷（Ⅱ/22b）　小环（1994）
卷 23（Ⅱ/23）　自由多原子分子的结构数据（卷Ⅱ/7、Ⅱ/15 和Ⅱ/21 的补编）（1995）
卷 24　主要来自微波、分子束、次多普勒激光光谱的分子常数
　　a 分卷（Ⅱ/24a）　抗磁性双原子分子、线性分子和顶端对称分子的转动 ι-型、离心变形和有关常数（卷Ⅱ/4、Ⅱ/6、Ⅱ/14 和Ⅱ/19 的补编）（1998）
　　b 分卷（Ⅱ/24b）　抗磁性非顶端对称分子的转动、离心变形和有关常数（1999）
　　c 分卷（Ⅱ/24c）　抗磁性分子的偶极矩、四极偶合常数、受阻转动和磁相互作用常数（2002）
　　d 分卷　自由基常数
　　　第 1 册
　　　第 2 册（Ⅱ/24d2）　多原子自由基（2005）
卷 25　自由多原子分子的结构数据（卷Ⅱ/7、Ⅱ/15、Ⅱ/21、Ⅱ/23 的补编）
　　a 分卷（Ⅱ/25a）　无机分子（1998）
　　b 分卷（Ⅱ/25b）　含一个或两个碳原子的分子（1999）
　　c 分卷（Ⅱ/25c）　含三个或四个碳原子的分子（2001）
　　d 分卷（Ⅱ/25d）　含五个或更多个碳原子的分子（2003）
卷 26　自由基的磁学性质
　　a 分卷　无机自由基，金属络合物和非共轭的碳中心的自由基
　　　第 1 册（Ⅱ/26a1）（2007）
　　　第 2 册（Ⅱ/26a2）（2006）
　　b 分卷（Ⅱ/26b）　共轭碳中心的自由基，高自旋体系和卡宾（2002）
　　c 分卷（Ⅱ/26c）　氮和氧中心的自由基（2004）
　　d 分卷（Ⅱ/26d）　氧化氮自由基和高自旋体系的氧化氮（2005）
　　e 分卷　磷中心的自由基，其它杂原子中心的自由基，有机自由基离子
　　　第 1 册（Ⅱ/26e1）（2008）
　　　第 2 册（Ⅱ/26e2）（2009）
卷 27　抗磁性磁化率和各向异性
　　a 分卷（Ⅱ/27a）　无机和有机金属化合物的抗磁性磁化率和各向异性（2007）
　　b 分卷（Ⅱ/27b）　有机化合物、油类、石蜡和聚乙烯的抗磁性磁化率（2008）
　　c 分卷（Ⅱ/27c）　有机化合物的抗磁性磁化率和各向异性（2008）

卷 28　自由多原子分子的结构数据
　　a 分卷（Ⅱ/28a）　无机分子（2006）
　　b 分卷（Ⅱ/28b）　含一个或两个碳原子的分子（2006）
　　c 分卷（Ⅱ/28c）　含三个或四个碳原子的分子（2007）
　　d 分卷（Ⅱ/28d）　含五个或更多个碳原子的分子（2007）

第Ⅲ辑　凝聚态物质

卷 1（Ⅲ/1）　晶体的弹性、压电、压光和电光常数（1966）
卷 2（Ⅲ/2）　晶体的弹性、压电、压光、电光常数和非线性介电极化率（卷Ⅲ/1 的补编）（1969）
卷 3（Ⅲ/3）　铁电体和反铁电体物质（1969）
卷 4　氧化物和有关化合物的磁学性质和其他性质
　　a 分卷（Ⅲ/4a）（1970）
　　b 分卷（Ⅲ/4b）（1971）
卷 5　有机晶体的结构数据
　　a 分卷（Ⅲ/5a）　$C_1 \sim C_{13}$（1971）
　　b 分卷（Ⅲ/5b）　$C_{14} \sim C_{120}$（1971）
卷 6（Ⅲ/6）　元素和金属间的相的结构数据（1971）
卷 7　无机化合物的晶体结构数据
　　a 分卷（Ⅲ/7a）　重点元素 F、Cl、Br、I（Ⅶ主族），卤化物和络合卤化物（1973）
　　b 分卷　重点元素 O、S、Se、Te
　　　　第 1 册（Ⅲ/7b1）　重点元素 O（1975）
　　　　第 2 册（Ⅲ/7b2）　重点元素 O（1980）
　　　　第 3 册（Ⅲ/7b3）　重点元素 S、Se、Te（1982）
　　c 分卷　重点元素 N、P、As、Sb、Bi、C
　　　　第 1 册（Ⅲ/7c1）　重点元素 N（1978）
　　　　第 2 册（Ⅲ/7c2）　重点元素 P、As、Sb、Bi（1979）
　　　　第 3 册（Ⅲ/7c3）　重点元素 C（1979）
　　d 分卷　重点元素 Si、Ge、Sn、Pb，B、Al、Ga、In、Tl、Be
　　　　第 1 册　重点元素 Si、Ge、Sn、Pb
　　　　　　α 分册（Ⅲ/7d1α）　重点元素 Si（1985）
　　　　　　β 分册（Ⅲ/7d1β）　重点元素 Si（1985）
　　　　　　γ 分册（Ⅲ/7d1γ）　重点元素 Ge、Sn、Pb（1986）
　　　　第 2 册（Ⅲ/7d2）　重点元素 B、Al、Ga、In、Tl、Be（1980）
　　e 分卷（Ⅲ/7e）　重点元素 d^9-、d^{10}-、$d^1 \sim d^3$-、f-元素（1976）
　　f 分卷（Ⅲ/7f）　重点元素 d^4-~d^8-元素（1977）
　　g 分卷（Ⅲ/7g）　卷Ⅲ/7 的参考文献（1977）
　　h 分卷（Ⅲ/7h）　卷Ⅲ/7 的索引：分子式索引，矿物名称索引（1987）
卷 8（Ⅲ/8）　无机和有机晶体的外延数据（1972）
卷 9（Ⅲ/9）　铁电体和反铁电体物质（卷Ⅲ/3 的补编）（1975）
卷 10　有机晶体的结构数据（卷Ⅲ/5 的补编）
　　a 分卷（Ⅲ/10a）　$C_1 \sim C_{15}$（1985）
　　b 分卷（Ⅲ/10b）　$C_{16} \sim C_{168}$（1985）
卷 11（Ⅲ/11）　晶体的弹性、压电、热电、压光、电光常数和非线性介电极化率（卷Ⅲ/1 和Ⅲ/2 的修订版）（1979）
卷 12　氧化物和有关化合物的磁学性质和其他性质
　　a 分卷（Ⅲ/12a）　石榴石类和钙钛矿类（1978）
　　b 分卷（Ⅲ/12b）　尖晶石类，铁氧化物和 Fe-Me-O 化合物（1980）
　　c 分卷（Ⅲ/12c）　六方铁氧体，特殊的镧系和锕系元素化合物（1982）
卷 13　金属：声子状态，电子状态和费米面
　　a 分卷（Ⅲ/13a）　元素的声子状态，合金的电子状态和费米面（1981）
　　b 分卷（Ⅲ/13b）　合金的声子状态，变形元素的电子状态和费米面（1983）
　　c 分卷（Ⅲ/13c）　元素的电子状态和费米面（1984）
卷 14　元素和金相间的相的结构数据（卷Ⅲ/6 的补编）
　　a 分卷（Ⅲ/14a）　元素、硼化物、碳化物、氢化物（1988）
　　b 分卷　硫化物、硒化物、碲化物
　　　　第 1 册（Ⅲ/14b1）　Ag-Al-Cd-…Cu-Te-Yb（1986）
　　　　第 2 册（Ⅲ/14b2）　Dy-Er-Te…Te-Zr（1986）

卷 15　金属：电子传递现象
　　a 分卷（Ⅲ/15a）　电阻率，近藤❶和自旋波动系统，自旋玻璃和热能力（1982）
　　b 分卷（Ⅲ/15b）　电阻率，热电能力和光学性质（1985）
　　c 分卷（Ⅲ/15c）　纯金属和合金的热导率（1991）
卷 16　铁电体及其有关物质（卷Ⅲ/3、Ⅲ/9 的修订版）
　　a 分卷（Ⅲ/16a）　氧化物（1981）
　　b 分卷（Ⅲ/16b）　非氧化物（1982）
卷 17　半导体
　　a 分卷（Ⅲ/17a）　Ⅳ族元素和Ⅲ-Ⅴ族化合物的物理（1982）
　　b 分卷（Ⅲ/17b）　Ⅱ-Ⅵ族、Ⅰ-Ⅶ族化合物的物理，半磁性的半导体（1982）
　　c 分卷（Ⅲ/17c）　Si、Ge 和 SiC 的工艺（1984）
　　d 分卷（Ⅲ/17d）　Ⅲ-Ⅴ族、Ⅱ-Ⅵ族化合物和非四面体键化合物的工艺（1984）
　　e 分卷（Ⅲ/17e）　非四面体键的元素和二元化合物的物理Ⅰ（1983）
　　f 分卷（Ⅲ/17f）　非四面体键的二元化合物的物理Ⅱ（1983）
　　g 分卷（Ⅲ/17g）　非四面体键的二元化合物的物理Ⅲ（1984）
　　h 分卷（Ⅲ/17h）　三元化合物的物理（1985）
　　i 分卷（Ⅲ/17i）　特殊体系和专题。卷Ⅲ/17a～Ⅲ/17i 的累积索引。（1985）
卷 18（Ⅲ/18）　晶体的弹性、压电、热电、压光、电光常数和非线性介电极化率（卷Ⅲ/11 的补编）（1984）
卷 19　金属的磁学性质
　　a 分卷（Ⅲ/19a）　3d、4d 和 5d 元素、合金和化合物（1986）
　　b 分卷（Ⅲ/19b）　d-元素与主族元素的合金和化合物，第 1 部分（1987）
　　c 分卷（Ⅲ/19c）　d-元素与主族元素的合金和化合物，第 2 部分（1988）
　　d 分卷
　　　第 1 册（Ⅲ/19d1）　稀土元素，氢化物和相互间的合金（1991）
　　　第 2 册（Ⅲ/19d2）　稀土元素与 3d-、4d-和 5d-元素的化合物（1990）
　　e 分卷　稀土元素与主族元素的化合物
　　　第 1 册（Ⅲ/19e1）　稀土元素与主族元素的化合物，第 1 部分（1990）
　　　第 2 册（Ⅲ/19e2）　稀土元素与主族元素的化合物，第 2 部分（1989）
　　f 分卷　锕系元素及其与其他元素的化合物
　　　第 1 册（Ⅲ/19f1）　锕系元素及其与其他元素的化合物，第 1 部分（1991）
　　　第 2 册（Ⅲ/19f2）　锕系元素及其与其他元素的化合物，第 2 部分Ⅲ/19a…f2 分卷的物质索引（1993）
　　g 分卷（Ⅲ/19g）　薄膜（1988）
　　h 分卷（Ⅲ/19h）　液淬合金（1991）
　　i 分卷
　　　第 1 册（Ⅲ/19i1）　工业用磁性合金，软磁性合金，因瓦钢和弹性因瓦合金（1994）
　　　第 2 册（Ⅲ/19i2）　工业用磁性合金，硬磁性合金（1992）
卷 20　核四极共振光谱数据
　　a 分卷（Ⅲ/20a）　核 D…Cl（1988）
　　b 分卷（Ⅲ/20b）　核 Cl…Rb（1988）
　　c 分卷（Ⅲ/20c）　核 Zr…Bi，图，结构式，索引（1989）
卷 21　超导体，元素、合金和化合物的转变温度及特性
　　a 分卷（Ⅲ/21a）　Ac…Na（1990）
　　b 分卷
　　　第 1 册（Ⅲ/21b1）　Nb，Nb-Al…Nb-Ge（1993）
　　　第 2 册（Ⅲ/21b2）　Nb-H…Nb-Zr，Nd…Np（1994）
　　c 分卷（Ⅲ/21c）　O（不包括铜酸盐）…Sc（1997）
　　d 分卷（Ⅲ/21d）　Se…Ti（1998）
　　e 分卷（Ⅲ/21e）　Tl…Zr（2002）
卷 22　半导体（卷Ⅲ/17 的补编）
　　a 分卷（Ⅲ/22a）　Ⅳ族元素和Ⅲ-Ⅴ、Ⅱ-Ⅵ、Ⅰ-Ⅶ族化合物的内在性质（1987）
　　b 分卷（Ⅲ/22b）　Ⅳ族元素和Ⅲ-Ⅴ族化合物的杂质和缺陷（1989）

---

❶　Kondo 近藤。Kondo effect，近藤效应。

卷 23　固体的电子结构：光电发射谱及有关数据
　　a 分卷　（Ⅲ/23a）　（1989）
　　b 分卷　（Ⅲ/23b）　（1994）
　　c 分卷
　　　　第 1 册　（Ⅲ/23c1）　贵金属、贵金属卤化物和非磁性过渡金属（2003）
　　　　第 2 册　（Ⅲ/23c2）　磁性过渡金属（1999）
卷 24　固体表面物理
　　a 分卷　（Ⅲ/24a）　结构（1993）
　　b 分卷　（Ⅲ/24b）　电子和振动性质（1994）
　　c 分卷　（Ⅲ/24c）　荷电粒子和原子与表面的相互作用（1995）
　　d 分卷　（Ⅲ/24d）　辐射与表面的相互作用和电子隧道（1995）
卷 25　（Ⅲ/25）　金属中的原子缺陷（1991）
卷 26　（Ⅲ/26）　在固态金属和合金中的扩散（1990）
卷 27　过渡金属基的非金属无机化合物的磁学性质（卷Ⅲ/4 和Ⅲ/12 的补充）
　　a 分卷　（Ⅲ/27a）　氮属元素化物和氧属元素化物 I（1988）
　　b 分卷
　　　　第 1 册　（Ⅲ/27b1）　氮属元素化物和氧属元素化物 II（单氮属元素化镧系元素）（1998）
　　　　第 2 册　（Ⅲ/27b2）　氮属元素化物和氧属元素化物 II（单氧属元素化镧系元素）（1998）
　　　　第 3 册　（Ⅲ/27b3）　氮属元素化物和氧属元素化物 II（二元多氮属元素化镧系元素和多氧属元素化镧系元素）（2000）
　　　　第 4 册　氮属元素化物和氧属元素化物 II（三元氮属元素化镧系元素）
　　　　　　α 分册　（Ⅲ/27b4α）　1∶1∶1 型和 1∶1∶2 型化合物（2003）
　　　　　　β 分册　（Ⅲ/27b4β）　1∶4∶12 型和 3∶3∶4 型及其他类型的化合物（2003）
　　　　第 5 册　（Ⅲ/27b5）　氮属元素化物和氧属元素化物 II（三元氧属元素化镧系元素，配错化合物，和含有 s-或 p-电子元素的三元氮属元素化镧系元素）（2003）
　　　　第 6 册　氮属元素化物和氧属元素化物 III（单氮属元素化钢系元素）
　　　　　　α 分册　（Ⅲ/27b6α）　（2006）
　　　　　　β 分册　（Ⅲ/27b6β）　（2009）
　　　　第 7 册　（Ⅲ/27b7）　氮属元素化物和氧属元素化物 III（二元非等原子的氮属元素化钢系元素和氧属元素化钢系元素）（2005）
　　　　第 8 册　（Ⅲ/27b8）　氮属元素化物和氧属元素化物 III（三元氮属元素化钢系元素和氧属元素化钢系元素）（2004）
　　c 分卷
　　　　第 1 册　（Ⅲ/27c1）　二元锕系元素氧化物（1997）
　　　　第 2 册　（Ⅲ/27c2）　二元锕系元素氧化物（1999）
　　d 分卷　（Ⅲ/27d）　氧化尖晶石类（1991）
　　e 分卷　（Ⅲ/27e）　石榴石类（1991）
　　f 分卷
　　　　第 1 册　钙钛矿类 I
　　　　　　α 分册　（Ⅲ/27f1α）　（1996）
　　　　　　β 分册　（Ⅲ/27f1β）　（1997）
　　　　第 2 册　（Ⅲ/27f2）　钙钛矿型层状铜酸盐（高 T_c 超导体和有关化合物）（1994）
　　　　第 2 册补　（Ⅲ/27fs）　钙钛矿型层状铜酸盐（高 T_c 超导体和有关化合物）（2002）
　　　　第 3 册　（Ⅲ/27f3）　钙钛矿类 II，与刚玉的氧化物，钛铁矿和无定形结构（1994）
　　g 分卷　（Ⅲ/27g）　各种其他氧化物（1992）
　　h 分卷　（Ⅲ/27h）　含氧化物的硼（1993）
　　i 分卷
　　　　第 1 册　（Ⅲ/27i1）　原硅酸盐（2004）
　　　　第 2 册　（Ⅲ/27i2）　群岛状硅酸盐（2005）
　　　　第 3 册　（Ⅲ/27i3）　环硅酸盐（2005）
　　　　第 4 册　（Ⅲ/27i4）　链硅酸盐（2006）
　　　　第 5 册　页硅酸盐
　　　　　　α 分册　（Ⅲ/27i5α）　（2007）
　　　　　　β 分册　（Ⅲ/27i5β）　（2009）
　　j 分卷
　　　　第 1 册　（Ⅲ/27j1）　卤化物 I（1994）

第 2 册（Ⅲ/27j2） 卤化物 Ⅱ（1995）
第 3 册（Ⅲ/27j3） 钙钛矿型层状结构卤化物（2001）

卷 28 铁电体和有关物质（卷Ⅲ/16 的补编）
 a 分卷（Ⅲ/28a） 氧化物（1990）
 b 分卷（Ⅲ/28b） 非氧化物（1990）

卷 29 绝缘晶体的低频性质（卷Ⅲ/11 和Ⅲ/18 的修订版）
 a 分卷（Ⅲ/29a） 二级和高级弹性常数（1992）
 b 分卷（Ⅲ/29b） 压电、热电和有关常数（1993）

卷 30 绝缘晶体的高频性质（卷Ⅲ/11 和Ⅲ/18 的修订版）
 a 分卷（Ⅲ/30a） 压光和电光常数（1996）
 b 分卷（Ⅲ/30b） 非线性介电极化率（2000）

卷 31 核四极共振光谱数据（卷Ⅲ/20 的补编）
 a 分卷（Ⅲ/31a） 核 D⋯Cu（1993）
 b 分卷（Ⅲ/31b） 核 Zn⋯Bi，图，索引（1993）

卷 32 金属的磁学性质（卷Ⅲ/19 的补编）
 a 分卷（Ⅲ/32a） 3d-、4d-和 5d-元素，合金和化合物（1997）
 b 分卷（Ⅲ/32b） d-元素与主族元素的合金和化合物，第 1 部分（1999）
 c 分卷（Ⅲ/32c） d-元素与主族元素的合金和化合物，第 2 部分（2001）
 d 分卷（Ⅲ/32d） 稀土元素，合金和化合物（2004）

卷 33 在半导体和非金属固体中的扩散
 a 分卷（Ⅲ/33a） 在半导体中的扩散（1998）
 b 分卷 在非金属固体中的扩散
  第 1 册（Ⅲ/33b1）（1999）

卷 34 半导体量子结构
 a 分卷（Ⅲ/34a） 生长、结构和掺杂
 b 分卷 电子迁移
  第 1 册（Ⅲ/33b1） 量子点接触和量子丝（2001）
 c 分卷 光学性质
  第 1 册（Ⅲ/34c1）（2001）
  第 2 册（Ⅲ/34c2）（2004）
  第 3 册（Ⅲ/34c3）（2007）

卷 35 核磁共振（NMR）数据
 a 分卷（Ⅲ/35a） 硼-11 和磷-31 的化学变换和偶合常数（1997）
 b 分卷（Ⅲ/35b） 氟-19 和氮-15 的化学变换和偶合常数（1998）
 c 分卷 氢-1 的化学变换和偶合常数
  第 1 册（Ⅲ/35c1） 脂肪烃和芳香烃，甾族化合物，碳水化合物（2000）
  第 2 册（Ⅲ/35c2） 杂环（2003）
  第 3 册（Ⅲ/35c3） 天然化合物（2003）
  第 4 册（Ⅲ/35c4） 无机和有机金属化合物（2001）
 d 分卷 碳-13 的化学变换和偶合常数
  第 2 册（Ⅲ/35d2） 芳香族化合物（2005）
  第 3 册（Ⅲ/35d3） 杂环（2007）
  第 4 册（Ⅲ/35d4） 天然产物（2006）
  第 5 册（Ⅲ/35d5） 有机金属化合物（2008）
 e 分卷（Ⅲ/35e） 氧-17 的化学变换（2002）
 f 分卷（Ⅲ/35f） 硅-29 的化学变换和偶合常数（2008）
 g 分卷（Ⅲ/35g） 硒-77 的化学变换和偶合常数（2004）

卷 36 铁电体及有关物质
 a 分卷 氧化物
  第 1 册（Ⅲ/36a1） 钙钛矿型氧化物和 $LiNbO_3$ 族（2001）
  第 2 册（Ⅲ/36a2） 除了钙钛矿型和 $LiNbO_3$ 族以外的氧化物（2002）
 b 分卷 氧化物以外的无机物
  第 1 册（Ⅲ/36b1） SbSI 族⋯TAAP（2004）
  第 2 册（Ⅲ/36b2） $(NH_4)_2SO_4$ 族⋯$K_3BiCl_6 \cdot 2KCl \cdot KH_3F_4$（2005）
 c 分卷（Ⅲ/36c） 有机晶体，液晶和聚合物（2006）

卷 37 非平衡合金的相图和物理性质

a 分卷（Ⅲ/37a）　三元无定形合金的非平衡相图（1997）
卷 38　光学常数
　　a 分卷（Ⅲ/38a）　无机、有机金属和有机非金属液体，以及二元液态混合物的折射率（1996）
　　b 分卷（Ⅲ/38b）　有机液体的折射率（1996）
卷 39（Ⅲ/39）　核四极共振光谱数据（卷Ⅲ/20 和Ⅲ/31 的补编）（1997）
卷 41　半导体（卷Ⅲ/17，Ⅲ/22 的补编）
　　a 分卷　Ⅳ族元素，Ⅳ-Ⅳ和Ⅲ-Ⅴ族化合物
　　　第 1 册　Ⅳ族元素，Ⅳ-Ⅳ和Ⅲ-Ⅴ族化合物的物理常数
　　　　α分册（Ⅲ/41a1α）　晶格性质（2001）
　　　　β分册（Ⅲ/41a1β）　电子传递，光学和其他性质（2002）
　　　第 2 册　Ⅳ族元素，Ⅳ-Ⅳ和Ⅲ-Ⅴ族化合物中的杂质和缺陷
　　　　α分册（Ⅲ/41a2α）　Ⅳ族元素（2002）
　　　　β分册（Ⅲ/41a2β）　Ⅳ-Ⅳ和Ⅲ-Ⅴ族化合物（2003）
　　b 分卷（Ⅲ/41b）　Ⅱ-Ⅵ和Ⅰ-Ⅶ族化合物，半磁性化合物（1999）
　　c 分卷（Ⅲ/41c）　非四面体键元素及二元化合物Ⅰ（1998）
　　d 分卷（Ⅲ/41d）　非四面体键元素及二元化合物Ⅱ（2000）
　　e 分卷（Ⅲ/41e）　三元化合物，有机半导体（2000）
卷 42　被覆盖固体表面的物理
　　a 分卷　表面上的吸附层
　　　第 1 册（Ⅲ/42a1）　表面上的吸附和吸附质在表面上的扩散（2001）
　　　第 2 册（Ⅲ/42a2）　测量技术和吸附改变的表面性质（2002）
　　　第 3 册（Ⅲ/42a3）　表面分离和表面上的吸附（2003）
　　　第 4 册（Ⅲ/42a4）　表面上被吸附的种类和吸附质诱发的表面核心能级变换（2005）
　　　第 5 册（Ⅲ/42a5）　分子在金属、半导体和氧化物上的吸附（2006）
卷 43　无机化合物的晶体结构
　　a 分卷　结构类型
　　　第 1 册（Ⅲ/43a1）　空间群（230）Ia-3d～(219) F-43c（2004）
　　　第 2 册（Ⅲ/43a2）　空间群（218）P-43n～(195) P23（2005）
　　　第 3 册（Ⅲ/43a3）　空间群（194）P6$_3$/mmc～(190) P-62c（2006）
　　　第 4 册（Ⅲ/43a4）　空间群（189）P-62m～(174) P-6（2006）
　　　第 5 册（Ⅲ/43a5）　空间群（173）P-63～(166) R-3m（2007）
　　　第 6 册（Ⅲ/43a6）　空间群（166）P-3m～(166) R3m（2008）
　　　第 7 册（Ⅲ/43a7）　空间群（160）R3m～(156) P3m1（2009）
卷 44　半导体
　　a 分卷（Ⅲ/44a）　新数据和更新及对Ⅰ-Ⅶ、Ⅲ-Ⅴ和Ⅳ-Ⅵ族化合物的更新（2008）
　　b 分卷（Ⅲ/44b）　新数据和更新及对Ⅱ-Ⅵ族化合物的更新（2008）
卷 47（Ⅲ/47）　纯液体和二元液体混合物的折射率（对卷Ⅲ/38 的补充）（2008）

第Ⅳ辑　物理化学

卷 1　液态系统的密度及热容
　　a 分卷（Ⅳ/1a）　非水系统和含水三元系统（1974）
　　b 分卷（Ⅳ/1b）　含水二元系统的密度和液态系统的热容（1977）
卷 2（Ⅳ/2）　混合热和溶解热（1976）
卷 3（Ⅳ/3）　沸腾混合物的热力学平衡（1975）
卷 4（Ⅳ/4）　高压下物质的性质（1980）
卷 5　二元合金的相平衡，结晶学数据和热力学数据
　　a 分卷（Ⅳ/5a）　Ac-Au…Au-Zr(1991)
　　b 分卷（Ⅳ/5b）　B-Ba…C-Zr(1992)
　　c 分卷（Ⅳ/5c）　Ca-Cd…Co-Zr(1993)
　　d 分卷（Ⅳ/5d）　Cr-Cs…Cu-Zr(1994)
　　e 分卷（Ⅳ/5e）　Dy-Er…Fr-Mo(1995)
　　f 分卷（Ⅳ/5f）　Ga-Gd…Hf-Zr(1996)
　　g 分卷（Ⅳ/5g）　Hg-Ho…La-Zr(1997)
　　h 分卷（Ⅳ/5h）　Li-Mg…Nd-Zr(1997)
　　i 分卷（Ⅳ/5i）　Ni-Np…Pt-Zr(1998)
　　j 分卷（Ⅳ/5j）　Pu-Re…Zn-Zr(1998)
卷 6（Ⅳ/6）　纯液体和二元液体混合物的静态介电常数（1991）

卷7 液晶
    a 分卷（Ⅳ/7a） 无桥基单环和双环系统的转变温度及相关性质（1992）
    b 分卷（Ⅳ/7b） 带桥基双环系统的转变温度及相关性质（1992）
    c 分卷（Ⅳ/7c） 无桥基三环系统的转变温度及相关性质（1993）
    d 分卷（Ⅳ/7d） 带一个桥基三环系统的转变温度及相关性质（1994）
    e 分卷（Ⅳ/7e） 带两个桥基三环系统的转变温度及相关性质（1995）
    f 分卷（Ⅳ/7f） 四环系统、五环系统和多于五环系统的转变温度及相关性质（1995）

卷8 有机化合物及其混合物的热力学性质
    a 分卷（Ⅳ/8a） 有机化合物的熔化焓及转变焓（1995）
    b 分卷（Ⅳ/8b） 脂肪族烃的密度：烷烃（1996）
    c 分卷（Ⅳ/8c） 脂肪族烃的密度：烯烃，炔烃和混合化合物（1996）
    d 分卷（Ⅳ/8d） 单环烃的密度（1997）
    e 分卷（Ⅳ/8e） 芳香烃的密度（1998）
    f 分卷（Ⅳ/8f） 多环烃的密度（1999）
    g 分卷（Ⅳ/8g） 醇的密度（2000）
    h 分卷（Ⅳ/8h） 酯和醚的密度（2001）
    i 分卷（Ⅳ/8i） 酚、醛、酮、羧酸、胺、腈和硝基烃的密度（2002）
    j 分卷（Ⅳ/8j） 卤烃的密度（2003）

卷9 电化学
    a 分卷（Ⅳ/9a） 电化学热力学和动力学（2007）

卷10 混合热和溶解热
    a 分卷（Ⅳ/10a） 非电解质二元液态系统（2004）
    b 分卷（Ⅳ/10b） 非电解质二元气态、液态、近临界和超临界流体系统（2005）

卷11 三元合金系统：相图、结晶学和热力学数据
    a 分卷 轻金属系统
        第1册（Ⅳ/11a1） 精选的系统从 Ag-Al-Cu 至 Al-Cu-Er（2004）
        第2册（Ⅳ/11a2） 精选的系统从 Al-Cu-Fe 至 Al-Fe-Ti（2005）
        第3册（Ⅳ/11a3） 精选的系统从 Al-Fe-V 至 Al-Ni-Zr（2005）
        第4册（Ⅳ/11a4） 精选的系统从 Al-Si-Ti 至 Ni-Si-Ti（2006）
    b 分卷（Ⅳ/11b） 贵金属系统。精选的系统从 Ag-Al-Zn 至 Rh-Ru-Sc（2006）
    c 分卷 非铁金属系统
        第1册（Ⅳ/11c1） 精选的半导体系统（2006）
        第2册（Ⅳ/11c2） 精选的铜系统（2007）
        第3册（Ⅳ/11c3） 精选的软焊和硬焊系统（2007）
        第4册（Ⅳ/11c4） 精选的核材料和工程系统（2007）
    d 分卷 铁金属系统
        第1册（Ⅳ/11d1） 精选的系统从 Al-B-Fe 至 C-Co-Fe（2008）
        第2册（Ⅳ/11d2） 精选的系统从 C-Cr-Fe 至 Co-Fe-S（2008）
        第3册（Ⅳ/11d3） 精选的系统从 Co-Fe-Si 至 Fe-La-Si（2008）
        第4册（Ⅳ/11d4） 精选的系统从 Cu-Fe-Si 至 Fe-N-U（2008）
        第5册（Ⅳ/11d5） 精选的系统从 Fe-N-V 至 Fe-Ti-Zr（2009）
    e 分卷 难熔金属系统
        第1册（Ⅳ/11e1） 精选的系统从 Al-B-C 至 B-Hf-W（2009）

卷12 二元合金的相平衡，结晶学和热力学数据
    a 分卷（Ⅳ/12a） Ac-Ag…Au-Zr 卷Ⅳ/5a 的补编（2006）

卷13 混合物和溶解中的气-液平衡
    a 分卷 非电解质二元液态系统
        第1册（Ⅳ/13a1）（2007）
        第2册（Ⅳ/13a2）（2008）

卷14 具有沸石结构的微孔性材料和其他骨架材料
    a 分卷（Ⅳ/14a） 沸石的四面体骨架，笼形化合物和有关材料（2000）
    b 分卷（Ⅳ/14b） 代号 ABW 至 CZP 的沸石结构（2000）
    c 分卷（Ⅳ/14c） 沸石型晶体结构及其化学，代号 DAC 至 LOV 的骨架类型（2002）
    d 分卷（Ⅳ/14d） 沸石型晶体结构及其化学，代号 LTA 至 RHO 的骨架类型（2006）

卷15 在气体、液体和电解质中的扩散
    a 分卷（Ⅳ/15a） 气体在气体、液体及其混合物中（2007）

卷16　（Ⅳ/16）　纯液体和二元液体混合物的表面张力（1997）
卷17　（Ⅳ/17）　纯液体和二元液态混合物的静态介电常数（2008）
卷18　纯有机液体和二元液体混合物的黏度
　　a分卷（Ⅳ/18a）　纯有机金属和有机非金属化合物液体和二元液体混合物（2001）
　　b分卷（Ⅳ/18b）　纯有机液体（2002）
卷19　SGTE❶编辑的无机材料的热力学性质
　　a分卷　纯物质
　　　第1册（Ⅳ/19a1）　元素和化合物从 $AgBr$ 至 Ba_3N_2（1999）
　　　第2册（Ⅳ/19a2）　化合物从 $BeBr_2(g)$ 至 $ZrCl_2(g)$（1999）
　　　第3册（Ⅳ/19a3）　化合物从 $CoCl_3(g)$ 至 $Ge_3N_4(g)$（2000）
　　　第4册（Ⅳ/19a4）　化合物从 $HgH(g)$ 至 $ZnTe(g)$（2001）
　　b分卷　二元系统
　　　第1册（Ⅳ/19b1）　元素和二元系统从 Ag-Al 至 Au-Tl（2002）
　　　第2册（Ⅳ/19b2）　二元系统从 B-C 至 Cr-Zr（2004）
　　　第3册（Ⅳ/19b3）　二元系统从 Cs-K 至 Mg-Zr（2005）
　　　第4册（Ⅳ/19b4）　二元系统从 Mn-Mo 至 Y-Zr（2006）
　　　第5册（Ⅳ/19b5）　二元系统补编1（2007）
卷20　化学物品的蒸气压
　　a分卷（Ⅳ/20a）　烃及含有硫、硒、碲和卤素的有机化合物的蒸气压及安托万常数（1999）
　　b分卷（Ⅳ/20b）　含氧有机化合物的蒸气压和安托万常数（2000）
　　c分卷（Ⅳ/20c）　含氮有机化合物的蒸气压和安托万常数（2001）
卷21　纯气体和混合物的维里系数
　　a分卷（Ⅳ/21a）　纯气体的维里系数（2002）
　　b分卷（Ⅳ/21b）　混合物的维里系数（2003）
卷24　（Ⅳ/24）　纯液体和二元液态混合物的表面张力（卷Ⅳ/16的补编）（2008）
卷25　（Ⅳ/25）　纯有机液体和二元液体混合物黏度（卷Ⅳ/18的补编）（2009）

第Ⅴ辑　地球物理学

卷1　岩石的物理性质
　　a分卷（Ⅴ/1a）（1982）
　　b分卷（Ⅴ/1b）（1982）
卷2　固体的地球、月球和行星的地球物理学
　　a分卷（Ⅴ/2a）（1984）
　　b分卷（Ⅴ/2b）（1985）
卷3　海洋学
　　a分卷（Ⅴ/3a）（1986）
　　b分卷（Ⅴ/3b）（1989）
　　c分卷（Ⅴ/3c）（1986）
卷4　气象学
　　a分卷（Ⅴ/4a）　全球大气的热力学和动力学结构（1987）
　　b分卷（Ⅴ/4b）　空气的物理和化学性质（1988）
　　c分卷　气候学
　　　第1册（Ⅴ/4c1）（1987）
　　　第2册（Ⅴ/4c2）（1989）
卷6（Ⅴ/6）　观测的全球气候（2005）

第Ⅵ辑　天文学和天体物理学

卷1（Ⅵ/1）　天文学和天体物理学（1965）
卷2　天文学和天体物理学（卷Ⅵ/1的补编）
　　a分卷（Ⅵ/2a）　方法，常数，太阳系（1981）
　　b分卷（Ⅵ/2b）　恒星和恒星团（1982）
　　c分卷（Ⅵ/2c）　星际物质，星系，宇宙（1982）
卷3　天文学和天体物理学（卷Ⅵ/2的补编）
　　a分卷（Ⅵ/3a）　仪器，方法，太阳系（1993）
　　b分卷（Ⅵ/3b）　恒星和恒星团（1995）

---

❶ Scientific Group Thermodata Europe（欧洲热数据科学组）的缩写。

c 分卷（Ⅵ/3c）　星际物质，星系，宇宙（1999）
第Ⅶ辑　生物物理学
卷1　核酸
　　a 分卷（Ⅶ/1a）　结晶学数据和结构数据Ⅰ（1989）
　　b 分卷（Ⅶ/1b）　结晶学数据和结构数据Ⅱ（1989）
　　c 分卷（Ⅶ/1c）　光谱学数据和动力学数据，物理数据Ⅰ（1990）
　　d 分卷（Ⅶ/1d）　物理数据Ⅱ，理论研究（1990）
卷2　蛋白质：生物化学和物理学性质
　　a 分卷（Ⅶ/2a）　结构和物理数据Ⅰ（2003）
第Ⅷ辑　尖端材料和技术
卷1　激光物理和应用
　　a 分卷　激光基础
　　　　第1册（Ⅷ/1a1）（2005）
　　　　第2册（Ⅷ/1a2）（2006）
　　b 分卷　激光系统
　　　　第1册（Ⅷ/1b1）（2007）
　　　　第2册（Ⅷ/1b2）（2008）
　　c 分卷（Ⅷ/1c）　激光应用（2004）
卷2　材料
　　a 分卷　粉末冶金数据
　　　　第1册（Ⅷ/2a1）　金属和磁体（2003）
　　　　第2册（Ⅷ/2a2）　耐火材料，硬质材料和金属间化合物材料（2002）
　　b 分卷（Ⅷ/2b）　耐热钢和超级合金的蠕变性（2002）
卷3　能技术
　　a 分卷（Ⅷ/3a）　矿物能（2002）
　　b 分卷（Ⅷ/3b）　核能（2005）
　　c 分卷（Ⅷ/3c）　可再生能（2006）
卷4（Ⅷ/4）　放射性防护（2005）
卷5　液晶的物理性质
　　a 分卷（Ⅷ/5a）（2003）

6.3.2　对新编书目表的说明

① 新编各辑的名称先后有所变化，如：

第Ⅰ辑原称"核物理和核技术"（德文 Kernphysik und Kerntechnik，英文 Neuclear Physics and Technology），后改称"核物理和基本粒子物理"（德文 Kern-und Teilchenphysik，英文 Neuclear and Particle Physics），现在则称"基本粒子，核和原子"（Particles, Nuclei and Atoms）。

第Ⅱ辑原称"原子和分子物理"（德文 Atom-und Molekularphysik，英文 Atomic and Molecular Physics），现在称"分子和自由基"（Molecules and Radicals）。

第Ⅲ辑原称"晶体和固体物理"（德义 Kristall-und Festkörperphysik，英文 Crystal and Solid State Physics），现在称"凝聚态物质"（Condensed Matter）。

第Ⅳ辑原称"物质的宏观和工程性质"（德文 Macroskopische und Technische Eigenschafter der Matrie，英文 Mareoscopic and Technical Properties of Matter），现在称"物理化学"（Physical Chemistry）。

第Ⅴ辑原称"地球物理学和空间研究"（德文 Geophysik und Weltraumforschung，英文 Geophysics and Space Research），现在称"地球物理学"（Geophysics）。

第Ⅵ辑原称"天文学、天体物理学和太空研究"（德文 Astronomie, Astrophysik und Weltraumforschung，英文 Astronomy, Astrophysics and Space Research），现在称"天文和天体物理学"（Astronomy and Astrophysics）。

② 新编各卷、册的代码为与第6版所用代码相区别，应加 NS（德 Neue Serie，英 New

Serie 的缩写）。例如，第 6 版卷 2 第 3 分卷 "熔融平衡和界面现象" 代码为 II/3。而新编第 II 辑卷 3 "有机物质的发光" 代码为 NSII/3。

③ 卷、册的名称按原书名并参照 Springer 出版社出版的 Catalog 及新书预告翻译列出。有的卷、册名称做了调整。如 NSIII/7b1，卷名为 "物质号 b1…b1817"，现将其卷名写作 "重点元素 O"，以与 NSIII/7a 等卷名一致。

在第 III 辑卷 7 各分卷、册、分册的卷名中，有的给出了物质号的起止范围，有的没有给出起止号，为使卷、册名简单，考虑物质号在卷名中没有多大作用，将卷、册名中的物质号均删去。

④ 由于《Landolt-Börnstein》并不完全按卷序号先后顺序出版，所以在书目表中有一些卷、册号暂缺。如：第 III 辑卷 20 的 a 分卷，卷 20 的 d 分卷第 1 册，卷 40，卷 45，卷 46；第 IV 辑的卷 22，卷 23 等。

6.4 索引

这里所说的索引包括：

累积索引 1996（1996）

物质索引 1993

  a 分卷 元素和二元物质（1993）

  b 分卷 三元物质（1993）

  c 分卷 多元物质（1993）

有机化合物索引

  a 分卷 $C_1 \sim C_7$（1999）

  b 分卷 $C_8 \sim C_{12}$（2000）

  c 分卷 $C_{13} \sim C_{100}$（2000）

  d 分卷 $C_1 \sim C_7$（a 分卷的补编）（2002）

  e 分卷 $C_8 \sim C_{12}$（b 分卷的补编）（2003）

  f 分卷 $C_{13} \sim C_{100}$（c 分卷的补编）（2004）

  g 分卷 $C_1 \sim C_7$（a 和 d 分卷的补编）（2005）

  h 分卷 $C_8 \sim C_{12}$（b 和 e 分卷的补编）（2006）

  i 分卷 $C_{13} \sim C_{162}$（c 和 f 分卷的补编）（2007）

  j 分卷 $C_1 \sim C_7$（a、d 和 g 分卷的补编）（2008）

其中，"累积索引 1996"（Comprehensive Index 1996）是第 6 版和 1995 年底以前出版的新编各卷册，共 200 余册的索引。

"物质索引 1993"（Substance Index 1993）则包括了第 6 版和 1992 年底以前出版的新编各卷册的索引。

6.5 检索举例

6.5.1 检索 ZnS 的禁带宽度

禁带宽度属于半导体性质。

经查，《Landolt-Börnstein》新编书目表第 III 辑：凝聚物质，卷 17、22、41 卷名均为半导体。从内容看，ZnS 因属于 II-VI 族化合物，应在卷 III/17b、卷 III/22a 和卷 III/41b 中。

NSIII/17b 分卷名为 "Physics of II-VI and I-VII Compounds, Semimagnetic Semiconductors"，1982 年出版。II-VI 族化合物包括 Mg、Ca、Sr、Ba 与 O 的化合物；Zn、Cd、Hg 与 O、S、Se、Te 的化合物。

有关目录如下：

Table of contents

A. **Introduction**
  1. List of symbols
  2. List of abbreviations
  3. Conversion tables

B. **Physical data of semiconductors Ⅱ**
  3. Ⅱ-Ⅵ Compounds
    ……
    3.6 Zinc sulfide (ZnS) ·················· 61
      3.6.1 Electronic properties
      3.6.2 Impurities and defects
      3.6.3 Lattice properties
      3.6.4 Transport properties
      3.6.5 Optical properties
      3.6.6 Further properties
      3.6.7 References for 3.6 ·················· 115

禁带宽度在 Electronic properties 中，摘录如下：

Physical property	Numerical value	Experimental conditions	Experimental method, remarks	Ref.

3.6 Zinc sulfide (ZnS)
3.6.1 Electronic properties
A. Cubic modification

Band structure: Fig. 1, Brillouin zone: Fig. 2 of 3.0, density of states: Fig. 2 (for the valence band density of states, see also the photoemission spectra of Figs. 3 and 4). Experimental results have proved that the valence bands contain p-type states coupled with 3d Zn-states. Taking spin-orbit splitting into account the state Γ_{15v} splits into Γ_{8v}, and Γ_{7v}; further splitting into A, B, C levels is achieved by the crystal field (Fig. 5).

energy gap (in eV):

		$T[K]$		
$E_{g,dir}(\Gamma_{15v}-\Gamma_{1c})$	3.56	300	absorption	64S1
	3.70	RT	reflectivity	74F
$E_{g,dir}(\Gamma_{8v}-\Gamma_{6c})$	3.74	295	reflectivity (the two values differ by	77T2
$(\Gamma_{7v}-\Gamma_{6c})$	3.68		the spin-orbit splitting energy)	
	3.76	298		65C1
	3.66			
	3.74	RT		67B1
	3.68			
	3.85	19		77T2
	3.78			

temperature and pressure dependence of energy gap (see also Figs. 6, 7):

dE_g/dT	$-6.2 \cdot 10^{-4}$ eV K^{-1}		calculated	73T1
	$-4.7 \cdot 10^{-4}$ eV K^{-1}		reflectivity	75C
	$-5.3 \cdot 10^{-4}$ eV K^{-1}		reflectivity	76W
dE_g/dp	$5.7 \cdot 10^{-6}$ eV cm^2 kg^{-1}	RT	reflectivity	76W

ZnS 有两种变体：Cubic modification（立方变体）和 Hexagonal modification（六方变体）。这里是 Cubic modification 部分，给出了 energy gap（禁带宽度），其单位是 eV（电子伏特）❶，并给出了 Temperature and pressure dependence of energy gap（温度和压力对禁带宽度的影响）。Hexagonal modification 部分在第 63 页，这里不再给出。

表中物理量的符号见前面的 List of symbols；缩写见前面的 List of abbreviations，例如表中的 RT 代表 room temperature（室温）。

Ref.（参考文献 Reference 的缩写）一栏下面的 64S1，74 F……是文献代号，这是在《Landolt-Börnstein》中的表示法之一。

拉丁字母前面的数字代表年份，是 20 世纪的年份，如 64 代表 1964 年，74 代表 1974

---

❶ 禁带宽度亦称 gap energy，其单位为 J 或 eV，1eV＝（1.60217733±0.00000049）×10^{-19} J，见 GB 3102·13—93[20]。

年。其后的字母代表论文第 1 作者姓氏的第 1 个字母,如果几篇论文年代相同、作者字母相同,其后再用数字 1、2 等加以区分。

由 115 页的 References for 3.6 按顺序查得:

64S1 Soref, R. A., Moos, H. W. J. Appl. Phys. **35**（1964）2152
74F Firsova, M. M. Fiz. Tverd. Tela, **16**（1974）54, Sov, Phys. Solid State (English Transl.) **16**（1974）35

Soref, R. A. 等的论文发表在《Journal of Applied Physics》（《应用物理杂志》）1964 年 35 卷 2152 页。J. Appl. Phys. 是该杂志的缩写。

Firsova, M. M. 的论文发表在一前苏联杂志上。Fiz. Tverd. Tela 是俄文杂志拉丁文音译的缩写,音译全称为《Fizika Tverdogo Tela》,其俄文原文为《Физика Твёрдого Тела》（《固体物理》）。此杂志有英文译本,英译本杂志名称为《Soviet Physics—Solid State》（《English Translation》）,美国《化学文摘》对此英译本的缩写为 Sov. Phys. Solid State (Engl. Transl.)。作者拉丁字母姓名为 Firsova, M. M.,俄文姓名为 Фирсова, М. М.。如读者欲阅读俄文原文时,可参阅 Фирсова, М. М.: Физика Твёрдого Тела, **16**（1974）54；看英译文时参阅 Firsova, M. M. Soviet Physics—Solid State (English Translation) **16**（1974）35。俄、英文本年代、卷序号相同,只有页码不同。俄文人名、杂志名由拉丁文音译如何回译成俄文在第 14 章专门介绍。

在 "energy gap (in eV)" 前后提到的图,如 Fig.1、Fig.6 等,见该分卷后面第 359~386 页。

此外,读者如果想看《Landolt-Börnstein》中是否还有 ZnS 禁带宽度的其他文献资料,还可查阅 NSⅢ/22c、NSⅢ/41b,这里就不作介绍了。

6.5.2　检索二甲硫醚的键长和键角

(1) 从《物理化学手册》检索

姚允斌编《物理化学手册》中"四、键长和键角"。其下的"2. 有机物分子中的键长和键角"从第 143 页开始,经查,在第 158 页给出二甲硫醚❶的键长（Å）❷ CS 1.82±0.01,键角 CSC＜180°。

手册中没有给出原始文献,但在第 119 页说明"表中键长和键角数值","有机物摘自:G. W. Wheland:《Resonance in Organic Chemistry》,1955"。

手册虽然给出了丁二甲硫醚中 C—S 键长,但缺少 C—H 键长,而且 C—S—C 的键角笼统给出＜180°,范围太大。

(2) 从《Beilstein 手册》检索

二甲硫醚是甲硫醇（CH_3SH）的官能团衍生物,甲硫醇则是甲醇（CH_3OH）的氧属元素同系物。所以应到索引化合物甲醇下去查找,无环羟基化合物在卷 1。经查卷 1 正编至第 4 补编累积索引,可知二甲硫醚在《Beilstein 手册》卷 1 的 H 288；EⅠ 144；EⅡ 276；EⅢ 1214；EⅣ 1275。

在 EⅢ 1214 Dimethylsulfid $C_2H_6S=(CH_3)_2S$ 条目下的 Physikalische Eigenschaften（物理性质）中有 Atom-Abstand（原子距离）C—H: 1,06Å, C—S: 1,82Å [Elektronenbeugung（电子衍射）] (BROCKWAY, JENRINS, *Am, Soc.* **58** [1936] 2040)。

(3) 由《CRC 化学和物理手册》检索

查目录在 Section 9 Molecular Structure and Spectroscopy 下第 3 节为 Structure of Free Molecules in the Gas Phase（气相中自由分子的结构）,在第 9-19 页。

---

❶ 原手册中称为"二甲硫"。
❷ 旧长度单位 Å（埃）不是 SI 制单位,1Å=0.1nm。

表头分为 4 栏：Compounds、Structure、Bond distances in Å and angles in degrees 和 Method.

在第 **9**-38 页查到 Dimethyl salfid $(CH_3)_2S$，给出键长和键角数据为：

C—S	1.802	C—H	1.090
∠CSC	98.80	∠HCH	109.3

方法栏中给出 ED．MW。

经查第 **9**-19 页，有：

  ED——Gas phase electron diffraction（气相电子衍射）

  MW——Microwave spectroscopy，including both measurements in bulk gases and molecular beams（微波光谱，包括大量气体和分子束两种测量结果）

（4）由《Landolt-Börnstein》新编检索

经查，《Landolt-Börnstein》新编书目表在"第Ⅱ辑：分子和自由基"中的"卷 7（Ⅱ/7）：自由多原子分子的结构数据"卷名为：

Band 7/Volume 7
Strukturdaten freien mehratomiger Molekeln
Structure Data of Free Polyatomic Molecules

有关目录如下：

1 Indroduction—Einleitung ………………………………………………… 1
2 Inorganic molecules—Anorganische Molekeln …………………………… 15
3 Organic molecules—Organische Molekeln ……………………………… 108

有机化合物分子式按 Hill 式排列。

在 205 页找到编号为 300 的二甲硫醚，其著录格式如下：

300 C_2H_6S Dimethyl sulfide C_{2v}
MW

r_s	Å			θ_s	deg
C—S	1.802(2)			C—S—C	98.9(2)
C—H_a	1.091(5)$^{a)}$			H_a—C—H_a	109.5(3)
C—H_s	1.091$^{a)}$			H_a—C—H_s	109.6(3)
Atom	a_i[Å]	b_i[Å]	c_i[Å]	H—C—H	109.6$^{b)}$
S	0.0	0.5892	0	S—C—H_a	110.75
C	±1.3692	−0.5828	0	S—C—H_s	106.6
H_s	±2.2861	−0.0081	0	$2\theta^{c)}$	104.4(3)
H_a	±1.3392	−1.2114	±0.8909		

$^{a)}$ Distance C—H_a = C—H_s assumed.
$^{b)}$ Average value.
$^{c)}$ 2θ denotes the angle between the symmetry axes of the two methyl groups.
Pierce, L., Hayashi, M.; J. Chem. Phys. **35** (1961) 479.
MW: Rudolph, H. D., Dreizler, H., Maier, W.: Z. Naturforsch. **15a** (1960) 742.

可见，这里给出的键长、键角数据比前面查到的全面得多，可以满足我们的要求。

表格中符号和缩写所代表的意义可查阅前面第 14 页的"List of symbols and abbreviations"（符号及缩写表）。

例如：MW 代表 Microwave spectroscopy

r_s 代表 Distance between effective nuclear position derived from isotopic differences in rotational constants

θ 代表 Bond angle; for indexes, see r

但是有的缩写没有给出，可能是考虑读者是应当知道的。例如 deg 应是代表 degree（角度），C_{2v} 是点群的符号之一。

6.5.3 检索 $Ca(NO_2)_2$-H_2O 系统相图

盐-水系统相图主要是盐的溶解度曲线,其次是水的凝固点降低曲线。盐自水溶液中析出时,视温度的不同,可能含有不同的结晶水。

(1) 由法国《新无机化学全书》(Nouveau Traité de Chimie Minérale)**检索**

Tom Ⅳ(卷 4)卷名为 Groupe Ⅱ:Glucinium[❶]-Magnésium-Calcium-Strontium-Baryum-Radium(第Ⅱ族:铍-镁-钙-锶-钡-镭)

书后有 Index Alphabétique et Table Analytique des Matières(字顺索引和物质纲目表)。由 Index alphabétique 在 961 页,可找到:

Calcium
— (Nitrite),443

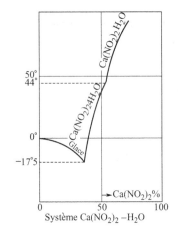

Fig. 9

若由 Table analytique des matières,在 972 页 Calcium 栏目下有:

Combinaisons avec l'Azote 439

即"与氮的化合物"从第 439 页开始,往后在第 443 页找到 Nitrite de calcium $Ca(NO_2)_2$,第 444 页给出:

Les domaines de stabilité des hydrates ont été déterminés par Oswald ([68]) qui a trouvé un eutectique glace-tétrahydrate à $-17°5$ et 35 p. 100 $Ca(NO_2)_2$ et un point de transition tétrahydrate-monohydrate à $44°±2$ et $53,5±1$ p. 100 $Ca(NO_2)_2$. L'ensemble du diagramme est donné dans la figure 9. [水合物的稳定范围已被 Oswald 测定,他得到冰-四水合物在 $-17.5°$、$35\%Ca(NO_2)_2$ 的低共熔点,和四水合物—一水合物在 $(44°±2°)$ 和 $(53.5±1)\%Ca(NO_2)_2$ 的转变点,整体曲线图如 Fig. 9]。

第 445 页给出了 Oswald 测定的如下数据:

TEMPÉRATURES °C	COMPOSITION $(NO_2)_2Ca\%$	PHASES SOLIDES
$-4°$	16,7	Glace
$-9°3$	25,5	Glace
$-12°5$	29,5	Glace
$-17°5$	35	Glace et $(NO_2)_2Ca.4H_2O$
$-9°5$	36,2	$(NO_2)_2Ca.4H_2O$
$0°$	38,3	$(NO_2)_2Ca.4H_2O$
$18°5$	43	$(NO_2)_2Ca.4H_2O$
$42°$	51,8	$(NO_2)_2Ca.4H_2O$
$44°$	53,5	$(NO_2)_2Ca.4H_2O$ et $(NO_2)_2Ca.H_2O$
$70°$	60,3	$(NO_2)_2Ca.H_2O$
$91°$	71,2	$(NO_2)_2Ca.H_2O$

表中文字:Températures——温度,Composition——组成,Phases solides——固相,Glace——冰,et——和。

$(NO_2)_2Ca$ 即 $Ca(NO_2)_2$,小数点用逗号表示,如 16,7 即 16.7。

第 452 页有 Combinaisons avec l'azote——Bibliographie(与氮的化合物——参考书目),在第 453 页得:

(68) Oswald. *Ann. Chim.* **1**-32-1914

[❶] Glucinium 是第 4 号元素铍的旧称。此元素现在的法文名为 Béryllium。

(2) 由《Gmelin 手册》检索

$Ca(NO_2)_2$ 由 Ca、N、O 三种元素组成，Gmelin 系统号分别为 Ca，28；N，4；O，3。故应到《钙》的化合物"钙与氮"中查找。由 Gmelin 书目表得知应在《钙》B2 卷中。该卷用德文。查该卷目录：

Calcium und Stickstoff（钙与氮）
Calciumnitrit $Ca(NO_2)_2$ ··· 338
        Das System $Ca(NO_2)_2$-H_2O ··· 339

或者查《分子式索引》。为此，先要将亚硝酸钙写成经验式 CaN_2O_4。应在《分子式索引》卷 7 C_{24}-Ca。在第 260 页查到：

CaN_2O_4
  — … $Ca(NO_2)_2$ systems：
        $Ca(NO_2)_2$-H_2O ·································· 28（Ca）：Hb/B2-339

28（Ca）：Hb/B2-339 中 28（Ca）表示系统号 28，元素 Ca；Hb/B2 表示正编 B 辑卷 2；339 表示页码。

我们据此可在《钙》正编 B 辑卷 2 第 339 页查到如下内容：

Das System $Ca(NO_2)_2$-H_2O

Als Bodenkörper treten Eis，$Ca(NO_2)_2 \cdot 4H_2O$，$Ca(NO_2)_2 \cdot H_2O$，und $Ca(NO_2)_2$ auf. Invariante Punkte (Übergangspunkte) gemäß Fig. 32：A（Eutektikum）bei—20°，34.2 Gew.-% $Ca(NO_2)_2$，Bodenkörper Eis + $Ca(NO_2)_2 \cdot 4H_2O$；B bei 34.6°，55.05 Gew.-% $Ca(NO_2)_2$，Bodenkörper $Ca(NO_2)_2 \cdot 4H_2O + Ca(NO_2)_2 \cdot H_2O$；C bei 129°，71.0 Gew.-% $Ca(NO_2)_2$，Bodenkörper $Ca(NO_2)_2 + Ca(NO_2)_2 \cdot H_2O$. Eine gesätt. Lsg. von der Zus. des Monohydrats siedet unter Atm.-Druck bei 133° unter Zers.；gesätt. wss. Lsgg. lassen sich stark unterkühlen und sind dann sehr viscos，J. BUREAU (*Ann. Chim.* [11] 8 [1937] 1/142，111；*C. r.* **201** [1935] 67/69)；s. hierzu auch M. OSWALD (*Ann. Chim.* [9] **1** [1914] 32/112，65).

$Ca(NO_2)_2$-H_2O 系统图（Fig.32）如下：

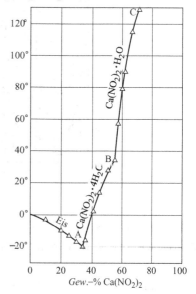

Fig. 32   Das System $Ca(NO_2)_2$-H_2O

文字中用了很多缩写，如：Gew.-%代表 Gewichtprozent（重量百分数）❶，gesätt. 代表 gesättigt（饱和的），Lsg. 代表 Lösung（溶液），Zus. 代表 Zusammensetzung（组成），Atm. 代表 Atmosphäre（大气），Zers. 代表 Zersetzung（分解），wss. 代表 wässerig（含水的），Lsgg. 代表 Lösungen（溶液）❷，s. 代表 siehe（见）。图中 Eis 意为冰。

文中主要给出了图中 A（低共熔点）、B 和 C（均为转变点）三点的温度、组成及平衡固相。

数据来自 J. Bureau。给出两篇文献，第 1 篇中"*Ann. Chim.*"是法国杂志《Annales de Chimie》（《化学年报》）的缩写；"[11] **8** [1937]"中的 **8** 是卷号，1937 是年代，该杂志将若干卷分为一个 Série（辑），那时每 30 卷为一辑，[11] 代表第 11 辑；"1/142，111"中 1/142 为该论文的起止页数，111 是所引资料在论文中的页数。

第 2 篇 "*C. r.*" 是法国《Comptes Rendus Hebdomadaires des Séances de l'Académie des Sciences》（《科学院会议周报》）的缩写。这是《Gmelin 手册》中的缩写，一般来说应

---

❶ 这一物理量是旧的表示法，现在应称为质量分数，符号 w。图中坐标应是质量分数的 100 倍。
❷ Lösungen 是 Lösung 的复数，Lösung 缩写为 Lsg.，Lösungen 缩写为 Lsgg.，即重复最后一个字母。

缩写为 Compt. Rend.。

第 1 篇论文讨论了 15 种亚硝酸盐，第 2 篇论文只讨论了亚硝酸钙。

文中也提到了 M. Oswald 的论文，给出了原始文献但没有介绍其中的数据。

(3) 由《Landolt-Börnstein》检索

由第 6 版书目知，"溶解平衡"在卷Ⅱ第 2 分卷 b 册和 c 册，用德文书写。Ⅱ/2b 有关目录如下：

2226　**Lösungsgleichgewichte**（溶解平衡）
　22263　**Lösungsgleichgewichte von festen und flüssigen Stoffen in Flüssigkeiten**（固体和液体物质在液体中的溶解平衡）
　　222630　Vorbemerkungen（前言） ·· 3-1
　　222631　Lösungsgleichgewichte anorganischer Stoffe in Wasser（无机物在水中的溶解平衡）
　　　　　　　　　　　　　　　　　　　　　　　　　　　　　　　　　　 3-5
　　　Ⅰ　Lösungsgleichgewichte (äußerer Druck ca. 1atm)［溶解平衡（外压约 1 大气压）］ ··· 3-5
　　　　A　Binäre Systeme（二元系统） ·· 3-5
　　　　B　Ternäre und höhere Systeme（三元和更多元系统） ···················· 3-175

我们从 3-5 页查起。按化合物的排列规律，在 3-73 页查到：

$$\text{Ca(NO}_2)_2 \text{ Calciumnitrit (Abb. 114)}$$

　▲ Ep. Eis＋Ca(NO$_2$)$_2$·4H$_2$O　　　　　　−20,0℃　　34,20Gew.-％Ca(NO$_2$)$_2$
　▲ Üp. 4H$_2$O→1H$_2$O　　　　　　　　　　　＋34,6℃　　55,05Gew.-％Ca(NO$_2$)$_2$
　　　　　▽　Oswald, M.: Ann. Chimie[9]**1**(1914)66.
　　　　　▲　Bureau, J.: Ann. Chimie[11]**8**(1937)111.

括号中的 Abb. 是 Abbildung（插图）的缩写，Abb. 114 如下：

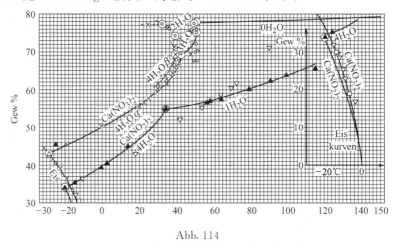

Abb. 114

为了节省篇幅，将 Ca(NO$_2$)$_2$ 和 Ca(NO$_3$)$_2$ 的实验点绘在同一幅图中。图中 Eis-kurven 意为冰点曲线，即盐水溶液的凝固点（析出冰）降低曲线。Gew％小于 36 的曲线在图的右侧。

《Landolt-Börnstein》对 Ca(NO$_2$)$_2$-H$_2$O 系统引用了两篇文献。在图中标记为▽的点为 Oswald 的实验值，标记为▲的点为 Bureau 的实验值。可以看出，图中的曲线是以 Bureau 的结果连接的。

经查 3-1 页 Vorbemerkungen（前言），查得文中 Ep、Üp 的含义：

Ep.　　Eutektischer Punkt，Eis (kryohydratischer) Punkt (binäres auch ternäres Eutektikum)
　　　［低共熔点，冰（低共熔冰盐结晶）点（二元及三元低共熔混合物）］

Üp.　　Übergangspunkte in den Lösungsgleichgewichten von einem Bodenkörper in einen zweiten (nonvariant in Systemen mit n-Komponenten nur bei Anwensenheit von insgesamt $n+2$ Phasen) 在溶解平衡中从一种固体变成另一种固体的转熔点（在 n 组分系统中仅共有 $n+2$ 个相存在时才不变）

低共熔点、转熔点均在图中用▲表示，两者对应的温度、组成均在文字中给出。

Ep. 后的 Eis+Ca(NO$_2$)$_2$·4H$_2$O 意为低熔冰盐合晶为冰+Ca(NO$_2$)$_2$·4H$_2$O；Üp. 后的 4H$_2$O⟶1H$_2$O 应代表在熔化时发生如下的变化：Ca(NO$_2$)$_2$·4H$_2$O⟶Ca(NO$_2$)$_2$·H$_2$O。

(4) 从《无机和有机金属化合物的溶解度》检索

《Solubilities. Inorganic and Metal-organic Compounds》4th ed. 由 William F. Linke 编，共两卷：Volume I A-Ir, Van Nortrand Company, Inc. Princeton, 1958；Volume II K-Z, American Chemical Society. Washington, 1965。

由卷的 Subject Index 查到：

Ca(NO$_2$)$_2$

    in H$_2$O ·· 615

结果如下：

CALCIUM NITRITE Ca(NO$_2$)$_2$ NO

SOLUBILITY IN WATER

Results of Bureau, 1935, 1937
The figures in parentheses show the densities of the saturated solutions   Results of Oswald, 1914

t^0	Gms. Ca(NO$_2$)$_2$ per 100 gms. sat. sol.	Solid Phase	t^0	Gms. Ca(NO$_2$)$_2$ per 100 gms. sat. sol.	Solid Phase
−3.75	10.0	Ice	−4	16.7	Ice
−9.05	19.85	"	−9.3	25.5	"
−13.0	25.6	"	−12.5	29.5	"
−16.8	30.0	"	−14.5	32.0	"
−20.0(Eutec.)	34.2	"+Ca(NO$_2$)$_2$·4H$_2$O	−17.5(Eu.)	35.0	"+Ca(NO$_2$)$_2$·4H$_2$O
−15	35.4	Ca(NO$_2$)$_2$·4H$_2$O	−9.5	36.2	Ca(NO$_2$)$_2$·4H$_2$O
0(1.362)	39.01	"	0	38.3	"
+2.8	40.4	"	+1.6	42.3	"
14.0	44.85	"		(d$_{16}$=1.4205)	"
18.0(1.427)	45.8	"	18.5	43.0	"
28	50.7	"	42	51.8	"
34.6(tr. pt.)	55.05	"+Ca(NO$_2$)$_2$·H$_2$O	44	53.5	"+Ca(NO$_2$)$_2$·2H$_2$O
56.8(1.535)	56.25	Ca(NO$_2$)$_2$·H$_2$O	54	55.2	Ca(NO$_2$)$_2$·2H$_2$O
58.0	57.15	"	64	58.4	"
64.7(1.560)	57.78	"	70	60.3	"
79.5(1.577)	60.2	"	73	61.5	"
90.0	62.5	"	91	71.2	"
99.5(1.651)	64.1	"			
115.	65.7	"			
128. (tr. pt.)	71.0	"+Ca(NO$_2$)$_2$			
129	86.4	Ca(NO$_2$)$_2$			

(5) 说明

① 在《国际评选数据表》(ICT) 卷 4 第 230 页给出了 Ca(NO$_2$)$_2$ 在 10 个不同温度下于水中的溶解度数据，所引的参考文献为 Oswald 在 1914 年的论文。经分析、计算、对比可知，这些数据是经过整理并换算的，而且转变温度还与 Oswald 的值不同，故这里不再列出，读者感兴趣时可查阅 ICT 或参见《化学化工文献检索与利用》[5] 第 222 至 225 页。

② 法文《新无机化学全书》出版于 Bureau 论文发表之后，却未提及他的论文。对 Oswald 的实验结果列出了绝大部分数据，并绘出了 Ca(NO$_2$)$_2$-H$_2$O 的相图。书中亚硝酸钙分子式的写法为 (NO$_2$)$_2$Ca。

德文《Gmelin 手册》按 Bureau 的实验绘出 Ca(NO$_2$)$_2$-H$_2$O 的相图，曲线上共标出了 15 个点，而没有列出实验数据。给出了低共熔点及两个晶体的转变点。与 Oswald 的对比如表 6.1 所示。

表 6.1　Oswald 和 Bureau 的三相点对比

三相点	Oswald		Bureau	
	$t/℃$	$100w$	$t/℃$	$100w$
低共熔点	−17.5	35	−20	34.2
$Ca(NO_2)_2 \cdot 4H_2O \rightleftharpoons Ca(NO_2)_2 \cdot H_2O + 3H_2O$	44	53.5	34.6	55.05
$Ca(NO_2)_2 \cdot H_2O \rightleftharpoons Ca(NO_2)_2 + H_2O$			129①	71

① 这是《Gmelin 手册》中给出的温度，从（4）中给出的数据可知，Bureau 论文的温度应为 128℃。

其中 w 为溶液中 $Ca(NO_2)_2$ 的质量分数。

因为 Oswald 只测到 91℃，故没有给出：
$$Ca(NO_2)_2 \cdot H_2O \rightleftharpoons Ca(NO_2)_2 + H_2O$$
的转变温度及溶液的质量分数。

③《Landolt-Börnstein》只给出了 Bureau 的低共熔点及在 34.6℃ 的转变点，实验点只绘至 115℃、65.7% $Ca(NO_2)_2$，却没有给出在 128℃ 的转变点，此外未给出其他数据。

但凝固点降低曲线和溶解度曲线虽然是按照 Bureau 的实验绘出，却也同时在图中标出了 Oswald 的某些实验点，以供对比，而且图绘制得很精细，这是其优点。

④《无机和有机金属化合物的溶解度》书中列举了 Oswald 的 16 组数据和 Bureau 的 21 组数据，是这几种工具书中最全的数据。此外还在数据后注明与溶液共存的固相是 Ice（冰），还是 $Ca(NO_2)_2 \cdot 4H_2O$、$Ca(NO_2)_2 \cdot H_2O$ 和 $Ca(NO_2)_2$。但在 Oswald 的数据中，在 44~91℃ 的数据后面注明的固相 $Ca(NO_2)_2 \cdot 2H_2O$ 是错误的，应当是 $Ca(NO_2)_2 \cdot H_2O$。

此外，还用 Eutec. 和 Eu.（Eutectic 的缩写）注明是低共熔点，即冰、固体 $Ca(NO_2)_2 \cdot 4H_2O$ 与溶液共存。还在 Bureau 数据 34.6℃ 和 128℃ 后用 tr. pt.（triple point 的缩写）注明三相点，这是指亚硝酸钙两种不同结晶水的固相与饱和溶液共存时的温度。低共熔点本质上也是三相点。另外在 Oswald 实验数据 44℃ 后也应当注明 tr. pt.，却没有注明。

还有，表头中 Gms. $Ca(NO_2)_2$ per 100 gms. sat. sol. 中 Gms 是 Grams（克）的缩写，sat. sol. 是 satrated solation（饱和溶液）的缩写。也就是每 100g 饱和溶液中 $Ca(NO_2)_2$ 的质量。但对于组成低于低共熔组成的溶液而言，应当理解为这是与固态冰成平衡时溶液的组成，但在此温度下，溶液对 $Ca(NO_2)_2$ 并未饱和。例如，Bureau 的数据在低共熔点为 −20℃ 时，饱和溶液中 $Ca(NO_2)_2$ 的 $w=34.2\%$，在 −15℃，$w=35.4\%$。温度升高，溶解度增大，但在 −16.8℃ 与冰共存时溶液的 $w=30.0\%$，这时溶液并未对 $Ca(NO_2)_2$ 达到饱和，这点应当注意。

H. Stephen 和 T. Stephen 等编的《无机和有机化合物的溶解度》(《Solubilities of Inorganic and Organic Compounds》，Oxford：Pergamon Press，1963~1979) 共 3 卷，卷 1 为二元系统，两分卷；卷 2 为三元系统两分卷；卷 3 为无机物的三元和多元系统，三分卷。在卷 1 第一分卷第 247 页可以查到 $Ca(NO_2)_2$-H_2O 系统，No. 633 为 Oswald 的实验数据，共 16 组，No. 634 为 Bureau 的实验数据共 21 组。两个表格均只列出 Solubility（溶解度）、t（温度）数据，No. 634 还列出 d_4^t（相对密度）的数据。这些数据与《无机和有机金属化合物的溶解度》中给出的数据完全相同，但是并没有注明平衡时的固相以及低共熔点、三相点。

⑤ 其他手册中的溶解度数据　从以上工具书中收录的两篇论文的数据，可以看出是有明显的差别的，读者可以在必要时查阅原始文献。国内哪家图书馆收藏有刊载 Oswald 和 Bureau 论文的杂志，可通过《中国科学院西文连续出版物联合目录》查阅，或通过搜索引擎得知，见第 14 章。

这里再介绍第 2 章的两种手册中的数据。

《CRC 化学和物理手册》第 89 版。查 Index 找到：
Solubility
    inorganic compounds，**4**-43 to 101
    inorganic compounds，as function of temperature，**8**-116 to 121，**8**-125

8-116 页起为 Aqueous Solubility of Inorganic Compounds of Verious Temperatures。

表中温度从 0℃ 至 140℃ 每间隔 10℃，另有 25℃ 一栏。最后是 Ref.。溶解度以溶质的质量分数 w_2 表示，表中给出的是 $100w_2$。

在 **8**-117 页查到 $Ca(NO_2)_2$ 的 $100w_2$ 如下：

$t/℃$	0	10	20	25
$100w_2$	38.6	39.5	44.5	48.6

这 4 组数据与 Oswald 和 Bureau 的数据对比是合理的，给出的 Ref. 为 7。在 **8**-116 页共列出 7 种参考文献 Reference，Ref. 7 为：

    Krumgale，B. S.，Mineral Solubility in Water at Various Temperatures. Israel Oceanographic and Limnological Research Ltd.，Haifa，1994.

书名为《不同温度下无机物在水中的溶解度》，但是给出了 $Ca(NO_2)_2$ 在 4 个不同温度下的溶解度数据。从 Oswald 和 Bureau 测出的 $Ca(NO_2)_2 \cdot 4H_2O \longrightarrow Ca(NO_2)_2 \cdot H_2O$ 的转变温度可知，这 4 个温度下的溶液均是与 $Ca(NO_2)_2 \cdot 4H_2O$ 成平衡的。

《Lange 化学手册》第 16 版，查 Index 有：
Solubility
    inorganic compounds，1.18
Solubility of inorganic compounds in water，1.311

1.18 页为 Table 1.3 Physical Constants of Inorganic Compounds. 在 1.27 页找到：
Calcium
    nitrite 4-water

在 Solubility in 100 pants solvent 栏下给出 "84.5g/100mL[18] aq." 也就是给出了在 18℃ 下 100mL 水中的溶解度。

1.311 页为 Table 1.67 Solubility of Gases in Water。

1.316 页为 Table 1.68 Solubility of Inorganic Compounds and Metal Salts of Organic Acids in Water at Various Temperatures（无机化合物和金属的有机酸盐于不同温度下在水中的溶解度）。

表前文字说明 "Solubilities are expressed as the number of grams of substances of stated molecular formula which when dissolved in 100g of water make a saturated solutions"（溶解度表示为所列分子式的物质溶解于 100g 水中形成饱和溶液时的克数）。

对 Calcium nitrite $Ca(NO_2)_2 \cdot 4H_2O$ 共给出 9 个温度下的溶解度值：

温度	0°	10°	20°	30°	40°	60°	80°	90°	100°
溶解度	63.9		84.5[18]	104		134	151	166	178

其中 10℃、40℃ 下的值空缺，20℃ 栏下 84.5 的右上角标有 18°，即 84.5 是 18℃ 下的值。此值与在 Table 1.3 中给出的值相同。然而没有说明这些溶解度值来自何种文献。

按照表前的说明，这些数值应是 $Ca(NO_2)_2 \cdot 4H_2O$ 的质量。

为了与 Oswald 和 Bureau 的实验数据比较，这里将表中的溶解度换算成溶质 $Ca(NO_2)_2$ 的质量分数 w，结果如下：

$t/℃$	0	18	30	60	80	90	100
$100w$	33.74	42.11	49.22	58.86	63.73	67.72	70.73

可见除了 0℃ 的 33.74 值明显偏低外，其余的数值均接近或介于 Oswald 和 Bureau 的结果之间。

需要指出的是：

$$Ca(NO_2)_2 \cdot 4H_2O \rightleftharpoons Ca(NO_2)_2 \cdot H_2O + 3H_2O$$

的转变温度：Oswald 给出为 44℃，Bureau 给出为 34.6℃。在低于此转变温度时，与饱和溶液成平衡的固相应为 $Ca(NO_2)_2 \cdot 4H_2O$，在高于此转变温度时与饱和溶液成平衡的固相则为 $Ca(NO_2)_2 \cdot H_2O$。这在《Lange 化学手册》中反映不出来。当然如果将溶解度数据对温度绘图，会看出曲线在 $t \approx 38℃$、$w = 56\%$ 处有转折点，与 Bureau 测定的值接近。

在第 8 章 8.6.2 检索 $Ca(NO_2)_2$-$Ca(NO_3)_2$-H_2O 系统相图的例子中，查到 Проценко (Protsenko) 和 Медведев (Medvedev) 的论文"25℃下 $Ca(NO_2)_2$-$Ca(NO_3)_2$-H_2O 系统饱和溶液的某些物理化学性质"，其中给出了在 25℃ $Ca(NO_2)_2$ 在水中的溶解度为 49.8%，参见本书第 161 页该论文在美国《化学文摘》中的摘要。

7 美国《化学文摘》

文摘是把散见于各种出版物中的有关文献资料写成摘要,经汇集、分类、编辑而成的刊物。通过文摘可以了解到其中有无所要查找的资料,载于何种出版物,主要内容如何,以便确定是否需要进一步阅读原文。因此,文摘是非常便捷的重要检索工具书。

由于化学、化工类资料是各学科中最丰富的,所以化学文摘较之其他文摘,如数学文摘、物理文摘等,在篇幅上要多得多。同时,由于化学与化工关系密切,化学、化工文摘往往是合在一起编写的,即化学文摘中通常也包括化工文摘。

化学文摘中出版最早的是德国《Chemisches Zentralblatt》(《化学文摘》),创刊于1830年❶,至1969年停刊,共出版了140年,简写作C。

目前最重要的化学文摘是1907年创刊的美国《Chemical Abstracts》(《化学文摘》)。这是收集化学化工文献最全面、使用面最广的化学文摘。

这两种文摘均是专门针对化学和化工等专业编写的文摘,其中也涉及与化学化工密切相关的专业的文摘。

20世纪中叶还出版了三种综合性的文摘杂志,涉及科学和技术的多种领域。

1940年法国出版了检索刊物《Bulletin Signalétique》(《文摘通报》),其中有好多类别属于化学、应用化学、化学工程,或与化工有关。

1953年苏联编辑出版了《Реферативный Журнал》(《文摘杂志》),包括自然科学和技术科学的各个领域。其中《Реферативный Журнал. Химия》(《文摘杂志.化学》)缩写为РЖХим,就是过去通称的《苏联化学文摘》。苏联解体后,文摘杂志名称未变,通称《俄国化学文摘》。

1958年日本编辑出版了《科学技术文献速报》,此速报共12编。其中《科学技术文献速报.化学·化学工业编》即为化学化工文摘。

这三种综合性文摘均摘录了世界各国重要刊物中的文献资料。

我国尚未编写综合性的文摘杂志,只编有一些专业性的文摘。

20世纪在前苏联《Реферативный Журнал. Химия》创刊后的五六十年代,曾将德国《Chemisches Zentralblatt》、美国《Chemical Abstracts》和前苏联的《Реферативный Журнал. Химия》称为三大化学文摘[1]。

由于美国《化学文摘》历史较久,用英文编写,收录文献最多,各种索引齐全,在我国高等院校、科研院所、省市自治区图书馆广有收藏,很多单位从1907年卷1至今连续不断,而且它还有光盘版 CA on CD 及网络版,所以是最重要的化学化工文摘杂志。本章只介绍印刷版美国《化学文摘》。

其他国家的化学化工文摘在下章中介绍。

---

❶ 原称《Pharmaceutisches Central-Blatt》(《药学文摘》),后几次改名,见第8章。

7 美国《化学文摘》

7.1 概述

《Chemical Abstracts》创刊于 1907 年,由美国 Chemical Abstracts Service(化学文摘社,简称 CAS)编辑出版。

CA 收集了 98% 以上的由世界各国用 50 多种文字出版的化学化工文献,还涉及生物、医学、轻工、冶金、材料等有关领域。并称为 "Key to the world's chemical literature"(开启世界化学文献的钥匙)。

CA 在 1907 年出版时,每年 1 卷,至 1961 年为卷 55;1962 年起每年 2 卷,到 2009 年上半年已出版至卷 150。

CA 将所收集的文献写出摘要,按研究领域分类编排,内容的分类有过多次变化。

1967 年卷 66 起,CA 将各种文摘分成 5 个部分共 80 类。

Biochemistry Sections(生物化学部分)(1~20 类)

Organic Chemistry Sections(有机化学部分)(21~34 类)

Macromolecular Chemistry Sections(大分子化学部分)(35~46 类)

Applied Chemistry and Chemical Engineering Sections(应用化学和化学工程部分)(47~64 类)

Physical, Inorganic and Analytical Chemistry Sections(物理化学、无机化学和分析化学部分)(65~80 类)

近年这 80 类的类目可参见 [5、6],[6] 对各类目有详细介绍。

《Chemical Abstracts》每周出版 1 期,半年 26 期为 1 卷。单数期包括 "Biochemistry Sections" 和 "Organic Chemistry Sections" 两大部分(第 1~34 类);双数期包括 "Macromolecular Chemistry Sections"、"Applied Chemistry and Chemical Engineering Sections" 和 "Physical、Inorganic,and Analytical Chemistry Sections" 三大部分(第 35~80 类)。1997 年卷 126 起不论单数期双数期,每期均包括 80 类。2002 年卷 136 起每期分为两个 Part:Part 1 包括第 1~64 类;Part 2 包括第 65~80 类及期索引。

在 CA 的 80 个小类中,每一类下又按论文(包括期刊论文、会议论文、技术报告、学位论文)、新书、专利及参见部分顺序排列。它们之间用短虚线隔开。论文和专利均给出摘要,新书则只列出书名等项目,没有摘要。参见部分写作 For papers of related interest see also Section:(有关文章参见),冒号后面给出小类序号、文摘号及有关标题。这是因为一篇论文可能涉及的不止限于某一小类。参见部分给读者起到提示作用。

CA 除了历史悠久、收集文献丰富之外,编排了各种索引是其另一特色。索引为读者检索提供了方便,这是其他化学类文摘中无法比拟的。

CA 自 1907 年出版至今索引是逐渐完善的,这里不宜介绍索引的演变过程,只着重介绍近二三十年的索引。

按索引覆盖的时间跨度划分,有期索引、卷索引和累积索引。

CA 每期原来未编索引,后来开始编写作者索引等。至今每期后均有 Keyword Index(关键词索引)、Patent Index(专利索引)和 Author Index(作者索引)。

当每卷出齐后,编有该卷的索引,最初只有 Author Index(作者索引)和 Subject Index(主题索引),后来又增加了 Formula Index(分子式索引)等多种索引。并且原 Subject Index(主题索引)又分为 General Subject Index(普通主题索引)和 Chemical Substance Index(化学物质索引)。还有 Patent Index(专利索引)和 Index Guide(索引指南)。

为了检索方便,在 1956 年以前每 10 年,在 1957 年后每 5 年,各编辑有 Cumulative Index（累积索引）❶。例如，第 1 次累积索引包括 1907～1916 年出版的卷 1～10，……第 5 次累积索引包括 1947～1956 年出版的卷 41～50，第 6 次累积索引包括 1957～1961 年出版的卷 51～55，第 7 次累积索引包括 1962～1967 年出版的卷 56～65 等，目前已出版至第 15 次累积索引，包括 2002～2006 年出版的卷 136～145。

累积索引最初也只有作者索引和主题索引，现在累积索引则包括作者索引、化学物质索引、分子式索引、普通主题索引、索引指南、专利索引等。

此外，CAS 还编有 Chemical Abstract Service Source Index（化学文摘社资料来源索引），缩写作 CASSI。这是由 CA 的杂志缩写查找杂志全称以及收藏单位的工具书。

最后，提一下 Chemical Abstracts Service Registry Handbook（化学文摘社登录号手册），可用此手册由登录号得知所对应的化合物。

7.2 文摘的著录格式

通常谈到查阅化学文摘时，包括几方面的含义，即查到所需文摘，读懂文摘，有时要查阅原文。当然有时已知文摘号，就可直接阅读文摘了。

近几年美国《化学文摘》每卷第 1 期开始均有 Introduction（前言），读者在初次使用 CA 或读文摘遇到问题时最好阅读一下这部分内容。

如 2008 年下半年卷 149 的 Introduction 中就举例说明 Serial-publications（连续出版物）、Proceedings and Edited-collections（会议和选集）、Technical Report（技术报告）、Dissertation（博士论文）、New Book and Audio-visuel Material（新书和视听材料）、Electronic Preprint（电子预印本）和 Patent Document（专利文献）等文摘格式逐类逐项给以说明解释。

由于遇到情况最多的是期刊论文及专利，故各举一例加以介绍。

7.2.1 期刊论文

如下所列是在 CA 2001 年卷 135 第 26 期第 78 小类"无机化学品和反应"中的一篇文摘。

135：**380240c Triphosphorus pentaiodide（P_3I_5），a new phosphorus（Ⅲ）halide.** Dillon, K. B.；Xue, B. Y. (Chemistry Department, Science Laboratories, University of Durham, Durham, UK DH1 3LE). *Inorg. Chim. Acta* **2001**, 320（1，2），172—173（Eng），Elsevier Science S. A. The novel phosphorus（Ⅲ）halide $I_2PP(I)PI_2$（P_3I_5）was obtained in soln. as one component of a complex reaction mixt. by two different routes，and characterized by ^{31}P NMR spectroscopy.

135：380240c 是文摘号，135 是卷号，每卷从 1 号开始，此篇是 135 卷的第 380240 号，c 是核对码，有其计算方法，对读者来说不要求掌握。其后的黑体字是论文的题目，译成中文为：五碘化三磷（P_3I_5），一种新的卤化磷（Ⅲ）。

题目后为作者，此篇共二人，姓在前，名在后，二人之间用分号隔开。作者后面括号中是作者的工作单位及地址。若几位作者在不同单位工作，则只给出第一位作者的工作单位及地址。

作者后面斜体字 *Inorg. Chim. Acta*❷ 是载此论文之杂志名称的缩略语，其后黑体字 2001 表示出版年代，320（1，2）表示第 320 卷第 1，2 期，172—173 是论文的起止页码。再后（Eng）表示原文用英文书写。最后，Elsevier Science S. A. 为出版社名。

杂志的缩写可由 CASSI 查得其全称。摘要中的缩略语可由 CA 该卷第 1 期的 Abbreviations and Symbols Used in CAS Publications（在 CAS 出版物中使用的缩略语和符号）查出。例如，本摘要不足三行，使用了两个缩略语。经查，缩写 soln. 应为 solution，mixt. 应为 mixture。

表示文字种类的缩略语只有 20 种：

---

❶ 第 1～5 次累积索引称为 Decennial Index（十年索引），第 6 次累积索引起称为 Collective Index。

❷ 为《Inorganica Chimica Acta》（《无机化学学报》）的缩写。此杂志名为拉丁文。

Bulg（保加利亚文）	Hung（匈牙利文）	Rom（罗马尼亚文）
Ch（中文）	Ital（意大利文）	Russ（俄文）
Croat（克罗地亚文）	Japan（日文）	Slo（斯洛伐克文）
Dan（丹麦文）	Neth（荷兰文）	Span（西班牙文）
Eng（英文）	Norweg（挪威文）	Swed（瑞典文）
Fr（法文）	Pol（波兰文）	Ukrain（乌克兰文）
Ger（德文）	Port（葡萄牙文）	

其他文字不用缩写。

7.2.2 专利

如下所列是在 CA 2001 年卷 135 第 26 期第 63 小类"药物"中的一篇专利文摘。

135：**362534x Antitussive food or pharmaceutical compositions containing plant extracts.** Ueno, Keiichi; Hachimaki, Yoshio; Takizawa, Toshio; Morita, Kayo; Kamei, Akizo (Meiji Seika Kaisha, Ltd., Japan) **Jpn. Kokai Tokkyo Koho JP 2001 316,276** (Cl. A61K35/78), 13 Nov 2001, JP Appl. 2000/57,773, 2 Mar 2000; 10 pp. (Japan). The compns. contain exts. of rosemary (Rosmarinus officinalis) and/or tea tree (Melaleuca alternifolia) or ≥ 1 compds. chosen from cineole, pinene, terpinene, and terpinen-4-ol. A soln. contg. 3% rosemary ext. was orally administered to guinea pigs at 1 mL/kg to show 48.6% inhibition of cough.

135：362534x 为文摘号，已如前述。其后黑体字是专利名称，译成中文为"止咳食品或含植物提取液的药物组成"。发明者共 5 人，括号内为受托者。

Jpn Kokai Tokkyo Koho 表示日本公开特许公报。其后是专利号。JP 是国际标准化组织 ISO 规定的国家和地区的两字母代码中，日本的代码。2001 是年份，316276 是专利号码。括号中是国际专利分类号，其后分别是专利公布日期，专利申请号码及日期，10pp 说明该专利共 10 页。(Japan) 表示日文。国际专利分类号见检索举例 7.5.5 及第 9 章。

7.3 索引

在 CA 的每一期的期索引有 Keyword Index（关键词索引）、Patent Index（专利索引），和 Author Index（作者索引）。

CA 编有多种索引，这里介绍的索引是卷索引、累积索引中的各种索引及其他索引。索引是逐渐完善的，有的还有所变化。这里对几种重要的索引作重点介绍，而对其他的索引只作简单介绍。

读者使用索引前，最好阅读一下该索引的 Introduction（前言），其中详细叙述了索引编排的原则及著录格式。

7.3.1 作者索引（Author Index）

在作者索引中，作者姓在前，名在后，姓和名之间用逗号隔开，按英文字母顺序排列。

同姓的作者，其名字不论是否缩写，均按其名字中首位字母的字顺排列。

带有 M'、Mc 的姓，均将 M'、Mc 按 Mac 对待。

卷索引和累积索引中的作者索引，在作者（若为唯一作者）或作者（作为第一作者）及其合作者之后，给出文摘号及论文题目。非第一作者在其姓名之后指出参见该论文的第一作者姓氏，而不列出文摘号及题目。

团体名称与人名一起按字顺排列。

斯拉夫西里尔文姓名按 CA 的"Transliteration of Slavic Cyrillic Alphabets"（斯拉夫西里尔字母的音译）[1]。

中国人名和海外华人，过去很长时间采用威妥玛音译法，自从中国规定用汉语拼音方案

---

[1] 参见 CA 2001 年卷 135 Author Index 的 Introduction。

拼写姓名以后，国外编写的作者索引中也采用了这一拼写法。

日本姓名音译则采用黑本（Hepburn）式。黑本式见第 14 章。

7.3.2 化学物质索引（Chemical Substance Index）

从 1972 年卷 76 开始，将原来的 Subject Index（主题索引）分成两部分：一为 Chemical Substance Index（化学物质索引），一为 General Subject Index（普通主题索引）。

化学物质索引中包含所有被美国化学文摘社登录的化学物质，每种这样的物质都有一个登录号，被称为化学文摘社登录号。即 Chemical Abstract Service Registry Number，简写作 CAS RN。

一种确定的物质，无论是系统名还是异名、俗名、商品名，其化学文摘社登录号是唯一不变的。在本书第 2 章我们就讲到了 CAS RN。

化学物质索引中含有：所有已知元素和化合物（包括它们确定的和不确定的衍生物），已知金属的合金，已知的矿物（与岩石不同），已知化合物的混合物和聚合物，已知抗生素、酶、激素、蛋白质和多糖，最基本粒子，以及用字母数字和商品名表示的物质。

由化学物质索引检索、查找化合物时有其规律，这里只举两例，供使用时参考。

如查找硝酸钙 $Ca(NO_3)_2$，其英文名称为 Calcium nitrate。但我们在化学物质索引中按 Calcium nitrate 却找不到，而此化合物是在 Nitric acid（硝酸）标题下，在 compounds（化合物）栏目下，找到 Calcium salt（钙盐）。

又如，另一化合物：

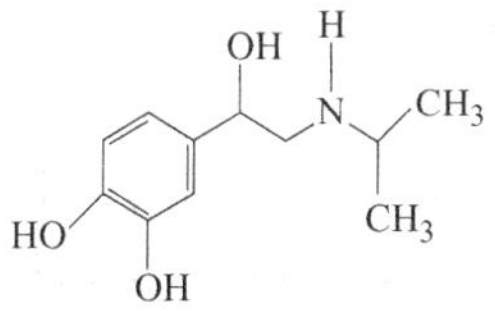

在 CA 中的英文名为 4-[1-Hydroxy-2-[(1-methyethyl)amino]ethyl]-1,2-benzenediol，中译名为 4-[1-羟基-2-[(1-甲基乙基)氨]乙基]-1,2-苯二酚。

在查找化学物质索引时，要先查出其母体 1,2-苯二酚，然后在该母体下找取代基。即先查 1,2-Benzenediol，再在此母体下找 4-[1-hydroxy-2-[(1-methylethyl)amino]ethyl]-，即可找到所需的化合物。

7.3.3 普通主题索引（General Subject Index）

普通主题索引所包含的内容为：物质的种类，不完全确定的物质，岩石（与矿物不同），物理化学概念和现象，各类反应，工程和工业设备及过程，生物化学和生物题材（具体生物化学制品除外），以及动植物俗名和学名等。

7.3.4 分子式索引（Formula Index）

应当说，化学物质索引和普通主题索引是最重要的两种索引，其次才是分子式索引。但读者有时更喜欢查阅分子式索引。这是因为对于有机化合物，往往知道其组成、结构及分子式，但不知其英文名称，从化学物质索引查找时不好下手。在由分子式索引查阅时，尽管同一分子式下会有很多种化合物，但可以用自己掌握的英文有机化合物命名常识去找到它。当然，这样做有时是很困难的。

现在在手册中分子式几乎均采用 Hill（希尔）式，CA 分子式索引也采用 Hill 式。

Hill 式规定：含 C 的化合物，先列 C，其次是 H（如果有的话），然后其他元素按元素符号的字母顺序排列；不含 C 的化合物，完全按各元素符号的字母顺序排列。

这里需要作几点简单说明。

酸、醇等金属盐中的金属原子，与碱性母体成盐的酸，均不计算在分子式中，这些化合物应到相应母体分子式栏下去查找。如：

$C_2H_4O_2$
  Acetic acid
    aluminum salt

$C_5H_{11}NO$
  2-Butanone, 1-amino-3-methyl-hydrochloride

前者，乙酸铝在乙酸分子式下乙酸栏下可找到；后者，1-氨基-3-甲基-2-丁酮盐酸盐在1-氨基-3-甲基-2-丁酮分子式下、该化合物栏下可找到。

对共聚化合物，要在每个单体下查找与另一单体的共聚物。

对分子加成化合物，要在各加成反应物分子式下查找。

7.3.5 专利索引（Patent Index）

专利索引原分为 Numerical Patent Index（专利号索引）和 Patent Concordance Index（专利对照索引）。从 1981 年第 94 卷起，将两者合并为 Patent Index（专利索引）。

专利号索引只列出专利国别、专利号、该专利在 CA 中的文摘号。在得知专利号后可通过此索引阅读文摘。

当一项发明在几个国家申请专利时，其内容相同，专利号不同，属于等同专利。通过专利对照索引可以查阅这一专利在不同国家的专利号之间的对应关系，但只在原始专利号后给出 CA 文摘号。

合并后的专利索引还给出了相关专利。将等同专利和相关专利与文摘专利排列在一起，成为同族专利。

专利用代码现在采用国际标准化组织（ISO）1974 年公布的 ISO 3166—1974（E）❶规定了国家和地区的二字母代码[34]。在 Patent Index 的 Introduction 给出了三十几个国家、地区和国际组织的代码及专利类别，可供查阅。

这里给出一些主要国家和组织的代码：

AU（澳大利亚）	EP（欧洲专利组织）	RO（罗马尼亚）
BE（比利时）	ES（西班牙）	RU（俄罗斯）
CA（加拿大）	FR（法国）	SE（瑞典）
CH（瑞士）	GB（英国）	US（美国）
CN（中国）	JP（日本）	WO（世界知识产权组织）
DE（德国）	NL（荷兰）	ZA（南非）
DK（丹麦）	PL（波兰）	

7.3.6 索引指南（Index Guide）

索引指南是指导读者如何正确使用普通主题索引和化学物质索引的工具，读者在应用普通主题索引和化学物质索引遇到困难时，阅读索引指南即可解决大部分问题。

例如，要查阅主题词 Superheating（过热），但在普通主题索引中没有，经查索引指南，给出：

Superheating
  See *Heating*, super-

又如冷冻剂氟利昂 22 是一种化学物质，其英文名为 Freon 22，但这不是化学名称，通过查索引指南：

---

❶ 现已出版了 ISO 3166—1993（E）。

Freon 22
　　See *Methane*，*chlorodifluoro-*〔75-45-6〕
然后到化学物质索引中按如上给的化学名即可查到。

7.3.7　化学文摘社资料来源索引（Chemical Abstracts Service Source Index）

Chemical Abstracts Service Source Index 缩写为 CASSI。CASSI 主要的功能在于，通过其所采用杂志的缩写可知杂志的全称以及美国各州主要图书馆和世界上加拿大、德国、法国、英国、日本、瑞士等 28 个国家共 70 个图书馆对杂志的收藏情况，对中文、日文、俄文等杂志在刊名后用括号注出该杂志的英文译名。

1970 年首次出版了 1907～1969 年的累积索引，以后每 5 年出版一次从 1907 年起的累积索引。最近出版的是 1907～1999 年的累积索引（Cumulative），此索引共分三册：

　　Part 1　　A—Growth Horm H…
　　Part 2　　Growth Horm I…—Plati…
　　Part 3　　Plat S…—Z，plus Numerics

如果读者所在单位没有最新的累积索引时，查阅以前的累积索引也可解决绝大部分杂志的缩写问题。

CASSI 对中文、日文杂志不用缩写，对欧美各种文字的杂志采用缩写。CASSI 对杂志按缩写字母的顺序排列，缩写字母用正黑体，被省略的字母用斜白体，黑白体合在一起就构成了杂志的全称。以美国化学会志（Journal of the American Chemical Society）为例，在 CASSI 上排作 **J**ournal *of the* **Am**erican **Chem**ical **Soc**iety. 它的缩写就是 J. Am. Chem. Soc.。所以我们今后使用 CASSI 由杂志的缩写查阅时，只按黑体字母的顺序查阅即可。

下面以中国化学方面最高水平刊物《化学学报》为例说明 CASSI 中对杂志的著录格式：

　　Huaxue Xuebao. HHHPA4. ISSN 0567−7351.（Journal of
　　Chemistry）(Continues in pt J. Chin. Chem. Soc. (Peking)). In Ch; Ch,
　　Eng sum; Eng tc. v19 n3 1953—v32 n3 Je 1966; v33 n1 Aug. 1975＋.
　　〔Susp. July，1966—July. 1975.〕*m* **56 1998**. *China Int Book Trading Corp.*
　　　HUA HSUEH HSUEH PAO. SHANGHAI
　　　Doc. Supplier CAS.

Huaxue Xuebao 是《化学学报》的汉语拼音，其后 HHHPA4 是杂志的代码，ISSN 是国际标准刊号 International Standard Serial Number 的缩写。0567-7351 为《化学学报》的国际标准刊号。括号中 Journal of Chemistry 是 CA 对《化学学报》的英文译注。Continues in pt J. Chin. Chem. Soc. 说明《化学学报》是继续中国化学会志的❶。In Ch 表明杂志为中文，Ch，Eng Sum 表示有中文、英文摘要。Eng tc. 表示有英文目录。v19 n3 1953—v32 n3 Je 1966 表示 1953 年卷 19 第 3 期至 1966 年 6 月卷 32 第 3 期，v33 n1 Aug 1975＋意为 1975 年 8 月卷 33 第 1 期起，方括号中 Susp July，1966-July. 1975 是说 1966 年 7 月至 1975 年 7 月停刊。*m* 代表月刊（即每月出版一期），**56 1998** 表示至 1998 年已出版至 56 卷。最后 China Int Book Trading Corp. 代表中国国际图书贸易公司。

Doc Supplier CAS 下为美国及其他国家图书馆对该杂志的入藏情况，这里没有列出。入藏的大学、图书馆均用缩写，这些缩写可由 CASSI 前面的 Directory of Holding Libraries（入藏图书馆名录）中查得。

现在 CA 对中文杂志均采用汉语拼音，但过去很长时间采用威妥玛方案拼写。如《化学

---

❶　第 1 章曾说明"中国化学会志"更名为"化学学报"。

学报》过去用威妥玛方案拼作 Hua Hsueh Hsueh Pao，由于《化学学报》封面还用拉丁文写作 Acta Chimica Sinica（《中国化学学报》），所以 Hua Hsueh Hsueh Pao 和 Acta Chimica Sinica 这两条目在 CASSI 中也均列出如下：

Hua Hsueh Hsueh Pao. See Huaxue Xuebao
Acta Chimica Sin*ica*（Chin*ese* Ed*ition*）．See **Huaxue Xuebao**

7.3.8 化学文摘社登录号手册（Chemical Abstracts Service Registry Handbook）

1969～1971 年卷 71～75 出版了 Registry Number Index（登录号索引），此后改名为 Chemical Abstracts Service Registry Handbook。

美国化学文摘社对每一种确定的化学物质均给予一个 Registry Number（登录号）。登录号由三组数字组成，它们之间用短线隔开。第一组数字为 2～6 位数，第二组数字为 2 位数，第三组数字为 1 位数。

本书第 2 章在介绍《CRC Handbook of Chemistry and Physics》时，已经遇到过 CAS RN（化学文摘社登录号），现在很多工具书都附有化学文摘社登录号索引。因为某一确定的化学物质，无论是用系统名还是异名、俗名、商品名，均对应同一个登录号。只要知道了化合物的登录号，利用登录号索引，无论工具书中该化合物用的是什么名称，均可得知该工具书中是否载有此化合物。

化学文摘社登录号手册的 Number Section（号码部分）于 1965～1971 年出版了 7 册。以后从 1972 年起每年出版 Supplement（补编），给出登录号、化合物名称及分子式。

此外，还出版了 Common Names（常用名），分为 Number Section 和 Name Section。后者给出化合物名称、登录号及分子式。

7.3.9 环系索引（Index of Ring Systems）

环系索引只出版过一段时间。

它是按照环的数目、环的大小、环的元素组成来查阅环形化合物母体的名称的。这种索引不给出文摘号，而要配合其他索引来查阅文摘号。

7.3.10 杂原子索引（Hetero Atom in Context Index）

这种索引缩写为 HAIC Index，出版的时间很短。

杂原子是指 C、H 以外的原子。它是按杂原子种类和数目排列的索引。

7.4 美国《化学文摘》的参考书

美国《化学文摘》不仅在所有介绍化学化工文献检索类的书籍中均有介绍外，还有专门详细介绍的书籍，如：彭海卿编的《美国化学文摘》查阅法[35]及姚荣余编著的美国《化学文摘》查阅法[36]等可供参考。

7.5 检索举例

7.5.1 检索 Cd-Hg（镉-汞）系统相图

镉汞齐在 Weston（韦斯顿）电池中具有重要作用，所以研究 Cd-Hg 系统相图非常有意义。

然而，到目前为止，国内大多数"物理化学"教材中给出的 Cd-Hg 相图，应该说都是错误的；而一些大型手册中查到的 Cd-Hg 相图，也较陈旧，本例中给出如何查找更新的 Cd-Hg 相图。

（1）一般《物理化学》教材中给出的 Cd-Hg 相图

黄子卿《物理化学》（高等教育出版社，1955）第 196 页给出了如下的 Cd-Hg 相图：

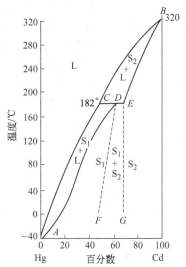

此图表明，系统具有一个转变温度。可形成两种固态溶液 S_1 和 S_2，L 代表液相。

此后，国内理科、工科、师范等类院校编写的各种《物理化学》教材中，给出的 Cd-Hg 系统相图大多数均属于这种类型❶。

（2）《Gmelin 手册》中给出的 Cd-Hg 相图

在《Gmelin 手册》中，Cd、Hg 的系统号分别为 33、34，故 Cd-Hg 系统应在《汞》中。查《Gmelin 手册》书目一览表可知，《汞》A 辑卷 2 卷名为"电化学，化学性质，合金"（德文：《Quecksilber》Teil A. Lieferung 2. Electrochemie. Chemisches Verhalten. Legierungen.），1962 年以德文出版。目录为德、英文对照。

由目录得知，大标题 Die Legierungen des Quecksilbers，The Alloys of Mercury.（汞的合金）在 885 页，其下面的 Legierungen mit Cadmium，Alloys with Cadmium（与镉的合金）在第 1100 页。

Cd-Hg 相图在第 1101 页，原图如下：

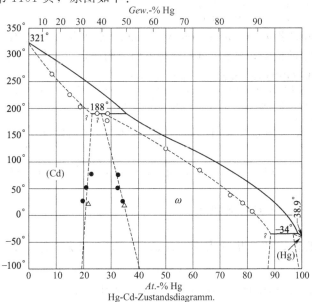

Hg-Cd-Zustandsdiagramm.

---

❶ 王竹溪：《热力学》（人民教育出版社，1955）第 265 页也给出这样的相图。

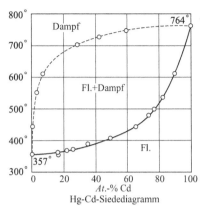

"Hg-Cd-Zustandsdiagramm" 直译为 "Hg-Cd 状态图",即 Hg-Cd 相图。图下横坐标 $At.-\%Hg$ 意为 "Hg 的原子百分数"❶,横坐标上方还标出 $Gew.-\%Hg$,意为 "Hg 的重量百分数"❷。

和上述一般《物理化学》教材中的 Cd-Hg 相图相比较,可见这一相图共有两个转变温度、三种固态溶液或固态混合物:(Cd)、(Hg) 和 w。

梁英教主编的《物理化学》(冶金工业出版社,1983) 第 177 页给出的 Cd-Hg 系统相图属于这种类型。

在第 1110 页还给出 Siedediagramm(沸点图)如上。Dampf 即蒸气,Fl. 为 Flüssigkeit 的缩写,即液体。

《Landolt-Börnstein》第 6 版卷 Ⅱ 第 3 分卷 (Ⅱ/3) 第 32 页图 154 的 Cd-Hg 凝聚系统相图与《Gmelin 手册》中的相同[5]。

(3) 从美国《化学文摘》查找更完整的相图

《Gmelin 手册》中《汞》卷 A2 出版于 1962 年,至今也已 40 余年。为了查找是否有更新更准确的相图,可查阅美国《化学文摘》。

先查第 13 次累积索引(卷 116~125,1992~1996)的 "Chemical Substance"(化学物质)索引。例如由汞查找,在第 35 册第 1295 页有:

Mercury [7439-97-6]

以下分为 analysis(分析)、biological studies(生物学研究)、miscellaneous(其他)、occurrence(存在)、preparation(制备)、processes(过程)、properties(性质)、reactions(反应)、uses(应用)及 compounds(化合物)等项目。

在 1346 页 Mercury [7439-97-6] properties 项下,于 1353 页找到:

```
systems
   activity and compd, formation in molten
      indium-mercury system, 123: 267882c
   bismuth-mercury; phase diagram, thermodn., and
      crystal structure of, 125: R 39074b
   cadmium-, 117: 158525u; 118: R 195971c
```

这里的 cadmium- 即指 cadmium-mercury system。后面给出两篇有关论文,其中 CA 卷 118,文摘号 195971c 的论文,即是 Cd-Hg 系统相图的一篇评论❸,文摘如下:

118: **195971c The Cd-Hg(cadmium-mercury) system.** Guminski, C.; Zabdyr, L. A. (Univ. Warsaw, Pol.). *J. Phase Equilib.* 1992, 13(4), 401-10 (Eng). A review with refs. of the equil. phase diagram, metastable phases, crystal structure, lattice parameters, thermodn., and magnetic susceptibility in the Cd-Hg system.

如果我们利用"化学物质"索引,由镉查找,在第 14 册第 803 页可以找到:

Cadmium [7440-43-9]

第 897 页 Cadmium [7440-43-9],properties 项下于 903 页中栏可找到 systems,同页右栏,有:

```
mercury-, 117: 158525u; 118: R 195971c
```

也给出同样的结果。

这篇文摘告诉我们,波兰华沙大学 Guminski, C. 和 Zabdyr, L. A.❹ 的论文 "The

---

❶ 按国际标准 ISO 31-8:1992,现在应使用 Hg 的摩尔分数,符号 x_{Hg}。
❷ 按国际标准 ISO 31-8:1992,现在应使用 Hg 的质量分数,符号 w_{Hg}。
❸ 卷号后,文摘号前的 R 表示这是一篇 review(评论)。
❹ 从论文可知,Zabdyr, L. A. 工作单位为波兰科学院金属研究所。

Cd-Hg（cadmium-mercury）system"发表在 J. Phase Equilib. （相平衡杂志 Journal of Phase Equilibria 的缩写）1992 年卷 13 第 4 期第 401~410 页，用英文书写。

作者引用了 59 篇论文，得出了经评估后的 Cd-Hg 系统相图。相图分别用原子百分数和质量分数作图。这里将其中第一个原子百分数为均匀坐标的 Cd-Hg 相图展示如下：

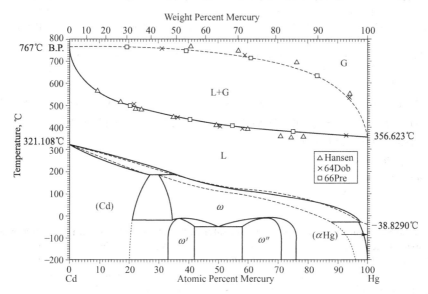

此相图不仅包括凝聚相之间的平衡关系，还包括了液、气之间的平衡关系。L 代表液相，G 代表气相。计算出的边界线用虚线表示。

(4) 讨论

① 与《Gmelin 手册》给出的相图不同的是，在低温下固态混合物 ω 相又分成两个不同的固态混合物 ω′ 和 ω″。

图中小方框内的 64Dob 和 66Pre 是两篇文献的代码，可于论文后的 Cited References（引用的参考文献）中得知该论文出处。Hansen 所代表的含义在论文中未见说明，但从《Gmelin 手册》《汞》A2 第 1100 页可知，这应代表一本专著，即 Hansen：《Constitution of binary alloys》2nd. edition，New York，1958。

② 由《Landolt Börnstein》新编书目表一览表可知第 IV 辑卷 5 "二元合金的相平衡，结晶学数据和热力学数据" c 分卷（NSIV/5c）卷目为 "Ca-Cd…Co-Zr"（1993 年出版），其中包括 Cd-Hg 系统。

我们将在第 11 章中应用电子计算机由《Landolt-Börnstein》新编中检索 Cd-Hg 相图，见第 11 章 11.4.2，并与此相图对比。

7.5.2 检索 $Ca(NO_2)_2$-$Ca(OH)_2$-H_2O 系统相图

(1) 检索

在第 13 次累积索引的 Index Guide（索引指南）中，我们找不到 Calcium nitrite（亚硝酸钙），但找到：

Calcium nitrate
    See *Nitric acid, compounds, calcium salt*

即 7.3.2 中介绍的查硝酸钙 $Ca(NO_3)_2$ 要到 Nitric acid（硝酸）栏目下去查找。

与此类似，要查亚硝酸钙 $Ca(NO_2)_2$ 时，应到 Nitrous acid（亚硝酸）下去找。在第 12 次累积索引的化学物质索引中第 59934 页先查到 Nitrous acid，又在第 59938 页查到 calcium salt [13780-06-8]，最后在第 59939 页找到：

Nitrous acid❶
    calcium salt [13780-06-8]
        system, calcium hydroxyde-water-, **107**: 13534e

根据此文摘号找到该文摘：

107: 13534e Physicochemical study of nitrite-hydroxide aqueous systems of alkali and alkaline earth metals. Popova, T. B.; Berdyukova, V. A. (Kalmytsk. Gos. Univ., Elista, USSR). *Term. Anal. Fazovye Ravnovesiya* **1985**, 92-6 (Russ). Edited by Verzhbitskii, F. R. Permsk. Gos. Univ.; Perm, USSR. Isotherms were detd. at 25° for soly., d., elec. cond., viscosity, and n of MNO_2-M(OH) (M = Li, Na, K, Rb, Cs) and $M'(NO_2)_2$-$M‰(OH)_2$ (M' = Ca, Sr, Ba) aq. ternary systems. Equil. solid phases were characterized by IR spectroscopy, thermal anal., and x-ray phase anal.

论文题目是"碱金属和碱土金属亚硝酸盐-氢氧化物含水系统的物理化学研究"。

利用和查第 12 次累积索引化学物质索引同样的方法，查第 11 次累积索引的化学物质索引，在第 44333 页中栏可以查到：

(**Nitrous acid**)❷
    (calcium salt [13780-06-8])❸
        system, calcium hydroxyde-water-, **104**: 156665x

文摘如下：

104: 156665x Physical-chemical properties of saturated solutions of the system calcium nitrite-calcium hydroxide-water at 25°. Popova, T. B.; Bredyukova, V. A. (Kalm. Gos. Univ., Kalmyts, USSR). *Zh. Prikl. Khim. (Leningrad)* **1986**, 59 (1), 8-12 (Russ). Satd. solns. of the title system were studied at $25\pm 0.1°$ by thermal satn. methods. The compn. of the solid phases was detd. graphically. Elec. conductivities of the satd. solns., as well as densities, viscosities, and refractive indexes were measured. The isotherm shows formation of a incongruently m. compd. $Ca(NO_2)_2 \cdot Ca(OH)_2 \cdot 2H_2O$. When N oxides are absorpbed by $Ca(OH)_2$ or under definite conditions and compns., a nitrite dihydrate-calcium hydroxide mixt. can be formed.

论文题目：25°下，亚硝酸钙-氢氧化钙-水系统饱和溶液的物理化学性质。

(2) 说明

① 两篇论文作者均为 Popova, T. B. 和 Bredyukova, V. A. （俄文 Попова, Т. Б. 和 Бредюкова, В. А.）。

对比这两篇文摘可知，CA 104: 156665x 只研究 $Ca(NO_2)_2$-$Ca(OH)_2$-H_2O 系统，而 CA 107: 13534e 则是对碱金属和碱土金属的亚硝酸盐-氢氧化物-水系统的综合性文章，应当说后者有前者的内容。但两篇论文均各 5 页，虽然未看原文，但可推测前者对$Ca(NO_2)_2$-$Ca(OH)_2$-H_2O 系统性质的描述应更详细。

CA 107: 13534e 的论文载于 Verzhbitskii, F. R. （俄文应为 Вержбицкий, Ф. Р.）主编的 *Term. Anal. Fazovye Ravnovesiya*，1985 年 92~96 页。经查 CASSI 有如下文字：

Term*icheskii* **Anal***iz i* **Fazovye Ravnovesiya 1985.** 55VYA5.
(Thermal Analysis and Phase Equilibria). In Russ; Russ sum. Ed:
Verzhbitskii F. R. and others. *Permsk Gos Univ*.
    TERMICHESKII ANALIZ I FAZOVYE RAVNOVESIIA: MEZHVUZOVSKII
SBORNIK NAUCHNYKH TRUDOV. — 1985.
    Doc. Supplier. CAS.

可知，Verzhbitskii, F. R. 主编的书名用拉丁字母音译为 Termicheskii Analiz i Fazovye Ravnovesiya，俄文原文应是 Термический Анализ и Фазовые Равновесия，中文译为：热分析与相平衡。CASSI 也给出了英译名。

---

❶ 将前面 59934 页标题加于此处，表示层次关系。
❷ 此大标题在前几页，故此处用括号括出。
❸ 此小标题在第 44333 页左栏，故此处用括号括出。

从 CASSI 可知，Verzhbitskii，F. R. 等主编的该书名的书除了 1985 年以外，1982～1984 年均有出版。

而 CA 104：156665x 的论文载于一本杂志 *Zh. Prikl. Khim.*（*Leningrad*），1986 年 59 卷第 1 期 8～12 页，俄文。此杂志的全称为"Zhurnal Prikladnoi Khimii (Leningrad)"，即原苏联列宁格勒❶出版的"Журнал Прикладной Химии（应用化学杂志）"。此杂志在我国化学化工类有关院校几乎均有收藏，很容易读到。

② CA 107：13534e 的文摘中有排印错误，第 7～8 行"M′$(NO_2)_2$-M‰$(OH)_2$（M′= Ca，Sr，Ba）"中的 M‰$(OH)_2$ 应为 M′$(OH)_2$。

7.5.3　检索 1-乙基环戊醇的资料

1-乙基环戊醇的英文名为 1-Ethylcyclopentanol，结构式为：

此化合物在《Lange 化学手册》、《Merck 索引》和《有机化合物词典》中均未收录。

(1) 由《Beilstein 手册》检索

1-乙基环戊醇属于碳环化合物，含有官能团羟基，分子式 $C_7H_{14}O$，符合通式 $C_nH_{2n}O$。查表 5.3 知此化合物应在卷 6。

① 按"最后位置原则"检索　从第 4 补编查起。第 1 分卷有关目录为：

  II Hydroxy-Verbindunge（羟基化合物）
   A Monohydroxy-Verbindungen（单羟基化合物）
 1 Hydroxy-Verbindungen $C_nH_{2n}O$
  Hydroxy-Verbindungen C_3H_6O
  ……
  Hydroxy-Verbindungen $C_7H_{14}O$ 94

第 94 页该类的第 1 个索引化合物为 Cycloheptanol（环庚醇），第 95 页索引化合物为 1-Methyl-cyclohexanol（1-甲基环己醇），然后在第 100、102、105 页分别为 2-Methyl-cyclohexanol、3-Methyl-cyclohexanol 和 4-Methyl-cyclohexanol。

在第 109 页找到 1-Äthyl-cyclopentanol（1-乙基环戊醇）：

1-Äthyl-cyclopentanol $C_7H_{14}O$, Formel I (X = H) (H 15；E II 24；E III 79).

  E：—1,3°；Kp_{750}：151,5—152°；Kp_{14}：58—58,5°；Kp_8：48,5°；D_4^{20}：0,9184；n_D^{20}：1,4540 (*Plate, Mel'nikow, Ž. obšč. Chim.* **29** [1959] 1064, 1067；engl. Ausg. S. 1035, 1037). Kp_{20}：74,5—75°；n_D^{25}：1,4498 (*Pinchas et al.*, J. Inst. Petr. **45** [1959] 311, 314).
  Beim Leiten über Aluminiumoxid bei 200° (*Pi. et al.*) sowie beim Erhitzen mit wss. Oxalsäure (*Pl. + Me.*) sind 1-Äthyl-cyclopenten (Hauptprodukt) und Äthylidencyclo: pentan erhalten worden.

Formel（分子式）I 在第 110 页：

将其中的 X 为 H 时即为 1-乙基环戊醇。

按照括号中给出的 H15、E II 24 及 E III 79 可以在正编及第 2、第 3 补编查到此化合物。正编有 6 行，第 2、第 3 补编各 8 行。这里不再录出。

这四编中的资料，除了制法外，均为熔点、沸点、相对密度、折射率、表面张力等数据。共引用了 8 篇文献。

② 由正编至第 4 补编卷 6 的累积索引检索分子式索引，第 68 页给出：

  $C_7H_{14}O$
   Cyclopentanol, 1-Äthyl- **6** 15 c, II 24 h, III 79 b, IV 109

---

❶ 原称圣彼得堡，1914 年更名为彼得格勒，1924 年又改称列宁格勒，1991 年恢复原名圣彼得堡。

——,2-Äthyl- **6** Ⅰ 11 h,Ⅲ 79 d
——,3-Äthyl- **6** Ⅳ 109

这里也给出了 2-乙基环戊醇和 3-乙基环戊醇的页码。

(2) 由 CA 检索

《Beilstein 手册》第 4 补编文献资料收集至 1959 年。本例中第 4 补编引用的两篇文献均是 1959 年出版的,所以可以重点检索 1959 年以后的资料。

Sixth Collective Index(第 6 次累积索引)为 1957～1961 年出版的 CA 卷 51～55 的文献。由 Formulas Index 查得:

$C_7H_{14}O$
    Cyclopentanol
    ——,ethyl- **54**:1347d,3252h

Seventh Collective Index 有:

$C_7H_{14}O$
    Cyclopentanol
    ——,1-ethyl- **60**:5351h;**62**:14620g;**63**:13013e;**65**:8773c

Eighth Collective Index 有:

$C_7H_{14}O$
    Cyclopentanol
    ——,1-ethyl-[*1462-96-0*]
      66:28415a;**68**:87402h;**73**:55330v

其他各次累积索引中给出的文摘号不再列出。

(3) 说明

① 第 8 次累积索引开始在化合物名称之后给出 CAS 登录号。

② 通过分子式索引检索出化合物后,只给出文摘号,而没有给出是关于哪方面的。

7.5.4 检索市售商品名万托林、化学成分硫酸沙丁胺醇药品的资料

商品名万托林是 Ventolin 的音译,沙丁胺醇英文名称为 Salbutamol,结构式为:

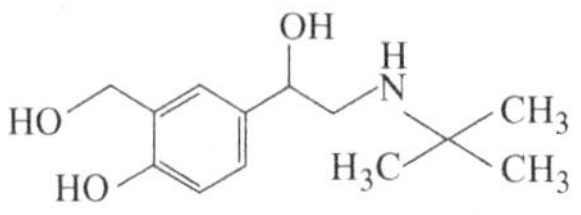

分子式为 $C_{13}H_{21}NO_3$。

药品说明书中给出化学名称为 1-(4-羟基-3-羟甲基苯基)-2-(叔丁氨基)乙醇。

本例练习从美国《化学文摘》中检索。先由常用工具书中获取一些信息。

(1) 由《有机化合物词典》检索

在名称索引中查到 Salbutamol 在词典中编号为 S-00021,或由名称按字母顺序查得:

Salbutamol,BAN   S-00021
    α'-[[(1,1-*Dimethylethyl*)*amino*]*methyl*]-4-*hydroxy*-1,3-*benzenedimethanol*,9CI. Al-buterol,
    USAN. Ventolin. Proventil.
    [18559-94-9]

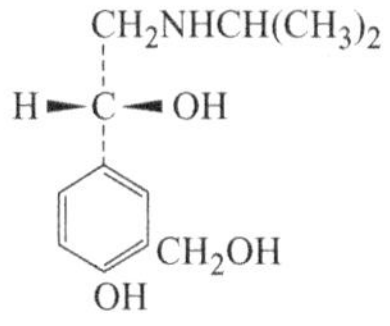

(R)-form
Absolute configuration

$C_{13}H_{21}NO_3$ M239
▷ZE4400000.

(R)-form
    The more active enantiomer.

B，HCl：[34391-04-3]. Mp 185-95°dec. $[\alpha]_D^{20}$ −32.2° (c, 0.1 in H_2O).
　　B，AcOH：Mp 144°. $[\alpha]_D$ −36.9° (c, 0.27 in MeOH).
(**S**)-*form* [34271-50-6]
　　B，HCl：Mp 185-95°dec. $[\alpha]_D^{20}$ −30.8° (c, 0.1 in H_2O).
(±)-*form* [35763-26-9]
　　Bronchodilator. Cryst. (EtOAc/cycohexane). Mp 157-8°
　　Collin, D. T. *et al*, *J. Med. Chem*, 1970, **13**, 674 (*synth*)
　　Hartley, D. *et al*, *J. Med. Chem.*, 1971, **14**, 895 (*abs config*)
　　Beale, J. P. *et al*, *Cryst. Struct. Commun.*, 1972, **1**, 71 (*cryst struct*)
　　Hawkins, C. J. *et al*, *J. Med. Chem.*, 1973, **16**, 856

由此得知此化合物的系统名为：α′-{[(1,1-Dimethylethyl)amino]methyl}-4-hydroxy-1,3-benzene-dimethanoh〈α′-{[(1,1-二甲基乙基)胺]甲基}-4-羟基-1,3-苯二甲醇〉，这是 CA 第 9 次累积索引 9CI 中使用的名称。

Salbutamol 后的 BAN 是 British Approved Name 的缩写，指英国药典名。Albuterol 后的 USAN 是 United States Adopted Names 的缩写，是美国采用名。Ventolin 和 Proventil 均为商品名。分子式下▷后面的 ZE4400000 是 RTECS（化学物质毒性登录号）数据库中的编号，见检索举例 3.4.2 中的（4）。

应当指出的是结构式中有误，其中 $CH_2NHCH(CH_3)_2$ 应当是 $CH_2NHC(CH_3)_3$。

（2）由《药物生产百科全书》检索

由 Trade Name Index（商品名索引）查 Ventolin，得 Ventolin—Albuterol。

在第 31~33 页 Albuterol 条目下，查到的 Chemical Name（化学名称）与《有机化合物词典》中的相同，给出 Common Name（通用名）Salbutamol 及 α′-tert-Butylaminomethyl-4-hydroxy-*m*-xylene-α¹, α³-diol（α-叔丁胺甲基-4-羟基-间二甲苯-α¹,α³-二醇），并给出了 Albuterol 的 CAS 登录号［18559-94-9］及其硫酸盐的登录号［51022-70-9］。

还给出了其他的商品名及制法。

（3）由《Merck 索引》检索

在《Merck 索引》中此化合物序号为 216 Albuterol。除了前述两个系统名外，还给出了 2-(*tert*-Butylamino)-1-(4-hydroxy-3-hydroxymethylphenyl)ethanol{2-(叔丁氨基)-1-(4-羟基-3-羟甲基苯基)乙醇}和 4-Hydroxy-3-hydroxymethyl-α-[(*tert*-butylamino)methyl]benzyl alcohol{4-羟基-3-羟甲基-α-[(叔丁胺)甲基]苯甲醇}两种系统名，以及 salbutamol, AH-3365。

此索引引用了十余篇文献，给出了硫酸盐的 CAS 登录号。

（4）由 CA 查找

先查第 13 次累积索引的 Index Guide，查到：

Salbutamol
　　See 1,3-*Benzenedimethanol*, α′-{[(1,1-*dimethylethyl*)*amino*] *methyl*}-4-*hydroxy*- [18559-94-9]

在 Albuterol 后，在 Ventolin 后均可找到同样的结果。

若查第 13 次累积索引的 Formula Index，在第 7 分册 1211 页其分子式下，有多种化合物，可以找到：

　　$C_{13}H_{21}NO_3$
　　······

1,3-Benzenedimethanol
　　α′-{[(1,1-dimethylethyl)amino]methyl}-4-hydroxy- [18559-94-9] *See Chemical Substance Index*

最后，我们查第 13 次累积索引的 Chemical Substance Index，就可以在其第 8 分册 1402、1404 页下找到：

1,3-Benzenedimethanol [626-18-6]
—, **α′-{[(1,1-dimethylethyl)amino]methyl}-4-hydroxy-** (*albuterol*) [18559-94-9]

下面有很多小标题及文摘号。

在第12次累积索引及其之前，以及在第14次累积索引及以后的卷索引中如何查找，就不再列举了，读者可自行练习。

（5）说明

由《有机化合物词典》得知9CI中的名称 α'-{[(1,1-Dimethylethyl)amino]methyl}-4-hydroxy-1,3-benzenedimethanol后，即可用此系统名称检索。但因CA中化合物是先查到母体后方可，故在Chemical Substaces Index中先查出1,3-Benzenedimethanol，然后再查找。

而若通过Salbutamol、Albuterol和Ventolin，由Index Guide查出See 1,3-Benzenedimethanol，α'-{[(1,1-dimethyl ethyl)amino]methyl}-4-hydroxy-，即可由Chemical Substance Index先查出1,3-Benenedimethanol，然后在其下查 α'-{[(1,1-Dimethylethyl)amino]methyl}-4-hydroxy，于是检索到所需的化合物。

7.5.5 检索亚硝酸铵制造法的一项专利

（1）检索

对于亚硝酸铵（NH_4NO_2），要先由Chemical Substance Index（化学物质索引）查到Nitrous acid（亚硝酸），再查Ammonium salt（铵盐）。

由10th Collective Index的Chemical Substance Index在第34912页查到Nitrous acid，后在第34914中栏查到ammonium salt［13446-48-5］，然后在右栏检索到：

manuf. of, absorption of nitrogen oxide in, **90**: P 170938n
manuf. of, by absorption of nitrogen oxide in ammonium carbonate soln., **89**: P 131807d
manuf. of, by electrochem redn. of nitrate, **93**: P 15739s
manuf. of, from gas contg. nitrogen oxides, **92**: P 78992u
manuf. of, nitric oxide oxidn. control in, **95**: P 83136j
manuf. of, nitrogen oxide emission decrease in, **87**: P 154235p
manuf. of, optimization of, **93**: 241990y
manuf. of, at superatm. pressure, for decreased nitrogen oxide emission and increased yield, **94**: P 17860u
manuf. of, waste gases from, nitrogen oxides of, **91**: 128163b
manuf. of, waste gas from, scrubbing of, explosion prevention in, **93**: P 52963f

Manuf.是manufecture（制造）的缩写，manuf. of即是manufecture of ammonium salt.其中除第7、9两条外，文摘号中的P即代表这是一项Patent（专利）。

查第4条文摘为：

92: **78992u Ammonium nitrite production.** Kono, Hisashi; Ninomiya, Kohei; Fujii, Hiroshi; Yamamoto, Shigeyoshi; Kashibe, Masaki (Ube Industries, Ltd.) **Jpn. Kokai Tokkyo Koho 79,115,700** (Cl. C01B21/50), 08 Sep 1979, Appl. 78/22,040, 01 Mar 1978; 8 pp. Gas contg. 5-20 mol% NO_x is reacted with an ammonium carbonate soln. in a series of columns with more NO_x being added to the spent gas between towers and more fresh ammonium carbonate soln. being added to the absorption soln. beween towers. When this process is used, the NH_4NO_2 yield is increased, the manufg. rate is increased, and the NO_x emission in the effluent gas is decreased. K. Kodama

Jpn.是Japan（日本）的缩写，Kokai Tokkyo Koho是公开特许公报，79115700表示1979年第115700号专利。括号中的C01B21/50是国际专利分类号。

（2）专利首页

上半页如下：

⑲日本国特許庁（JP）　　⑪特许出願公開
⑫公開特許公報（A）　　昭54—115700

(51)Int. Cl.²	識別記号	(52)日本分類	庁内整理番号	㊸公開　昭和54年(1979)9月8日
C 01 B 21/50		15 L 221	7508—4G	
B 01 D 3/16		13(7) C 211	7404—4D	発明の数　1
B 01 J 10/00		13(7) B 011.1	6639—4G	審査請求　未請求

（全 8 頁）

---

⑭亜硝酸アンモニウムの製造方法

㉑特　　　願　昭 53—22040
㉒出　　　願　昭 53(1978)3 月 1 日
⑫発　明　者　河野尚志
　　　　　　　宇部市大字小串 1978 番地の5
　　　　　　　宇部興産株式会社中央研究所内
同　　　　　　二宮康平
　　　　　　　宇部市大字小串 1978 番地の5
　　　　　　　宇部興産株式会社中央研究所内
同　　　　　　藤井浩
　　　　　　　宇部市大字小串 1978 番地の5
　　　　　　　宇部興産株式会社中央研究所内
⑫発　明　者　山本重義
　　　　　　　宇部市大字小串 1978 番地の6
　　　　　　　宇部興産株式会社宇部カプロラクタム工場内
同　　　　　　樫部正樹
　　　　　　　宇部市大字小串 1978 番地の6
　　　　　　　宇部興産株式会社宇部カプロラクタム工場内
⑪出　願　人　宇部興産株式会社
　　　　　　　宇部市西本町一丁目 12 番 32 号

（3）说明

① 日本公开特许公报为昭 54-115700，因为日本国年号昭和 54 年相当于公元 1979 年，故美国《化学文摘》给出的专利号为 79115700。

日本国年号与公元年的对应关系为：

庆应 1 年	明治 1 年	大正 1 年	昭和 1 年	平成 1 年
1865 年	1868 年	1912 年	1926 年	1989 年

② 关于国际专利分类号

专利号后括号中的是国际专利分类号。Cl. 是 Calssification 的缩写，其后是分类号。专利首页中的 Int. Cl.^{2} 是指国际专利分类表的第 2 版。

在 7.2.2 专利给出的文摘中 Cl. 后的 A61K35/78 表示

A　人类生活必需
A61　医学或兽医学；卫生学
A61K　医用、牙科用或梳妆用的配制品
A61K 35/00　含有其有不明结构的原材料或其反应产物的医用配制品
A61K 35/78　（转入 A61K 36/00）
A61K 36/00　含有来自藻类、苔藓、真菌或植物或其派生物，例如传统草药的未确定结构的药物制剂。

本检索举例中 7.5.5 中 CA 文摘中 Cl. 后的 C01 B21/50 表示

C　化学；冶金
C01　无机化学
C01B　非金属元素；其化合物
C01B 21/00　氮，其化合物
C01B 21/50　亚硝酸；其盐类

日本公开特许公报（A）中还给出了 B01D 3/16 和 B01J 10/00 分别表示

B　作业；运输
B01　一般的物理或化学的方法或装置
B01D　分离
B01D 3/00　蒸馏或相关的在液体同气体介质相接触的过程中发生的交换方法，例如汽提
B01D 3/16　蒸气气泡通过液体的分馏塔

以及

B01J　化学或物理方法，例如，催化作用、胶体化学；其有关设备
B01J 10/00　不存在固体颗粒的情况下，使液体与气体介质起反应的一般化学方法或其专用设备

关于国际专利分类各版的适用年限及分类见第 9 章 9.4.2 中的（4）说明。

8 其他国家的化学文摘

在化学类文摘杂志中使用最广的无疑是美国《化学文摘》。但是在有些情况下，查阅其他国家的化学文摘也还是需要的。

例如在《Beilstein 手册》中给出了一篇论文是在 1907 年 CA 创刊之前出版的，并且告知了这篇论文在德国《化学文摘》（C）中的文摘号，就可以通过 C 来了解这篇论文的摘要。

前苏联《文摘杂志．化学》РЖХим 创刊后，美国 CA 中也翻译了少量 РЖХим 中所摘录的论文题目、作者、刊载的杂志、出版年卷（期）及起止页码，但没有翻译论文摘要，只是给出了 РЖХим 中的文摘号。若想得知该文摘的内容，则要查阅 РЖХим。

对于熟悉日文的读者，自然也会查阅日本《科学技术文献速报．化学·化学工业编》。

也许有人认为，从事科学研究只需查阅近些年，至多近几十年的文献就可以了，何必查阅更早的文献呢？诚然，一些新的领域、新的技能，这样做就够了；但是，对于较早的学科，作为学术研究，必须全面地占有资料。我们在例子中也看到了引用 20 世纪初甚至 19 世纪的文献。至于研究化学、化工历史，追本溯源，必须从最早的资料看起，那就不只是查阅文摘所能满足的了。

在本章中，对德国、前苏联-俄国、日本、法国和我国的化学化工类文摘杂志做些简单介绍，并举例说明，使读者对这些文摘杂志有些了解。

8.1 德国《化学文摘》

这是最早的化学文摘类杂志，于 1830 年创刊，曾数度易名，至 1969 年停刊。

1830～1849 年称为 Pharmaceutisches Central-Blatt（《药学文摘》）

1850～1855 年称为 Chemisch-Pharmaceutisches Central-Blatt（《化学-药学文摘》）

1856～1906 年称为 Chemisches Central-Blatt（《化学文摘》）

1907～1969 年称为 Chemisches Zentralblatt（《化学文摘》）

德国《化学文摘》在《Beilstein 手册》给出的原始文献中用缩写 C.（也可写作 C）代表此文摘，并被大量引用。

我国收藏最全的单位是中国国家图书馆、中国科学院图书馆、南开大学图书馆。

德国《化学文摘》是查阅早期化学文献的文摘杂志。

《化学文献提要》[1] 列有德国《化学文摘》的内容分节表，并介绍了此文摘的索引。

8.2 俄罗斯《文摘杂志．化学》

1953 年原苏联 Всесоюзный Институт Научной и Технической Информации（全苏科学和技术情报研究所，缩写为 ВИНИТИ❶）编辑出版了《Реферативный Журнал》（《文摘杂志》）。其中《Реферативный Журнал．Химия》（《文摘杂志．化学》），缩写为 РЖХим（美国《化学文摘》对其缩写为 Ref. Zh. Khim.），即我们过去所说的"苏联化学文摘"。20 世纪 90

---

❶ 其拉丁文音译为 VINITI。

年代苏联解体后，该杂志则由 Всероссийский Институт Научной и Технической Информации（全俄科学和技术情报研究所，缩写仍为 ВИНИТИ）编辑出版。文摘杂志的名称不变，因此可以称为"俄罗斯化学文摘"。

化学文摘只是该文摘杂志中的一种。此外，还有其他科学和技术领域的文摘，多达几十种。

《文摘杂志》以 Сводный Том（综合本）和 Отдельный Выпуск（单卷本）的形式出版，综合本又分为若干 Выпуск（分册本）重复出版。见范铮：《实用科技文献检索》[37]。

《Реферативный Журнал. Химия》属于综合本。

РЖХим 为半月刊，每年 24 期为 1 卷。

РЖХим 的索引有（部分）：

Предметный Указатель（主题索引）
Авторский Указатель（作者索引）
Формульный Указатель（分子式索引）
Патентный Указатель（专利索引）

文摘按期、类别及顺序编号。著录格式见后面的检索举例。

仉光明、宫庆章的《化学文献检索与利用》[4]对此《文摘杂志·化学》有较详细的介绍。

8.3 日本《科学技术文献速报·化学·化学工业编》

1958 年日本《科学技術文献速報》❶创刊。这是由日本科学技術情报センター❷编辑的综合性检索工具书，分编出版，现共分 12 编，各编编名、简称及代码如表 8.1 所示。

表 8.1 《科学技術文献速報》编名、简称、代码表

编　　名	简称	代码	编　　名	简称	代码
物理・応用物理編	物	P	土木・建築工学編	土	A
化学・化学工業編（外国編）	外化	C	原子力工学編	原	N
化学・化学工業編（国内編）	国化	J	環境公害編	環	K
金属工学・鉱山工学・地球科学編	金	G	管理・システム技術編①	管	B
機械工学編	機	M	エネルギー編②	エネ	S
電気工学編	電	E	ライフサイエンス編③	ライフ	L

① 管理，系统技术编。
② 能源编。
③ 生命科学编。

表 8.1 中的"化学·化学工业编（国内编）"和"化学·化学工业编（外国编）"均是对日本国而言。国内编的代码为 J，外国编的代码为 C。

下面列出分类项目的大标题：

化学一般	化学工業一般	紙、パルプ❺、木材工業
物理化学	無機化学工業	写真化学工業
分析化学，分離法	窯業	皮革工業
無機化学	有機化学工業，燃料工業	農林水産
錯体化学	油脂、洗剤、化粧品工業	食品及び食品工業
有機化学	ゴム❸、プラスチック❹工業	酵生産
高分子化学	色材、接着剤工業	キーワード索引❻
化学工学	繊維工業	

---

❶ 科学技术文献速报，英文名 Current Bibliography on Science and Technology。
❷ 日本科学技术情报中心，英文为 The Japan Information Center of Science and Technology，缩写为 JICST。
❸ 橡胶。
❹ 塑料。
❺ 纸浆。
❻ 关键词索引。

《科学技術文献速報．化学·化学工业编（外国编）》为旬刊，每年 4 月上旬为第 1 期，次年 3 月下旬为第 36 期，是为 1 卷。每卷出版《年間索引》，包括"主题索引"、"著者索引"与"收录资料リスト"（收录资料表）。

《科学技術文献速報．化学·化学工业编（外国编）》的文摘著录格式见后面的检索举例。

8.4 法国《文摘通报》

1940 年法国 Centre National de la Recherche Scientifique（国家科学研究中心，缩写为 C. N. R. S.）编辑出版了综合性的检索刊物《Bulletin Analytique》（《文摘通报》）。1956 年改名《Bulletin Signalétique du Centre National de la Recherche Scientifique》（《国家科学研究中心文摘通报》），缩写为《Bulletin Signalétique du C. N. R. S.》，可简称为《Bulletin Signalétique》（《文摘通报》）。

法国《文摘通报》与后来创刊的前苏联《文摘杂志》（现俄罗斯《文摘杂志》）、日本《科学技术文献速报》是世界上三大综合性检索刊物。

《文摘通报》内有好几部分属于化学、化工或与化学化工有关。如：

Section 7　Chimie Ⅰ. Chimie generale, Chimie physique, Chimie minérale, Chimie analytique, Chimie organique（化学Ⅰ. 普通化学，物理化学，无机化学，分析化学，有机化学）

Section 8　Chimie Ⅱ. Chimie Appliquée, Metallurgie（化学Ⅱ. 应用化学，冶金学）

Section 880　Genie chimique, Industries chimique et parachimique（化学工程，化学工业和类似化学工业❶

法国《文摘通报》在我国图书馆收藏不多且不全。

8.5 中国化学化工方面的文摘

8.5.1 中国化学方面的文摘

(1)《分析化学文摘》

中国科学技术情报所重庆分所编辑，1960 年创刊，几度停刊、复刊。1985 年为第 1 卷，月刊。报道全世界分析化学方面的文献，现分 9 栏：一般问题，无机化学，有机化学，临床和生物化学，药物化学（包括生物体内药物），食品，农业，环境化学，仪器和技术。

(2)《中国无机分析化学文摘》

1984 年创刊，冶金工业出版社出版，季刊。报道中国无机分析化学方面的文献，编有索引。

8.5.2 中国化工方面的文摘

《中国化学化工文摘》

1983 年创刊，月刊。摘录中国化学化工方面的期刊、资料、图书及学位论文等。

8.6 检索举例

8.6.1 检索同一篇论文在美国、前苏联、日本三种化学文摘中的摘要

这里以一篇论文为例，检索出美国《化学文摘》、前苏联《文摘杂志．化学》和日本《科学技术文献速报．化学·化学工业编（外国编）》中对该论文的文摘，并加以对比。

此论文是法国南特（Nantes）大学离子光谱化学实验室（Laboratoire de Spectrochimie des Ions）Martial Chabanel 1990 年在《Pure and Applied Chemistry》（《纯粹化学与应用化学》）杂志上刊登的。题目为"Ionic aggregates of 1-1 salts in nonaqueous solutions: structure, thermodynamics, and solvation"（1-1 型盐类在非水溶液中的离子聚集体：结构、热

---

❶ Industries parachimique 应是指狭义上不属于化学工业，广义上属于化学工业的那些工业。

力学和溶剂化)。

通过该年美国《化学文摘》的 Author Index、前苏联《文摘杂志．化学》的 Авторский Указатель (作者索引),及日本《科学技术文献速报．化学・化学工业编 (外国编)》的著者索引,可以最后找到在三大化学文摘中的文摘如下。

(1) 美国《化学文摘》112：106219z

112：106219z **Ionic aggregates of 1-1 salts in nonaqueous solutions：structure, thermodynamics, and solvation.** Chabanel, Martial (Lab. Spectrochim. Ions, 44072 Nantes, Fr.). *Pure Appl. Chem.* **1990**, 62 (1), 35-46 (Eng). The field of ionic aggregates finds its place at the boundary between more classical topics in chem. such as ion, fused salt, coordination and organometallic chem. Ionic aggregates are found in very different situations: unsolvated in the gas state, solvated in solid solvates and in soln. In the case of model compds. like LiBr and LiSCN, a complete knowledge is available on the structure and the properties of aggregates in soln. Differences between unsolvated and solvated aggregates arise from the fact that in solvated aggregates the coordination no. of Li is usually equal to 4. As a consequence, two main states of aggregation beyond ion pairs are predominant in soln., dimers and tetramers while trimers have not been identified. Ion pairs are strongly polar while dimers and tetramers are nonpolar. A cubane-like structure is the rule in tetramers. Dimerization equil. are nonideal because there are strong dipole interactions between ion pairs. The three steps of aggregation are entropy driven reactions. Each reaction is a competition between solvent and anion in the first solvation shell of the cation. The solvation nos. of Li were measured by IR in solvent-benzene mixts. Dimerization equil. of NaNCS and KNCS are closely similar to those of LiNCS. The coordination modes of SCN in dimers and in $(LiNCS)_4$ are unusual for that ligand (nitrogen μ_2 and μ_3). Ionic and organolithium aggregates are similar although organolithium compds. are even more assocd. and often given hexamers. Ionic aggregates intermingle with organolithium aggregates to give mixed species. Although underestimated for a long time the role that is played by all these species in org. chem. is now more and more recognized.

(2) 前苏联《文摘杂志．化学》20Б3242❶

20Б3242. **Ионные агрегаты 1：1 солей в неводных растворах：структура, термодинамика и сольватация.** Ionic aggregates of 1—1-salts in non-aqueous solutions: structure, thermodynamics and solvation: [Pap.] 20th Int. Conf. Solut. Chem., Jerusalem, 6—11 Aug., 1989/Chabanel M. // Pure and Appl. Chem. —1990. —62. No 1—С. 35—46. —Англ.

Обзор работ по изучению структуры, термодинамики и сольватации 1：1-солей в неводн. р-рителях. Для модельных соединений типа LiBr и LiSCN в настоящее время имеется полная информация о структуре и св-вах агрегатов в р-ре. В сольватированных агрегатах КЧ Li равно 4, чем и объясняется их отличие от несольватированных агрегатов. Наряду с ионными парами (ИП), в р-ре преобладают димеры н тетрамеры. ИП сильно полярны, а димеры и тетрамеры— неполярны. Равновесия димеризации не являются ид., т. к. имеют место сильные диполь— дипольные взаимодействия между ИП. В р-циях ступенчатого образования ИП, димеров и тетрамеров, контролируемых энтропией, имеет место конкуренция между р-рителем и анионом за место в 1-й сольватной оболочке катиона. Методом ИК-спектроскопии измерены сольватные числа Li в бинарных смесях бзл с различными орг. р-рителями. В р-рах литийорг. соединений часто наблюдается образование гексамеров. Библ. 90.　　　　　　　　　　　　　　　　　И. Е. Кузинец

(3) 日本《科学技术文献速报．化学・化学工业编 (外国编)》C90210799❷

541.8-145.3/.4　　　　　　　　　　　　　　　　　　　　　　　　　　　　　　C90210799
非水溶液における1-1塩のイオン凝集体　構造，熱力学および溶媒和 [a①] EN
Ionic aggregates of 1-1 salts in non-aqueous solutions: Structure, thermodynamics and solvation. CHABANEL M (Lab. Spectrochimie des Ions, Nantes, FRA)：**H0385A Pure Appl Chem** (GBR) **62** [1] 35-46 ('90)

　　LiBrやLiSCNを例に，アルカリ金属のハロゲン化物および擬ハロゲン化物の非水溶液中におけるイオン対および凝集体の構造と性質を研究。イオン対は強い極性を示すが，二量体および四量体は非極性。二量体と四量体の違いおよび三段階の凝集機構を溶媒和との関係にお

---

❶ 20 代表第 20 期 (1990 年), Б 是《文摘杂志・化学》中的类别, 3242 为序号。
❷ C 代表日本《科学技术文献速报．化学・化学工业编 (外国编)》, 90 代表 1990 年, 21 代表 21 期, 0799 为序号。

いて議論。リチウム塩と有機リチウム化合物との混合凝集体についても記述：写図 6 表 1 参 90

(4) 说明

上述三种文摘对这篇论文摘要的分析、对比，见《化学化工文献检索与利用》第 1 版[5]。

8.6.2 检索 $Ca(NO_2)_2$-$Ca(NO_3)_2$-H_2O 系统相图

这是三组分盐水系统相图，在一般手册和丛书中多组分相图不易查到。

(1) 从《文摘杂志·化学》中检索

通过 1965～1966 年 Формульный указатель（分子式索引），在 CaN_2O_4 下找到：

CaN_2O_4 Кальций нитрит образование в р-ции CaO с окислами азота，**65**：4Б625

    система：Ca，Cs ‖ NO_2，NO_3 **66**：2Б583
        Ca，Li ‖ NO_2，NO_3，**65**：10Б750
        Ca，Rb ‖ NO_2，NO_3，**65**：11Б619
        Ca$(NO_3)_2$—H_2O，**65**：20Б441
        KNO_2—H_2O—，**66**：5Б778
        $RbNO_2$—H_2O—，**66**：5Б779
        $TlNO_2$—H_2O—，**65**：20Б440
    термич. диссоциация，кинетика，**66**：5Б929
    физ.-хим. св-ва р-ров，**66**：23Б4

CaN_2O_4 后面 Кальций нитрит 即亚硝酸钙，система（系）下的：

    Ca$(NO_3)_2$—H_2O，**65**：20Б411

即是说 $Ca(NO_3)_2$—H_2O—$Ca(NO_2)_2$ 系统在 1965 年 No.20，Б 类 441 条文摘。

    如果查 CaN_2O_6 也可以找到：

CaN_2O_6 Кальций нитрат，влияние на кинетику р-ций обмена и гидролиза бромуксусной к-ты，**66**：16Б840

    системы：Ba$(NO_3)_2$—KNO_3—；KNO_3—Sr$(NO_3)_2$—，**65**：15Б503
        $CO(NH_2)_2$—H_2O—，**66**：18Б634
        Ca，Cs ‖ NO_2，NO_3，**65**：2Б583
        Ca，Li ‖ NO_2，NO_3，**65**：10Б750
        Ca，Rb ‖ NO_2，NO_3，**65**：11Б619
        Ca$(NO_2)_2$—H_2O—，**65**：20Б441

CaN_2O_6 后面的 Кальций нитрат 即硝酸钙，在 системы 下的：

    Ca$(NO_2)_2$—H_2O—，**65**：20Б441

给出同样的结果。

经查《Реферативный Журнал. Химия》Сводный Том（综合本）1965 年 No.20 得到：

    20Б441. Некоторые физико-химические свойства насыщенных растворов системы Ca$(NO_2)_2$-Ca$(NO_3)_2$-H_2O при 25°. Проценко П. И.，Медведев Б. С. 《Ж. прикл. химии》，1965，38，No 3，676—680

    Методом ДТА，а также определением изотермич. растворимости，электропроводности，вязкости，уд. весов показателя преломления исследована при 25° водно-солевая система Ca$(NO_2)_2$-Ca$(NO_3)_2$-H_2O. Установлено, что система имеет эвтонич. тип что позволяет проводить разделение смеси нитритов и нитратов Ca перекристаллизацией из р-ра, образующегося в процессе щел. абсорбции окислов N карбонатом или гидроокисью Ca. Из р-ров типа нитрит-нитратных щелоков Ca в зависимости от конц-ии нитрита и нитрата соли выделяются в виде кристаллогидратов: Ca$(NO_2)_2$·H_2O, Ca$(NO_2)_2$·$4H_2O$ и Ca$(NH_3)_2$·$4H_2O$.

题目的名称为 25℃ 下 $Ca(NO_2)_2$-$Ca(NO_3)_2$-H_2O 系统饱和溶液的某些物理化学性质。论文发表在 Ж. прикл. химии，这是俄文杂志《Журнал прикладной химии》（《应用化学杂志》）的缩写。摘要中使用了一些缩写。

论文中有两张图和两张表。根据该论文表 1 中列出 $Ca(NO_2)_2$-$Ca(NO_3)_2$-H_2O 系统的溶解度的数据，绘出 25℃ 下该系统的等温溶解度曲线 Рис. 2 如下：

    坐标 Вес% 为重量百分数。

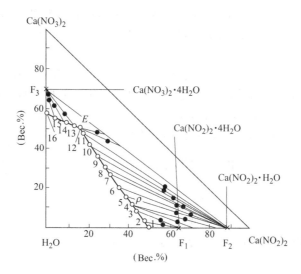

Рис. 2　Изотерма растворимости 25° системы
$Ca(NO_2)_2$-$Ca(NO_3)_2$-H_2O

(2) 说明

① 作者 Проценко П. И. 专门研究含亚硝酸盐的多组分系统，所以可以通过作者索引检索。

查 Авторский указатель（作者索引）1965 Г❶. 有：

ПРОЦЕНКО П. И., Медведев Б. С., Некоторые физико-химические свойства
 насыщенных растворов системы $Ca(NO_2)_2$-$Ca(NO_3)_2$-H_2O при 25°, 20Б441

由分子式索引查得的是用系统表示的，而作者索引给出了论文名称。

也可以查非第 1 作者：

МЕДВЕДЕВ Б. С., Проценко П. И., Система Li, Ca ‖ NO_2, NO_3, 10Б750
МЕДВЕДЕВ Б. С. см. Проценко П. И. 11Б619
МЕДВЕДЕВ Б. С. см. Проценко П. И. 20Б441

Медведев, Б. С. 共有三篇论文，第 1 篇是他与 Проценко, П. И. 合写的；第 2、3 两篇论文是 Проценко, П. И. 与他合写的，故参见第 1 作者❷。从前面分子式索引中可知 11Б619 是 Ca, Rb ‖ NO_2, NO_3 系统，20Б441 是所要检索的 $Ca(NO_3)_2$-H_2O-$Ca(NO_2)_2$ 系统。

② 在摘要最后一行 $Ca(NH_3)_2 \cdot 4H_2O$ 是误印，应当是 $Ca(NO_3)_2 \cdot 4H_2O$。

③ 这篇论文在美国《化学文摘》1965 年卷 62 第 13903 栏，摘要如下：

Physicochemical properties of saturated solutions in the system $Ca(NO_2)_2$-$Ca(NO_3)_2$-H_2O at 25°. P. I. Protsenko and B. S. Medvedev (State Univ., Rostov-on-Don). *Zh. Prikl. Khim.* **38** (3), 676-80 (1965) (Russ); cf. *CA* **61**, 80c. The soly. of $Ca(NO_3)_2$ and $Ca(NO_2)_2$ at 25° is 57.5 and 49.8%, resp. The 25° isotherm of the title system, detd. for the 1st time, showed it to be a eutectic system consisting of 3 branches of crystn.: $Ca(NO_2)_2 \cdot 4H_2O$, $Ca(NO_3)_2 \cdot 4H_2O$, and $Ca(NO_2)_2 \cdot H_2O$.

如果我们先从美国《化学文摘》检索到这篇论文的如上摘要，需要看一下在前苏联《文摘杂志. 化学》中的摘要并查阅原始文献，也可以把第 1 作者 P. I. Protsenko 回译成俄文 П. И. Проценко，再到 1965 年《文摘杂志. 化学》的作者索引查出这篇论文的俄文摘要，并确切知道论文发表在俄文杂志 Ж. прикл. химии 上。

---

❶　Г. 是俄文 год（年）的编写。
❷　см. 为 смотрите 的缩写，意为参见。

④ 在 H. Stephen 和 T. Stephen 等编的《无机和有机化合物的溶解度》❶ 中可以通过索引查到 Calcium Nitrite-Calcium Nitrate-Water，即 $Ca(NO_2)_2$-$Ca(NO_3)_2$-H_2O 系统在卷 3 中的 No. 5086。

在该书第 729 页，以表格形式列出了 $Ca(NO_2)_2$ 和 $Ca(NO_3)_3$ 在 25℃下，饱和水溶液中 $Ca(NO_2)_2$ 和 $Ca(NO_3)_2$ 的重量百分数及平衡时的固相。数据引自文献 [724]。经查文献 [724] 即为 Protsenko, P. I. 和 Medvedev, B. S., Zh. Prikl. Khim. **38**, No. 3. 676 (1965)。但该书中没有给出此三元系统等温溶解度曲线图。

8.6.3 检索被美国《化学文摘》引用的原苏联《文摘杂志》的论文摘要

(1) 问题的由来

美国《化学文摘》中有一些条目只列出论文的题目、作者、刊载文章的出版物、起止页码及文种。然后说明以上信息来自于原苏联《文摘杂志》的年份、文摘号，并仅翻译了题目。

如果读者对这篇论文感兴趣时，就要查阅《文摘杂志》。

(2) 检索

当读者对于美国《化学文摘》中《文摘杂志》的音译较熟悉时，查阅是很方便的。

例如，《化学文摘》1975 年卷 82 文摘号 130086m 的如下论文：

130086m **Generalized method for calculating the thermal conductivity coefficients of hydrocarbon gas mixtures at atmospheric pressure.** Bolotin, N. K.; Ovcharenko, A. G.; Kolomiets, A. Ya. (USSR). *Teplofiz. svoistva uglovodorodov, ikh smesei, neftei i neft. fraktsii. nauch.-tekhn. sb.* **1973**, (1), 24-34 (Russ). From *Ref. Zh., Fiz.*, E **1974**, Abstr. No. 7E53. Title only translated.

此信息来自于 Ref. Zh., Fiz。将其回译成俄文，则为 Реферативный Журнал. Физик（《文摘杂志. 物理》）。其后的黑体字 **1974** 是年份，Abstr. No. 是文摘号 Abstract Number 的缩写。文摘号由一个数字、一个大写拉丁字母及另一个数字组成。前一个数字代表期号，E 是类别，其后的另一个数字是顺序号。在由文摘号查阅《文摘杂志》原文时，要将类别号由拉丁字母回译成俄文字母。这里拉文字母 E 对应于俄文的 E。

我们查得 CA 第 130086m 这篇文章在《РЖФизик》1974 年文摘号 7E53 的俄文原文为：

7E53. Обобщенный метод расчета коэффициентов теплопроводности газовых смесей углеводородов при атмосферном давлении. Болотин Н. К., Овчаренко А. Г., Коломиец А. Я. 《Теплофиз. свойства углеводородов, их смесей, нефтей и нефт. фракций. Науч. -техн. сб.》, 1973, вып. 1, 24—34

Найдена корреляция между коэф. теплопроводности газовых смесей, т-рой и фактором, зависящим от состава смеси. Диапазон применимости метода 0—150℃, давление—атмосферное. Средняя погрешность расчета 2% для бинарных и 4% для многокомпонентных смесей. Приведена программа на языке АДГОЛ-60 для расчета теплопроводности смесей на ЭЦВМ с транслятором ТА-2М. Автореферат

(3) 说明

① 刊载此论文的出版物名称中有一个字母有误，系 Углеводородов 中的第一个 o 应为 e，即应为 углеводородов。CA 音译时也错译成 uglovodorodov，应为 uglevodordov。这从 CA 文摘号 130084j 和 130085k 中的 uglevodorodov 亦可看出。

此出版物俄文全称应为 Теплофизические свойства углеводородов, их смесей, нефтей и нефтяной фракций. Научно-технический сборник [烃类、其混合物、石油和石油馏分的热物理性质。科学技术论文集]。俄文 вып 为 выпуск (期) 的缩写]。

② 一般来说，CA 引用 РЖ 中的文摘主要来自化学文摘，即引自 Ref. Zh. Khim. 即

---

❶ 此书见第 6 章检索举例 6.5.3 中说明 (4)。

引自 РЖ Химия（《文摘杂志．化学》）。例如：

  85：195015u Use of the octane number index during catalytic reforming. Bulavko, Yu. I.; Murav'ev, A. G. (USSR). *Avtomatiz. i Kontrol'no-izmerit. Pribory v Neftepererab. i Neftekhim. Prom-sti. Nauch. -tekhn. Ref. Sb.* **1976**, (1), 22-4 (Russ). From *Ref. Zh., Khim.* **1976**, Abstr. No. 13P322. Title only translated.

但此例则引自 Ref. Zh., Fiz., 即引自 РЖ Физик（《文摘杂志．物理》）。此外，还如下例：

  138472e Effect of the level of nitrogen and phosphorus feeding on the content of phosphorus compounds in barley plants. Romanova, E. Yu.; Korobochkina, L. B. (USSR). *Tr. VNII udobr, i agropochvoved.* **1974**, (54), 90-6 (Russ). From *Ref. Zh., Biol. Khim.* **1974**, Abstr. No. 15F1015. Title only translated.

引自 Ref. Zh., Biol. Khim, 即引自 РЖ Биологическая Химия（《文摘杂志．生物化学》）。138472e 是 CA1975 年卷 82 的文摘号。

③ 由 CA 给出的文摘号回译成《文摘杂志》的文摘号，要注意两种字母的对应关系，特别是容易混淆的字母，如上述第二种文摘号 15F1015 对应 15Ф1015，而第一种 13P322 对应俄文 13П322，拉丁字母 P 对应俄文字母 П，而俄文字母 P 对应拉丁字母 R。所以 85：195015u 那篇论文若到《文摘杂志．化学》找 13P322 是找不对的。

8.6.4 检索被《Beilstein 手册》引用的德国《化学文摘》中的论文摘要

(1) 问题的由来

在《Beilstein 手册》中，对某些论文，主要是俄文期刊上的论文，除给出原始文献的卷、页码之后，常给出该论文在德国《化学文摘》C 中的年份及页码，以便于读者参考。对于在 1907 年美国《化学文摘》CA 创刊后的论文，不仅可以查阅原始文献，参考德国《化学文摘》C 中的论文摘要，读者还可以从美国《化学文摘》CA 中查得该论文的英文摘要，以便在找不到原始文献或当不通晓俄文、德文时，了解该论文的主要内容。

在《Beilstein 手册》正编卷 5 第 33 页，对于 1,1-Dimethyl-cyclopentan（1,1-二甲基环戊烷）及其取代产物 2-Brom-1,1-dimethyl-cyclopentan（2-溴-1,1-二甲基环戊烷）、2-Jod-1,1-dimethyl-cyelopentan（2-碘-1,1-二甲基环戊烷）的资料中引用了 Kishner 的两篇论文。1,1-二甲基环戊烷的内容如下：

  3. **1,1-*Dimethyl-cyclopentan*** $C_7H_{14} = \begin{matrix} H_2C \cdot CH_2 \\ H_2C \cdot CH_2 \end{matrix} \!\!> C(CH_3)_2$. B. Aus dem 2-Brom-1,1-dimethyl-cyclopentan (s. u.) in siedendem 80% igem Alkohol mit einem Kupferzinkpaar (Kishner, Ж. **37**, 514; C. **1905** II, 762), ebenso aus dem 2-Jod-1,1-dimethyl-cyclopentan (s. u.) (K., Ж. **40**, 1007; C. **1908** II, 1859). Aus 1,1-Dimethyl-cyclopenten-(2) (S. 70) mit Wasserstoff nach dem Verfahren von Sabatier bei 155° (K., Ж. **40**, 1007; C. **1908** II, 1859). —Flüssig. Kp_{735}: 87, 8-87,9°; Kp_{762}: 88°; D_0^{80}: 0,7547; n_D^{20}: 1,4131 (K., Ж. **40**, 1007; C. **1908** II, 1859). —Wird von Brom, konz. Salpetersäure und wäßr. Kaliumpermanganatlosung nicht verändert (K., Ж. **37**, 514; C. **1905** II, 762).

两篇论文均刊载在俄文杂志 Ж. 上。杂志 Ж. 是《Beilstein 手册》上的缩写，查正文前面的 Verzeichnis der Abkürzungen für Literatur-Quellen（文献来源缩写表），得知表中最后的缩写 Ж. 代表《Journal der Russichen Physikalisch-chemischen Gesellschaft》（《俄罗斯物理-化学会志》）。这是该俄文杂志的德文译名。

Ж. 后的黑体字 **37** 和 **40** 是卷号，其后的 514 和 1007 是页码；之后的斜体字 *C.* 代表 Chemisches Central-Blatt 或 Chemisches Zentralblatt，即德国《化学文摘》，黑体字 **1905** 和 **1908** 是此文献的年份，II 是第 2 卷，后面的 762 和 1859 是页码。

(2) 检索 Kishner 1905 年发展的那篇论文在 C. 中的摘要

在德国《化学文摘》1905 年 II 第 762 页上面见到 1,1-Dimethylcyklopentan，但这篇论

文摘要从第 761 页开始至 762 页，不足一页。

  N. **Kishner**, *Über das Cyklobutyldimethylcarbinol und seine Umwandlungen*. Die Tetramethylenverbb. sind in Bezug auf die Beständigkeit des Tetramethylenringes noch nicht genügend studiert. Auch die auf diesem Gebiet ausgeführten Arbeiten scheinen dem Vf. nicht immer einwandsfrei. So ist die B. von Methyltetramethylen nach PERKIN aus Methyltetramethylenbromid und Na zweifelhaft. — Während von den Tetramethylenverbb. die Carbonsäuren beständige Systeme vorstellen, gibt das aus Aminocyklobutan u. salpetriger S. dargestellte Cyklobutanol nach PERKIN mit HBr Bromcyklobutan und Methyltrimethylenbromid. Analogieschlüsse mit den Cyklopropanverbb. lassen indessen eine andere Erklärung auch dieser Rkk. als wahrscheinlich erscheinen. —Aus diesen Gesichtspunkten wurde die nachfolgende Arbeit, welche einiges Material zur Charakterisierung des Tetramethylenringes liefern soll, unternommen.

          ………

(Journ. russ. phys. -chem. Ges. **37**. 509-17. 14/8. [12/3.] Tomsk. Lab. d. Technol. Inst.)

可以看出，摘要前面为论文作者的姓氏和论文题目：环丁基二甲基甲醇及其转化；摘要后面用括号给出刊载此论文的杂志名称的德文缩写、卷、起止页码及作者的单位。

摘要中使用了很多缩写，这些缩写的含义可查阅《化学文摘》列出的 Abkürzungen im Texte（文中的缩写）。

这篇论文也可以通过索引检索。德国《化学文摘》有年度索引和五年的总索引。索引分作者索引和主题索引。

查 1902～1906 年 Generalregister（总索引）中的 Autorenregister（作者索引），有：

Kishner（N.），**05**．Ⅰ：Einw. von Brom u. Alkali auf Amide von α-bromsubstit. Säuren 1219. —Cyklobutanon 1220. —Aminocyklopropan 1703. —**05**．Ⅱ：1,1-Tetramethylendicarbonsäureester 761. —Cyklobutyldimethylcarbinol 761.

最后一篇 Cyklobutyldimethylcarbinol 即本论文在 **05** 年 Ⅱ 第 761 页。

查 Sachregister（主题索引），在 Dimethylcyklopentan 和 Cyklobutyldimethylcarbinol 两栏目下给出 **05**．Ⅱ：（Kishner）762 或 761：

Dimethylcyklopentan，**02**．Ⅱ：（Zelinsky）589. —**03**．Ⅱ：V. im italienischen Erdöl（Balbiano, Zeppa）1085. —**05**．Ⅱ：（Kishner）762.
Cyklobutyldimethylcarbinol，**05**．Ⅱ：（Kishner）761.

761 是文摘的起始页，762 是文摘中讲到环丁基二甲基甲醇的页码。

若从 1905 年 Ⅱ 的作者索引和主题索引也检索到同样的结果。但无 **05**．Ⅱ：的字样。

(3) 检索 Kishner 在 1908 年发表的那篇论文在 C. 中的摘要

在德国《化学文摘》1908 年 Ⅱ 第 1859～1861 页共两页多为那篇论文的摘要。这里给出 1859 页有关部分及 1861 页给出的出处。

  N. **Kishner**, *Über Isomerisationserscheinungen bei Umwandlungen des Cyklobutyldimethylcarbinols*. (Vgl. S. 1342.) Auf Grund neuer experimenteller Unterss. kommt Vf. zum Schluβ, daβ die Struktur des primären Alkohols, $C_7H_{14} \cdot$ OH（Ⅰ.），und des KW-stoffs, C_7H_{12}（Ⅱ.），nachstehende ist. Die vielfachen Umwandlungen, wobei aus dem viergliedrigen Ring, dem Cyclobutyldimethylcarbinol, fünfgliedrige und auch sechsgliedrige Ringe entstehen, lassen sich auf zwei Typen zurückführen: 1. es entstehen Verbb. von Typus des 1,1-Dimethylcyclopentans, 2. des 1,2-Dimethylcyclopentans. Der genetische Zusammenhang aller Umwandlungen ist aus den Schemen A. und B. zu ersehen, wobei im B. hypothetische Übergangsprodd. angenommen werden.

          ………

(Journ. Russ. Phys. -Chem. Ges. **40**. 994—1015. 16/19. [17/5.] Tomsk. Technolog. Inst.)

论文题目为：在环丁基二甲基甲醇转化时的异构化现象。

这篇论文摘要也可以从 1907～1911 年 5 年总索引中的作者索引和主题索引检索。

(4) 检索 Kishner 在 1908 年发表的那篇论文在美国《化学文摘》CA 中的摘要

已知作者为 N. Kishner，所以可以通过作者索引检索。

可以查阅累积索引或卷索引。在 1907～1916 第一个十年索引中，在 Kishner，N. 名下没有查到那篇论文。

因为德国《化学文摘》中 sh 对应于俄文字母 ж，而此俄文字母 ж 在美国《化学文摘》中音译为 zh。所以要查 Kizhner，N.，在此名下为他作为唯一作者的有：

Kizhner，N. Isomerization phenomena accompanying transformations of cyclobutyldimethylcarbinol，**3**：533；hydrogenation of tetramethylenecarboxylic acid，1008；transformations of cyclobutyldimethylcarbinol（Ⅱ），1008；action of hydrazine hydrate on thujone，6：84；……

其中 Isomerozation phenomena accompanying transformations of cyclobutyldimethylcarbinol 即为所要检索的论文，摘要在卷 3 第 533 页。标题、作者等（摘要略去）如下：

Isomerization Phenomena Accomanying the Transformations of Cyclobutyldimethylcarbinol. N. KIZHNER. Lab. Org. Chem. Techn. Inst.，Tomsk，*J. Russ. Phys. -Chem. Soc.* **40**，994-1015. ……

(5) 说明

① 原始文献杂志名称　《Beilstein 手册》给出 Ж. 为 Journal der Russischen Physikalisch-chemischen Gesellschaft（俄罗斯物理-化学会志），这是原俄文杂志的德文译名。

德国《化学文摘》给出为 Journ. russ. phys. -chem. Ges.，这是该杂志德文译名的缩写。

美国《化学文摘》给出的 J. Russ. Phys. -Chem. Soc.，则是该杂志英文译名的缩写。

至于这一杂志的俄文名称如何，可查阅美国《化学文摘》的来源索引 CASSI，得到：

J**ourn**al der R**uss**ischen P**hys**ikalisch-C**hem**ischen G**es**ellschaft. See **Zh. Russ. Fiz. -Khim. O-va.**
J**ourn**al of the R**uss**ian P**hys**ical-C**hem**ical Soc**iety**. See **Zh. Russ. Fiz. -Khim. O-va.**

上一行是杂志的德文译名，《Beilstein 手册》给出的就是译名的全称，德国《化学文摘》给出的是德文译名的缩写，但与美国《化学文摘》使用的缩写稍有不同；下一行是该杂志的英文名。

两者均参见 Zh. Russ. Fiz-Khim. O-va.，这是该杂志俄文名称拉丁字母音译后的缩写。在 CASSI 查得：

Zh**urn**al **Russ**kago **F**iz**iko-Khim**icheskago **O**bshchestva. ZRKOAC. ISSN 0372-9877. （Journal of the Russian Physical-Chemical Society）（Formerly Zh. Russ. Khim. O-va. Fiz. O-va.）. In Russ. v11 n1 1879-v38 n9 1906. [Each issue contains separately paginated sections on chemistry and physics.] Divided into **Zh. Russ. Fiz.-Khim. O-va.，Chast Fiz.**，which see and **Zh. Russ. Fiz.-Khim. O-va.，Chast Khim.**，which see.

　　RUSSKOE FIZIKO-KHIMICHESKOE OBSHCHESTVO. ZHURNAL. ST. PETERSBURG.

得知杂志的音译全称为 Zhurnal Russkago Fiziko-Khimicheskago Obshchestva，回译成俄文为 Журнал Русскаго Физико-Химическаго Общества。Chast 是俄文 Часть（分册）的音译。

此杂志创刊于 1869 年，后几度更名，1905 年为卷 37，1908 年为卷 40。不同时期的名称可参阅 CASSI。

② 关于德国《化学文摘》中的作者 Kishner，N. 的俄文名，可根据德国《化学文摘》的 Transkriptionstabelle für die kyrillischen zeichen der russischen Sprache（俄语希里尔字母的音译表）回译。作者拉丁字母与俄文字母的对应关系为：

k-к，i-и，sh-ж，n-н，e-e，r-р 故 Kishner，N. 对应的俄文名为 Кижнер，Н. 。

前已说明，此作者在 CA 中的拼法为 Kizhner，N. 。

③ 作者在 1905 年发表那篇论文时，美国《化学文摘》尚未创刊，故只有德国《化学文摘》中的德文摘要。

1908 年作者的那篇论文在德国《化学文摘》和美国《化学文摘》中均有摘要，可互相参照。德国《化学文摘》中的摘要是美国《化学文摘》中摘要的三倍长，有较详细的内容。

在阅读德国《化学文摘》的摘要时，要注意对俄语人名、杂志名的译法，德文缩写，小数点用"，"而不用"."，以及碘的元素符号用 J 等。

9 《国际博士论文文摘》、《世界专利索引》和我国相关的索引

博士论文、硕士论文是高等院校、科研院所的研究生在导师指导下完成科研工作后，通过答辩获取学位的毕业论文。

由于博士、硕士论文是在答辩前撰写的科研总结，主要目的是供答辩用，印数很少，不公开发行，所以不易获得。但是学位论文的文摘、通报集中报道了学位论文，则给文献检索提供了方便。

博士、硕士论文经过修改后，会发表在有关期刊中，也可以通过其他文摘获得这些学位论文的内容。

专利制度既维护了专利权人的合法利益，又可以在专利保护期满后服务于社会，是鼓励人们从事发明创造、推动生产力发展的制度。现在申请发明专利越来越受到研究部门、工厂企业等单位的重视。因此，研究人员了解所从事领域专利的情况很有必要。

9.1 《国际博士论文文摘》

《国际博士论文文摘》(《Dissertation Abstracts International》，简称 DAI)，是由美国国际大学微缩制片公司 (University Microfilms International，缩写为 UMI) 编辑出版的。

DAI 原分为 Section A 和 Section B 出版，月刊，均为北美博士论文文摘，后来又增出 Section C，季刊，原为欧洲文摘，现为世界文摘。

Section A 为人文和社会科学。

Section B 为科学与工程。

Section C 则包括人文和社会科学以及科学与工程。

Section B 中博士论文摘要按学科顺序先后排列。每篇摘要先给出论文题目、论文作者、学校、年份、论文页数、导师，然后给出较详细的摘要。

每期 DAI 之后有 Keyword Index（关键词索引）和 Author Index（作者索引）。

每 12 期（合一年）为一卷，编有 Section A 和 Section B 合在一起的 Cumulative Author Index（累积作者索引）。

美国《化学文摘》中博士论文转引自 DAI，则在给出论文题目、作者、年份、页数等之后，注明"From $Diss.\ Abstr\ Int.$，B"及年份、卷、期、页码，不再给出摘要。这里的 Diss，Abstr. Int. 即 DAI。

9.2 《世界专利索引》

《世界专利索引》(《World Patents Index》) 缩写为 WPI，创刊于 1974 年，由 Derwent Publication Ltd（德温特出版公司）出版，周刊，报道 29 个国家和组织的专利。

按内容分为 4 个分册：P（一般分册）、Q（机械分册）、R（电气分册）和 CH（化学分

册)。每分册有 Patentee Index（专利权人索引）、IPC[❶] Index（国际专利分类索引）、Accession Number Index（入藏登记号索引）和 Patent Number Index（专利号索引）。

另有三种文摘：World Patents Abstracts（世界专利文摘，简称 WPA），Chemical Patents Index（化学专利索引，简称 CPI）和 Electrical Patents Index（电气专利索引，简称 EPI）。后两者名为索引，实为文摘。

《化学专利索引》原称《中心专利索引》(Central Patents Index)，1986 年改为现名。

关于国际专利分类 IPC，读者可参见 WPI 的附录 Subject Matter Headings——By IPC，或范铮编著《实用科技文献检索》[37]书中的第 100～109 页。前者给出英文，后者给出中文。但只给出五级分类中的部、大类或小类，而没有给出组和小组。有关国际专利分类见检索举例 9.4.2 的说明。

《化学专利索引》每期文摘后有 Patentee Index、Accession Number Index 和 Patent Number Index。

9.3 《中国学位论文通报》和《中国专利索引》

9.3.1 《中国学位论文通报》

《中国学位论文通报》创刊于 1985 年，由中国科学技术信息研究所编，采用题录、简介和文摘三合一的形式报道。

收录基础科学、医药科学、农业科学、工业技术，交通、建筑及科技管理等方面的我国博士与硕士的论文。

文摘按中国分类体系编排。条目中有分类号、文摘号、论文题目、授予学位、作者、学位授予单位、页数、授予时间和摘要，及中国科学技术信息研究所馆藏资料索取号。

它的电子版是《中国学位论文数据库》。

9.3.2 《中国专利索引》

《中国专利索引》由专利文献编辑室制印中心编，专利文献出版社出版，1986 年创刊。

收集了中国专利局定期出版的三种专利公报上公布的所有中国专利信息。

索引由国际专利分类号索引，申请人、专利权人索引，和申请号、专利号索引三个部分组成。

9.4 检索举例

9.4.1 检索关于甲苯和三氯乙烯降解的博士论文

已知 20 世纪末 J. T. Shingleton 作了一篇关于甲苯和三氯乙烯降解的博士论文。

(1) 从《国际博士论文文摘》DAI 检索

用卷的累积作者索引，在卷 60（1999～2000）的 Cumulative Author Index 第 230 页找到：

  Shingleton, Justin Thomas,
   60-06, p. 2821B

60-06 表示卷 60 第 6 期，p. 2821B 表示 B 辑第 2821 页，在该页找到如下论文摘要：

Degradation of toluene and trichloroethylene in a radial flow reactor. Shingleton, Justin Thomas, Ph. D. *The University of Tennessee*, 1998, 165pp. Major Professor: Paul R. Bienkowski

                        Order Number DA9936297

The purpose of this research was to use a previously developed, membrane-based, radial flow, vapor-phase bioreactor (RFR) for the biodegradation of toluene and trichloroethylene (TCE) from

---

[❶] International Patent Classification（国际专利分类）的缩写。

a toluene/TCE/air/water system. The reactor system addressed the mass transfer, channeling, and scale-up problems associated with conventional packed bed systems. *Pseudomonas putida* TVA8 were immobilized on sand within concentric cylindrical porous metal membranes. A toluene feed stream was added to induce enzyme production necessary for TCE degradation, and the toluene served as the primary carbon source for the bacteria. The proposed research investigated the possibility of simultaneously degrading both toluene and TCE from a vapor-phase waste stream.

………

论文题目译成中文为：甲苯和三氯乙烯在径流反应器中的降解。Order Number 是索取号，读者如需要时可与 UMI 公司联系。

也可以由期的作者索引及关键词索引进行查找。

例如，通过 Vol. 60 no. 6 的 Keyword Index 在 Degradation 条件下找到：

Degradation
Degradation and disposal of chlorimuron, chlorsulfuron, and pyrithiobac herbicides by ozonation. *Carson, Katherine Holt*, p. 2587B
Degradation of toluene and trichloroethylene in a radial flow reactor. *Shingleton, Justin Thomas*, p. 2821B

其中第二篇即是所要查找的。

此外，还可在 Radial flow reactor、Toluene 和 Trichloroethylene 标题下找到：

Radial flow reactor
Degradation of toluene and trichloroethylene in a radial flow reactor. *Shingleton, Justin Thomas*, p. 2821B

Toluene
Degradation of toluene and trichloroethylene in a radial flow reactor. *Shingleton, Justin Thomas*, p. 2821B
Reactivity of an iridabenzene and synthesis of novel iridaphenols. *Behm, Robert Gregory*, p. 2683B

Trichloroethylene
Degradation of toluene and trichloroethylene in a radial flow reactor. *Shingleton, Justin Thomas*, p. 2821B
Effect of cell-and species-differences in the expression of drug metabolism enzymes on chemical-induced injury to the rat and human kidney. *Cummings, Brian S.*, p. 2626B
System effects on the remediation of contaminated saturated soils and groundwater using air sparging. *Adams, Jeffrey Alan*, p. 2826B

(2) 通过美国《化学文摘》CA 检索

查 CA 卷 132 的 Author Index，在 4968 页有：

Shingleton, J. See Applegate, B. M.
Shingleton, Justin Thomas
　　Degradation of toluene and trichloroethylene in a radial flow reactor, 124760m

再查文摘号 132：124760m，有：

　　132：**124760m Degradation of toluene and trichloroethylene in a radial flow reactor.** Shingleton, Justin Thomas (Univ. of Tennessee, Knoxville, TN USA). **1998**, 165 pp. (Eng). Avail. UMI, Order No. DA9936297. From *Diss. Abstr. Int.*, B 1999, 60 (6), 2821.

只给出论文题目、作者等，没有文摘，并说明 From *Diss. Abstr. Int.*, B1999, 60 (6), 2821。这里的 *Diss. Abstr. Int.* 即是 CA 对 Dissertation Abstracts International 的缩写。

(3) 检索 Shingleton, J. T. 有关的其他论文

博士论文中的一些内容通常会在期刊上发表，所以通过博士论文作者发表的其他论文也会了解更多的信息。

经查 CA，在第 130 卷的 Author Index 检索到：

Shingleton, Justin T.
—, Applegate, Bruce M.; Nagel Aaron C.; Bienkowski, Paul R.; Sayler, Gary S.
　　Induction of the tod operon by trichloroethylene in Pseudomonas putida TVA8, 136427e

作者共 5 人，Shingleton, Justin T. 是第 1 作者，Bienkowski, Paul R. 是其导师，此

论文在 CA 中的文摘为：

130：**136427e Induction of the tod operon by trichloroethylene in Pseudomonas putida TVA8.** Shingleton, Justin T.; Applegate, Bruce M.; Nagel, Aaron C.; Bienkowski, Paul R.; Sayler, Gary S. (Cent. Environment. Biotechnol., Univ. Tennessee, Knoxville, TN 37996 USA). *Appl. Environ. Microbiol.* 1998, 64 (12), 5049-5052 (Eng), American Society for Microbiology. Bioluminescence, mRNA levels, and toluene degrdn. rates in P. putida TVA8 were measured as a function of various concns. of toluene and trichloroethylene (TCE). TVA8 showed an increasing bioluminescence response to increasing TCE and toluene concns. Compared to uninduced TVA8 cultures, todC1 mRNA levels increased 11-fold for TCE-treated cultures and 13-fold for toluene-treated cultures. Compared to uninduced P. putida F1 cultures, todC1 mRNA levels increased 4.4-fold for TCE-induced cultures and 4.9-fold for toluene-induced cultures. Initial toluene degrdn. rates were linearly correlated with specific bioluminescence in TVA8 cultures.

另外，在上述（2）中 CA 卷 132 的 Author Index 查阅 Shingleton, Justin Thomas 的博士论文上面有一条 Shingleton, J. See Applegate, B. M.，从上述内容知文摘中第 2 作者即为 Applegate, Brace M.，可以推测虽然 CA 卷 132 的 Author Index 中将 Shingleton, J. 与 Shingleton, Justin Thomas 分列，实则应为同一作者。据此查阅卷 132 Author Index 中的 Applegate, B. M.，结果如下：

Applegate, B. M.
—; Shingleton, J.; Ripp, S.; Bright, N.; Nivens, D.; Simpson, M.; Sayler, G
　Bioluminescent bioreporter integrated circuits (BBICs) for the detection of toluene and trichloroethylene (TCE) in aqueous solutions, 87464v

作者共 7 人，Shingleton, J. 是第 2 作者，而最后一位作者 Sayler, G. 也即前一篇论文中的最后一位作者 Sayler, Gary S.。

这篇论文在 CA 中的文摘如下：

132：**87464v Bioluminescent bioreporter integrated circuits (BBICs) for the detection of toluene and trichloroethylene (TCE) in aqueous solutions.** Applegate, B. M.; Shingleton, J.; Ripp, S.; Bright, N.; Nivens, D.; Simpson, M.; Sayler, G. (Ctr. Env. Biotech., Univ. Tenn., Knoxville, TN 37996 USA). *Biolumin. Chemilumin., Proc. Int. Symp.*, 10th 1998 (Pub. 1999), 589-592 (Eng). Edited by Roda, Aldo. Wiley: Chichester, UK. The title study shows the potential for automated self-contained remote biosensors which can be used for numerous applications.

(4) 说明

① 从两篇论文作者的单位可确认 Shingleton, J. 即 Shingleton, Justin Thomas。
② 两篇论文的内容均与 Shingleton, Justin Thomas 的博士论文有关。而这两篇论文或发表在杂志上，或载于会议文集中，较博士论文易于获得。

9.4.2 检索一篇有关噻吨酮光引发剂的专利

噻吨酮英文名为 Thioxanthone[33]，是指如下的化合物：

(1) 由美国《化学文摘》CA 检索

有关专利在 1983 年，但在第 11 次累积索引（1982～1986 年）的 Chemical Substance Index（化学物质索引）中并未检索到 Thioxanthone。

在 1983 年卷 99 第 9 期的 Keyword Index（关键词索引）中检索到：

Thioxanthone
　photoinitiator P 70566g

Thioxanthone 条目下的 photoinitiator 即光引发剂，P 代表 Patent（专利），70566g 为文摘号。摘要如下：

99: **70566g Water-soluble thioxanthone photo-initiators.** Heaton, Peter; Curtis, John Robert (Sericol Group Ltd.) **Brit. UK Pat. Appl. GB 2,108,487** (Cl. C07D335/16), 18 May 1983, Appl. 81/33,094, 03 Nov 1981; 5 pp. Thioxanthones **I** (R^1 = alkyl, alkoxy, alkylthio, halo,

$$\text{(structure I: thioxanthone with } (R^1)_n \text{ and } (OX)_mZ \text{ substituents)}$$

NO_2, NH_2, alkyl- and dialkylamino, carbamoyl, HO_3SNH, Ac; X= alkylene, Z = CO_2H, SO_3H, OSO_3H; $n=0,1,2$; $m=1,2$), useful as photoinitiators in H_2O-base photopolymerizable compns., e.g. in screen stencil prodn., were prepd. Thus, cyclocondensation of thiosalicylic acid with phenol in concd. H_2SO_4 1 h at room temp. and 2 h at 80° followed by hydrolysis gave 2-hydroxyxanthone, which was treated with $Cl(CH_2)_3SO_3Na$, prepd. by sulfonation of $Cl(CH_2)_3Br$, in DMF 2 h at reflux to give **I** [R^1 = H, X = $(CH_2)_3$, $m=1$, $Z = SO_3Na$]. When the latter was incorporated into a photosensitive compn. and exposed 10 s at 1 m to an 800 W Hg lamp, a good visible relief image was obtained.

通过文摘了解到专利的研究者、单位、专利号 GB 2108487 等信息及专利内容。

GB 为英国的二字母代码，专利号后括号中的 Cl. 是 Classification（分类）的缩写，C07D335/16 是其分类号。由《实用科技文献检索》[37] 可知 C07d301-347 为含氧、硫、硒、碲的杂环化合物。

如果我们知道此专利的研究者为 Peter Heaton 和 John Robert Curtis，公司为 Sericol Groap Ltd.，也可以从美国《化学文摘》中的 Author Index（作者索引）进行检索。

从第 11 次累积索引的作者索引可以查到：

Heaton, Peter
——; Curtis, J. R.
　　Water-soluble thioxanthone photo-initiators, **99**: P 70566g

及

Sericol Group Ltd.
　　Photosensitive compositions for serigraphic stencils., **98**: P 63347n
　　Photopolymerizable composition for manufacturing outline printing stencils, **98**: P 152803a
　　Photopolymerizable composition for producing printing stencils with a border, **98**: P 189008w
　　Water-soluble thioxanthone photo-initiators, **99**: P 70566g

Peter Heaton 和 John Robert Curtis 的条目下只有一条，而 Sericol Group Ltd. 条目下有 10 项专利。第 4 项即为要检索的，第 9 项也是关于光引发剂的专利，这里未列出。

如果知道专利号 GB 2108487，查阅第 11 次累积索引的 Patent Index（专利索引），可以查到在 GB（United Kingdom）下的如下结果：

2108487 A1 (B2), 99: 70566g
　　　AU 552069 B2
　　　CA 1188701 A1
　　　EP 79119 A1 (B1)
　　　　(Designated States: BE, CH, DE, FR, IT, LI, NL)
　　　JP 58/079991 A2
　　　US 4459416 A

二字母代码 AU、CA、EP、JP 和 US 分别代表澳大利亚、加拿大、欧洲专利组织、日本和美国。第 5 行括号中的 BE、CH、DE、FR、IT、LI 和 NL 分别代表比利时、瑞士、原德意志联邦共和国、法国、意大利、列支敦士登和荷兰。

各专利号后面的 A、A1、A2、B1、B2 代表专利的不同阶段。可参见专利索引的有关说明。

可见通过关键词索引、专利作者索引、专利号索引均可检索到这篇专利在美国《化学文摘》中的文摘号，从而获知专利的内容。

我们还可以从专利索引中各国的专利号 AU 552069B2、CA 1188701A1、EP79119A1、

JP 58/079991 A2 和 US 4459416A 之后得知均 See GB 2108487 A1。

(2) 由《世界专利索引》检索

从美国《化学文摘》获得的信息得知，此一专利在欧洲专利组织、英国、澳大利亚、加拿大、日本和美国等国家申请，所以在《世界专利索引》中很多期中均可检索到。

① 由《世界专利索引》WPI 化学分册 1986 年第 1 期的 Patentee Index（专利权人索引）取 Sericol GroupLtd 的前四个字母查得：

SERI-
Water-soluble thioxanthone photoinitiators
  SERICOL GRP LTD 03.11.81-GB-033094 83-47366K＝EP --79-119-B
  A60 E13 G06＋P83（A89）（27.12.85）C07d-335/16 C08f-02/50 G03c-01/68

就是所要检索的专利。

03.11.81 是英国申请专利日期，申请号 033094。83-47366K 是 WPI 中的 Accession Number（登记号），＝EP 79119 B 是 Equivalent Patent Number（等同专利号），A60E13 G06＋P83（A89）是 Derwent Classes（德温特分类），C07d335/16、C08f-02/50、G03c-01/68 是 International Patent Classification（缩写为 IPC，国际专利分类）。见（4）说明。

② 也可以由 IPC Index（国际专利分类索引）检索得：

C07d-335
Amidino-hydrazone derivs, which affect circulation B BAYER AG *05.05.84* 85-284180＝AU 8542-
  008-A 06
Substd. imino derivs. of di:hydro:benzo-(thio)-pyran B FARMITALIA C ERBA SPA *06.05.82*
  83-815879＝CA 1197-253-A 06
Aminophenyl substd. thio:pyrylium salts EGPS MINNESOTA MINING MFG CO *28.02.80* 81-
  66539D＝DE 3172-862-G 02
New 1,4-di:aminoalkyl:amino-9H-thioxanthene-9 one derivs. BC WARNER-LAMBERT CO
  06.02.84 85-204825＝DK 8500-517-A
Water-soluble thioxanthone photoinitiators AEGP SERICOL GRP LTD *03.11.81* 83-47366K＝
  EP --79-119-B 16

在专利号 EP--79-119-B 后的 16 即小组号，也就是分类号 C07d-335/16。

这篇专利也可以通过 WPI 第 8601 期中的 IPC Index，或从专利的另一个分类号 C08f-02/50 检索，在该索引第 108 页的标题为：

C08f01-08 Processes；Catalysis；Treatment

其下第 1 组为 C08f-02，此组中有很多专利，在第 109 页左栏中部即可见到：

Water-soluble thioxanthone photoinitiators AEGP
  SERICOL GRP LTD *03.11.81* 83-47366K＝EP --79-119-B 50

在专利号 EP--79-119-B 之后的 50 为小类号，也就是分类号 C08f-02/50 中的 50。

③ 由 Accession Number Index（登记号索引）可检索得：

83-47366K   AEG
  GB 2108 487-A 8320   US 4459-416-A 8430
  EP   --79-119-A 8321   CA 1188-701-A 8528
  J5   8079-991-A 8325   GB 2108-487-B 8531
  AU 8287-833-A 8326   EP   --79-119-B 8601

其中左列第 1 行 2108487A 是基本专利，其余是等同专利，右列最后一行是这一期中的专利。最后的数字是年和期，如 8320 即 1983 年第 20 期。

④ 可以由 Patent Number Index（专利号索引）检索得：

EP--79（B）
＝119 83-47366K SERI-   ＝666 83-52020K WESE
＝390 82-04555J MITK   ＝858 83-52117K CIBA

可知 EP 79119B 在 WPI 中的登记号为 83-47366K，专利权人缩写为 SERI-。

(3) 由《化学专利索引》CPI 检索

查 Chemical Patent Index. Seetion E：Chemdoc 1986 年第 1 期，即 Week 8601。

前面是 Abstracts（文摘），其后为 Indexes（索引），包括 Patentee（专利权人）、Accession Number（登记号）和 Patent Number（专利号）三种索引。

根据 WPI Classification（世界专利索引分类）Section E Chemdoc 中 E13 为 Heterocyclics（杂环化合物），于是在 E13 类中检索到该项专利的摘要如下：

SERI-　　　　　　E13　　　　　　　　　　　　83-47366K/20　　　＝EP --79-119-B
Water-soluble thioxanthone photoinitiators - useful in water-based photopolymerisable compsns，for screen stencil prodn.
　　SERICOL GRP LTD 03.11.81-GB-033094
　　A60 G06 ＋ P83（A89）（27.12.85） GB2108487-A C07d-335/16 C08f-02/50 G03c-01/68 16.09.82 as 304899（E）EP--33720 GB2050378 GB2075506 E（BE CH DE FR IT LI NL）
　　A thioxanthone of the formula（I）Wherein R1 is alkyl，alkoxy，alkylthio，halogeno，nitro，amino，alkyl-amino，di-alkyl-amino，hydroxy alkyl-amino，alkanoylamino，benzoylamino，N-alkanoyl-N-benzoyl-amino，sulphonamido，or acetyl；R2 is alkylene；A is -COOH，-SO$_3$H，-OSO$_3$H，or -O-CO-X-COOH（where X is such that HO-CO-X，COOH is a di-or tri-carboxylic acid of up to 8 carbon atoms）；n is 0，1 or 2 and m is 1 or 2 provided that when A is -COOH，m is 2，the aforesaid alkyl，alkoxy，alkanoyl，and alkylene residues containing up to 4 carbon atoms each，as the free acid or as a salt thereof.（7pp）

第 5 行 *GB 2108487-A* 为基本专利号。

从索引中的专利权人索引得：

SERI-03.11.81 SERICOL GRP LTD A60 E13 G06(A89)＝EP --79-119-B
　　　Water-soluble thioxanthone photoinitiators- 83-47366K/20

从登记号索引查得结果，与由 WPI 中的登记号索引查到的相同。

从专利号索引可得：

EP --79（B）
＝119 83-47366K A60E13G06＋P8
＝390 82-04555J B05E19
＝858 83-52117K A60D18E21F06

EP 79 119 B 后给出登记号等。

(4) 说明

这里介绍国际专利分类法。

根据 1971 年签署的《关于国际专利分类的斯特拉斯堡协定》编制了《国际专利分类表》第 1 版，后来不断修改。各版适用的有效期分别为：

第 1 版　1968-09-01～1974-06-30　　第 5 版　1990-01-01～1994-12-31
第 2 版　1974-07-01～1979-12-31　　第 6 版　1995-01-01～1999-12-31
第 3 版　1980-01-01～1984-12-31　　第 7 版　2000-01-01～2005-12-31
第 4 版　1985-01-01～1989-12-31　　第 8 版　2006-01-01～

国际专利分类法共分 5 级，即：部（Section）和分部（Subsection）、大类（Class）、小类（Subclass）、组（Main group）、小组（Subgroup）。

部和分部用大写字母 A 至 H 表示：

A 部　人类生活必需（Human Necessites）；

B 部　作业；运输（Operations，Transporting）；

C 部　化学；冶金（Chemistry and Metallurgy）；

D 部　纺织；造纸（Textiles and Paper）；

E 部　固定建筑物（Fixed Construction）；

F 部　机械工程；照明；加热；武器；爆破（Mechanical Engineering; Lighting; Heating; Weapons; Blasting）；

G 部　物理（Physics）；

H 部　电学（Electricity）。

大类在部和分部后用两位阿拉伯数字表示。

小类在大类后用一个大写字母表示。

组在小类后用 1～3 位数字，后面加上/00 表示。

小组是在斜线后面用数字表示。

如上就形成了国际专利分类系统。

国际专利分类法在 CA 中简写为 Cl.，在专利说明书上缩写为 Int. Cl.。在 Int. Cl. 右上角用阿拉伯数字标明《国际专利分类表》的版次。如在第 7 章 7.5.5 该日本专利首页 Int Cl^2 即表示第 2 版，本检索举例各国专利的首页中均表示成 Int. Cl^3，即第 3 版。

现在适用的是世界知识产权组织编著、国家知识产权局翻译的《国际专利分类表》第 8 版（知识产权出版社，2006 年）。

本检索举例的专利在 CA 中给出了一个分类号，而在 WPI 中则给出了 3 个分类号。

在搜索引擎 Google（谷歌）（www.google.com）输入"国际专利分类表"点击搜索，查分类号 C07D335/12 及 C08F2/50 可得知：

C07　有机化学
C07D　杂环化合物
C07D335/00　杂环化合物，含六元环，有 1 个硫原子作为仅有的杂原子
C07D335/16　氧原子，例如噻吨酮
　　及

C08　有机高分子化合物；其制备或化学加工；以其为基料的组合物
C08F　仅用碳-碳不饱和键反应得到的高分子化合物
C08F 2/00　聚合工艺过程
C08F 2/50　带光敏剂

10 《科学引文索引》、《工程索引》、《科学技术会议录索引》和我国的相关索引

在第 1 章中曾经提到过这三种重要的索引，而《工程索引》实际上是工程文摘。

这里把这三种索引一起重点介绍，是因为国际上是通过这三种索引收录的有较大影响的论文来评价一个国家科学技术理论研究方面的水平的，它也反映了国家的科技水平。

此外，也简单介绍另一种索引《科学评论索引》以及我国的《中国科学引文索引》和《中国学术会议文献通报》。

10.1 《科学引文索引》

《科学引文索引》(《Science Citation Index》，简称 SCI) 创刊于 1961 年，是美国科学情报研究所 (Institute for Scientific Information，简称 ISI) 编辑出版的。

《科学引文索引》SCI 的特点是它给出某一篇论文被哪些文章所引用的信息，因而它是了解一科研课题有什么新进展的一种索引。这是 SCI 和其他索引不同之处。

SCI 所涉及的领域包括科学、医学、农学、技术和行为科学。

SCI 现为双月刊，一年出版 6 期，每期若干册。以 2002 年第 6 期为例，该期共 6 册：6A、6B、6C 为 Citation Index (引证索引)，6D 为 Source Index (来源索引)，6E、6F 为 Permuterm Subject Index (轮排主题索引)。另有年刊。

SCI 年刊以 2003 年为例，共 28 册。1~14 册为 Citation Index，15、16 册为 Corporate Index (团体索引)，17~20 册为 Source Index，21~28 册为 Permuterm Subject。均按字母从 A 至 Z 排列。另有单册 Guide & Lists of Source Publications，内容与第 1 册的相同。

SCI 还有光盘版和数据库。

Citation Index 是 SCI 的主要部分。在这部分可以查得被引用作者的论文及被哪些引用作者的论文所引用。

被引用作者的论文若为多篇，按论文发表的年份依序排列；同一篇论文若被多个引用作者的论文所引用，则按引用作者姓名字顺排列。

被引用作者的论文和引用作者的论文均只给出第一作者，杂志均用缩写。杂志的缩写可通过 Lists of Source Publications (来源出版物表) 查出杂志的全称。

Source Index 部分，按引用作者的姓名字顺列出作者姓名、论文所刊载的杂志卷、页及年份。只有第一作者姓名后面给出引用论文的全部作者，其论文题目，刊载该论文的杂志名称、卷 (期)、起止页码及年份等。非第一作者参见第一作者。

Permuterm Subject Index 部分是通过主题词来查阅引用作者 (第一作者) 的。

具体使用情况参见检索举例 10.6.1。

10.2 《工程索引》

《工程索引》(《The Engineering Index》) 简写作 Ei 或 EI[❶]，创刊于 1884 年，现在由美

[❶] 在《工程索引》中缩写作 Ei，但在报刊书籍中多缩写作 EI。

国工程情报公司（Engineering Information Inc.）发行。虽然刊名称为工程索引，其实它是工程文摘。它是涉及土木、矿冶、机械、电子、化工、管理等各工程技术领域的著名文摘。

《工程索引》有月刊和年刊。

以 2000 年的年刊为例，介绍一下《工程索引》的编排。2000 年刊共 10 个 Part，Part Ⅰ～Ⅷ为文摘部分，按标题的字母顺序排列。在使用前应先阅读一下 "A Guide for Using the Engineering Index Annual 2000"（使用 2000 年工程索引指南）。该部分给出论文题目、论文摘要，然后给出作者及刊载论文的杂志等。Part Ⅷ 有 Author Index（作者索引），Part Ⅷ～Ⅹ 为 Subject Index（主题索引）。Subject Index 是使用《工程索引》的重要辅助性工具，分大标题及小标题，在索引后给出文摘号，用 A、M 分别表示年刊、月刊，因为在年刊和月刊中文摘号是不同的。A 代表 Annual Abstract Number（年文摘号），M 代表 Monthly Abstract Number（月文摘号）。Part Ⅹ 最后有 Publications Includes in the Engineering Index Annual 2000（工程索引 2000 年刊涉及的出版物）和 Conferences Covered in 2000（2000 年涉及的会议）。

10.3 《科学技术会议录索引》

《科学技术会议录索引》（《Index to Scientific and Technical Proceedings》）由美国科学情报研究所（Institute for Scientific Information，Inc.）编辑发行，简写作 ISTP。

《科学技术会议录索引》每年约收录 4000 多次重要的国际科学技术方面的会议，约 20 万篇论文。这些会议的论文约半数以书籍的形式发表，半数刊载在杂志上。

ISTP 为月刊，另有年刊。

以 2001 年刊为例，共 6 卷。卷 1 和卷 2 为 Contents of Proceedings（会议目录），会议按顺序编号。给出会议的名称，会议召开的地点、时间、主办单位，论文发表在何种杂志，然后是各论文的题目、作者及在杂志中的页码。

卷 3 为 Category Index（类别索引）、Author/Editor Index（作者/编者索引）、Sponsor Index（主办者索引）、Meeting Location Index（会议地址索引）及 Corporate Index（团体索引）。

卷 4～6 为 Permuterm Subject Index（轮排主题索引）。

ISTP 的 Contents of Proceedings 是核心内容，根据论文的作者编排 Author Index，根据论文题目中的主题词编制成 Permuterm Subject Index。

所以，一般若想由 ISTP 查阅有关论文，可选若干个主题词，由轮排主题索引查找是较为方便的。若已知会议论文作者，通过作者索引则更为便捷。

10.4 《科学评论索引》

《科学评论索引》（《Index to Scientific Reviews》）创刊于 1974 年，由美国科学情报研究所 ISI 编辑出版，现为半年刊。

其内容来自评论性期刊和普通期刊中的综述性文献，涉及数学、物理、化学、生物学等自然科学、医药学、农业科学、工程技术及环境科学各领域。

这些论文是对于在一定时期内某一科学领域中重要的文献给以综合、概括，并加以评论。所以《科学评论索引》是专门用来检索评论性或综述性文献的工具书。

10.5 《中国科学引文索引》和《中国学术会议文献通报》

10.5.1 《中国科学引文索引》

《中国科学引文索引》创刊于 1995 年，由中国科学院文献情报中心主办，有印刷版和数据库。

该索引收录我国出版的 300 余种中、英文重要期刊上的论文，涉及天文、数学、物理、化学、生物、地学、医药、农业、工程技术、交通运输、航空航天、环境科学等领域。

索引由引文索引、来源索引、机构索引和轮排索引四个部分组成。

10.5.2 《中国学术会议文献通报》

《中国学术会议文献通报》由中国科技信息研究所编，科学技术文献出版社出版，1982年创刊。原名为《国内学术会议文献通报》。

它是专门报道全国性学术会议论文的检索工具。有会议论文摘要、会议论文主题索引以及会议名称分类索引。

10.6 检索举例

10.6.1 检索一篇论文被引用的情况

检索 M. Chabanel 发表在 Pure and Applied Chemistry 1990，62（1）35～46 上的文章在 2003 年被引用的情况。论文的题目是：Ionic aggregates of 1-1 salts in non-aqueous solutions: structure, thermodynamics and solvation。

在第 8 章检索举例中曾从美国《化学文摘》、前苏联《文摘杂志·化学》和日本《科学技术文献速报·化学·化学工业编（外国编）》中检索了这篇论文的摘要。

在《化学化工文献检索与利用》[5]中曾从《科学引文索引》SCI 1993 年第 2 期检索了此论文被引用的情况。这里我们从 SCI 2003 年检索此论文被引用情况。

(1) 从 Author Citation Index（作者引文索引）检索 M. Chabanel 这篇论文被引用的情况

Source Index 按作者的姓氏字母及名字的缩写字母的顺序排列，本年度 Chabanel 排在 Chabane 之后，Chabanel，M. 排在 Chabanel，A. 之后，如下：

```
CHABANEL M _____
    1981 J PHYS CHEM-US   85    1058
        ZHAO PJ            J AM CHEM S         125      4411     03 R
    1984 CAN J CHEM   62    2320
        PRATT LM           J ORG CHEM           68      2830     03
    1984 J PHYS CHEM-US   88    1441
        ZHANG HC           SOL ST ION          164        73     03
    1990 PURE APPL CHEM   62    35
        PRATT LM           J ORG CHEM           68      2830     03
                              "                  68      6484     03
        WANG DZ               "                  68      8936     03
        XUAN XP            J RAMAN SP           34       465     03
    1996 J CHEM SOC FARADAY T    92    4199
        BROOKSBY PA        ELECTR ACT           48       807     03
        DUCASSE L          PHYS CHEM P           5       567     03
        SCHAUBLE EA        GEOCH COS A          67      3267     03
    1996 J CHEM SOC FARADAY T    4199    92
        ALVES WA           VIB SPECTR           31        25     03
```

Chabanel，M. 共有 6 篇论文被引用。但后 2 篇似乎应为同一篇，将在后面说明中分析。

第 4 篇 1990 年 Pure Appl. Chem. 62，35 即为我们要检索的被引用的论文。其下共有三人四次引用。Pratt L. M. 引用了两次，Wang D. Z. 和 Xuan X. P. 各引用了一次，并给出了刊载他们论文的杂志名称缩写及卷号、起始页码及出版年份。

若要了解这 4 篇论文的题目，可以查来源索引中他们名字下面发表的文章。

(2) 从 Source Index（来源索引）查阅引用人发表论文的题目

按字母顺序查出 Platt L. M. 发表的有关论文：

PRATT LM ─────────────
- **STREITWI. A**—A COMPUTATIONAL STUDY OF LITHIUM ENOLATE MIXED AGGREGATES　　　　　　　　　　　662NM
　　J ORG CHEM　　68(7): 2830-2838　　　　　03　　57R
　　　FISK UNIV; DEPT CHEM, NASHVILLE, TN 37208, USA
- **NEWMAN A　STCYR J　JOHNSON H　MILES B　LATTIER A　AUSTIN E　HENDERSO. S　HERSHEY B　LIN M**—KETONE ENOLIZATION WITH LITHIUM DIALKYLAMIDES—THE EFFECTS OF STRUCTURE, SOLVATION, AND MIXED AGGREGATES WITH EXCESS BUTYLLITHIUM　　　　　　708DU
　　J ORG CHEM　　68(16): 6387-6391　　　　03　　13R
　　　FISK UNIV, DEPT CHEM, NASHVILLE, TN 37208, USA
- **MOGALI S　GLINTON K**—SOLVENT EFFECTS ON THE AGGREGATION STATE OF LITHIUM DIALKYLAMINOBOROHYDRIDES　　　　　　　　713AX
　　J ORG CHEM　　68(17): 6484-6488　　　　03　　37R
　　　FISK UNIV, DEPT CHEM, NASHVILLE, TN 37208, USA

Wang D. Z. 发表的有关论文：

WANG DZ ─────────────
- **STREITWI. A**—AGGREGATION AND REACTIVITY OF THE CESIUM ENOLATE OF 6-PHENYL-ALPHA-TETRALONE-COMPARISON WITH THE LITHIUM ENOLATE　　　　　741YY
　　J ORG CHEM　　68(23): 8936-8942　　　　03　　45R
　　　UNIV CALIF BERKELEY, DEPT CHEM, BERKELEY, CA 94720, USA

Xuan X. P. 发表的有关论文：

XUAN XP ─────────────
- **ZHANG HC　WANG JJ　WANG HQ**—RAMAN-SPECTROSCOPIC AND DFT STUDIES ON SOLUTIONS OF NABF4 IN N, N-DIMETHYLFORMAMIDE　　701XG
　　J RAMAN SP　　34(6): 465-470　　　　　03　　27R
　　　HENAN NORMAL UNIV, DEPT CHEM, HENAN 453002, PEOPLES R CHINA

Platt L. M. 名下有 3 篇论文他是第一作者，第 1、3 两篇文章中引用了 Chabanel 的那篇论文，第 1 篇论文是他与 Streitwi. A. 合写的，论文的题目是 A computational study of lithium enolate mixed aggregates，发表在 J ORG CHEM 即《Journal of Organic Chemistry》（《有机化学杂志》）2003 年卷 68 第 7 期第 2830～2838 页。

另一篇论文是他与 Mogali S. 和 Glinton K. 三人合写的，发表在 J ORG CHEM 2003 年卷 68 第 17 期第 6484～6488 页。

Wang D. Z. 引用了 Chabanel 的那篇论文是在名下的第 7 篇论文，是他与 Streitwi. A. 合写的。论文的题目为 Aggregation and reactivity of the cesium enolate of 6-phenyl-α-tetralone-comparison with the lithium enolate，发表在 J ORG CHEM 2003 年卷 68 第 23 期第 8936～8942 页。

Xuan X. P. 引用 Chabanel 的那篇论文，是他与 Zhan H. C.、Wang J. J. 和 Wang H. Q. 四人合写的，发表在 J RAMAN SP 即《Journal of Raman Spectroscopy》（《拉曼光谱杂志》）2003 年卷 34 第 6 期第 465～470 页，题目是 Raman-spectroscopic and DFT study on solutions of NaBF$_4$ in N,N-dimethylformamide.

引文的非第一作者，则参见第一作者。如 Platt L. M. 的第一篇论文和 Wang D. Z. 的论文，Streitwi. A. 均是第二作者，我们查得：

```
STREITWIESER A ─────────────
• HUSEMANN M   KIM YJ─ AGGREGATION AND
REACTIVITY OF THE DILITHIUM AND DICESIUM
ENEDIOLATES OF 1-NAPHTHYLACETIC ACID              731VL
     J ORG CHEM    68(21):7937-7942       03    │   30R
     UNIV CALIF BERKELEY,DEPT CHEM,BERKELEY,CA
94720,USA
     see PRATT LM               J ORG CHEM    68    2830    03
     see WANG DZ                    "         68    8936    03
```

Streitwieser，A. 是第一作者的有一篇文章，另有两篇 see Pratt L. M. 和 see Wang D. Z.，其后的杂志缩写卷、页、出版年均与前面他作为第二作者的相同。

(3) 从 Permuterm Subject Index（轮排主题索引）检索引文

若要查阅某一领域某一课题的进展时，可以通过轮排主题索引检索。这时要给出几个检索词，我们从 Pratt，L. M. 的论文题目中选出检索词 computational、lithium、enolate 和 aggregates，按字母顺序从轮排主题索引逐个查阅。在这些标题下还有小标题，小标题也按字母顺序排列，同一小标题给出引文的第一作者姓名，仍按姓氏字母排列。

以 Aggregates 为例，查得其下小标题中在 Computatio.（computational 的缩写）、Enolate、Lithium 和 Mixed 后面均给出 Pratt L. M.。这里把这小标题及其上下的各一个小标题同时列出，如下：

```
AGGREGATES                              ──────────      PRATT LM
COMPRESSIVE     ▶ LIU XH          LIVE ──────────       LEE HG
COMPUTATIO. -   ▶ PRATT LM
CONCENTRAT. --    YAN Y           MINERAL ────────      HERNANDE. RM
                                                        VANORIO T
ENHANCED -----    STATHOPU. PB    MIXED ──────────      ARNULPHI C
ENOLATE           PRATT LM                              BAKSHI MS
ENRICH            AZUMA H                               FROST D
                                                        PRATT LM@
LITHIATED -----   HENDERSO. KW                          WESTERHA. M
LITHIUM ──────    CORRUBLE A                            YAN Y
─────             DESJARDI. S     MIXED-ANION           MULLER G
```

同样，在 Computational、Enolate 和 Lithium 后各四个小标题下也给出 Platt L. M. 如：

```
ENOLATE                           LEWIS ──────────      FUJISAWA H
AGGREGATE ----  ▶ KAWABATA T      LITHIUM              NAKAGAWA T
AGGREGATES --   ▶ PRATT LM                              PRATT LM
AGGREGATION     ▶ WANG DZ                               WANG DZ
                                                        XIE LF
COMPLEXES ----    GAVRIELA. E     LITHIUM-AC. --       NAKAGAWA T
  ----            MORALES D
COMPUTATIO. -     PRATT LM        MILD ──────────      POSNER GH
CONDITIONS--    ▶ HUDDLEST. RR    MIXED ─────────      PRATT LM
                                  MO                   MORALES D
```

其中，▶ 和姓名后面的 @ 见 Permuterm Subject Index 的说明。

这样，我们就可以通过此轮排主题索引检索到与设定的主题词相关的论文。

我们可以看到在 Enolate 下小标题 Lithium 除了有 Pratt L. M. 外，还均有 Wang D. Z.，因为在 Wang D. Z. 等的论文的题目中也有 enolate 和 lithium。

(4) 说明

① 在 Chabanel M. 被引的 6 篇论文中，第 5、6 两篇论文应是同一篇论文。

因为两篇论文均是刊登在 J. CHEM. SOC. FARADAY T. 杂志上，这杂志《Journal of the Chemical Society Faraday Transactions》（［英国］《化学会志. 法拉第学报》）的缩写。

其后有两个数字：一个为"92 4199"，一个为"4199 92"。SCI中前面的数字为卷号，后一个数字是论文起始页码。经查阅，1996年该杂志为卷92。所以最后一篇"4199 92"肯定是错的，如果是"92 4199"就是指上面一篇。否则，也许是其他方面错误，不得而知。

② 在引文的第一作者下列的论文刊名缩写下均写出作者的工作单位。

如 Platt L. M. 下的三篇论文均有"FISK UNIV，DEPT CHEM. NASHVILLE，TN 37208，USA"即美国田纳西州纳什维尔城费斯克大学化学系，37208为邮政编码。

Wang D. Z. 作为引文的第1作者共有10篇，但并不是同一人的。引用 Chabanel M. 论文的作者 Wang D. Z. 的工作单位是美国加利福尼亚州伯克利加利福尼亚大学伯克利分校化学系（UNIV CALIF BERKELEY，DEPT CHEM，BERKELEY，CA 94720，USA），94720是邮政编码。

10.6.2 检索食品中汞的测定方面的文章

(1) 由《工程索引》检索

先确定主题词汞 Mercury。

由年度的 Subject Index，在2001年查到 Mercury 下只有1篇，在 Mercury（metal）下按字母顺序找到：

MERCURY（METAL）
  Determination of mercury in baby food and seafood samples using electrothermal atomic absorption spectrometry and slurry atomization.
                    A089861
                    M131890

题目名为"用电热原子吸收光谱和悬浮原子化法测定婴儿食品和海产品中的汞"。

后面有两个编号：A089861 和 M131890。前者 A 代表年文摘号，后者 M 代表月文摘号。

据此，我们在2001年《The Engineering Index Annual》中第6801页找到：

089861 Determination of mercury in baby food and seafood samples using electrothermal absorption spectrometry and slurry atomization. Electrothermal atomic absorption spectrometry is proposed as a method for determining mercury in baby food and seafoods. Samples are prepared as slurries and fast-program methodology is used to avoid mercury volatilization losses. Suspensions are prepared in a medium containing 0.1% m/v Triton X-100，3% v/v concentrated nitric acid，2% m/v potassium permanganate and 4% m/v silver nitrate，before being directly introduced into the furnace. Calibration is carried out using aqueous standards. The characteristic mass is 61 pg and the detection limit is 59 pg. The reliability of the procedure is checked by comparing the results obtained with others based on microwave-oven sample digestion and by analyzing two certified reference materials. The maximum levels of mercury were found in fish liver. 23 Refs. English. Vinas，P. (Department of Analytical Chemistry Faculty of Chemistry University of Murcia，E-30071 Murcia，Spain); Pardo-Martinez，M.; López-Garcia，I.; Hernández-Córdoba，M. *J Anal At Spectrom* v 16 n 6 June 2001 p 633-637.

(2) 由美国《化学文摘》检索

在《化学文摘》2001年卷135中，通过索引查到索引号135：116122x 的这篇论文的摘要：

  135：166122x Determination of mercury in baby food and seafood samples using electrothermal atomic absorption spectrometry and slurry atomization. Vinas，Pilar; Pardo-Martinez，Mercedes; Lopez-Garcia，Ignacio; Hernandez-Cordoba，Manuel (Department of Analytical Chemistry，Faculty of Chemistry，University of Murcia，Murcia，Spain E-30071). *J. Anal. At. Spectrom.* **2001**，16(6)，633-637 (Eng). ……

(3) 说明

从《工程索引》查到这篇测定食品中汞的论文摘要后，又从美国《化学文摘》查到这篇论文的摘要，目的是想了解一下这两种工具书中的摘要情况，以获得较多的信息。

Ei 中化工类文献只是诸多工程类文献中的一类，化学化工文献收集最多最全的当属

CA。所以 Ei 中化工类文摘原则上来说在 CA 中均可找到。

这篇论文在这两种工具书中的文摘内容是相同的，故这里不再给出 CA 中的文摘。这种情况并非只此一例，类似的情况很多。

10.6.3 检索一篇在国际会议上的论文

检索 M. Chabanel 1989 年在第 20 届国际溶液化学会议上的论文。

M. Chabanel 的论文题目为 "Ionic aggregates of 1-1 salts in non-aqueous solutions: structure, thermodynamics and solvation"。

这里练习如何利用 Author Index 和利用 Permuterm Subject Index 进行检索。

（1）通过期索引检索

用期索引从 1989 年底查起，在 1990 年 No. 4 第 215 页 Author/Editor Index 中查到：

CHABANEL M   P43076   35

其中 P43076 是会议的编号，35 是会议文集第 35 页。在这期第 189 页查到有关这次会议论文目录如下：

P43076
20TH INTERNATIONAL CONF ON SOLUTION CHEMISTRY, Jerusalem, Israel, Aug 6-11, 1989.
Sponsors: Int Union Pure & Appl Chem/Israel Chem Soc/Hebrew Univ Jerusalem/Israel Minist Sci & Technol/Israel Chem/USN, Off Naval Res, European Off/USA, Res Dev & Standardizat Grp UK
6TH INTERNATIONAL CONF ON HIGH TEMPERATURES: CHEMISTRY OF INORGANIC MATERIALS AT HIGH TEMPERATURES, Gaithersburg, MD, Apr 3-7, 1989
Sponsors: Int Union Pure & Appl Chem, Div Inorgan Chem/Natl Inst Stand & Technol/USAF, Off Sci Res
PURE AND APPLIED CHEMISTRY, VOL. 62, NO. 1, 1990
INDIVIDUAL PAPERS AVAILABLE THROUGH *THE GENUINE ARTICLE*: WHEN ORDERING USE ACCESSION NUMBER CJ724

CHOICE OF A MODEL FOR CALCULATION AND CRITICAL-EVALUATION OF SOLID LIQUID ELECTROLYTE PHASE-DIAGRAMS-APPLICATION TO THE TERNARY-SYSTEM NACL-KCL-H2O. *R. Cohenadad, M. T. S. Cohenadad, R. Ouaini (Univ Lyon 1, Phys Chim Minerale Lab 2, CNRS, Ura 116 F-69622 Villeurbanne France)* ·· 1

SOLUTE SOLUTE INTERACTIONS AND THE KINETICS OF CHEMICAL-REACTIONS IN AQUEOUS-SOLUTIONS. *M. J. Blandamer, J. Burgess (Univ Leicester, Dept Chem Leicester Le1 7RH England)* ·········· 9

FREE-ENERGIES OF CATION MOLECULE COMPLEX-FORMATION AND OF CATION SOLVENT TRANSFERS (REF. 1) *R. W. Taft, F. Anvia, J. F. Gal, S. Walsh, M. Capon, M. C. Holmes, K. Hosn, G. Oloumi, R. Vasanwala, S. Yazdani (Univ Calif Irvine, Dept Chem Irvine CA 92717)* ·········· 17

PREFERENTIAL SOLVATION IN 2-COMPONENT AND IN 3-COMPONENT SYSTEMS. *A. Bennaim (Hebrew Univ Jerusalem, Dept Phys Chem Jerusalem Israel)* ·· 25

IONIC AGGREGATES OF 1-1 SALTS IN NON-AQUEOUS SOLUTIONS-STRUCTURE, THERMODYNAMICS AND SOLVATION. *M. Chabanel (Lab Spectrochim Ions, 2 Rue Houssiniere F-44072 Nantes Frace)* ·········· 35

（2）通过该期的 Permuterm Subject Index 检索

这时要从论文题目 Ionic aggregates of 1-1 salts in non-aqueous solutions: structure, thermodynamics and solvation 中选出主题词。前置词、连词等当然不是主题词，我们可以在其余的词中去检索。于是

有	*AGGREGATES*				及	*NON-AQUEOUS*		
	IONIC	▶ P43076	35			AGGREGATES	▶ P43076	35
	LASER-BEAM	▶ P43079	256			ANHYDROUS	▶ P42852	301
	NON-AQUEOUS	P43076	35			FORMIC-ACID	"	"
	PRODUCED	P43079	256			IONIC	P43076	35
	SALTS	P43076	35			MEDIUM	P42852	301
	SILICON	P43079	256			SALTS	P43076	35
	SILICON-CA.	"	"			SOLUBILIZA.	P42852	301
	SOLUTIONS	P43076	35			SOLUTIONS	P43076	35
	SURFACE	P43079	256					

及	*SOLVATION*				以及		PROC#	PG#
	PREFERENTI.	▶ P43076	25			*THERMODYNAMICS*		
	STRUCTURE	▶ P43076	35				(CONT)	
	SYSTEMS	P43076	25			SOLVATION	▶ P43076	35
	THERMODYNA.	P43076	35			STRUCTURE	"	"
	2-COMPONENT	P43076	25					
	3-COMPONENT	"	"					

在大标题 Aggregates 下的小标题 Ionic，Non-Aqueous，Salts 及 Solutions 之后，给出的 P43076 表示 PROC# 即会议编号，35 表示 PG# 即页码。PROC# 和 PG# 在栏目表头上方给出，下面我们将会看到。这两个符号分别为 proceeding 和 page 的缩写。

同样，在大标题 Non-Aqueous 下的小标题 Aggregates，Ionic，Salts，Solutions 之后也给出了会议编号及页码。

在大标题 Solvation 下的小标题 Structure，Thermodynamics 之后也给出了会议编号及页码。

最后在大标题 Thermodynamics 下有很多小标题，转过一栏后在表头写有 Thermodynamics（Cont.）❶ 其下和我们要查阅有关的目录下，即在 Solvation、Structure 下写有会议编号及页码。在表头 PROC# 下为会议的编号，PG# 下为论文的页码。

可见，通过 Permuterm Subject Index 给出几个主题词，可以在多处找到编号 P43076 页码为 35 的 M. Chabanel 在第 20 届国际溶液化学会上的那篇论文。

这里不厌其烦地引用 ISTP 的 Permuterm Subject Index 的目的，是想使读者通过实例加深了解 Permuterm Subject Index 的作用。

（3）说明

M. Chabanel 的这篇论文是 1989 年在第 20 届国际溶液化学会议上的论文，刊登在缩写为 Pure Appl. Chem. 杂志 1990 年卷 62 第 1 期第 35～46 页上。

我们在第 8 章检索举例 8.6.1 中，曾从美国《化学文摘》、前苏联《文摘杂志.化学》及日本《科学技术文献速报.化学·化学工业编（外国编）》检索到这篇论文三种文字的摘要，可以参照❷。

在本章检索举例 10.6.1 中还检索了 M. Chabanel 的这篇论文被引用的情况。

---

❶ Cont. 是 continued 的缩写，意为"续"。

❷ 本会议第 5 篇论文在 M. Chabanel 后括号中的 Lab Spectrochim Ions 是法文 Laboratoire de Spectrochimie des Ions（离子光谱化学实验室）的缩写，2 Rue Houssiniere 是作者工作单位的地址。

11 电子计算机检索、搜索引擎及数据库

11.1 计算机检索概要

计算机检索是以计算机技术为手段，通过光盘、联机、网络等现代检索方式进行的信息检索。随着信息技术的不断发展，信息检索已经普及到各个学科领域，甚至普及到了日常生活当中。依靠计算机和通信技术，通过网络开发、利用信息资源，已成为当前信息用户普遍关心的热点和重点。计算机检索更为快捷，得到的信息更全面。化学领域中可以检索化合物的性质、制备、反应、应用等，并且可以链接到原始文献，大大提高了化学工作者的检索效率。

11.2 搜索引擎

搜索引擎指自动从因特网搜集信息，经过一定整理以后，提供给用户进行查询的系统。用户向搜索引擎发出查询，搜索引擎接受查询并向用户返回资料。搜索引擎每时每刻都要接到来自大量用户的几乎是同时发出的查询，它按照每个用户的要求检查自己的索引，在极短时间内找到用户需要的资料，并返回给用户。目前，搜索引擎返回主要是以网页链接的形式提供的，通过这些链接，用户便能到达含有自己所需资料的网页。

搜索引擎很多，不能一一列举，下面介绍几种常用的搜索引擎。

11.2.1 Google（谷歌）和 Google 学术搜索

Google（谷歌，www.google.com）是一个功能强大的搜索引擎，对于网络较为发达的地区，一些简单的搜索可以由谷歌更为快捷地来完成。

Google 学术搜索（www.scholar.google.com）提供可广泛搜索学术文献的简便方法。Google 学术搜索的每一个搜索结果都代表一组学术研究成果，其中可能包含一篇或多篇相关文章，甚至是同一篇文章的多个版本。搜索的资料来源包括来自学术著作出版商、专业性社团、预印本、各大学及其他学术组织的经同行评论的文章、论文、图书、摘要和文章。每一搜索结果都提供了文章标题、作者以及出版信息等编目信息。这些编目数据来自于该组文章中的信息以及其他学术著作对这些文章的引用情况。

Google 学术搜索按相关性对搜索结果进行排序。跟 Google Web 搜索一样，最有价值的参考信息会显示在页面顶部。Google 排名技术会考虑到每篇文章的完整文本、作者、刊登文章的出版物以及文章被其他学术文献引用的频率。

Google 高级学术搜索可以提高在 Google 学术搜索上进行搜索的准确性和有效性。具体搜索技巧请参阅 Google 学术搜索帮助。

如在 Google 搜索栏输入"solubility of ca(no2)2"即可在第一页第四项看到"不同温度下常见无机化合物的溶解度（g/100g 水）"，如图 11.1 所示。

其中给出了 273K、293K、303K、333K、353K、363K、373K 下的溶解度（293K 栏下的 84.5 是 291K 下的值）。数据引自《Lange 化学手册》第 13 版。

搜索结果第七项（Wikipedia 网站）也给出了这些温度下的数值，温度是以℃表示的，但在 20℃下的 84.5 未注明是 18℃下的值。这些值即检索举例 6.5.3 中《Lange 化学手册》中的值。

图 11.1　Google 搜索 $Ca(NO_2)_2$ 溶解度的结果

11.2.2　读秀学术搜索

读秀学术搜索（www.duxiu.com）是超星数字图书馆研发的新产品，为用户提供全文级的检索服务，检索到的图书可下载至本地阅读，借助自动文献传递功能通过个人邮箱获取图书的全文链接，实现知识搜索、文献服务。

读秀学术搜索另外还有期刊、报纸、学位论文、会议论文等频道，检索深度均可达到全文级别，借助自助全文传递系统可以在线查看全文信息。

读秀学术搜索每月更新，年更新 10 万册图书。

11.2.3　其他搜索引擎

① 化工引擎（www.chemyq.com）　内容包括查找化工产品、在线化工词典、查询和浏览 1985 年以来全部中国专利全文等。

② 百度（www.baidu.com）　最大的中文搜索引擎之一。

③ 化学在线（www.chemonline.net）。

11.3　数据库

"数据库"就是为了实现一定的目的，按某种规则组织起来的"数据"的"集合"。数据库的管理系统就是从图书馆的管理方法改进而来的。人们将越来越多的资料存入计算机中，并通过一些编制好的计算机程序对这些资料进行管理，这些程序后来就被称为"数据库管理系统"，它们可以帮我们管理输入到计算机中的大量数据。

检索数据库，只是搜索站内发布的资源，互联网上的其他站点的信息是不会被搜索到的。

CA Scifinder Scholar 和 Beilstein/Gmelin 数据库分别在第 12、13 章介绍。下面重点介绍几个数据库：

　　Beilstein　　　　　　　　　　　www.mdli.com
　　Chemfinder　　　　　　　　　　www.chemfinder.com
　　Chapman & Hall/CRC Combined Chemical Dictionary www.chemnetbase.com/scripts/

ccdweb. exe
　　包括很多字典及《CRC 化学和物理手册》
DECHEMA（DETHERM）　　　www. dechema. de
Fundamental Physical　　　　physics. nist. gov/constants
Gmelin　　　　　　　　　　　www. mdli. com
Landolt-Börnstein　　　　　　www. landolt-boernstein. com

《Landolt-Börnstein》（简称 LB）工具书由世界著名的科技出版社——德国施普林格出版社（Springer-Verlag）出版。经过 120 多年的发展，它已经成为科学技术领域重要的数据与事实型工具书。工具书的内容和数据来自于数百万份原始的期刊文章、书籍、报告和专利。自 2001 年起，LB 工具书通过 SpringerLink 开通网络版服务。

Springer 数据库　　　　　　www. springer. com

德国施普林格（Springer-Verlag）出版公司是世界上著名的科技出版集团，通过 SpringerLink 系统提供学术期刊及电子图书的在线服务。目前 SpringerLink 所提供的全文电子期刊共包含 1400 多种学术期刊，按学科分为以下 11 个"在线图书馆"：生命科学、医学、数学、化学、计算机科学、经济、法律、工程学、环境科学、地球科学、物理学与天文学，它是科研人员的重要信息源。

11.4　检索举例

11.4.1　检索青蒿素的合成

青蒿素是一种由植物中提取的天然产物，化合物名称为 Qinghaosu，即 Artemisinin，是一种抗疟新药，结构式如下：

《天然产物词典》中介绍二氢青蒿素可以形成蒿甲醚、蒿乙醚、青蒿琥酯等。这三个化合物的性质可见《Merck 索引》第 14 版第 815、813 和 818 条。

图 11.2　Google 搜索青蒿素全合成

20 世纪 90 年代蒿甲醚被世界卫生组织列为治疗疟疾的首选药品。它是我国第一次被国际公认的首创新药。青蒿素及其衍生物的抗疟作用已经得到世界公认。

(1) 由"Google 学术搜索"检索

由 Google 学术搜索检索青蒿素全合成的页面如图 11.2 所示。

在谷歌的学术搜索栏中输入"青蒿素全合成"后，点击"搜索"按钮得到的查询结果如图 11.3 所示。

选择其中的第三项结果，点击后页面如图 11.4 所示。

再输入"Synthesis of qinghaosu"搜索到的结果有 1660 项（截至 2009-4-16），如图 11.5 所示。

图 11.3 Google 搜索到青蒿素全合成的部分文献

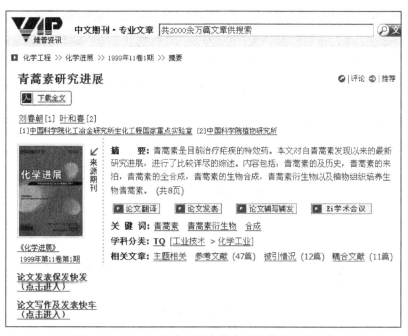

图 11.4 Google 搜索到"青蒿素研究进展"的论文

图 11.5 Google 搜索"synthesis of qinghaosu"

点击"Total synthesis of qinghaosu"可以在 http://pubs.acs.org 上看到论文首页（其余需要付费），如图 11.6 所示。

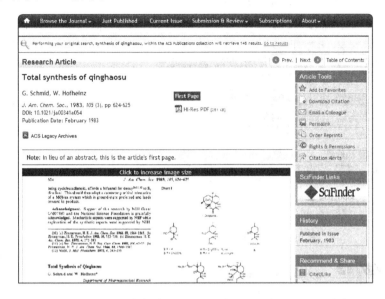

图 11.6　Google 搜索到"Total synthesis of qinghaosu"论文

还可以在搜索栏输入"Synthesis of artemisinin"，搜索到 6350 项搜索结果（截至 2009-4-16）。

(2)　由"读秀学术搜索"检索

进入读秀的学术搜索网站，如图 11.7 所示。

图 11.7　读秀学术搜索"青蒿素合成"

选择"中文文献搜索"，打开搜索结果窗口（见图 11.8）。

比较谷歌和读秀的搜索结果，分别有 4210 项和 615 项的相关结果。

11.4.2　检索Cd-Hg 系统相图

(1)　检索 www.springer.com

在地址栏中输入 www.springer.com. 单击鼠标进入 springer 后的网页，如图 11.9 所示。

选择"物理学"，鼠标单击后进入新窗口，如图 11.10 所示。

点击 Landolt-Börnstein 进入 Landolt-Börnstein Online，如图 11.11 和图 11.12 所示。

点击其中的 Navigate e-catalog，打开新窗口，进入在线图书馆，如图 11.13 所示。

11.4 检索举例

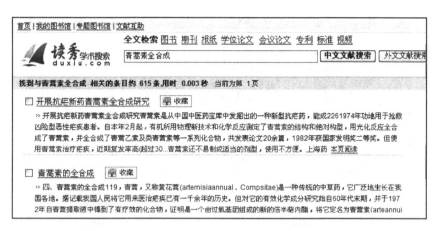

图 11.8 读秀学术搜索到"青蒿素全合成"部分文献

图 11.9 Springer 出版社网页

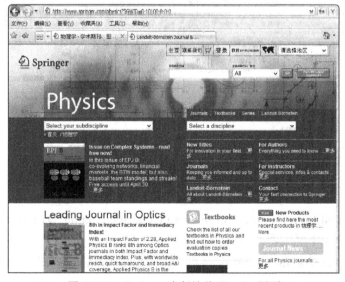

图 11.10 Springer 出版社的 Physics 网页

图 11.11　SpringerLink 给出的 Landolt-Börnstein 网页

图 11.12　图 11.11 部分放大

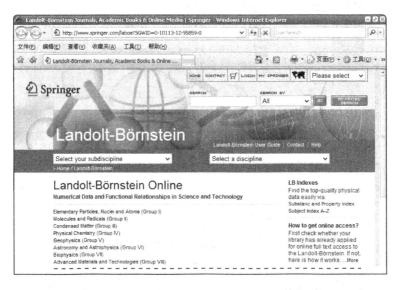

图 11.13　Landolt-Börnstein 在线图书馆

点击 Physical Chemistry（Group Ⅳ）进入图 11.14 所示页面。

点击 Phase Equilibria，Crystallographic and Thermodynamic Data of Binary Alloys 进入索引窗口，找到 Ca-Cd…Co-Zr，如图 11.15 所示。

点击 Access this Volume on Springerlink 进入在线图书馆，如图 11.16 所示。

通过检索框找到图书中的该部分内容，如图 11.17 和图 11.18 所示。

11.4 检索举例

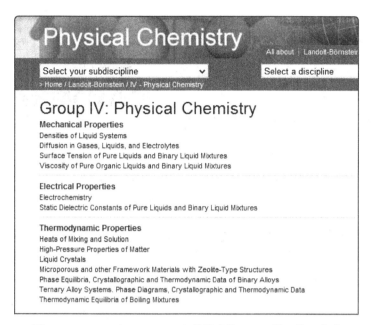

图 11.14　Landolt-Börnstein 在线图书馆 Group Ⅳ：物理化学

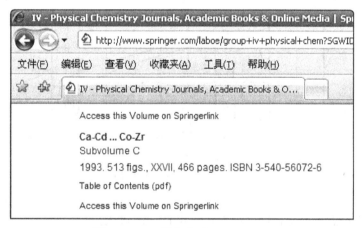

图 11.15　二元合金 Ca-Cd…Co-Zr

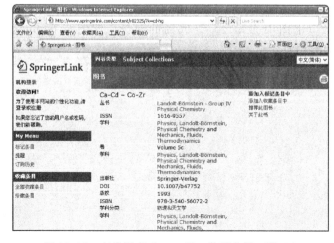

图 11.16　在线图书 Group Ⅳ：物理化学（卷 5c）

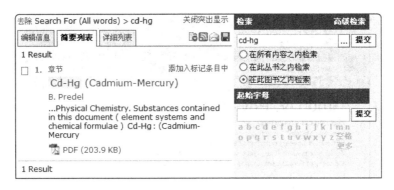

图 11.17　检索 Cd-Hg

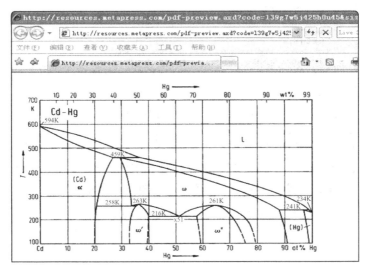

Fig. 1. Cd-Hg.　Phase diagram (solid-liquid equilibria).
图 11.18　卷 5c 中的 Cd-Hg 相图

(2) 说明

① 也可以直接点击 www.landolt-boernstein.com 进入。

② 在第 7 章检索举例 7.5.1 中我们已经通过 CA 由 J. Phase Equilib. 1992，13 (4)，401～410 中检索到了 Guminski, C. 等绘制的相图。对比此两相图，还是有一些差别的，主要是 Hg 的摩尔分数（上图中为 at%）＞96% 的部分。此图与 Guminski 的图不同，而与《Gmelin 手册》中的图相似。

12 美国《化学文摘》的计算机检索

12.1 CA on CD 和 SciFinder Scholar 数据库

本章介绍美国《化学文摘》CA on CD 和 SciFinder Scholar 数据库。

CA on CD 数据库由美国化学文摘社（CAS）制作出版，是印刷版《化学文摘》(Chemical Abstract，简称 CA) 的光盘版。文摘内容对应于书本式《化学文摘》，光盘的数据更新频率为月更新。

CA on CD 提供的检索模式中索引浏览式检索模式基本上涵盖并再现了书本式 CA 的各种索引，从而使得熟悉 CA 检索系统的人们可以极为容易地适应并掌握 CA 光盘数据库的基本检索方法，词条检索模式提供的较为灵活，更具有综合性的检索方式，可实现较为精确和复杂的检索需求。

累积索引（collective index，CI）on CD 收录了不同时间段的累积索引和论文文摘：

15CI on CD	收录时间段 2002-2006	12CI on CD	收录时间段 1987-1991
14CI on CD	收录时间段 1997-2001	11CI on CD	收录时间段 1982-1986
13CI on CD	收录时间段 1992-1996	10CI on CD	收录时间段 1977-1981

美国《化学文摘》CA 网络版 SciFinder Scholar，是 CAS 出版的化学资料电子数据库学术版。它是全世界最大、最全面的化学和科学信息数据库。整合了 Medline 医学数据库、欧洲和美国等 30 几家专利机构的全文专利资料以及化学文摘 1907 年至今的所有内容。通过 SciFinder，可以从世界各地的数百万的专利和科研文章中获取最新的技术和信息。SciFinder 是一个突破性产品，它为研究单位带来了巨大的利益，包括对信息更有效的使用以及对研究和开发工作的推动。目前国内有多所高等院校、科研院所购买过该软件使用权。

12.2 CA on CD

CA on CD 光盘数据库初次使用需要运行安装客户端程序。安装完成后，点击开始——程序——CA on CD，CA on CD 即可进入数据库检索，如图 12.1 所示。

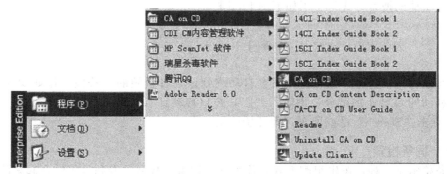

图 12.1 启动 CA on CD

进入 CA on CD 界面后，用户根据需求单击相应年度的 CA 数据库，然后单击"open"、屏幕显示 CA 卷号等信息，单击"click to continue"，屏幕显示检索菜单窗口（见图 12.2）。

图 12.2　CA on CD 检索菜单窗口

CA on CD 光盘数据库提供四种基本检索途径，依次为：索引浏览式检索（Index Browse），词条检索（Word Search），化学物质等级名称检索（Substance Hierarchy），分子式检索（Formula Hierarchy）。

12.2.1　索引浏览式检索

① 在检索菜单窗口点击"Browse"，即可进入索引浏览式检索。此检索方式用于在特定检索范围内查询，如图 12.3 所示。

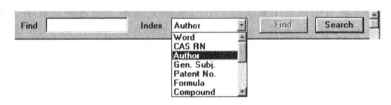

图 12.3　Index Browse 检索窗口

② 窗口中 Index 字段的缺省值为"Word"。用户可点击索引框中的箭头拉出索引菜单，选择所需索引字段。索引字段包括：❶

Word(词条,包括出现在文献题目、文摘、关键词表、普通主题等中所有可检词汇)	**Organization**(组织机构、团体作者、专利局的完整名称)
CAS RN(CAS 登记号)	**Org. Words**(组织机构、团体作者、专利局的名称片段)❶
Author(作者及发明者姓名)	**Journal**(刊物名称)
Gen．Subj(普通主题)	**Language**(原始文献的语种)
Patent Number(专利号)	**Year**(文摘出版年份)
Formula(分子式)	**Document Type**(文献类型)
Compound(化合物名称)	**CA Section**(CA 分类)
CAN(CA 文摘号)	

③ 输入检索词的前几个字符或用鼠标键滚动屏幕，将光标定位于所选检索词处。

比较快捷的搜索方式是使用如下的 Find 栏：

在其中每输入一个字母，检索窗口就会自动跳到该字母引领的字符段。比如输入"G"，窗口就会移动到 G 开头的部分，再输入"E"，窗口移动到 GE 开头的部分。

④ 点击"Search"键或回车，即开始检索。

12.2.2　词条检索

词条检索是一种用逻辑组配方式将检索词、词组、数据、专利号等结合起来的一种强大的检索方式。点击"Search"键或在 Search 命令菜单中选择"Word Search"命令，出现词

---

❶　Org. Words（组织机构、团体作者、专利局的名称片段）在 CA on CD 2001 及后续产品中可用。

条检索窗口（见图12.4）。

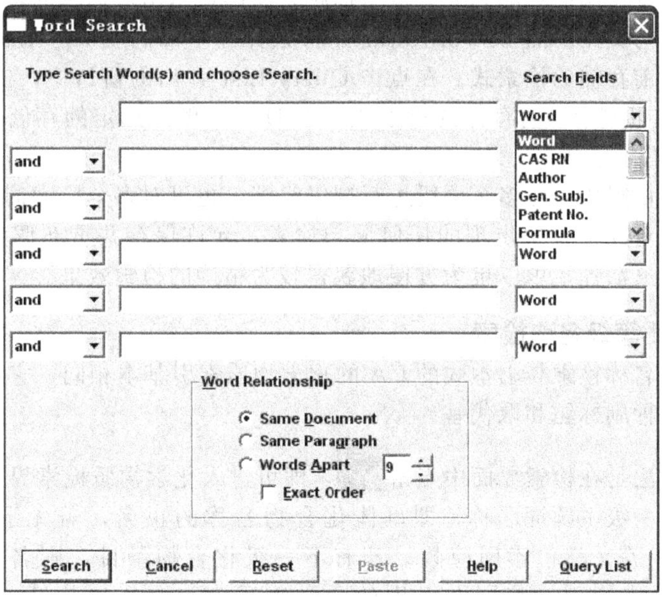

图 12.4　Word Search 窗口

词条检索是一种在特定搜索范围内使用一个或多个条目的检索方式，搜索范围包括：

Word(CA on CD)　词条，包括出现在文献题目、文摘、关键词、普通主题等中所有可检词汇，为缺省项	**Org. Words**　组织机构、专利局的名称片段（2001CA on CD 和 14 CI on CD 及后续版本中可用）
Word(CI on CD)　词条，包括出现在文献题目、关键词、普通主题等中所有可检词汇，为缺省项	**Journal**　刊物名称（全称，早于 2001CA on CD 和 14 CI on CD 的缩写）
CAS RN　CAS 登记号	**Language**　原始文献的语种
Author　作者及发明者姓名	**Year**　文摘出版年份
Gen. Subj　普通主题	**Document Type**　文献类型
Patent Number　专利号	**CA Section** CA 分类
Formula　分子式	**Update**　更新，其格式为 YYYY-UU（如 2001-02，2001 为出版年，02 为更新号）或者为 VVV-II（120-04，120 为卷，04 为发行号）
Compound　化合物名称	
CAN　CA 文摘号	
Organization　组织机构、团体作者、专利局的完整名称	

在屏幕中部的检索词输入框中输入检索词（词间可用逻辑组配）。

输入检索词时，可以用代字符"?"及截字符"*"，每一个"?"代表一个字符（如：ep?xy 即可查到 epoxy），"*"符号则表示作前方一致检索（如用"catalytic*"可以查到 catalytic 和 catalytical）；可以输入多个词，词间用空格或逻辑算符（and，or，not）隔开。用空格隔开的检索词间的关系缺省为相邻（即为词组）。对不同检索框的检索运算次序为从上到下。应注意的是系统规定了如下检索禁用词：an、as、at、by、for、from、in、not、of、on、or、the、to、with。

在"Word Relationship"中提供的几种关系中进行选择，可选的位置关系有：

Same Document　　同一文献
Same Paragraph　　同一字段
Word Apart　　词间允许的最大间隔词数（0～9）
Exact Order　　输入的检索词次序不可颠倒

检索词输入完毕后，执行检索。点击 Search 键，系统将执行对检索词或检索式的检索，并给出检索回应数及检出的标题列表。双击标题，立即显示出该标题的全记录。

检索式的保存与调用：点击 Word Search 检索界面下部的 Query List 键，可以保存当前检索式或调用以前存储的检索式。在点击 Query List 弹出的窗口中，击 Add 为保存当前检索式，击 Recall 可调用以前存储的检索式，击 Delete 删除选定的存储检索式，击 Delete All 删除保存的所有检索式。

检索词检索可使得用户对多个词段进行逻辑组配，也可对多个检索词进行逻辑组配并指定其位置关系，可对在记录中出现的任何词句检索，允许保存并重新调用已执行过的检索式，显示了较大的灵活性，可以更为方便地获得较为精确的检索效果。

12.2.3 化学物质等级名称检索

化学物质等级名称检索与书本式的 CA 的化学物质索引基本相同，它按化学物质母体名称进行检索，有各种副标题和取代基。

具体的检索方法是在检索界面中点击 ，即可进入化学物质检索界面，输入化学物质名称显示物质的第一级主题词名称，即母体化合物名称的正名，若无下一级的化合物条目，则直接给出相关文献检索回应数；若有下一级化合物条目，则名称前会出现"＋"符号。然后双击选中索引，将同一级别的化学物质索引表一一打开，直至满足所需检索要求。

再双击该物质条目即可进行检索，检索完成后，双击检索结果后即可显示文摘具体内容。

12.2.4 分子式检索

在分子式检索中，分子式索引由 A—Z 顺序排列。数据库提供了与书本式 CA 的分子式索引结构相似的分子式及物质名称等级索引。文献量较大的物质名称被细分为一组子标题。不带"＋"的标引词为最终索引词，直接给出相关文献数；带有"＋"的包括二级或多级扩展索引词，可以双击或按 Expand 进行显示，分子式索引检索过程与化合物等级名称检索相似，这里不再赘述。

12.2.5 其他检索途径

系统还提供了可从检出记录中拣取检索词的检索功能。在显示结果后，用鼠标双击任何非禁用词，系统会对所选词在所属的字段中重新检索。或选定后，从 Search 菜单中选择 Search for election 命令，系统即对所选词条进行检索，检索完毕后，显示检索结果及文献的篇名。

如果想从记录中选择 CAS 登记号进行检索，点击该登记号显示其物质记录，或在记录显示窗口点击 NextLink 按键，光标将出现在该记录的第一个 CAS 登记号处，再点击 NextLink 键，光标将移到下一个 CAS 登记号，用 Goto 来显示其物质记录，可在物质记录中点击 CA 索引名称查询该物质名称的文献。

12.2.6 检索结果的显示/标记/存储/打印

双击标题，即显示全记录内容，包括 CA 文摘号、标题、作者、第一作者单位、来源出处、文摘、关键词和索引条目等。

当检索出的记录数较多且需要进一步浏览选择时，对选择的记录可用 Mark 键加以标记，或用 Unmark 键取消标记。点击 Mark All 是表示对全部检出的记录做标记，如果要取消已做的所有标记，只要点击 CLEAR 按钮即可。

点击 Save 可存储当前屏幕显示的记录，如果要存储所有已做标记的记录时，点击 Save Mark 键即可（可最小化或关闭所有记录显示窗口）。如果要把检索出的全部记录存储，点击 Save Bibliographlic and Abstract 即可。

点击 PrintMk 可选打印格式来输出检索结果，击 Print 键打印当前屏幕显示内容。

12.3 SciFinder Scholar 数据库

（1） SciFinder Scholar 的内容

CAplus：世界最大的化学化工专利与期刊数据库，主题包含有机、无机、分析、生物、物理化学、应用化学、高分子化学以及化学工程相关领域。文献类型包括期刊、专利、科技报告、论文、会议摘要、网络预出刊等。

Medline：世界上最具权威的生物医学数据库，包含来自 70 多个国家、3900 多种期刊的生物医学文献，覆盖 1951 年至今的所有文献，数据每周更新。

Registry：最大、最全面的物质数据库，涵盖从 1957 年至今的特定的化学物质，3100 多万个有机、无机物质，5800 多万基因序列，数据每日更新。

Chemcats：化学商品数据库，收录世界各国 800 余家厂商 1300 万条化合物商品信息。内容包括目录名称、订购号、化学名称和商品名、化学物质登记号、结构式、质量等级等。可以查询化学商品提供商的联系信息、价格情况、运送方式。

Chemlist：管制化学品数据库，收录 1979 年至今超过 24 万条管制化学品的信息，包括物质的特征、详细目录、来源以及许可信息等，数据每周更新。

Casreact：化学反应数据库，包括有机反应、有机金属反应、无机反应和生化反应等。可以通过反应式、产物、反应物、试剂检索反应查找相关反应信息，如产率，催化剂等。查询单一步骤及多步骤反应数据，数据每周更新。

（2） 通过 SciFinder Scholar 可以得到的信息

Document Information（文献信息）：包括题目、作者及发明者姓名、组织机构、团体作者、专利局的完整名称、出版年份、文摘、文献来源、索引、参考文献、物质及反应信息、专利信息等。

Substance Information（物质信息）：包括化合物名称、CAS 登记号、分子式、结构图、物理性质数据、编者注、STN❶ 中可用数据库列表等。

Reaction Information（反应信息）：包括反应式（反应物、产物、试剂、催化剂）、溶剂、物质商业来源、反应物的常规信息等。

（3） SciFinder Scholar 的程序安装和运行

安装 SciFinder Scholar 客户端程序时，还可安装 ViewerLite 用于查看 3D 结构。

CAS 会监控与每个授权 IP 地址相关联的日常的检索和下载活动，目的是：

① 确定授权 IP 地址之间的平均使用标准；

② 关注个别授权 IP 地址上使用状况的显著变化。

如果出现超出限定的大量的下载和储存数据，CAS 会要求成员单位禁止滥用者使用 SciFinder Scholar。

12.3.1 SciFinder Scholar 使用简介

进入数据库客户端后，界面如图 12.5 所示。

---

❶ STN 是 The Scientific and Technical Information Network（科学技术信息网络）的缩写。

图 12.5　SciFinder Scholar 主窗口工具栏

工具栏依次为：

New Task　开始一个新任务	**Database**　打开 Preference Editor 中的 Databases 栏，对执行任务时需要检索的数据库进行选择
Back　显示上一屏	
Forward　显示下一屏	**History**　显示您当前进程所执行过的操作
Print　依据打印设定进行打印	**Internet**　显示 SciFinder Scholar 的网上资源
Save As　按不同格式进行保存	**Help**　帮助
Full Text　通过 ChemPort® ConnectionSM 索取全文	**Exit**　退出
Prefs　打开 Preference Editor，个性化设置使用 SciFinder Scholar	

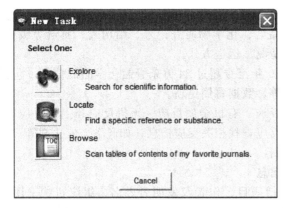

图 12.6　开始新任务

单击 开始一个新任务，如图 12.6 所示。

对于不确定的信息，我们一般通过 Explore 检索，对于确定信息的检索，我们一般用 Locate 检索浏览，通过 Browse 可以让科研工作者浏览核心期刊的内容。

12.3.2　Explore 检索

"New Task"中的"Explore"检索是一种灵活的检索方式，可在 CAS 数据库和 MEDLINE 数据库中获取化学相关的所有信息及结构等，为科研工作提供了更为有效的检索方式。

点击 后进入了"Explore"检索，其中包括三个检索模块：

Explore Literature　文献检索
Explore Substance　物质检索
Explore Reaction　反应检索

如图 12.7 所示。

(1) Explore Literature

Explore Literature 包括三个选项：

Research Topic　　通过研究主题检索
Author Name　　通过作者检索
Company Name/Organization　　通过组织机构、团体作者（研究机构、公司、大学等）检索

① Research Topic——检索感兴趣主题的相关文献　点击图中 图标，进入"Explore by Research Topic"检索入口，如图 12.8 所示。

在搜索栏中输入主题或关键词，点击"OK"后，数据库会根据主题词间的相互关系给出主题检索结果候选窗口，见图 12.9。

主题词一般最佳在 2～3 个 Concepts（主题词），最多不超过 5 个；最好使用介词而不用

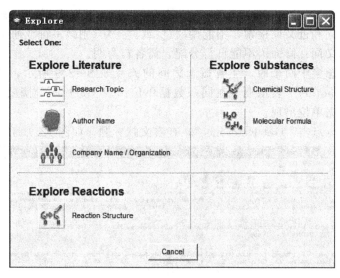

图 12.7　Explore 检索界面

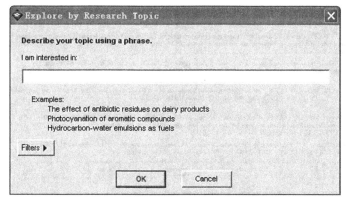

图 12.8　Explore by Research Topic 检索入口

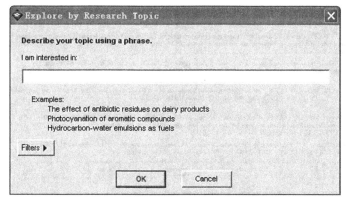

图 12.9　主题检索结果候选窗口

Boolean 运算符（如 AND、OR、NOT），介词能被识别；可以识别常用缩写、单复数、过去式等；支持同义词和近义词检索；不能用"！"或"＊"（删减字符或通配符），可用括号，括号内为前词的同义词；修饰语不能自行分配，需各自写明。

输入的主题概念多于两个时，主题概念之间的关系如图 12.9 所示，其中"Closely associated with one another"表示概念在同一数据单位出现（如标题，摘要）；"Anywhere"表示概念在不同数据单位出现。

勾选复选框后，点击"Get Reference"，查看文献标题，如图 12.10 所示。

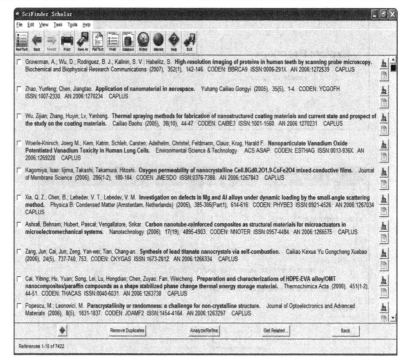

图 12.10　查看文献标题

窗口右侧点击获取摘要；点击就可以启动 ChemPort® ConnectionSM 获取全文窗口下方"Get Related"功能：可以查看关联信息（见图 12.11）。

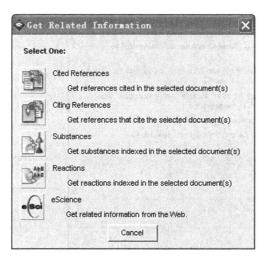

　　　　　　　　　　　　　　　　　　　此论文引用的文献

　　　　　　　　　　　　　　　　　　　引用此论文的文献

　　　　　　　　　　　　　　　　　　　此论文中出现的物质

　　　　　　　　　　　　　　　　　　　此论文中涉及的反应

　　　　　　　　　　　　　　　　　　　科技搜索引擎里与论文相关的研究动态

图 12.11　获得关联信息

图 12.10 下方 "Analyze/Refine" 可以对结果进行分析或二次检索，如图 12.12 所示。

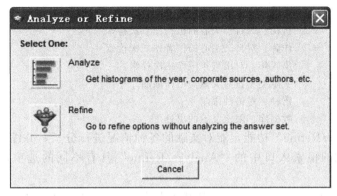

图 12.12　分析和二次检索

点击 ![] 进入分析界面窗口，如图 12.13 所示。

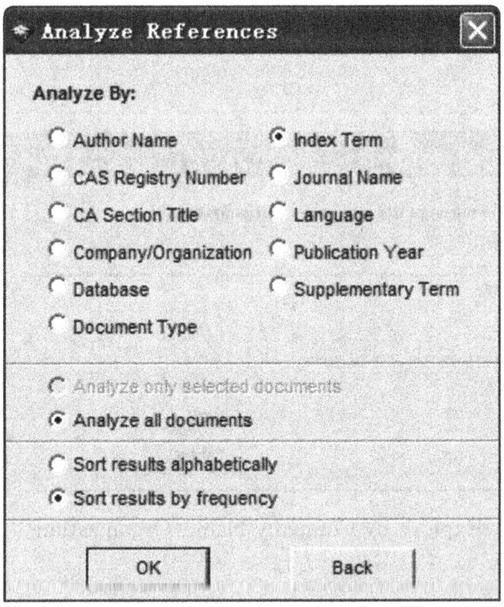

Author Name	作者：对该主题中发表文章的作者进行分析
CAS Registry Number	CAS No：了解文献中出现的物质和应用
CA SectionTitle	学科领域：不同学科的分布情况
Company/Organization	机构：对研究该主题的研究机构分析
Database	数据库：分析是来自 CAPLUS 还是 MEDLINE
Document Type	文献类型：了解文献的种类
Index Term	索引词：帮助分析该领域中文献的内容
Journal Name	来源期刊：发现相关的学术期刊
Language	文献语种：了解有关文献的语种分布情况
Publication Year	出版年：了解该领域的研究历史和发展
Supplementary Term	辅助索引词：帮助分析该领域中文献的内容
Sort results alphabetically	按照字母顺序排序
Sort results by frequency	按照出现频率排序

图 12.13　文献分析窗口

点击 ![] 进入限定界面窗口，如图 12.14 所示。

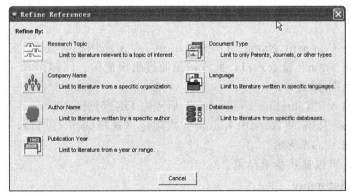

图 12.14　文献再限定

图 12.14 中一共有 7 种选项对检索结果作二次检索，分别为：

Research Topic	主题：对初次结果用其他的主题再作二次检索
Company Name	机构：对自己关心的机构作二次检索
Author Name	作者：对自己关心的作者作二次检索
Publication Year	出版年：对出版年限作二次检索
Document Type	文献类型：对文献类型作限制
Language	语种：对语种限制
Database	数据库：限定文献的出处

使用"Analyze/Refine"功能，能对文献的各种情况进行分析，并缩小检索范围，提高检索效率。在不同的检索入口中的"Analyze/Refine"具有不同的选项，具体情况见下面章节。

② Explore by Author Name　点击图中 图标，进入"Explore by Author Name"检索入口，如图 12.15 所示。

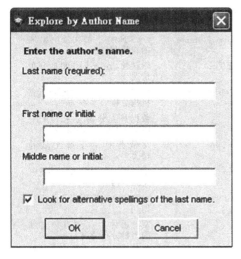
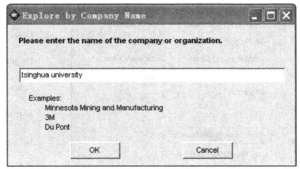

图 12.15　Explore by Author Name 检索入口

图 12.16　Explore by Company Name/Organization 检索入口

在输入框输入作者的姓名（英文，或拼音）后点击 OK 即可。

注意事项：必须填入 Last name（姓），如果不能确认则可选择下面的选项（alternative spelling），不区分大小写；对于复姓如 O'Sullivan，Chace-Scott 等可直接输入。可以同时搜索 Last name（姓）、First name 和 Middle name（名），对于不确认的名，可以输入首字母。

③ Explore by Company Name / Organization　点击 图标，进入"Explore by Company Name / Organization"检索入口，此入口是通过组织机构、团体作者（研究机构、公司、大学等）检索（见图 12.16）。

在输入框内输入"Tsinghua University"后点击 OK（见图 12.17），显示共 51594 篇文献，点击"Analyze/Refine"选项中 Refine 二次限定（选项同图 12.14），指定检索 2008 年出版的文献，如图 12.18 所示。

点击"OK"，可以显示检索结果。

(2) Explore Substance

图 12.7 中的"Explore Substances"用来检索物质信息。

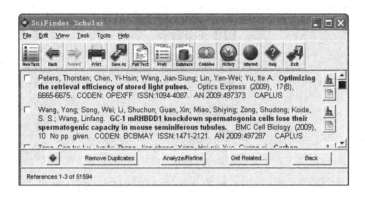

图 12.17　Tsinghua University 检索结果窗口

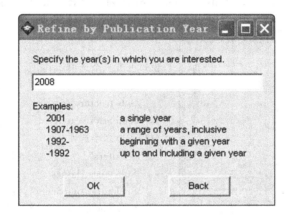

图 12.18　限定 2008 年出版的文献

① ![Chemical Structure] 通过化学结构式查找物质或反应　点击进入 Scholar 的结构绘制窗口（见图 12.19），画出结构。

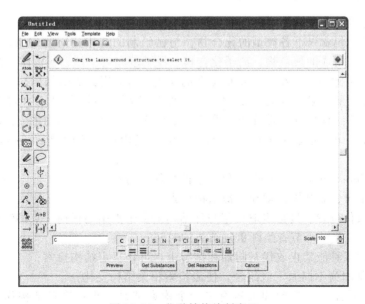

图 12.19　化学结构绘制窗口

窗口左侧两列图标为制作结构式的工具栏，简单说明如下：

铅笔	基团重复	橡皮
碳链工具	可变位置连接	索套工具
元素周期表	五元环	选择
常用基团	六元环	旋转
可变基团	模版	正负电子
基团定义	多元环	锁定

窗口下方工具栏 为制作结构式常用的原子和化学键，缺省值为碳原子和单键。

结构式完成后，点击"Get Substances"，弹出窗口如图 12.20 所示。

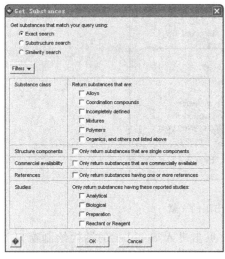

窗口上方三个选项
  Exact search   严格按所作结构式搜索
  Substructure search 所作结构式按亚结构搜索
  Similarity search   按相似结构搜索
窗口下方六个选项
  "Filters"   过滤选项
  Substance classes   物质分类
  Structure components 结构组分
  Commercial availability 是否有商业来源
  References   参考文献
  Studies   有关研究

图 12.20 Get Substances 选项窗口

若要缩小检索范围至特定类型，可改变 Filters 过滤选项设定，点击"OK"继续检索。

得出的结果会包含以下各类型的化合物：与已绘制的结构相同的物质、同位素化合物、配位化合物、单体组成的聚合物、离子化合物、原子基和离子基、异构体、互变异构体（包括酮-烯醇）。可以通过修饰结构来获得更多的应用；可以得到类似结构。

在检索亚结构的结果中（见图 12.21），亚结构的部分会被突出显示成红色，让用户很容易便能辨认出亚结构部分。要改变结果的显示格式，选择主工具列的 Option（简单 Compact，标准 Standard，摘要 Summary，全部 Full），或用在菜单中 Preference Editor 的 Display 键改变默认设定。

SciFinder Substructure Search 提供以下的功能和特点：
 a. 作完全相同、亚结构检索和相似结构检索；
 b. 可变的取代位置工具指定取代基与环结构上多个点中的任何一点的键合；
 c. 重复单元工具，可节省绘画重复结节的时间；
 d. 锁定取代工具能禁止取代基附加在结节上，可作指定结构检索；
 e. 设定 R 基团为不同原子或组合，便能检索相关结构变化；
 f. 预览结果功能让用户预知大概有多少个检索结果，并对检索结构作出适当的修改，节省检索时间；

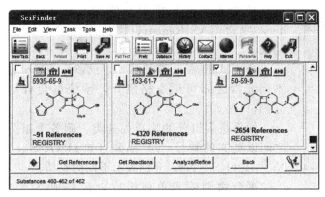

图 12.21 亚结构检索结果

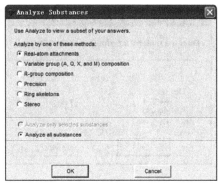

图 12.22 物质分析功能

g. 强大的分析功能，可分析在点选结节的真正原子附件、可变原子（A，Q，X，M）或 R 基团的结构成分和相关结果数目。

物质分析功能选项见图 12.22。

对检索结果进行分析，包括 6 个分析途径：

Real-atom attachments　　　　　　　　分析某一特定原子
Variable group（A，Q，X，and M）　　分析结构定义中的定义的某一类基团
　composition
R-group composition　　　　　　　　　分析结构定义中的 R 基团
Precision　　　　　　　　　　　　　　分析结构中存在的互变异构或者兼性离子
Ring skeletons　　　　　　　　　　　　分析结构中存在的所有环骨架
Stereo　　　　　　　　　　　　　　　　分析结构中存在的立体构型问题

对检索结果进行二次限定，可以更快速地得到所要得到的结果，如图 12.23 所示。

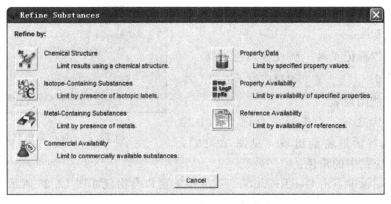

图 12.23 物质检索结果二次限定

对结构（包括亚结构）再次限定　　商业化限定　　对可提供的物性数据限定
通过标记同位素限定　　　　　　对理化性质数据限定　　对参考文献限定
含金属物质中金属的限定

② Explore by Molecular Formula（分子式检索）　点击图 12.7 中的 Molecular Formula 进入分子式检索，如图 12.24 所示。

在输入框中输入分子式，点击"OK"进行检索。

通过分子式进行检索，SciFinder Scholar 会分析所输入的分子式，并重新编排原子，

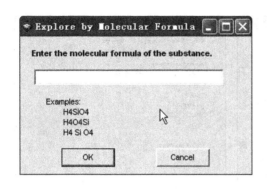

图 12.24　分子式检索入口

使之成为能被计算机识别的 Hill System Order，搜索 CAS Registry 数据库，显示匹配结果。

分子式的输入需要区分大小写；输入时不同元素之间可用空格隔开，系统也会自动分割。

如果是多组分的物质如盐类，则各个组分之间以英文的句号"."隔开（如 H2O4 S．2 Na，H2O4S．Na，分别表示不同的物质）。

聚合物则输入单体组成以括号加 X，如 (C4H6) X。

如果要搜索复杂的有机物质，可以通过分子式查询，并通过"Analyze/Refine"中的亚结构限定获得检索。

对检索结果进行二次限定，可以更快速地得到所要得到的结果。不同的检索入口有不同的二次限定条件，"Explore by Molecular Formula"二次限定条件与"Explore by Structure"的二次限定条件相同。

（3）Explore Reaction

在 SciFinder 中，用户可用化学结构图标来检索化学反应，并设定物质在反应式中的角色（反应物、试剂、产物或任何角色），也可以用反应位置工具和原子绘图工具作精确的反应检索。

在检索化学反应的结果中，用户可以得到以下数据：含有绘画结构和官能团的化学反应式、怎样作合成物质的合成方法、供货商的资料、管制化学品目录及其法规、文摘、目录数据等和反应式相关的数据。

结构绘制窗口（见图 12.19）中的工具栏下方为反应查询工具：

反应位置标记工具　　反应角色工具
反应箭头　　反应原子标记工具
反应官能团列表

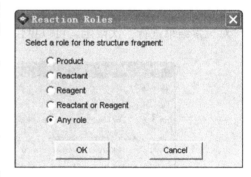

图 12.25　反应角色对话窗口

在绘制结构之后，点击反应查询工具中的，反应角色对话框将会出现（见图 12.25），设定物质在反应式中的角色。

然后在绘制板中点击 Get Reaction。反应检索窗口会出现如图 12.26 所示的页面。

点击"OK"，显示反应结果（见图 12.27）。

图 12.27 为一个反应检索结果，检索的亚结构部分显示为红色（图中用虚线框出），方便查看。检索结果是按入藏号顺序来排列（最新文件开始）。

检索者可以从结果中看到反应式、详细反应条件、CAS 的编者写下的重点（NOTE）和文摘链接。除此之外，以鼠标右键点击反应式中的任何物质，便可轻易取得有关资料。用户可以打印（Print）和保存（Save As）检索结果。

如果是多步反应，点击旁边的显微镜图标可显示多步反应式。

使用"Analyze/Refine"功能，可以缩小检索结果范围，取得更精确和合适的结果，如图 12.28 和图 12.29 所示。

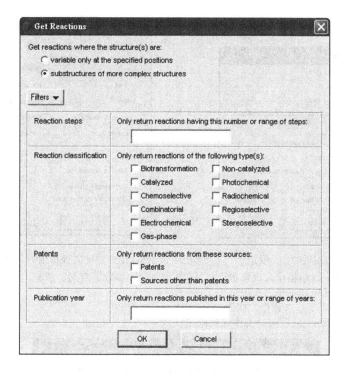

图 12.26　Get Reaction 选项窗口

variable only at the specified positions	按精确结构检索，仅在指定位置有变化
substructures of more complex structures	所作结构为复杂结构的亚结构
Reaction Steps	限制反应步骤
Reaction classification	反应分类用来限制反应类型
Patents	是否来源于专利
Publication year	反应发表时间（年）或时间段

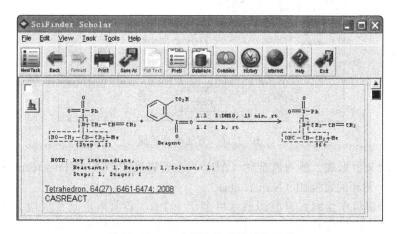

图 12.27　一个反应检索的结果示例

SciFinder 可让检索者使用官能团的名称去检索反应。用官能团检索去查询所用催化剂的种类或何种实验条件下相关官能团的反应，也可用来限制反应结果，详情可参考 Analyze/Refine 部分。

点击图 12.19 左下角官能团工具图标 时，官能团的对话框将会出现，如图 12.30 所示。

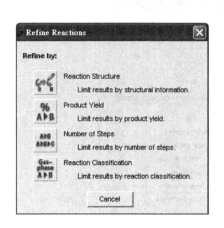
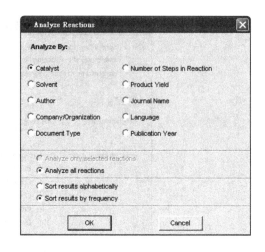

图 12.28 反应的二次限定

图 12.29 反应分析窗口（可就催化剂、反应步数、溶剂、产率、作者等作分析）

Reaction Structure　以结构作二次限定
Product Yield　以反应产率作二次限定
Number of Steps　以反应步数作二次限定
Reaction Classification　以反应分类作二次限定

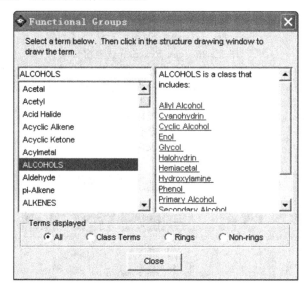

图 12.30 官能团对话框

有四种不同显示形式：所有官能团（All）、主要官能团分类（Class terms）、有环的官能团（Rings）、无环的官能团（Non-rings）。

在结构图标窗口中绘制好官能团后（可多于一个），必须指定其在反应式中的角色（用反应角色工具来指定反应角色）。例如图 12.31 中显示，要求检索从重氮盐制取偶氮化合物的反应。另外可以用官能团和化学结构一起作检索。

反应角色工具 A→B 中，除了常规选项外，在官能团指定中增加了一个可选项 Non-reacting，用于去掉不希望参与反应的官能团。

12.3.3　Locate 检索

Locate 检索包括 Locate Literature（定位文献）和 Locate Substances（定位物质）两项内容，特点是快速检索，如图 12.32 所示。

12.3 SciFinder Scholar数据库

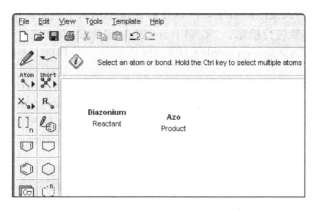

图 12.31　官能团转化反应检索示例

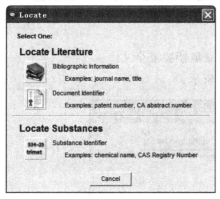

图 12.32　Locate 检索窗口

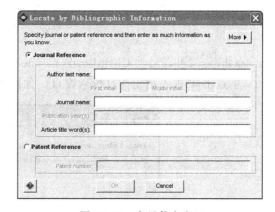

图 12.33　书目信息窗口

Locate Literature 可以通过一个或多个书目信息片段快速查找指定文献，也可以通过 Document Identifier（包括专利号、CA 文摘号等）查找。

Locate Substances 通过化合物名称或 CAS 登录号快速查找指定物质。

① 点击进入书目信息窗口，如图 12.33 所示。

② 点击 进入 Document Identifier（文件标识）窗口，如图 12.34 所示。

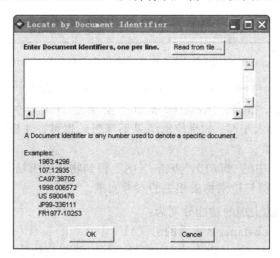

图 12.34　文件标识窗口

文件标识是用来标识文献的数字，可以在对话框中填入下列格式的数字，每行一组，点击"OK"后对指定文献进行检索。"Read from file"必须是.txt文件。

CA Accession Number（CA 登录号）	1983：4296
	120：15297
Patent number（专利号）	CA 2107100 包括
Patent application number	JP 99-336111
Priority application number	IT 1998-BO661
PubMed ID（National Library of Medicine）	2004123

输入以上信息后的检索结果如图12.35所示。

图12.35　文献标识检索结果

点击 就可以启动 ChemPort® ConnectionSM 获取摘要或全文。

③ 点击 进入物质信息检索窗口，如图12.36所示。

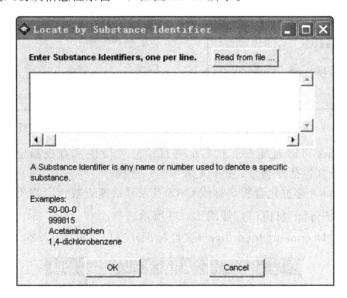

图12.36　物质信息检索窗口

输入指定物质名称，每行一个，也可输入 CAS 登录号，点击"OK"对指定物质检索。

注意事项：最多输入25条；"Read from file"必须是.txt文件；每个条目输入＜200字符；可以有空格，不区分大小写；如果检索结果不理想，也可在主题检索中再检；支持俗名与商品名检索。

如输入"Example"中的999815，点击"OK"得到物质检索结果，如图12.37所示。
结果显示出共4488篇与检索物质相关的参考文献。
其中图标 的功能分别为：
References for the substance（物质的引文）；
3D model of the substance（物质的3D模型，须安装相关软件 ViewerLite）；
Commercial source information（商业来源信息）；

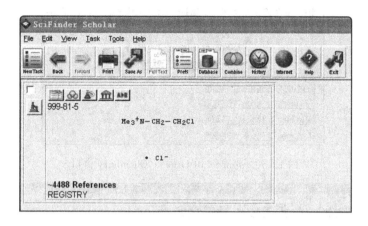

图 12.37 物质检索结果示例

Regulated chemicals listing（管制化学品列表）；
Reactions that involve the substance（获取反应信息）。

点击 ABS 后，出现如图 12.38 所示的页面。

左侧显微镜图标 用来查看物质的详细信息，包括理化性质数据和谱图信息等。

12.3.4 Browse 检索

Browse（浏览）检索可以浏览 CAS 数据库内大约 2000 种科学核心刊物，查看所选文献的摘要和全文。

如图 12.39 所示进入 Browse 浏览检索后，可以选择所要浏览的刊物，点击"View"查看。

选择了 Journal of Organic Chemistry 后出现新的窗口，如图 12.40 所示。

选择了其中的"Volume：71 Issue：17 2006"，便可浏览该期杂志的各篇文摘（见图 12.41）。

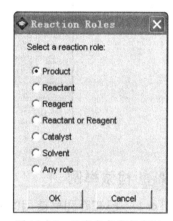

图 12.38 反应角色定义窗口
（对话框中可以选择检索物质在反应中所起的角色，这样可以缩小检索范围）

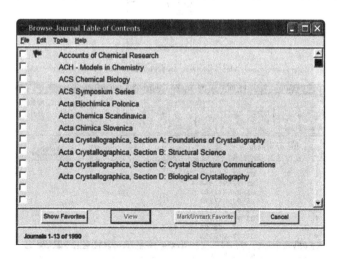

图 12.39 浏览检索窗口

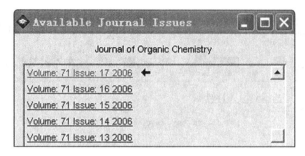

图 12.40　Journal of Organic Chemistry 窗口

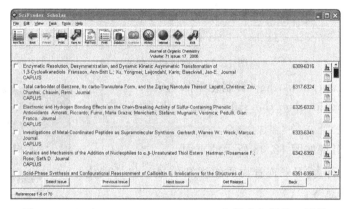

图 12.41　Volume：71 Issue：17 2006 各篇论文题目、页码

12.4　检索举例

12.4.1　已知专利号使用CA on CD 检索专利摘要

使用 CA on CD 浏览式检索查专利号 US 97-918420 的内容。

在工具栏中点击，在下拉菜单 Index 中选择 Patent No.（见图 12.42），然后在 Find 输入框中输入专利号。随着输入字母和数字，检索窗口就会自动跳到该字母引领的字符段，如图 12.43 所示。

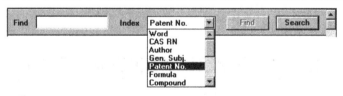

图 12.42　选择检索专利

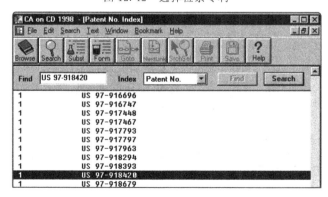

图 12.43　输入专利号

选择所要查找的专利号，点击 Search ，得到该专利的文摘内容（见图 12.44）。

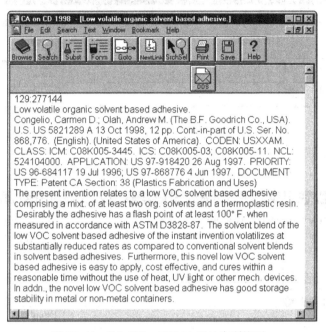

图 12.44 CA 129：277144 显示专利摘要

使用 Print Save 图标，可以打印内容或将其在磁盘中保存。

12.4.2 已知CAS登录号使用CA on CD检索文献

使用 CA on CD 词条检索查找［CAS Registry Number＝10540-29-1］它莫西芬（三苯氧胺）对妇女乳腺癌的治疗作用的文献。

在工具栏中点击 Search ，出现词条检索窗口（见图 12.45）。

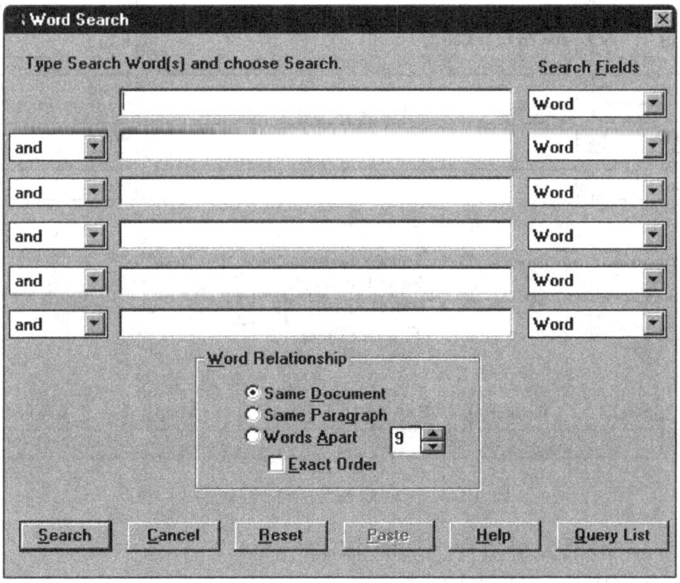

图 12.45 词条检索窗口

点击 Search Field 中的箭头，出现下拉菜单后选择检索区域，如图 12.46 所示。

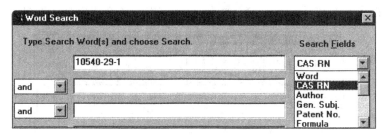

图 12.46 输入 CAS RN

重复第二步操作，将检索条件输入到各词条行中。

使用窗口左侧的布尔算符确定各检索条件的相互关系，如图 12.47 所示。

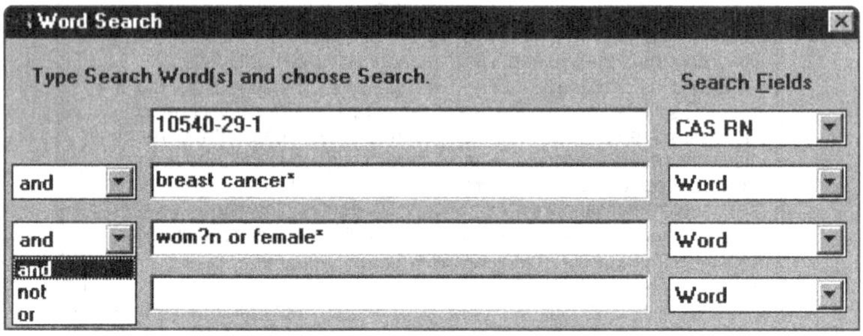

图 12.47 输入其他主题词

词条关系选择只能应用于词条检索。词条检索条件确定窗口如图 12.48 所示。

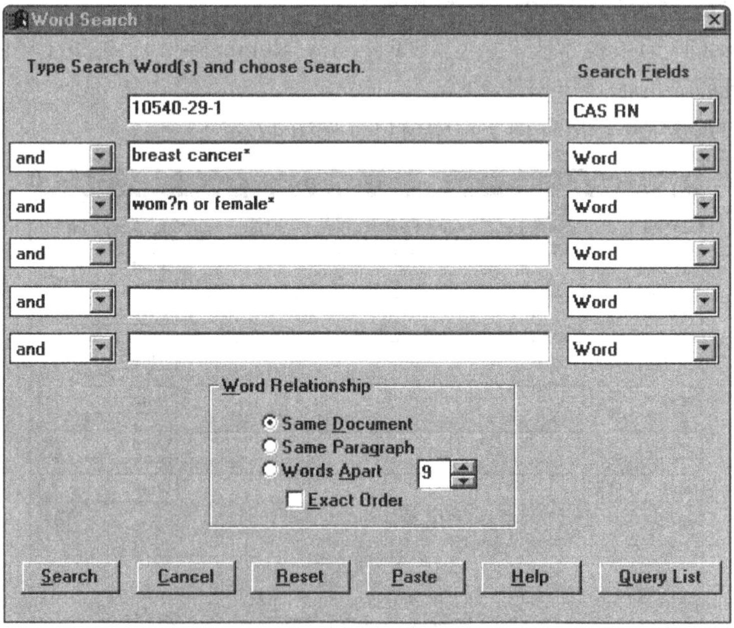

图 12.48 词条检索条件确定窗口

点击  Search 后，出现检索结果（见图 12.49）。

双击标题显示全部内容（见图 12.50）。

在结果显示窗口中点击  Next 显示下一个结果，在结果显示窗口中点击  Prev 显示前一个结果。

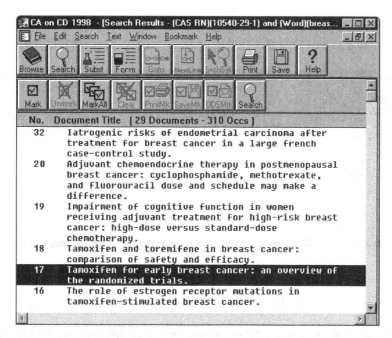

图 12.49　检索结果窗口

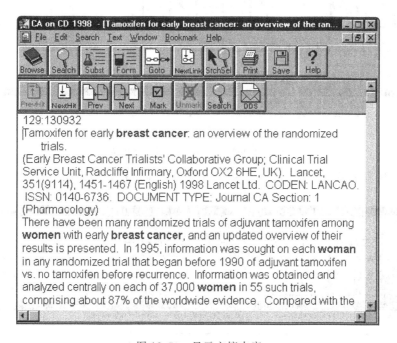

图 12.50　显示文摘内容

12.4.3　使用CA on CD 检索3-(4-羟基-3-甲氧基苯基)丙烯酸异丙酯的文献资料

3-(4-羟基-3-甲氧基苯基)丙烯酸异丙酯化合物的结构式为：

分子式为 $C_{13}H_{16}O_4$。

具体的检索方法是在检索界面中点击 ![Form]，即可进入分子式检索界面，在"find"条框中按照分子式字母（包括数字）顺序输入分子式c13h16o4，光标自动滚动到位，如图12.51所示。

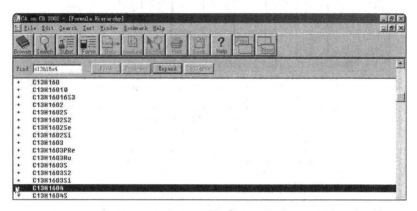

图12.51　分子式输入窗口

双击选中索引，将同一级别的化学物质索引表一一打开后显示结果如图12.52所示。

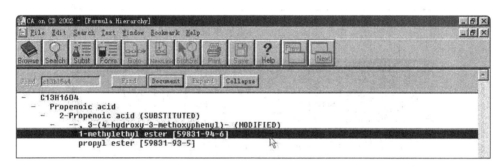

图12.52　选择检索化合物名称

1-methylethyl（1-甲基乙基）即为异丙基。

再双击该物质条目即可进行检索，检索完成后，显示检索结果如图12.53所示。

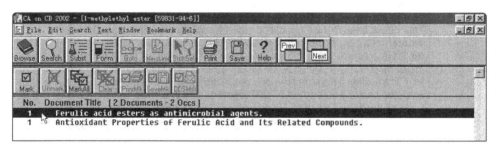

图12.53　物质检索结果窗口

双击标题后即可显示文摘具体内容。

12.4.4　使用SciFinder Scholar检索采用Suzuki偶合反应制备取代联苯的专利

当检索者想用"general topic（普通主题）"或"named reaction（人名反应）"来检索较宽范围的文献时，往往会采用"Explore by Research Topic"检索入口。主题词的输入规则详见检索说明部分。

Suzuki偶合反应（Suzuki coupling reaction）主题检索窗口如图12.54所示。

12.4 检索举例

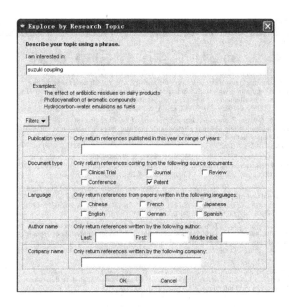

图 12.54　Suzuki coupling 主题检索窗口

输入主题后，在"Filters"中"Document type"选择 Patent，点击"OK"，出现检索结果候选窗口，如图 12.55 所示。

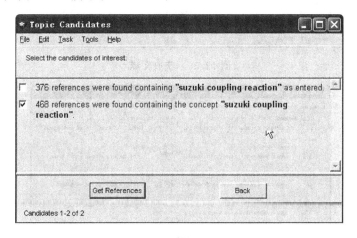

图 12.55　主题检索结果候选窗口

第一选项说明检索到 376 篇文献内存在未加变化的主题。第二选项说明检索到 468 篇文献内含有该主题的概念。

点击"Get References"，获取相关文献，如图 12.56 所示。

在检索结果列表中对文献进一步限定，采用"Refine"在其中选择"Research Topic"（见图 12.57），并在"Research Topic"框中输入"substituted biphenyls（联苯）"（见图 12.58），就得到了采用 Suzuki 偶合反应制备取代联苯的专利（见图 12.59）。

点击"Get Related…"中的"Reaction"获得相关的反应信息，如图 12.60 所示。

SciFinder Scholar Explore Research Topic 检索一般先向 SciFinder Scholar 提一个最为广泛的问题，通过 SciFinder Scholar 的 Analyze/Refine 功能来不断修正检索思路、缩小检索的范围及获取新的知识点和灵感，尝试将不同的 Analyze/Refine 功能组合起来用，会提高检索效率，通过 Get Related 来获得更多的信息。

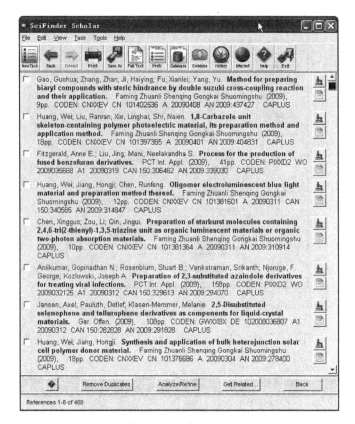

图 12.56 获取文献

图 12.57 文献的二次限定

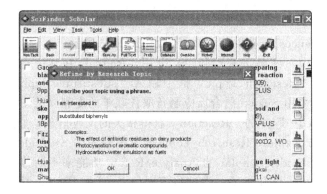

图 12.58 以 "substituted biphenyls" 为主题二次检索

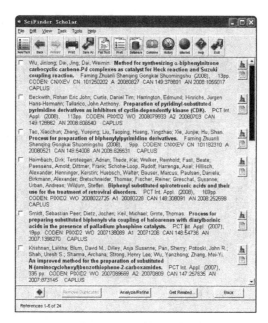

图 12.59　检索的结果

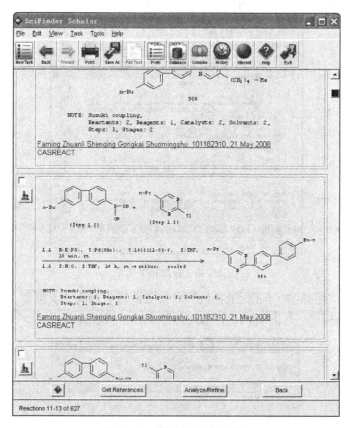

图 12.60　获取相关反应信息

12.4.5　通过 Scholar 的 Explore by Chemical Structure 检索与安定结构有关的化合物

进入的结构绘制窗口，画出安定（Valium）的结构，用橡皮去掉其中的 Cl、O 等原子，如图 12.61 所示。

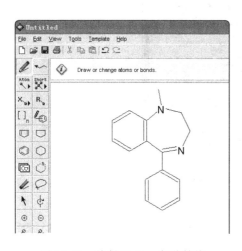

图 12.61　绘制 Valium 部分结构

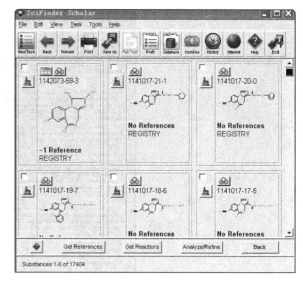

图 12.62　亚结构检索结果

点击 "Get Substances"，并且以亚结构检索，如图 12.62 所示。

选择 "Get Reference"，获取相关文献，如图 12.63 所示。

图 12.63　获取相关文献

选择 "Analyze/Refine" 中的 "Refine" 对结果进行主题的二次限定，如图 12.64 所示。输入 "muscle relaxant"，点击 "OK"，出现如图 12.65 所示页面。

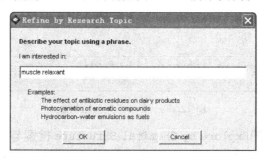

图 12.64　对主题二次限定

图 12.65　经主题二次限定后的检索结果

得到 918 个文献，点击"Get Related…"选择得到相关物质，结果见图 12.66。最终的检索结果是得到 161 个相关结构。

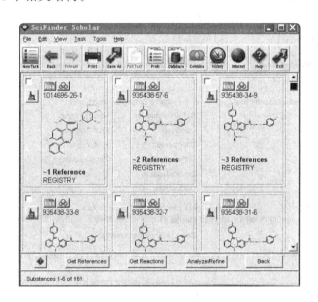

图 12.66　检索到的相关物质

12.4.6　通过 Explore by Reaction 检索由相应的醇氧化成 α-氨基醛的反应

点击进入 Explore by Reaction 结构式编辑窗口"绘制"结构式，如图 12.67 所示。

在 Reaction Roles 设定窗口中分别设定为 Reactant 和 Product。点击 锁定 N 和 C 原子（使该原子不带取代基），点击 设置 C-O 键为反应中心，点击 设置反应物和产物间的原子关联（反应物中的原子即为产物中的原子）。

点击"Get Reactions"后出现的页面如图 12.68 所示。

variable only at the specified positions 按精确结构检索，仅在标注的地方有变化。

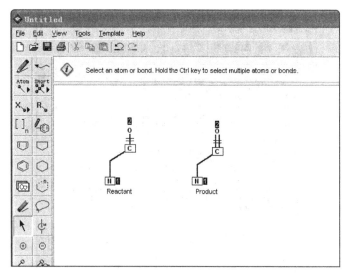

图 12.67　定义反应式

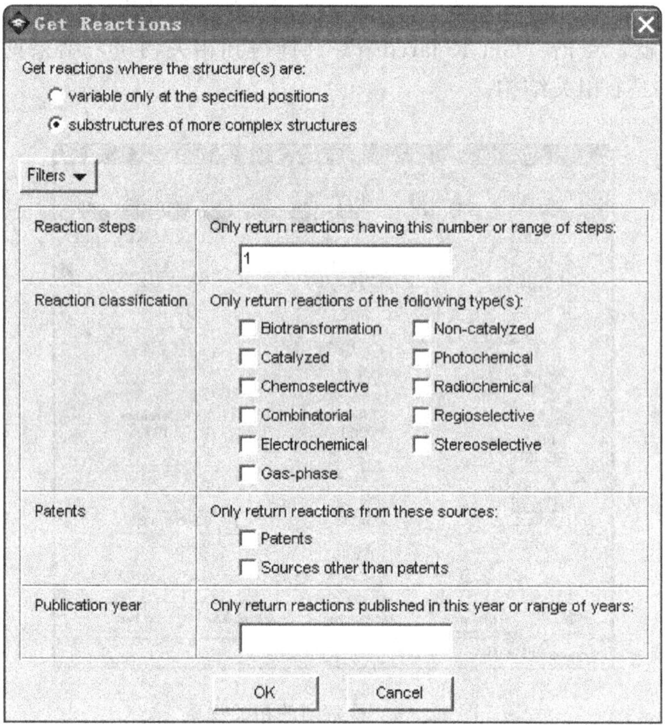

图 12.68　获取反应对话窗口

substructures of more complex structures 作为亚结构检索。

"Filters"（过滤）选项中将反应设定为一步反应，点击"OK"，获得反应检索结果（见图 12.69）。

查看检索结果，各反应结构式中的红色部分（图中用虚线框出）即所作的亚结构。

点击"Analyze/Refine"对检索的结果进行分析（见图 12.70）。

分析反应所使用的催化剂（见图 12.71）。

可以选择性查看使用某一类自己感兴趣的反应，再对限定后的结果列表进行深入分析，即分析合成路径、物质信息和商业信息等。

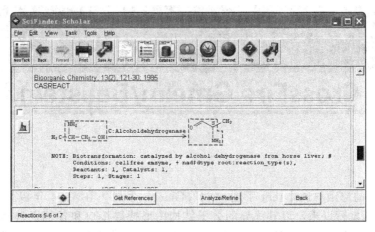

图 12.69　设定一步反应得到的结果

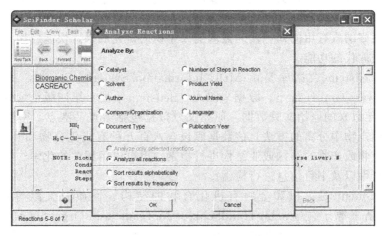

图 12.70　反应分析窗口

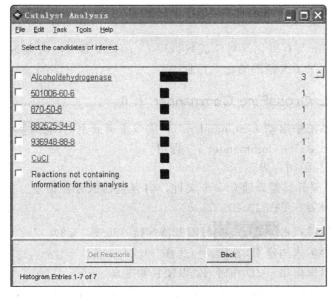

图 12.71　分析反应采用的催化剂

13 CrossFire Gmelin/Beilstein 数据库

13.1 概述

有百年历史的德国《Beilstein 手册》和《Gmelin 手册》在 1994 年以计算机化数据库 CrossFire 的形式发行以来，以其优异的分子结构图形搜寻接口和各笔资料间的超级链接设计，立刻受到各国化学家的热烈欢迎。有了这套电子版的化学数据库，过去要花几个月才能搜集到的文献参考资料，现在只要几分钟就能够收集齐全，不仅在资料搜集的深度和广度远超过传统的方式，透过功能强大的数据库工具，在搜寻所得资料的整理分析和关联上更能快速地将数据资料归纳成有用的知识。为截取前人累积的研究成果，快速应用到新的研究课题上，提供了无法取代的功能。

CrossFire Beilstein 数据库是由 MDL Information Systems GmbH，Beilstein Chemie Daten und Software GmbH 推出。数据来源为《Beilstein 手册》第四版正编到第四补编的全部内容和 1960 年以来的原始文献数据。原始文献数据包括熔点、沸点、密度、折射率、旋光性等和从天然产物中分离的方法。该数据库包含八百万种有机化合物和九百多万个反应。用户可以用反应物或产物的结构或亚结构进行检索，更可以用相关的化学、物理、生态、毒物学、药理学特性以及书目信息进行检索。

CrossFire Gmelin 是无机和金属有机化合物的结构、性质及文献等信息的全面资料数据库，包括来源于《Gmelin Handbook of Inorganic and Organometallic Chemistry》(1772～1975) 的数据，以及来源于 1975 年以后的主要材料科学期刊中的数据。其中物质包括配位化合物、合金、固熔体、玻璃与陶瓷、高分子、矿物等。同时 Cross-Fire Gmelin 包含有 800 多种不同的化学和物理性质条目，以及原始文献的深入而详细的索引。

CrossFire Gmelin 与有机化学与合成数据库 CrossFire Beilstein 集成于同一系统，两套数据库相互补充，提供了大范围的化学信息。

13.2 启动 MDL CrossFire Commander 7.0

要在不同操作系统中启动 Commander 7.0 需双击桌面上的图标，或从开始菜单中选择"程序：MDL CrossFire Commander 7"即可。

图 13.1 为启动后的用户界面。

进入 CrossFire 服务器需要建立一个文件，内容包括服务器信息、用户 ID 和密码。也可以由管理员统一设置（见图 13.2）。

设置完成后可通过点击 Connect 与服务器连接（见图 13.3）。

第一次登录需要填入用户 ID 和密码（见图 13.4）。

点击复选框可以保留用户 ID 和密码，以便自动登录。

当退出 Commander 7.0 时，软件将会提示是否要保留当前参数以便下次启动时自动连接到当前服务器（见图 13.5）。

13.2 启动MDL CrossFire Commander 7.0

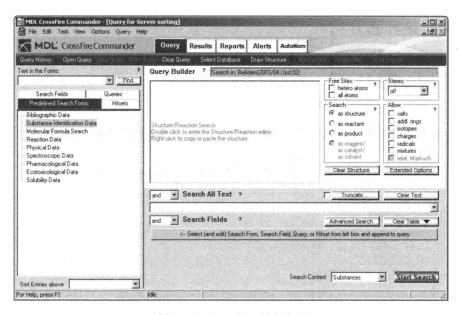

图 13.1　CrossFire 用户界面

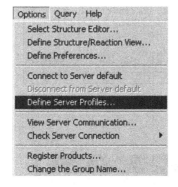

图 13.2　设置服务器

图 13.4　填入用户 ID 和密码

图 13.3　连接服务器

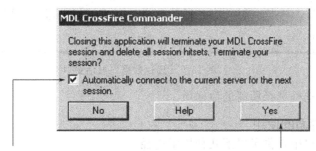

点击后可在下次启动时自动连接到当前服务器　　点击后退出Commander

图 13.5　退出 Commander 7.0 时的选择界面

13.3 客户端界面介绍

13.3.1 选择数据库

点击 Select Database 可以选择一个或多个数据库进行检索，如果没有与服务器连接，则该图标不存在，显示为 Connect （见图13.6）。

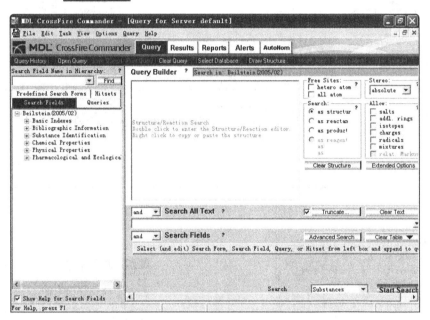

图13.6 选择数据库

点击 Select Database 后，显示界面如图13.7所示。

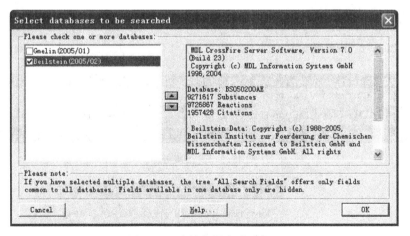

图13.7 选择数据库对话窗口

通过点选复选框选择所需的数据库。

13.3.2 检索界面的使用

在检索主窗口中提供了以下几种检索途径。

(1) 结构式检索

MDL CrossFire Commander 7.0 提供了三种结构式编辑器：The CrossFire Structure

Editor、ISIS/Draw 2.5 和 MDL Draw。

在菜单"**Options：Select Structure Editor…**"中选择编辑器（选择自带的 MDL CrossFire Structure Editor），如图 13.8 所示。

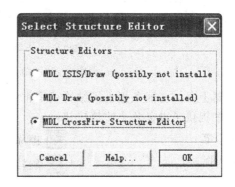

图 13.8　选择结构式编辑器

要完成结构式检索需完成以下设定（见图 13.9）。

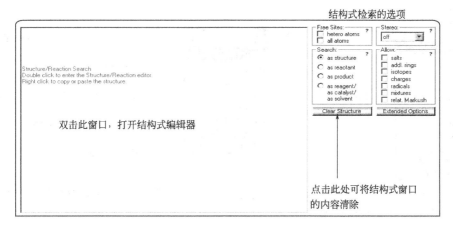

图 13.9　结构式检索的设定

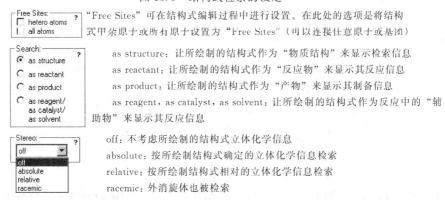

"Free Sites"可在结构式编辑过程中进行设置。在此处的选项是将结构式中杂原子或所有原子设置为"Free Sites"（可以连接任意原子或基团）

as structure：让所绘制的结构式作为"物质结构"来显示检索信息
as reactant：让所绘制的结构式作为"反应物"来显示其反应信息
as product：让所绘制的结构式作为"产物"来显示其制备信息
as reagent, as catalyst, as solvent：让所绘制的结构式作为反应中的"辅助物"来显示其反应信息

off：不考虑所绘制的结构式立体化学信息
absolute：按所绘制结构式确定的立体化学信息检索
relative：按所绘制结构式相对的立体化学信息检索
racemic：外消旋体也被检索

结构式编辑器（Structure Editor）提供了使用键盘和鼠标作出结构式或反应式的方法。得到的结构式或用结构式表示的反应式可以作为检索要求被传送到 **Commander** 主窗口中。在 CrossFire 这个版本中有三个结构式编辑器可供选择，这里主要介绍 **MDL CrossFire Structure Editor** 的简单使用方法。

点击 Structure Editor：或双击结构式编辑器窗口，打开新窗口，如图 13.10 所示。

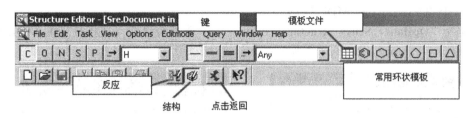

图 13.10　结构式编辑器工具栏

编辑器上方的功能条提供了结构式中常用的原子符号、成键类型和环状模板。窗口左侧的工具箱中提供了以下几个快捷按钮：

① 作出结构式　点击工具箱中的编辑按钮。用当前激活的原子（缺省值为 C）和化学键（缺省值为单键）画出结构。用鼠标点击结构式中的原子和化学键可以打开对话框，如下所示：

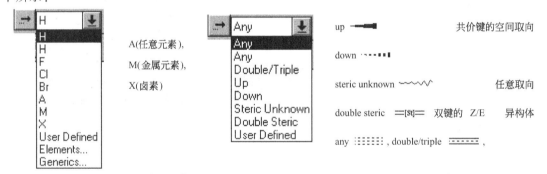

在对话框中进行所需要的修改，并进行设置（如设置 Free Site 的数目等）。QUERY 中设置立体化学和互变异构选项。

结构式完成后，点击 回到 Commander 主窗口，开始检索。

② 作出反应式　在切换到反应式模式之前，在结构式编辑器中作出所有结构式。

点击反应式按钮，打开反应式窗口，如图 13.11 所示。

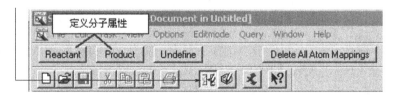

图 13.11　定义反应角色

使用 （选择）或 （索套）工具选择结构式，点击 Reactant 或 Product 按钮来定义它的属性。

如图 13.12 所示的反应式，在反应式中，可以定义原子属性：立体构型是否发生翻转，是否是反应中心（RC）等。还可用鼠标拖拽的方法将反应物和产物的原子进行匹配。

在反应式中可以定义一个或多个反应物和产物。如果只定义了反应物或产物，这样的反应式称为"半反应"。用半反应也可进行检索。

点击 ![icon] 回到 Commander 主窗口进行检索。

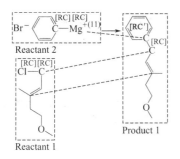

图 13.12　定义反应角色和反应中心等

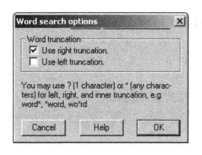

图 13.13　主题词选择窗口

（2）文本检索

文本检索提供了使用一个或多个关键词的检索方式。

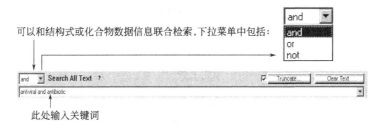

文本检索栏中的关键词可用算符"and"、"or"、"next"、"near"、"proximity"连接，点击 ![Truncate] 后弹出对话框，如图 13.13 所示。在关键词中可以使用"?"来代表一个字符，用"*"代表多个字符。

文本检索启动后，Commander 会弹出一个窗口（见图 13.14）。

可以选择物质、反应、引文等内容，点击"Start Search"对所选择的内容检索。

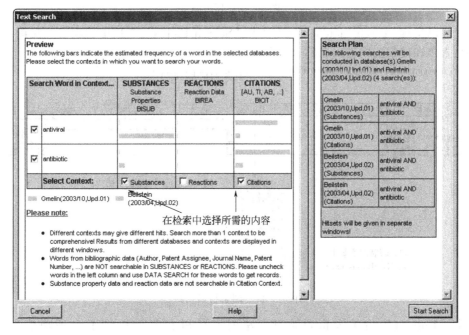

图 13.14　文本检索对话窗口

(3) 域名检索 (Search Fields)

可以和结构式或文本联合检索（见图13.15），下拉菜单中包括：

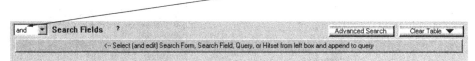

图13.15 联合检索下拉菜单

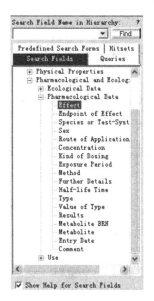

图13.16 检索阈

两条途径可以实现Search Fields，一是双击"Search Fields"栏目中的项目（见图13.16），另一个是直接在搜索栏中键入名称（见图13.17）。

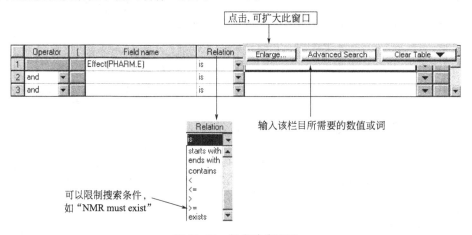

图13.17 阈名检索窗口

点击"Enlarge"后扩大窗口选项。左侧窗口树状菜单提供了多种功能选择（见图13.18～图13.21）。

13.4 检索

图 13.18 基础阈名

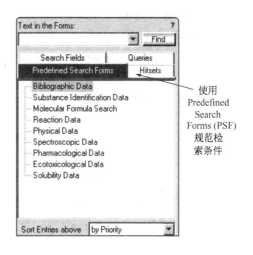

图 13.19 规范的检索阈

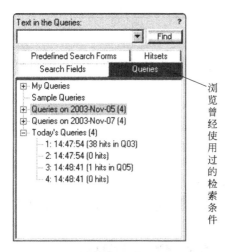

图 13.20 曾用检索条件

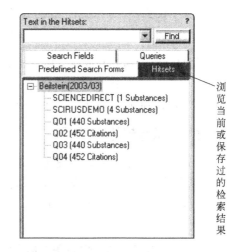

图 13.21 保存的检索结果

13.4 检索

(1) 进行检索"Start search"

在检索开始之前,需要确定检索内容(见图 13.22)。

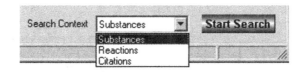

图 13.22 检索内容选择

Substance:要求查找所确定的化合物的性质及其数据
Reactions:要求查找所确定的化合物作为反应物或产物的化学反应信息;如在编辑器中作出了
　　　　　反应式,则查找该反应的信息
Citations:要求查找作者或文献的信息

　　确定检索内容后,点击 Start Search 开始检索。

(2) 检索进程

Start Search 后产生一个新的窗口（见图 13.23）。

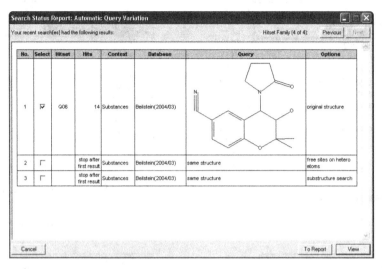

图 13.23　检索报告

如果选择"Substances"检索，右侧是结构式检索选项，可以按照精确结构、杂原子取代、亚结构来检索。

点击复选框后，点击"View"察看结果。

13.5　检索结果的显示

13.5.1　检索结果窗口的说明

检索结果窗口的说明如图 13.24～图 13.27 所示。

双击方格可以显示其详细信息，也可通过点击 Grid List 图标在方格和详细信息之间转换（见图 13.28）。

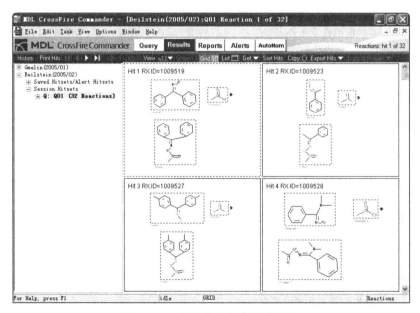

图 13.24　以方格的方式显示结果

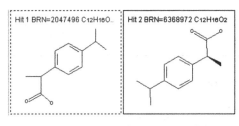
图 13.25 以方格的形式显示化合物

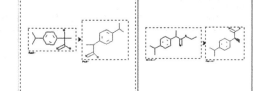
图 13.26 以方格的形式显示反应

Hit 1: 5535700 Journal; Banwell, Martin G.; Cameron, Jennifer M.; Collis, Maree P.; Crisp, Geoffrey T.; Gable, Robert W.; 'et al.; AJCHAS; Aust.J.Chem.; EN; 44; 5; 1991; 705-728.

Hit 2: 5535702 Journal; Chia, Peter S. K.; Ekstrom, Alfred; Liepa, Imants; Lindoy, Leonard F.; McPartlin, Mary; 'et al.; AJCHAS; Aust.J.Chem.; EN; 44; 5; 1991; 737-746.

Hit 3: 5580551 Journal; Borisova, E. Ya.; Komarov, V. M.; Lukashova, L. A.; Cherkashin, M. I.; Kopytin, V. S.; 'et al.; DKCHAY; Dokl.Chem.(Engl.Transl.); EN; 314; 1-3; 1990; 249-251; DASKAJ; Dokl.

图 13.27 以方格的形式显示文献

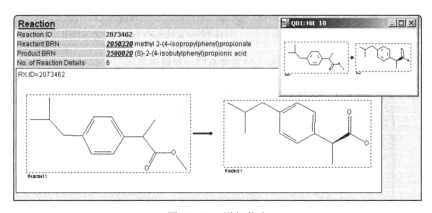
图 13.28 详细信息

以上为反应的详细内容，包括化合物、文献、反应信息。

13.5.2 树状分支浏览（Tree View）

快速浏览的树状分支窗口（见图 13.29）可用于快速查找检索结果。点击每项内容后，可在主窗口中显示详细信息。

从检索结果窗口左侧的树状分支可以快速浏览各项信息。

13.6 检索结果的输出

在详细的信息列表中，可将有用的信息加以选择，以文件的方式输出。点击此复选框表明该段内容被选择（见图 13.30）。

点击图标 后打开一个菜单（见图 13.31）。

点击"AutoNom"可以对输入的结构式自动命名，如图 13.32 所示。

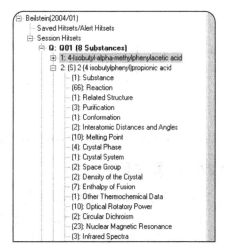
图 13.29 检索结果的树状浏览

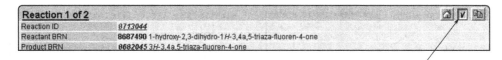

图 13.30　检索结果的信息选择

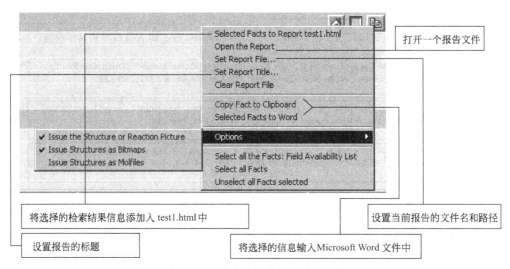

图 13.31　检索结果的各种输出方式

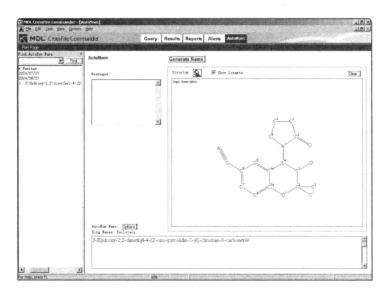

图 13.32　自动命名窗口

完成结构式后，点击"Generate Name"，产生名称。详见客户端的帮助软件。

13.7　检索举例

13.7.1　检索 Fe(CO)$_5$ 的表面张力

启动客户端程序，选择 Gmelin 数据库（见图 13.33）。

进入检索主窗口后，点击窗口左侧的"Substance Identification Data"，打开新窗口，如图 13.34 所示。

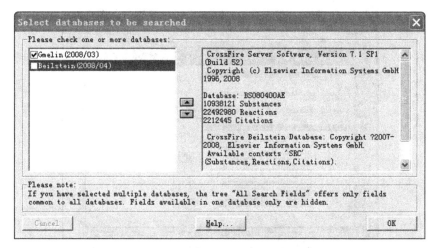

图 13.33　选择 Gmelin 数据库

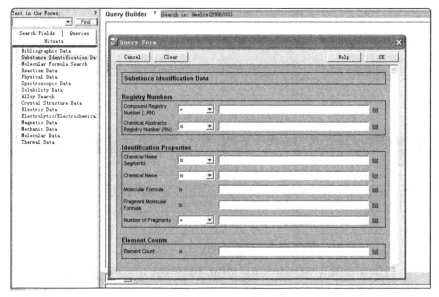

图 13.34　Substance Identification Data 窗口

点击 "Chemical Name" 右侧的 list，在输入栏中输入 "iron pentacarbonyl（五羰基铁）"，随着字母的键入，自动滚动到相应的名称（见图 13.35）。

点击上面窗口中右上方 "OK"，当前窗口消失，在屏幕下方出现了如图 13.36 所示内容。

检索条件完成，点击 Start Search 开始检索（见图 13.37）。得到 6 个检索结果，点击 "View" 后，在出现的窗口中可以看到该物质的各项信息，如图 13.38 所示。

移动到 ST，即 "Surface Tension（表面张力）"（见图 13.39），点击后自动移动到相应位置，有数据和相应的文献，如图 13.40 所示。

说明：图 13.40 共检索到 2 个数据，给出 2 篇参考文献，其中 Ref.1 Vol.Fe：MVol B2；Pages 489～491 是指《Gmelin 手册》中《铁》正编卷 B2 第 489～491 页。经查在第 490 页有关 $Fe(CO)_5$ 表面张力的内容为：

Oberflächenspannung 2.24mg/mm oder 22.0 dyn/cm bei 20°，Lucas，Neukirch laut A. Mittasch (*Z. ang. Ch.* **41** [1928] 829).

可见此文献即图 13.40 中的 Ref.2 Lucas 等的那篇文献。

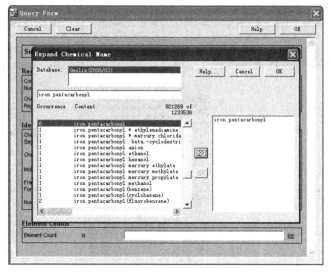

图 13.35 iron pentacarbonyl 名称输入

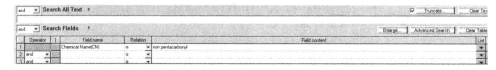

图 13.36 阈名窗口

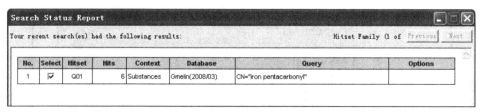

图 13.37 五羰基铁的物质检索结果

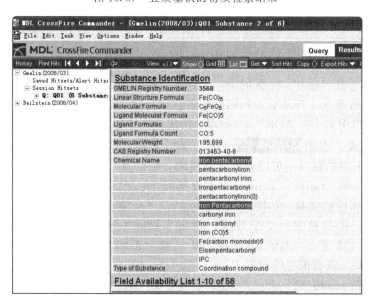

图 13.38 五羰基铁的各项信息

Field Availability List 41-50 of 58

Code	Field Name	Occ.
UPS	UV Photoelectron Spectroscopy	7
XPS	X-ray Photoelectron Spectroscopy	6
XSPE	X-ray Spectroscopy	4
AUG	Auger Spectroscopy	1
LUM	Luminescence Spectroscopy	1
EEL	Electron Energy Loss Spectroscopy	4
SLB	Solubility	5
ST	Surface Tension	2
SPOF	Sorption of Title Compound	70
QUAN	Quantum Chemical Calculations	92

图 13.39 可用阈名列表

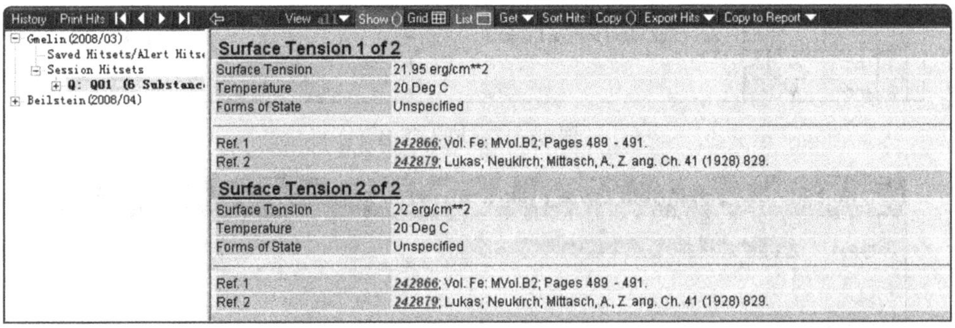

图 13.40 表面张力数据及文献

《Gmelin 手册》中《铁》还编辑了《有机铁化合物》。在《有机铁化合物》卷 B3 第 23 页，可检索到 $Fe(CO)_5$ 的 8 个不同温度下的表面张力：

Oberflächenspannung γ in dyn · cm^{-1} bei Temperaturen t in ℃：

t……………	1.0	11.6	20	20.4	32.1	45.4	60.4	76.4
γ…………	27.78	26.47	22	25.14	23.86	21.81	20.06	18.07
Literatur……	[24]	[24]	[32]	[24]	[24]	[24]	[24]	[24]

引用的文献在第 26 页，如下：

[24] J. S. Anderson (J. Chem. Soc. **1936** 1283/6).
[32] F. Jirsa (Chem. Prumysl **3/4** [1953] 100/2).

前者刊物为 Journal of the Chemical Society，即英国化学会志；后者 Chem. Prumysl 代表哪种刊物，可从美国《化学文献》CASSI 中查得：

Chem*icky* **Prum***ysl*. CHPUA4. ISSN 0009—2789. (Chemical Industry) [Supersedes Chem. Obz.: 1953—56 temporarily absorbed Chemie (Prague)]. In Czech: Czech. Eng sum; Eng tc. v1 1951+. [Adopted new numbering with v71 1996, in continuation of Chemicky Obzor.] Includes: Chem. Lide. *m* **73 1998.**
Economia a. s., *Dobrovskeho 25*, *170 55 Prague 7*, *Czech Republic*.
CHEMICKY PRUMYSL. PRAGUE.

可知这是一种捷克杂志。

13.7.2 检索$Ca(NO_3)_2$-H_2O的相图

在检索主窗口左侧树状检索条目中点击“Phase / Solubility / Melting Diagram”，在右侧窗口中提示该条目阈名缩写为“META. DGM”，其阈值为“available”，如图 13.41 所示。

点击select for search进入“Data Search”，并在第一行中自动填入阈名（见图 13.42）。

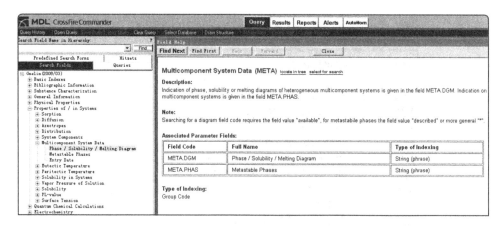

图 13.41　相应的阈名及阈值

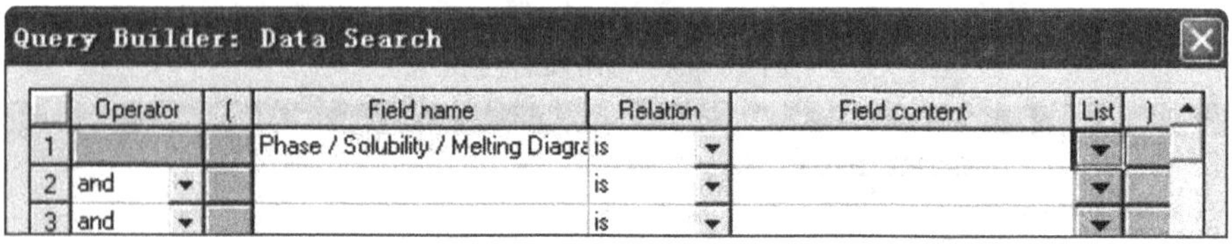

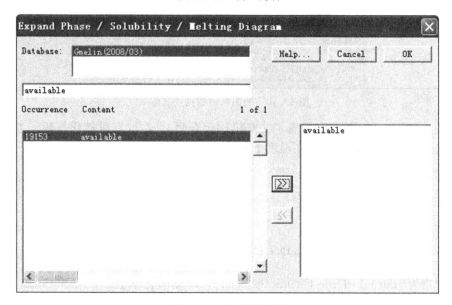

图 13.42　填入阈名

图 13.43　相图的阈值

点击右侧下拉箭头 ▼ 选择阈值 "available" 共出现了 19153 次（见图 13.43）。
完成全部检索条件，如图 13.44 所示。
点击 "search" 后得到 53 个检索结果（见图 13.45）。
点击右下角 View 后，打开检索结果窗口，如图 13.46 所示。
其中右下的 "Hit 4" 符合检索要求，双击 Hit 4 窗口后，出现如图 13.47 所示的界面。
点击 META（多组分系统）出现次数 4 次，如图 13.48 所示。其中 Ref.3 Vol. Ca. MVol. B2，Pages 346-349 是指《Gmelin 手册》中《钙》正编卷 B2 第 346-349 页。
对得到的检索结果可以选择打印或复制到文档中。

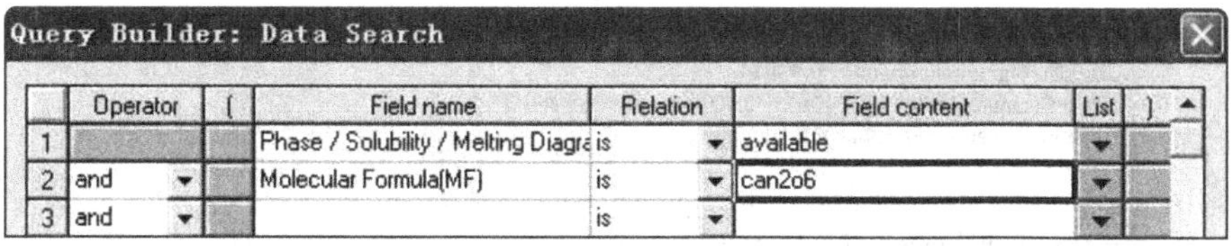

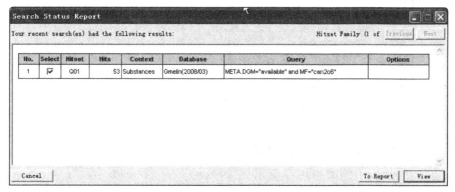

图 13.44　完成检索条件

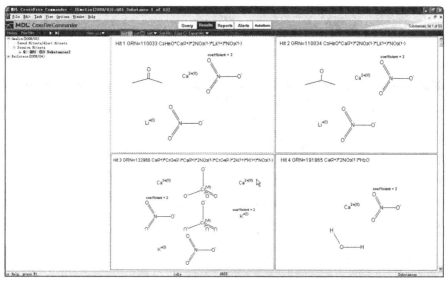

图 13.45　检索结果报告

图 13.46　二元体系的检索结果

13.7.3　检索有催化行为的乙二胺（或其衍生物）的钴络合物

作为金属有机物应该选择 Gmelin 数据库，在结构式编辑器中作出化合物结构，其中 N 原子和 Co 原子间的键设置为"any"，如图 13.49 所示，并返回主检索窗口。

由于 N 原子上允许有取代基，故在主窗口右上方作如图 13.50 的设置。

在查找结构的同时应该在"Search Fields"中限定检索条件。如图 13.51 在"Chemical Properties"中选择"Behavior as Catalyst"，检索主窗口下方显示相应阈名和阈值。

点击"Start Search"开始检索，完成检索后结果如图 13.52 所示。

13.7.4　检索氟西汀（Fluoxetine）的结构和合成途径

Fluoxetine 属于有机物，所以选择 Beilstein 数据库。由于知道了化合物的名称，故可以采用"Predefined Search Forms"中的"Substance Identification Data"对话框（见图 13.53）。

Substance Identification

GMELIN Registry Number	191965
Linear Structure Formula	$Ca(2+)*2NO_3(1-)=Ca(NO_3)_2\#H_2O$
Fragment Molecular Formula	Ca(2+):1 6850
	NO_3(1-):1 1574
	H_2O:2 117

Field Availability List 1-10 of 14

Code	Field Name	Occ.
CMPS	Composition	3
DEN	Density	115
TEC	Thermal Expansion	44
DV	Dynamic Viscosity	39
CP	Specific Heat at Constant Pressure	28
MSUS	Magnetic Susceptibility	9
RI	Refractive Index	25
MULT	System Components	14
META	Multicomponent System Data	4
ETEC	Eutectic Temperature	9

Field Availability List 11-14 of 14

Code	Field Name	Occ.
MULS	Solubility in Systems	2
VPR	Vapor Pressure of Solution	4
ST	Surface Tension	6
CNR	Reference	46

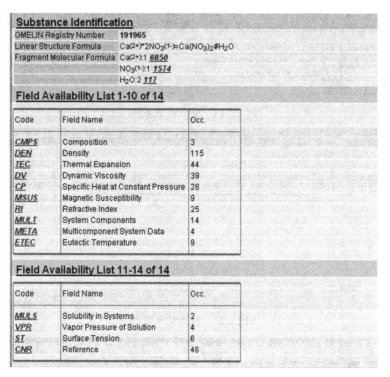

图 13.47　体系的各项可用阈

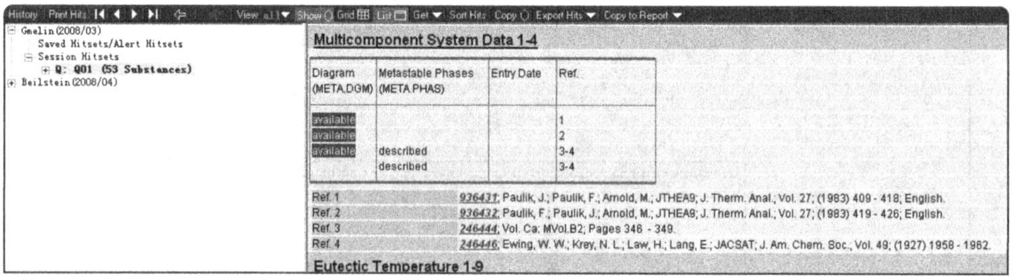

图 13.48　参考文献

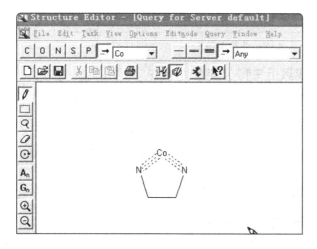

图 13.49　作出乙二胺钴络合物结构式

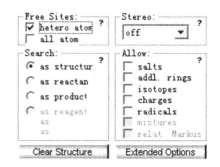

图 13.50　设置杂原子取代

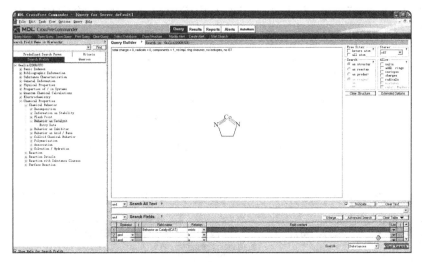

图 13.51　完成检索条件设定

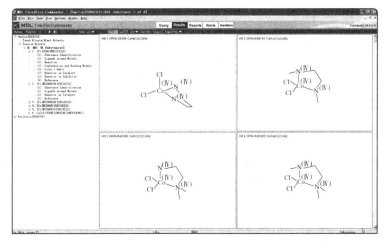

图 13.52　检索结果

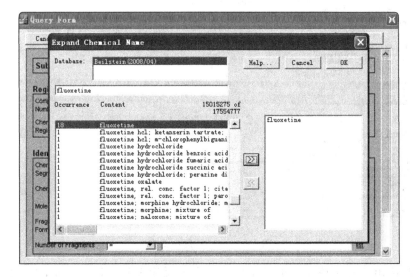

图 13.53　输入 Fluoxetine 名称

输入"Fluoxetine"后,点击"OK",主检索窗口下方显示检索阈名及阈值,如图 13.54 所示。

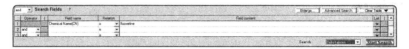

图 13.54　完成化学名称检索

选择"Substances"即以物质作为检索目标,点击"Start Search",产生 18 个结果(见图 13.55)。

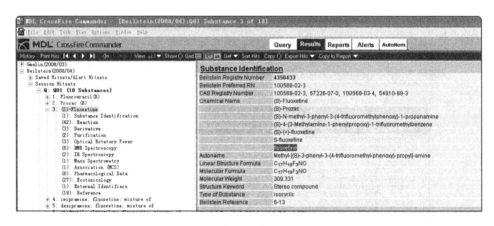

图 13.55　显示物质检索结果的各项信息

左边树状分支中显示涉及反应的有 42 项(见图 13.55),图 13.56 显示了其中的前三项,它们的反应分类都是"Preparation"。

图 13.56　显示反应信息

每项中都给出了有关该反应的基本信息,点击反应编号(Reaction ID)可以获得更详细的信息,如图 13.57 所示。

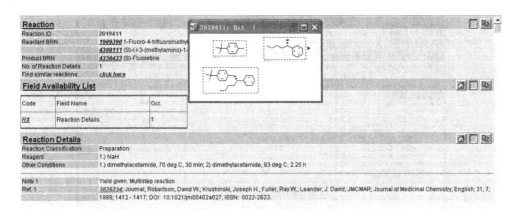

图 13.57 反应详细信息

13.7.5 检索由苯胺和甘油制备喹啉的方法

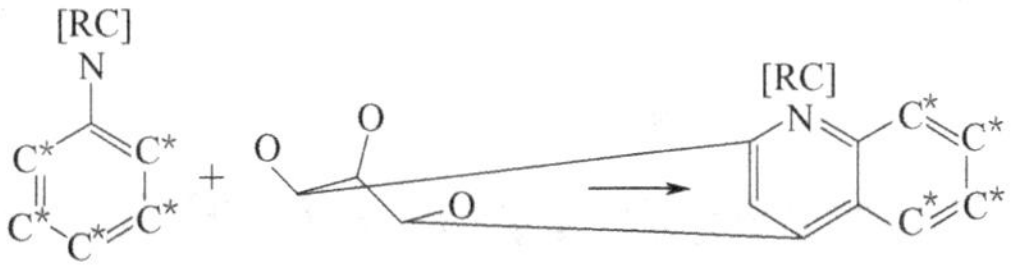

在此处 N 原子作为反应中心（RC）点选 N 原子的属性，将其定义为反应中心（见图 13.58）。

作出原子间的关联后，返回主窗口检索。检索后得到 253 个符合条件的检索结果（见图 13.59）。

如果要查找其中哪些反应中使用了硫酸作试剂，则需要在检索阈名列表中增加检索条件。在"Field name"栏中输入 RX.RGT（反应试剂），"Field content"栏中输入"sulfuric acid"。Search Fields 左侧的选框中选择"and（默认值）"。条件确定（见图 13.60）后检索，结果如下，产生 81 个检索结果（见图 13.61）。

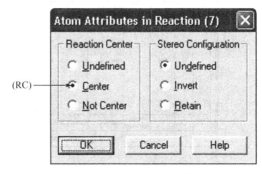

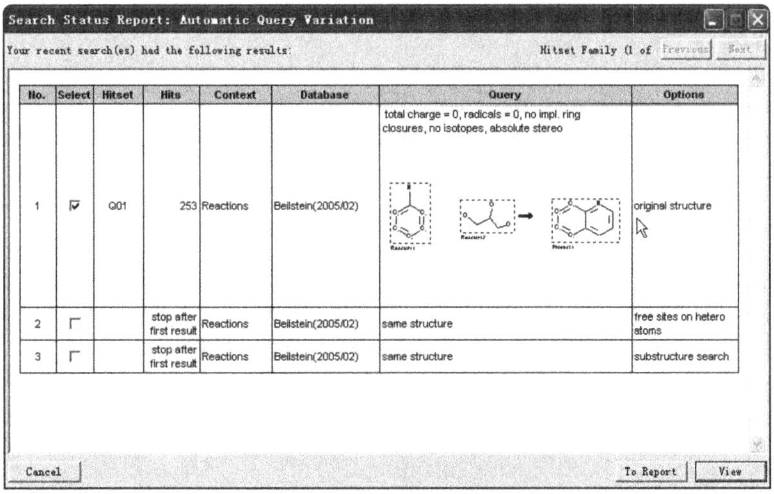

图 13.58 反应中原子属性设定

图 13.59 检索结果报告

13 CrossFire Gmelin/Beilstein数据库

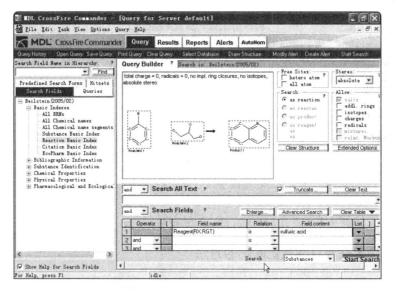

图 13.60 添加硫酸作为反应试剂后主检索窗口

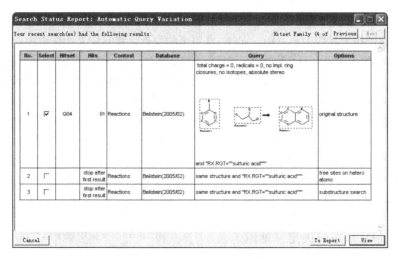

图 13.61 检索结果报告

14 原始文献的查阅

由专著、手册、文摘检索的有关资料，或者由学术论文中所引用的参考文献得到的某些信息，一般来说都是有限的，往往需要进一步查阅原著，以便全面了解对我们有用的内容。

所要进一步查阅的原著可能是期刊论文、会议论文、学位论文、专利或专著。这里重点介绍如何查阅期刊论文。

查阅期刊论文首先遇到的问题是如何由杂志的缩写得知杂志的全称，其次是如何获得该论文，最后是阅读时的语种问题。

14.1 杂志的缩写及其全称

从各种工具书如手册、专著、专利、文摘及论文等查到的有关资料，在其所引用的参考文献中如为期刊论文，则一般只给出该杂志的缩写。如果读者想进一步查阅原文时，如何由杂志的缩写得到杂志的全称就是一个关键问题。一般来说，目前杂志大多采用美国《化学文摘》采用的缩写。在这种情况下，读者只要查阅 CASSI 就可解决杂志缩写与全称的问题。

不同年代、不同作者对杂志的缩写并不完全一致。例如，《美国化学会志》(《Journal of the American Chemical Society》) 在 CA 中的缩写为 J. Am. Chem. Soc.，但是有的学者写作 J. Amer. Chem. Soc.。这虽然和 CA 的缩写不同，但是读者也会知道。而有的学者竟把这一杂志缩写作 J. A. C. S. 或 JACS，初次见到这种缩写的读者往往就不会知道它代表的是《美国化学会志》。

又比如，俄罗斯《应用化学杂志》(《Журнал Прикладной Химии》)，CA 的音译为《Zhurnal Prikladnoi Khimii》，缩写为 Zh. Prikl. Khim.。但是有些学者却采用俄文的缩写 ЖПХ，这就使不懂俄文的读者不知道它究竟是代表何种杂志了。即使学过俄文、对化学文献不很熟悉的人也很难知道 ЖПХ 代表的是俄文应用化学杂志。

如果该杂志按 CA 的方式缩写作 Zh. Prikl. Khim.，通过查阅 CASSI 可以得知，杂志的全称为《Zhurnal Prikladnoi Khimii》，其英文名为《Journal of Applied Chemistry》(《应用化学杂志》)，知道这是一本俄文杂志后，就可以按参考文献中给出的年份、卷期、起止页码去查阅原文了。

14.2 俄文杂志

14.2.1 俄文杂志拉丁字母音译法

在参考文献中引用俄文杂志时多采用拉丁字母音译法❶，但在不同书刊中不尽相同。俄文刊物参考文献中则采用俄文缩写，20 世纪后半叶，我国刊物参考文献中也采用俄文缩写。

为了规范俄文字母的音译，国际标准化组织 ISO 于 1954 年制定了《ISO 推荐标准 R 9,

---

❶ 《Beilstein 手册》正编至第 4 补编中用俄文字母 Ж. 代表俄文杂志 Журнал Физико-химического Общества，即俄罗斯《物理-化学会志》。

希里尔字母音译的国际制》[38]❶，这一标准包括了保加利亚文、俄文、乌克兰文、白俄罗斯文和塞尔维亚文的拉丁字母音译。这一标准于 1968 年被第 2 版所代替，标准也改称为《ISO 推荐标准 R 9，斯拉夫希里尔字母音译的国际制》[39]，这一标准包括俄文、乌克兰文、白俄罗斯文、塞尔维亚文、马其顿文和保加利亚文在内的斯拉夫希里尔字母的音译表，表中也包含现已停止使用的一些字母的音译。

现在书籍论文中对俄文字母的音译及缩写几乎均采用美国《化学文摘》的办法。

在表 14.1 中列出了 ISO/R 9—1968（E）[39]中对俄文的音译，同时给出了 CA 对俄文的音译以及德国的两种音译法：早期在《Gmelin 手册》❷ 和《Beilstein 手册》正编至第四补编对俄文杂志的译法，以及《Beilstein 手册》正编至第四补编对俄文人名的译法。

表 14.1　俄文字母拉丁文音译对照表

字母序号	俄文字母		ISO/R 9—1968(E)	CA	《Gmelin》《Beilstein》	《Beilstein》人名
1	А	а	a	a	a	a
2	Б	б	b	b	b	b
3	В	в	v	v	v	w
4	Г	г	g	g	g	g
5	Д	д	d	d	d	d
6	Е(Ё)	е(ё)	e(ë)^1)	e	e	e
7	Ж	ж	ž^2)	zh	ž	sh
8	З	з	z	z	z	s
9	И	и	i	i	i	i
10	Й	й	j^2)	i	j	ĭ
11	К	к	k	k	k	k
12	Л	л	l	l	l	l
13	М	м	m	m	m	m
14	Н	н	n	n	n	n
15	О	о	o	o	o	o
16	П	п	p	p	p	p
17	Р	р	r	r	r	r
18	С	с	s	s	s	s
19	Т	т	t	t	t	t
20	У	у	u	u	u	u
21	Ф	ф	f	f	f	f
22	Х	х	h^{2,3)	kh	ch	ch
23	Ц	ц	c^2)	ts	c	z
24	Ч	ч	č^2)	ch	č	tsch
25	Ш	ш	š^2)	sh	š	sch
26	Щ	щ	šč^{2,4)	shch	šč	schtsch
27	Ъ	ъ	″	,		
28	Ы	ы	y	y	y	y
29	Ь	ь	′	,		
30	Э	э	ê	e	e	e
31	Ю	ю	ju^{2,4)	yu	ju	ju
32	Я	я	ja^{2,4)	ya	ja	ja

ISO/R9—1968（E）注：1. 除非区别音符出现在字首，希里尔文 ё 不音译成 ë。

2. 某些国家习惯上喜欢使用如下的变体，是允许的，但是仅仅是作为一组字母。

　　字母 7：ж-zh　　　　　　　　　　　　　　　　　　　　25：ш-sh
　　　　10：й-i　　　　　　　　　　　　　　　　　　　　　26：щ-shch
　　　　22：х-kh　　　　　　　　　　　　　　　　　　　　31：ю-yu
　　　　23：ц-ts（在使用这种形式时，俄文字母 т 后随以 с 规定为 t,s）　32：я-ya
　　　　24：ч-ch

3. 某些国家习惯上喜欢使用 h，是允许的。

4. 以 Щ、Ю、Я 开头的字的缩写，永远音译成 Šč、Ju、Ja，而不译成 Š 和 J。

---

❶ 希里尔字母是 9 世纪时传教士希里尔（St. Cyril）发明的字母，是现代俄文等字母的来源。音译指译成拉丁字母。

❷ 指 20 世纪 60 年代中期以前出版的卷册。60 年代中期以后则采用与 CA 相同的译法。

可以看出，美国 CA 对俄文字母的译法和 ISO/R 9—1968（E）中的注释是一致的。而《Beilstein 手册》对俄文杂志、俄文人名采用两种不同的系统，难免会给读者带来混乱。

对于俄文杂志来说，人们必须在图书馆查到该杂志的馆藏刊号后才能借阅。如果用俄文杂志的拉丁文音译的缩写或全称，在俄文书目中是找不到的❶。如何从俄文杂志拉丁字母的音译回译成俄文原文，这是一个需要解决的问题，仅在这里做一简单介绍。主要介绍从 CA 的拉丁文如何回译成俄文。

例如，缩写为 Zh. Obshch. Khim. 的俄文杂志，经查 CASSI，知杂志的全称为 Zhurnal Obshchei Khimii。按表 14.1 中 CA 的音译，将拉丁字母或字母组合一一对应找出其相应的俄文字母如下（短线前为拉丁字母，短线后为俄文字母）：

zh—ж，u—y，r—p，n—н，a—a，l—л，o—o，b—б，shch—щ，e—е，i—й，kh—x，i—и，m—м，i—и，i—и。

于是，将拉丁字母音译的俄文杂志 Zhurnal Obshchei Khimii 回译成俄文原文为 Журнал Общей Химии，即杂志意为《普通化学杂志》。

若读者对这种回译方法不好掌握时，可以查阅北京图书馆科技参考组编《俄文音译日文、拉丁文音译俄文科技期刊与连续出版物名称对照手册》[40]，即可由拉丁字母拼写的俄文杂志直接对照出俄文原文杂志刊名。

但在遇到拉丁字母音译的俄文图书时还是需要将其回译成俄文。如本书第 7 章检索举例 7.5.2 检索 $Ca(NO_3)_2$-$Ca(OH)_2$-H_2O 系统的实例时，在 CA107：13534e 给出的"碱金属和碱土金属亚硝酸盐-氢氧化物含水系统的物理化学研究"中，资料来自 Term. Anal. Fazovye Ravnovesiya。由 CASSI 查得全称为 Termicheskii Analiz i Fazovye Ravnovesiya。这在上述《俄文音译日文、拉丁文音译俄文科技期刊与连续出版物名称对照手册》中是没有的，这时只好利用表 14.1 将拉丁字母或字母组合一一对译成俄文字母。下面一一对应地将拉丁字母写于上行，俄文字母写于下行：

Termicheskii Analiz i Fazovye Ravnovesiya
Термический Анализ и Фазовые Равновесия

对译时要注意字母组合 ch 对应俄文 ч，ya 对应俄文 я，还有 Termicheskii 最后两个 i，前一个译作 и，后一个译作 й，这里就不做解释了。

以上介绍的是 CA 中拉丁字母音译俄文杂志回译成俄文原文的方法。下面再简单介绍《Gmelin 手册》、《Beilstein 手册》及《Landolt-Börnstein》表中拉丁字母音译俄文的问题。

《Gmelin 手册》早期出版的卷册、《Beilstein 手册》正编至第 4 补编，对俄文杂志的拼写法与 CA 不同，基本上与 ISO/R 9—1968（E）一致，不同的只是对俄文字母 x，ISO/R 9—1968（E）拼作 h，而《Gmelin 手册》和《Beilstein 手册》拼作 ch❷。

例如前述 Журнал Общей Химии，在《Gmelin 手册》和《Beilstein 手册》中均拼作 Žurnal Obščej Chimii，对比 CA，后者则拼作 Zhurnal Obshchei Khimii。

而且《Beilstein 手册》对俄文人名的拼写又采取了另一套系统，即有 9 个字母音译法与对杂志的译法不同，见表 14.2。

例如，《Beilstein 手册》第 4 补编卷 6 第 1 分卷第 112 页倒数第 4 行的一篇文献 *Faworškaja*，*Schtscherbinškaja*，Ž. obšč. Chim. 23 [1953] 1667，1670；eng. Ausg. S. 1751，1753。

---

❶ 除非图书馆在俄文杂志目录中注上该杂志的拉丁文音译名。
❷ CA 拼作 kh。

表 14.2　《Beilstein 手册》正编至第 4 补编对杂志、人名译法的不同

俄文字母	对杂志译法	对人名译法	俄文字母	对杂志译法	对人名译法
в	v	w	ц	c	z
ж	ž	sh	ч	č	tsch
з	z	s	ш	š	sch
й	j	ĭ	щ	šč	schtsch
с	s	š			

作者俄文名为 Фаворская，Щербинская。杂志拉丁文译名全称为 Žurnal Obščej Chimii，俄文原文为《Журнал Общей Химии》。可见，同为一个俄文字母 щ，在杂志中译作 šč，人名中译作 schtsch。不过，只要将杂志名译成俄文时正确，作者的俄文译名即使有所偏差，也可找到原文，尚无大碍。

上述文献后 eng. Ausg. 是德文 englische Ausgabe（英文版）的缩写，S. 是德文 Seite（页）的缩写。就是提示读者《Журнал Общей Химии》（《普通化学杂志》）有英译本。经查英译本为《Journal of Genenal Chemistry of the U. S. S. R.》（《苏联普通化学杂志》）。英译本和俄文原本卷号相同，但页码不同。

早期出版的《Gmelin 手册》列出俄文字母的音译及杂志的缩写表，《Beilstein 手册》正编至第 4 补编列出杂志的缩写表❶，但又给出了俄文人名的音译系统。

但是《Landolt-Börnstein》表没有给出俄文字母音译规则，也没有列出杂志缩写表。这种情况下，我们只好参照《Gmelin 手册》、《Beilstein 手册》俄文字母拉丁字母对照表 14.1 来解决俄文杂志拉丁字母拼法回译成俄文的问题。

例如，《Landolt-Börnstein》第 6 版卷Ⅱ/2b 第 3～58 页有一篇文献：

Schpunt, S. J.; Shurnal Prikladnoj Chimii [J. angew. Chem.]

这里的俄文杂志即应为《Журнал Прикладной Химии》。可见将字母 ж 音译成 sh，与《Gmelin 手册》、《Beilstein 手册》对该杂志的译法 Žurnal Prikladnoj Chimii 不同，与 CA 的译法 Zhurnal Prikladnoi Khimii 更不同。

不过，在 Shurnal Prikladnoj Chimii 后面用方括号注明 J. angew. Chem. 是德文 Journal für Angewandte Chemie（《应用化学杂志》）的缩写，为懂德文的读者提供了方便。

上面谈到了由北京图书馆科技参考组编写的《俄文音译日文、拉丁文音译俄文科技期刊与连续出版物名称对照手册》[40]，读者用此对照手册可直接由俄文的拉丁文音译对照出俄文原文。

14.2.2　俄文杂志的英文译本

上面我们曾提到俄文《普通化学杂志》有英文译本，实际上一些重要的俄文化学杂志也有英文译本，这些英译本的名称随着前苏联的解体还有变化。英译本的发行为不懂俄文、但通晓英文的读者提供了极大的方便。

下面列出几种英文译本的杂志。先列出杂志在 CA 中的缩写，再给出其全称，然后列出其俄文名称、中文名称，最后是其英文译本。若英文译本名称有变化时，则先后给出变化前后的名称。

① Zh. Obshch. Khim.，Zhurnal Obshchei Khimii：Журнал Общей Химии（普通化学杂志）。英译本：Journal of General Chemistry of the U. S. S. R.；Russian Journal of General

---

❶　《Beilstein 手册》中只有一种俄文杂志用俄文字母 Ж. 做缩写。它代表 Ž. russ. fiz-chim. Obšč.，即 Žurnal Russ-kogo Fiziko-chimičeskogo Obščestva. Čast Chimičeskaja 俄文为 Журнал Русского Физико-химического Общества. Часть Химическая（俄罗斯物理化学会志·化学分册）。

Chemistry。

② Zh. Neorg. Khim.，Zhurnal Neorganicheskoi Khimii：Журнал Неорганической Химии（无机化学杂志）。英译本：Journal of Inorganic Chemistry of the U. S. S. R.；Russian Journal of Inorganic Chemistry。

③ Zh. Anal. Khim.，Zhurnal Analiticheskoi Khimii：Журнал Аналитической Химии（分析化学杂志）。英译本：Journal of Analytical Chemistry of the U. S. S. R.；Journal of Analytical Chemistry。

④ Zh. Org. Khim.，Zhurnal Organicheskoi Khimii：Журнал Органической Химии（有机化学杂志）。英译本：Journal of Organic Chemistry of the U. S. S. R.；Russian Journal of Organic Chemistry。

⑤ Zh. Fiz. Khim.，Zhurnal Fizicheskoi Khimii：Журнал Физической Химии（物理化学杂志）。英译本：Russian Journal of Physical Chemistry。

⑥ Zh. Prikl. Khim.，Zhurnal Prikladnoi Khimii：Журнал Прикладной Химии（应用化学杂志）。英译本：Russian Journal of Applied Chemistry。

俄文杂志是否有英文译本可以从美国《化学文摘》的 CASSI 对于杂志的介绍中看出。例如前述《有机化学杂志》在 CASSI 中著录为：

Zhurnal **Org**anicheskoi **Khim**ii. ZORKAE ISSN 0514—7492
  (Journal of Organic Chemistry) In Russ；Russ sum. v1 n1，Jan.
  1965+. *m* **32 1996**. *Mezhdunar Kniga*. For Eng transl，see Russ. J Org. Chem.

其中 For Eng transl. see Russ. J. Org. Chem. 即是说英文译本见 Russian Journal of Organic Chemistry（《俄罗斯有机化学杂志》），CASSI 在这里给的是缩写。

14.2.3　俄文文献中俄文杂志的缩写

俄文文献中对俄文杂志的缩写一般说来是不一样的。

有的缩写略去的部分很少，很容易知道这是什么杂志。如：

Журн. Общ. Химии	Журнал Общей Химии
	（普通化学杂志）
Журн. Неорган. Химии	Журнал Неорганической Химии
	（无机化学杂志）
Журн. Аналит. Химии	Журнал Аналитической Химии
	（分析化学杂志）
Журн. Орган. Химии	Журнал Органической Химии
	（有机化学杂志）
Журн. Физ. Химии	Журнал Физической Химии
	（物理化学杂志）
Журн. Приклад. Химии	Журнал Прикладной Химии
	（应用化学杂志）

等。

但有的参考文献中引用这几种杂志时却缩写作 ЖОХ、ЖНХ、ЖАХ、ЖОрХ、ЖФХ 和 ЖПХ，对熟悉的读者没有问题，但对于不太熟悉的读者在遇到这些缩写时，就很难知道它们都代表什么杂志。

14.3　日文杂志

欧美书刊在引用日文杂志时，对杂志的名称采用的是拉丁字母的音译。

目前，国际上对日文假名的音译采用的是 Hepburn（黑本）式。美国《化学文摘》采用的即是黑本式。

例如，日文刊物"分析化学"，在《化学文摘》中拼作"Bunseki Kagaku"。

因此，在遇到拉丁字母拼写的日文杂志时，应该回译成日文才能找到该杂志，以便进一步阅读。

日文假名拉丁字母音译（黑本式）对照表见表14.3。

表14.3 日文假名拉丁字母音译（黑本式）对照表

ア	あ	a	イ	い	i	ウ	う	u	エ	え	e	オ	お	o
カ	か	ka	キ	き	ki	ク	く	ku	ケ	け	ke	コ	こ	ko
サ	さ	sa	シ	し	shi	ス	す	su	セ	せ	se	ソ	そ	so
タ	た	ta	チ	ち	chi	ツ	つ	tsu	テ	て	te	ト	と	to
ナ	な	na	ニ	に	ni	ヌ	ぬ	nu	ネ	ね	ne	ノ	の	no
ハ	は	ha	ヒ	ひ	hi	フ	ふ	fu	ヘ	へ	he	ホ	ほ	ho
マ	ま	ma	ミ	み	mi	ム	む	mu	メ	め	me	モ	も	mo
ヤ	や	ya				ユ	ゆ	yu				ヨ	よ	yo
ラ	ら	ra	リ	り	ri	ル	る	ru	レ	れ	re	ロ	ろ	ro
ワ	わ	wa										ヲ	を	o
ン	ん	n												
ガ	が	ga	ギ	ぎ	gi	グ	ぐ	gu	ゲ	げ	ge	ゴ	ご	go
ザ	ざ	za	ジ	じ	ji	ズ	ず	zu	ゼ	ぜ	ze	ゾ	ぞ	zo
ダ	だ	da	ヂ	ぢ	ji	ヅ	づ	zu	デ	で	de	ド	ど	do
バ	ば	ba	ビ	び	bi	ブ	ぶ	bu	ベ	べ	be	ボ	ぼ	bo
パ	ぱ	pa	ピ	ぴ	pi	プ	ぷ	pu	ペ	ぺ	pe	ポ	ぽ	po
キャ	きゃ	kya	キュ	きゅ	kyu				キョ	きょ	kyo			
シャ	しゃ	sha	シュ	しゅ	shu				ショ	しょ	sho			
チャ	ちゃ	cha	チュ	ちゅ	chu				チョ	ちょ	cho			
ニャ	にゃ	nya	ニュ	にゅ	nyu				ニョ	にょ	nyo			
ヒャ	ひゃ	hya	ヒュ	ひゅ	hyu				ヒョ	ひょ	hyo			
ミャ	みゃ	mya	ミュ	みゅ	myu				ミョ	みょ	myo			
リャ	りゃ	rya	リュ	りゅ	ryu				リョ	りょ	ryo			
ギャ	ぎゃ	gya	ギュ	ぎゅ	gyu				ギョ	ぎょ	gyo			
ジャ	じゃ	ja	ジュ	じゅ	ju				ジョ	じょ	jo			
ヂャ	ぢゃ	ja	ヂュ	ぢゅ	ju				ヂョ	ぢょ	jo			
ビャ	びゃ	bya	ビュ	びゅ	byu				ビョ	びょ	byo			
ピャ	ぴゃ	pya	ピュ	ぴゅ	pyu				ピョ	ぴょ	pyo			

这里举几个由拉丁字母音译日文杂志回译成日文刊名的例子。需要注意的是，由拉丁字母回译成假名后，多数还要写成日文汉字。

杂志 Seramikkusu 日文为《セラミックス》。因セラミックス是外来语，故用片假名，意为陶瓷。

又如杂志 Hyomen Kagaku，按表14.3逐个译成假名为ひょうめんかがく，用汉字表示即为《表面科學》。

不过应当注意，Kagaku 对应于かがく，也可能是科学，也可能是化学。

Kagaku Kogyo 的日文刊名为《化學工業》。东京出版的 Kagaku to Kogyo 日文刊名为《化學と工業》；而大阪出版的 Kagaku to Kogyo 的日文刊名则为《科學と工業》。

又如 Nippon Kinzoku Gakkaishi 对应的日文刊名为《日本金屬學會誌》。

最后，如果读者在由拉丁文音译日文杂志回译成日文刊名遇到困难时，可以参阅：北京图书馆科技参考组编的《拉丁文音译日文科技期刊与连续出版物名称对照手册》[41]。

如果遇到俄文字母音译日文需要回译成日文刊名时，可以参阅：北京图书馆科技参考组编的《俄文音译日文、拉丁文音译俄文科技期刊与连续出版物名称对照手册》[40]。日本人姓名的翻译可参阅《日本姓名词典》[42]。

14.4 全国期刊联合目录

高等院校、科研院所、图书馆（即使是大的图书馆），出于专业侧重的考虑，由于采编人员的意图、科研方向等多方面原因，也不会对所有化学化工类杂志均有收藏。

如果从各种工具书中了解到了期刊论文，而该杂志在本单位又有收藏，固然方便。但若该杂志在本单位没有收藏，或即使有收藏，但没有该期，那就无法获得该论文。这时，我们可以通过各种类型全国期刊联合目录或通过计算机，查阅所要查找的论文所刊载的杂志、卷、期，在国内哪所单位的图书馆有收藏，可以去查阅或通过馆际借阅来解决。

已出版的各种类型的全国期刊联合目录主要有如下几类。

①《全国西文期刊联合目录》．北京图书馆．1959．

②《全国西文期刊联合目录（续编）》．北京图书馆．1964．

③《全国西文期刊联合目录（1962—1978），科技部分》．北京图书馆联合目录编辑组编．书目文献出版社．1982．

这是继1959、1964年编写的《全国西文期刊联合目录》（正、续编）科技部分的续编。收录了全国105个单位收藏的西文刊物18900余种。目录分正文、索引两部分。正文分上、中、下三个分册。

④《全国西文连续出版物联合目录（1978—1984）》．北京图书馆报刊联合目录编辑组编．书目文献出版社．1985．

正文分三册，索引分两册。

⑤《中国科学院西文连续出版物联合目录》．中国科学院西文连续出版物联合目录编辑委员会编．科学出版社．1989．

⑥《日、俄文期刊联合目录》2000年版．中国科学院文献情报中心．2000．

⑦《全国日文期刊联合目录》．辽宁地区、吉林省、黑龙江地区中心图书馆委员会合编．全国图书联合目录编辑组出版．1962．

⑧《中文科技期刊联合目录》．中国科技情报研究所编著．科学技术文献出版社，1989．

收录省、市、自治区和中央各部委共56个情报部门收藏的1万余种期刊情况。

⑨《化工外文期刊联合目录》．化学工业部科学技术情报研究所编辑出版．1982．

此联合目录包括西文、日文和俄文期刊。

14.5 检索举例

14.5.1 检索缩写为Dokl．Akad．Nauk ＳＳＳＲ的俄文杂志名称

（1）问题的由来

在检索举例3．4．2检索三丁酸甘油酯的物性制法等资料时，在《有机化合物词典》中引用了一篇文献：

Mityushova, N. M. et al. Dokl. Akad. Nauk ＳＳＳＲ, 1976 **230**, 992

这是篇刊载在什么刊物上的文献？

（2）Dokl．Akad．Nauk ＳＳＳＲ为苏联科学院报告

由刊物的缩写查全称可通过美国化学文摘社资料来源索引（CASSI）检索得：

Doklady **Akad**emii **Nauk SSSR**. DANKAS. ISSN 0002—3264.
(Proceedings of the Academy of Sciences of the USSR) (Supersedes Dokl. Akad. Nauk SSSR, Ser. A and Doklady Akademii Nauk SSSR, Seriya B). In Russ; Eng tc; ns v1 n1 Oct. 1933—v322 n3 1992.
[Volumes also numbered individually within each year 1933—35. Since 1965 also pub in the following sect: Seriya Biologiya; Seriya Geologiya; Seriya Khimiya; Seriya Matematika, Fizika.]
For foreign language ed, 1935—47, see C. R. (Dokl.) Acad. Sci. URSS. Changed to **Dokl. Akad. Nauk**, which see.
　　　AKADEMIIA NAUK SSSR. DOKLADY. MOSCOW.

其中黑体字是刊物的缩写，黑体加后面的白体是刊物的全称。DANKAS是刊物的代码，

通称 CODEN 码。CODEN 是 Code Number 的缩写，由六个字母（最后的也可以是数字）组成。ISSN 是 International Standard Serial Number（国际标准期刊号），由两组四位数组成，中间连以连字符。括号中的 Proceedings of the Academy of Sciences of USSR 是刊物的英译名。中文名为《苏联科学院报告》。

将刊名的拉丁文音译字母按表 14.1 中 CA 的译法回译成俄文，则为：

Доклады Академии Наук СССР

作者 Mityushova, N. M. 回译成俄文 Митюшова, Н. М.。这里 yu 作 ю，sh 作 ш。

14.5.2 检索 Annales de Chimie 杂志 1914 年卷 1 在我国哪家图书馆有收藏

(1) 分析

在检索举例 6.5.3 中引用了一篇 M. Oswald 在《Annales de Chimie》上发表的论文。这是一种法文刊物：《化学年报》。

该例中 ICT 和《新无机化学全书》给出论文为 1914 年卷 1 第 32 页；《Gmelin 手册》和《Landolt-Börnstein》则分别给出 [9] **1** [1914] 32/112, 65 和 [9] **1** (1914) 66。黑体字 **1** 表示卷 1，《Gmelin 手册》给出的 32/112 表示论文自 32～112 页，而 65 页为 $Ca(NO_2)_2$ 在 H_2O 中溶解度的内容；《Ladolt-Börnstein》则给出 66 页。可见 ICT 和《新无机化学全书》给出的是论文的首页。

《Gmeilin 手册》和《Landolt-Börnstein》比前两种工具书多给出了 [9]，这表示是 Annales de Chimie 的第 9 辑（法文 Serie 9），这对我们确认检索期刊是有帮助的。

(2) 由《中国科学院西文连续出版物联合目录》检索

在第 85 页查到 Annales de Chimie 1914 年第 9 辑卷 1 在如下单位有收藏：

Annales de Chimie. —v. 1 (1789) -v. 96 (1815); ser. 9, v. 1 (1914) -ser. 15, v. 2 (1977). — Paris, FRA; Masson, 1789-1815; 1914-77. Bimonthly. —Text in French; summaries in English and French. —Published as: Annales de Chimie et de Phyaique (in 1816-1913). —Continued by: Annales de Chimie-Science des Materiaux. ISSN 0003-3936＝Ann. Chim.

BJ01	Ser. 9:		Ser. 10:
	v. 1-15　1914-21		v. 1-20　1924-33
	Ser. 10:		
	v. 1-20　1924-33	SH01	v. 1-96　1789-1815
	Ser. 11:		Tables:
	v. 1-20　1934-45		v. 1-96　1789-1815
			Ser. 9:
LZ01	v. 1-46　1789-1800		v. 1-20　1914-23
	Ser. 9:		Tables:
	v. 1-16　1914-21		v. 1-20　1914-23
	v. 19-20　1923		

经查该联合目录第 5 页参加单位名称代号表得知：

BJ 01　为中国科学院文献情报中心
LZ01　为中国科学院兰州图书馆
SH01　为中国科学院上海文献情报中心
　　　中国科学院上海生物化学研究所
　　　中国科学院上海脑研究所
　　　中国科学院上海细胞生物学研究所
　　　中国科学院上海植物生理研究所
　　　中国科学院上海生理研究所

(3) 计算机检索

从搜索引擎 Google，输入"中国科学院图书馆"，单击鼠标后打开"中国科学院国家科学图书馆"网页，出现 Quick Search（快速检索），在找书、找文章、找期刊等栏目中选择找期刊，在期刊名称中输入 Annales de Chimie，点击查找，共搜索到 5 条记录，前 3 条有关记录如下：
① Annales de Chimie
② Annales de Chimie et de Physique
③ Annales de Chimie-Science des Materiaux

每条下面有：原文传递、篇名目录、详细信息和问图书馆员。

点击 Annales de Chimie 下的详细信息，得知在"印本收藏馆"中有：

中国科学院国家科学图书馆及各研究所图书馆，国家科技图书文献中心（中国科学技术信息所，机械部科技信息院图书馆，冶金工业信息标准研究院文献网络中心，中国化工信息中心文献网络中心，中国农业科学院农业信息研究所，中国医学科学院图书馆，中国标准研究院标准馆，中国计量科学研究院文献馆），北京大学。

下面有提示语"点击查看各机构馆藏"，点击得到藏有 Ser. 9：v.1 的图书馆有：
中国科学院国家科学图书馆
　　Ser. 9：v.1—15　1914-21
中国科学院国家科学图书馆兰州分馆
　　Ser. 9：v.1—16　1914-21
中国科学院上海生命科学信息中心
　　Ser. 9：v.1—20　1914-23
北京大学图书馆
　　Ser. 9：v.1—20　1914-23

这 4 家图书馆藏有 Annales de Chimie 的其他卷均略去。

(4) 说明

① 从《中国科学院西文连续出版的联合目录》中 Annales de Chimie 下的文字可知此杂志在 1789～1815 年称为 Annales de Chimie，在 1816～1913 年称为 Annales de Chimie et de Physique（化学和物理年报），1914～1977 年又称为 Annales de Chimie，1978 年则为 Annales de Chimie-Science des Materiaux（化学年报-材料科学）。

所以我们在计算机检索部分也将中国科学院国家图书馆中的 Annales de Chimie et de Physique 和 Annales de Chimie-Science des Materiaux 列出。

② 从中国科学院图书馆网站上检索到的前三家图书馆藏 Annales de Chimie 的全部目录，与由《中国科学院西文连续出版物联合目录》中 BJ01、LZ01 和 SH01 所藏的目录对比来看完全相同，可知中国科学院国家科学图书馆即中国科学院文献情报中心，中国科学院国家科学图书馆兰州分馆即中国科学院兰州图书馆，中国科学院上海生命科学信息中心即中国科学院上海文献情报中心等。

而从上面计算机查阅中国科学院国家图书馆馆藏时，还得知北京大学也有收藏。

读者也可以由计算机检索其他图书馆对 Annales de Chimie 的入藏情况。已知国家图书馆收藏最全。

参 考 文 献

[1] 中国化学会上海分会,中国化工学会上海分会编. 化学文献提要. 上海:上海科学技术出版社,1958.
[2] 余向春编著. 化学文献及查阅方法. 第3版. 北京:科学出版社,2003.
[3] 邹荫生等编. 化学化工文献实用指南. 武汉:华中工学院出版社,1985.
[4] 倪光明,宫庆章主编. 化学文献检索与利用. 合肥:安徽教育出版社,1992.
[5] 王正烈,王元欣编著. 化学化工文献检索与利用. 北京:化学工业出版社,2004.
[6] 王荣民主编. 化学化工信息及网络资源的检索与利用. 第2版. 北京:化学工业出版社,2007.
[7] Mellon M G. Chemical Publications: Their Nature and Use. 5th ed.. New York: McGraw Hill, 1982.
[8] Bottle R T. Use of Chemical Literature, 3rd ed.. London: Butterworths, 1979.
[9] 博特尔主编. 化学文献的使用,第3版. 冯宗菽等译. 北京:化学工业出版社,1987.
[10] 罗海臣,胡友信主编. 汉英科技大词典. 北京:科学技术文献出版社,1998.
[11] 王同亿主编. 英汉科技词汇大全. 北京:科学普及出版社,1984.
[12] 清华大学外语系《英汉科学技术词典》编写组编. 英汉科学技术词典. 北京:国防工业出版社,1989.
[13] 冯成浞主编. 法汉化学化工词汇. 北京:化学工业出版社,1984.
[14] 英汉·汉英化学化工词汇. 第2版. 北京:化学工业出版社,2001.
[15] 英汉化学化工词汇. 第4版. 北京:科学出版社,2000.
[16] 汉英化学化工词汇. 北京:科学出版社,2002.
[17] 王同亿主编. 英汉科技词天. 北京:中国环境科学出版社,1987-1988.
[18] 吴国生等. β-大马烯酮和 β-大马酮的光化学合成(Photochemical Syntheses of β-Damascenone and β-Damascone). 化学学报,1990,48(11):1113-1119.
[19] 杜荷聪,陈维新编. 国际单位制及其应用. 北京:计量出版社,1983.
[20] 中华人民共和国国家标准 GB 3100~3102—93. 量和单位. 北京:中国标准出版社,1993.
[21] 傅鹰编著. 化学热力学导论. 北京:科学出版社,1963.
[22] 王正烈. 国际蒸气表卡和热化学卡. 化学通报,1987,(7):10-15.
[23] 王正烈等. 标准态压力的改变对标准热力学函数值的影响. 化学通报,1993,(5):12-13,29.
[24] 辛华. 德语姓名译名手册. 北京:商务印书馆,1973.
[25] 王正烈. Gmelin 无机和有机金属化学手册指南. 天津:天津大学出版社,1991.
[26] Gmelin Handbook of Inorganic and Organometallic Chemistry. Complete Catalog 1997/98. Heidelberg: Springer Verlag.
[27] Большая Советская Энциклопедия(苏联大百科全书),Третье издание. Том 3, 92. Москва:Издательство 《Советская Энциклопедия》,1970.
[28] Beilstein-Institut für Literatur der Organischen Chemie. How to Use Beilstein. Berlin: Springer Verlag.
[29] 联邦德国贝尔斯登有机化学文献研究所. 怎样使用贝尔斯登有机化学大全. 杨乃中译. 天津:天津科学技术出版社,1984.
[30] 王正烈,王元欣编著. Beilstein 有机化学手册使用指南. 北京:化学工业出版社,2006.
[31] 全国自然科学名词审定委员会公布. 化学名词. 北京:科学出版社,1991.
[32] 化学工业出版社辞书编辑部编. 英汉化学化工词汇. 北京:化学工业出版社,2005.
[33] 张鎏主编,李治崇副主编. 英汉技术科学词典. 北京:化学工业出版社,1997.
[34] ISO 3166-1974 (E). Codes for the Represantation of Names of Countries. 1st edition. 1974-12-15.
[35] 彭海卿编. 《美国化学文摘》查阅法. 增订一版. 北京:化学工业出版社,1987.
[36] 姚荣余编著. 美国《化学文摘》查阅法. 北京:化学工业出版社,2004.
[37] 范铮编著. 实用科技文献检索. 天津:天津大学出版社,1988.
[38] ISO/R9-1954 (E). International System for the Transliteration of Cyrillic Characters, 1st edition, October, 1955.
[39] ISO/R9-1968 (E) International System for the Transliteration of Slavic Cyrillic Characters. 2nd edition, September, 1968.
[40] 北京图书馆科技参考组. 俄文音译日文、拉丁文音译俄文科技期刊与连续出版物名称对照手册. 北京:书目文献出版社,1980.
[41] 北京图书馆科技参考组. 拉丁文音译日文科技期刊与连续出版物名称对照手册. 北京:书目文献出版社,1982.
[42] 史群编. 日本姓名词典(拉丁文字母序、假名序、汉字序共3册). 北京:商务印书馆,1979~1982.